北京大学中国古文献研究中心集刊

第二十辑

北京大学中国古文献研究中心　编

编委会（以姓氏笔画为序）

王　岚　　刘玉才　　安平秋
杨　忠　　杨海峥　　吴国武
董洪利　　漆永祥　　廖可斌

图书在版编目(CIP)数据

北京大学中国古文献研究中心集刊.第二十辑/北京大学中国古文献研究中心编.—北京:北京大学出版社,2020.7
ISBN 978-7-301-31454-8

Ⅰ.①北… Ⅱ.①北… Ⅲ.①古文献学—研究—中国—丛刊 Ⅳ.①G256.1-55

中国版本图书馆 CIP 数据核字(2020)第 125870 号

书　　名	北京大学中国古文献研究中心集刊　第二十辑 BEIJING DAXUE ZHONGGUO GUWENXIAN YANJIU ZHONGXIN JIKAN DI-ERSHI JI
著作责任者	北京大学中国古文献研究中心　编
责任编辑	王　应
标准书号	ISBN 978-7-301-31454-8
出版发行	北京大学出版社
地　　址	北京市海淀区成府路 205 号　100871
网　　址	http://www.pup.cn　新浪微博:@北京大学出版社
电子信箱	dianjiwenhua@163.com
电　　话	邮购部 010-62752015　发行部 010-62750672　编辑部 010-62756449
印 刷 者	天津中印联印务有限公司
经 销 者	新华书店
	787 毫米 ×1092 毫米　16 开本　17.25 印张　插页 1　300 千字
	2020 年 7 月第 1 版　2020 年 7 月第 1 次印刷
定　　价	46.00 元

未经许可,不得以任何方式复制或抄袭本书之部分或全部内容。
版权所有,侵权必究
举报电话:010-62752024　电子信箱:fd@pup.pku.edu.cn
图书如有印装质量问题,请与出版部联系,电话:010-62756370

目 录

《周礼》胥徒为平民说 …………………………………………… 王　勇（ 1 ）
中国古代礼学文献分类沿革考 …………………………………… 杜以恒（ 16 ）
《四书集注》注释的内在关联性与朱子思想体系的建构 ………… 顾歆艺（ 50 ）

《宋史·宗室世系表》校勘一则
　　——新见《宋太宜人任氏圹志》考释 ………………………… 钱汝平（ 69 ）
跋苏天爵《三史质疑》……………………………………………… 张　良（ 73 ）
清代校刊翰林处考述 ……………………………………………… 项　旋（ 94 ）
《崇文总目》明清抄校本源流考 ………………………………… 董岑仕（117）

二十八宿星宿名异称考 …………………………………………… 刘　瑛（167）
《锦绣万花谷后集》宋代版本新探 ……………………………… 李新新（180）
说"簪笔" …………………………………………………………… 林　嵩（206）

宁波方志所录曾巩诗考辨 ………………………………………… 陈晓兰（211）
《诚斋集》校读札记 ………………………………………………… 吕东超（221）
江湖派诗人小集的编刊（续）
　　——以赵汝鐩、许棐为中心 ………………………………… 王　岚（240）
《全宋诗》杂考（七）……………………………………《〈全宋诗〉补正》项目组（252）

征稿启事 …………………………………………………………………（273）

《周礼》胥徒为平民说*

王 勇**

【内容提要】《周礼》中的胥徒,郑玄以为是"庶人在官者"。通考《周礼》制度,郑注甚确。首先,在授田制下,国家竭力避免贫富分化,因此民众的经济地位是趋于平等的。除了一般平民外,找不出另一个民众集团可以作为胥徒的来源。其次,《周礼》经文对"胥""徒"二字的用例,显示此二字在全书中没有贬义,可用于一般平民乃至部分贵族官员。这样的用例,显示胥徒与作为奴隶的秋官五隶截然不同。最后,胥徒在官府中有一定的政治、经济地位,是辅助官员治理国家的重要力量,这显示他们的地位仅次于贵族。

【关键词】《周礼》 胥徒 授田制 郑玄

关于《周礼》中胥徒的身份,传统上一直遵循郑玄之说,认为是"民给徭役者""庶人在官者"。历代使用"胥徒"这一古语以表时事,也依用郑义。如元稹《韩皋吏部尚书赵宗儒太常卿制》:"是以选贤与能之柄,或碍于胥徒;冠婚丧祭之仪,不行于卿士。"① 杜牧《上盐铁裴侍郎书》:"其间搜求胥徒,针抽缕取,千计百校,唯恐不多。"② 苏轼《论积欠六事并乞检会应诏所论四事一处行下状》:"若丰年举催积欠,胥徒在门,枷棒在身,则人户求死不得。"③ 洪迈《夷坚丙志·徐大夫》:"以为身任使者,媚事胥徒。"④ 曹寅《句容馆驿》:"胥徒复传舍,窣堵尚

---

* 本文为教育部人文社会科学重点研究基地重大项目"儒家经典整理与研究"(项目编号:19JJD750001)阶段性成果。

** 本文作者为北京大学中文系古典文献专业2015级博士研究生。

① 〔唐〕元稹撰,冀勤点校:《元稹集》卷四四《韩皋吏部尚书赵宗儒太常卿制》,北京:中华书局,2010年,第553页。

② 〔唐〕杜牧撰,何锡光校注:《樊川文集校注》卷一三《上盐铁裴侍郎书》,成都:巴蜀书社,2007年,第880页。

③ 〔宋〕苏轼著,孔凡礼点校:《苏轼文集》卷三四《论积欠六事并乞检会应诏所论四事一处行下状》,北京:中华书局,1986年,第957—958页。

④ 〔宋〕洪迈撰,何卓点校:《夷坚志·夷坚丙志》第一八《徐大夫》,北京:中华书局,2006年,第517页。

斜阳。"①

现代学者对此提出了质疑。20世纪80年代末,陈连庆先生撰写《〈周礼〉中所见的奴隶》一文,在文章结尾处指出:"另外,《周礼》还有大量的徒,这一部分人都是罪犯奴隶,和文献中所见的'骊山徒'、'中都官徒'、'铁官徒',身份上应该没有什么不同。"②陈文对此点到为止,尚未展开论述。后来赵伯雄先生撰《〈周礼〉胥徒考》③、王会斌先生撰《〈周礼〉"徒"考》④,则是专文讨论,观点与陈连庆先生相近。披览三文,知三人互不相谋,是在不知道他人有文章的情况下,不期而提出相同论点。由此可见,《周礼》中的胥徒究竟是不是平民,仍是一个值得廓清的问题。

进而言之,这还关涉到对《周礼》所设计的国家制度之性质的认识。《周礼》中的政府工作人员,分为有爵者和无爵者。通常人们比较关注有爵位的贵族,而对无爵者措意较少。但实际上,无爵者才是政府中占多数的群体。在《周礼》中,无爵者的主体便是"胥"与"徒",他们屡见于《叙官》,是官府的基层办事人员。所以胥徒的身份在一定程度上决定了《周礼》国家制度的性质。一套依赖平民的官制和一套依赖奴隶的官制,是很不一样的。

一、现有研究的反思

赵伯雄先生认为胥徒地位低下,主要是基于他们职司低贱这一前提,"总的来看,他们是王室与各级官吏役使的对象"。

这里首先要明确的是,胥徒不是独立从事某项工作的。《周礼》依事设官,将某项具体事务分配给某个官府,此官府的长官带领其下属之有爵者与无爵者共同完成此事务。有的官府分配到劳辱之事,则其下属胥徒也必从事劳辱之役;有的官府分配到高端事务,则其下属胥徒也就从事高端之役。

前者如甸师,其长官爵为下士,其属有胥三十人,徒三百人。其职文云"帅其徒以薪蒸役外内饔之事",只是担任砍柴的任务,可以认为甸师的胥徒皆"贱"。但"贱"却不限于胥徒,一个"帅"字,表明了甸师的下士长官,也同样"贱"。

后者如司会掌天下会计之事,其长官爵中大夫,其属有胥五人,徒五十人。这些胥徒是钩考全国"书契版图"的,主要从事脑力劳动而非体力劳动,不能认为是贱役。又比如师氏和保氏,皆掌教育及王宫中之守卫,其长官分别为中大

---

① 〔清〕曹寅《楝亭集·楝亭诗钞》卷四,上海:上海古籍出版社影印本,1978年,第192页。
② 陈连庆《〈周礼〉中所见的奴隶》,《史学集刊》,1989年第2期,第11页。
③ 赵伯雄《〈周礼〉胥徒考》,《中国史研究》,2000年第4期,第3—12页。
④ 王会斌《〈周礼〉"徒"考》,《山西大同大学学报》,2016年第1期,第19—22页。

夫和下大夫,其属各有胥十有二人,徒百有二十人;胥六人,徒六十人。这些胥徒辅助教育及守卫王宫,也不能认为是贱役。其中守卫王宫之事,与宫伯所掌之"士庶子"协作,二者为官联,而"士庶子"乃贵族子弟,则师氏、保氏下属之胥徒不宜视为"贱民"。

其次,官职的贵贱,在《周礼》中是通过其长官的爵位高低来体现的,与所掌事务的"贵贱"没有必然联系。

比如追师、弁师掌首服,屦人掌屦,所掌有贵贱,而屦人之爵却与追师、弁师同为下士。又比如瞽矇乃天子乐官,理应尊贵,而隶仆"掌五寝之扫除粪洒之事","王行,洗乘石",是个清洁工,瞽矇与隶仆职掌有尊卑,但瞽矇无爵,而隶仆爵为下士。

因此,所从事的具体工作的贵贱,不宜拿来评判人的贵贱。事实上,有时候贵人还必须从事贱役,比如大祭祀之时,大宗伯要"奉牛牲",大司寇要"奉犬牲",《礼记·乐记》也说行养老礼时"天子袒而割牲"。

王会斌先生认为胥徒非平民,则是基于国野之民地位悬殊这一认识。他说:"'徒'在《周礼》官职设置中其来源身份不是泛泛而谈的'民'或'庶人',而是野人中的庶人。""徒应该仅是由野人中的庶人所充任的、从事具体事务工作的力役,对其所享有之政治、经济权益不应估计过高。"但考察《周礼》本文,可知《周礼》并没有国野悬殊的制度安排。

《周礼》王畿方千里,以王城为中心,每百里为一个区域,共分为五个区域。王城至其外百里之处,名曰郊;百里至二百里,名曰甸;二百里至三百里,名曰稍;三百里至四百里,名曰县;四百里至五百里,名曰都。其中甸、稍、县、都合称为"野"。《遂人》"掌邦之野",注云:"郊外曰野。此野谓甸、稍、县、都。"相应地,四郊以内就称为"国"。

四郊以内由小司徒掌管,置六乡,六乡以外还有一些散地;四郊之外由遂人掌管,置六遂,六遂以外为公邑。分布在稍、县、都的采地,又称为都鄙,因为是单独立国,所以它们不属于"野"的范围,也不归遂人掌管。采地与公邑之间,其所管辖的土地和人民有往返:采地被削,则归于公邑;新建采地,则由公邑中划出。这与六乡六遂的稳定不变有区别。

所以,《周礼》中的国野之别,指的不是城市与农村的区别,而是以六乡为代表的郊内与以六遂为代表的郊外的区别。《遂人》"凡治野,以下剂致甿",注云:"变民言甿,异外内也。"郊内和郊外,只是治理方式不同。但其民众的地位,却没有显著的差异。在授田制上,郊外民众还比郊内受田多,《遂人》郑注说是"所以饶远也"。假如六遂、公邑和采地的民众地位低下,那岂不是一国之中,贱民占绝大多数么?因此,即使《周礼》中的胥徒来源于"野人",最后的结论也还是回到郑注,胥徒是来源于一般的庶人。①

有鉴于此,本文拟对《周礼》全书中出现的胥徒及其在《周礼》整体制度框架中的地位试作探析,分为三部分:一是授田制下的胥徒,阐明《周礼》的制度设计不允许平民大规模地分化出奴隶;二是《周礼》职文中"胥""徒"二字的用例,辨析此二字在全书经文中实非低贱之称;三是胥徒与《周礼》的官制设置,说明《周礼》在对胥徒的管理上,不作区别对待,而是与其他政府工作人员乃至贵族一体考虑的。

二、授田制下的胥徒

(一) 胥徒的数量和分布

胥徒在王畿之内广泛分布,不局限于王城中的官府。

依照孙诒让《周礼正义》的统计,除开不可计数者,以及乡遂地方官、女官、奄、工、贾,还有其他一些特殊的官员如瞽矇、狂夫之类,只考虑《叙官》中可以计数的中央官员之有爵者和府史胥徒的员额,可以对胥徒在《周礼》官员体系中的比例有大致印象。孙诒让云:

> 天官之属,卿一人,中大夫四人,下大夫十二人,上士四十二人,中士百十八人,下士百七十九人,府八十五人,史百四十八人,胥百七十四人,徒二千二百四人。
>
> 地官之属,卿一人,中大夫五人,下大夫十五人,上士四十八人,中士百四十八人,下士三百二十人,府一百三人,史二百十九人,胥二百二人,徒二千六百二十八人。
>
> 春官之属,卿一人,中大夫五人,下大夫二十四人,上士四十九人,中士百五十人,下士二百七十五人,府百八人,史二百六十三人,胥百五十八人,徒千七百六十人。
>
> 夏官之属,卿一人,中大夫十四人,下大夫三十人,上士六十七人,中士百五十八人,下士二百六十七人,府七十六人,史二百五人,胥二百四十五人,徒二千一百八十八人。
>
> 秋官之属,卿一人,中大夫四人,下大夫八人,上士二十六人,中士百六十四人,下士二百五十一人,府七十人,史百五十九人,胥百六十五人,

---

① 《周礼》中的国野之别,实非学界通常所认为的阶级差异。此问题较复杂,我另撰有专文论述,兹不展开。

徒二千二百八人。①

　　五官总计,有爵者(自卿至下士)凡二千三百八十八人,府史凡一千四百三十六人,胥徒凡一万一千九百三十二人。胥徒如此之多,贵族如此之少。即使贵族之外再加上府史,也不过三千八百二十四人,差不多只相当于胥徒数量的三分之一。然则,在《周礼》的制度设计下,胥徒在政府中的职位虽低,但却是统治者施政于百姓时所依赖的中坚力量。

　　另外,《叙官》明确著录其员额的,主要是为中央政府服务的人员;那些为地方政府服务的,则不在《叙官》之列。也就是说,除中央外,地方政府也要使用大量胥徒。地方政府包括六乡、六遂、公邑、都鄙。拿乡遂来说,《周礼》只著录乡遂的各级长官,即乡官之乡大夫、州长、党正、族师、闾胥、比长,遂官之遂大夫、县正、鄙师、酂长、里宰、邻长,不著录其属吏。但是乡遂地域广大,人口众多,事务繁杂,其各级长官必有属吏。比如《乡大夫》"以乡射之礼五物询众庶",《州长》"春秋以礼会民而射于州序",都是要行乡射礼的,而射礼必定立司正、司射诸官及许多佐礼之人,不可能由乡大夫或州长一个人完成礼仪,因此乡遂各级长官之下,必定有属吏。《内则》云:"宰告闾史,闾史书为二,其一藏诸闾府,其一献诸州史,州史献诸州伯,州伯命藏诸州府。"彼有闾史、闾府、州史,即乡官有属吏之佐证。且《乡大夫职》《党正职》《遂大夫职》皆云"帅其吏",则乡遂有属吏而为《叙官》所未著录,《周礼》自身已有明文昭示。

　　将中央与地方的胥徒综合起来看,可知胥徒是一个十分庞大的群体,他们上连贵族,下连平民,从而支撑起了政府的正常运转。

　　事实上,除府史胥徒外,《周礼》还在基层组织中大量使用庶人。乡官与遂官内外相配,在同一行政单元上,遂官比乡官低一级。乡官的最低一级比长,是下士,而遂官的最低一级邻长,则是庶人。六遂邻长,合计凡一万五千人,比前述《叙官》中可计之胥徒数量还多。如果可以在基层组织中如此大量地使用庶人,那为何在正式的官府中反倒要抛开庶人而使用地位更低的贱民呢?这没有理由。从等级上看,公邑、都鄙要比乡遂略低,然则公邑、都鄙的基层组织中,其最下一级的长官仍使用庶人充任。也就是说,担任基层组织长官的庶人,实际上远不止一万五千。我们将邻长等基层组织的负责人,与各地的胥徒合起来看,可以得出一个结论,即大量使用庶人参与政权运作,本就是《周礼》的制度特色。

---

① 〔清〕孙诒让著,汪少华整理:《周礼正义》卷一、卷一七、卷三二、卷五四、卷六五,北京,中华书局,2015 年,第 69、829、1555、2740、3301、3302 页。

(二)《周礼》均贫富的制度安排——授田制

《周礼》通过具体的制度安排以避免民众出现贫富悬殊的分化。授田制便是其中最重要的一项制度。按照《周礼》的授田制度,王畿之田都要被分割下去,每家计口受田,"包产到户",以确保社会公平。

《载师职》说:

> 以廛里任国中之地,以场圃任园地,以宅田、士田、贾田任近郊之地,以官田、牛田、赏田、牧田任远郊之地,以公邑之田任甸地,以家邑之田任稍地,以小都之田任县地,以大都之田任疆地。

凡王畿之田,可分为四类:一是六乡、六遂,六乡在郊,六遂在甸;二是郊内九等田,即廛里、场圃、宅田、士田、贾田、官田、牛田、赏田、牧田,此九者占据郊内除六乡外之余地;三是公邑,遍布于甸、稍、县、疆四百里之内,与六遂及都鄙杂处,天子别使大夫治之;四是都鄙,即分封臣下之采地,其中家邑是大夫之采地,小都是卿之采地,大都是公及王子弟之采地。下面分别叙述。

第一,都鄙之地。都鄙授田之法,据《大司徒》云:

> 凡造都鄙,制其地域而封沟之,以其室数制之,不易之地家百亩,一易之地家二百亩,再易之地家三百亩。

是其田尽授平民,采地之主食其租税而已。

第二,郊内除六乡外的九等田。郊内九等田,经文没有详细记载其制度。依《载师》郑玄注,廛里是城中住宅区,场圃是种果蓏之地,宅田是致仕之家所受田,士田是仕者所受以用于祭祀之田,贾田是在市贾人其家所受田,官田是庶人在官者其家所受田,牛田、牧田,是畜牧者之家所受田,赏田是用于赏赐之田。

这其中的"官田",即《叙官》所著录之府史胥徒的家人所受之田。黄以周云:"官田非谓庶人在官者之田,谓其家之所受也。庶人之在官者,给以稍食,禄足以代耕。其身免农,其子不免农。"①此说深得经注之义。当然,那些《叙官》没有著录的、为地方政府服务的庶人,则当于其所服务之区域就近受田,不在此近郊"官田"之中。理由有二:其一,"官田"离国都近,而《叙官》胥徒在国都工作,故适合于近郊受田,甸、稍、县、疆等地之胥徒,所居既远离国都,则不当受田于近郊;其二,"贾田"郑注云"在市贾人其家所受田",市即王宫北面之市,内宰佐王后所立、司市管辖之市,则那些不在国都市中、而散居于甸、稍、

---

① 〔清〕黄以周撰,王文锦点校:《礼书通故》第三十五,北京,中华书局,2007年,第1543页。

县、疆等地的商贾,不于近郊受田,由此推论,甸、稍、县、疆之庶人在官者,亦不于近郊受田。由近郊"官田"之制可知,胥徒的家人与其他平民一样受田,不存在低人一等的情况。

胥徒在国都工作,则就近受田于近郊。王会斌先生说胥徒是野人,于事理难通。国人居于六乡,野人居于六遂。距国都百里以内为六乡,其中五十里以内为近郊,五十里至百里为远郊;百里以外至二百里为六遂。六遂在远郊之外,胥徒岂可早晚来回奔波于百里之外,早上到国都上班,晚上再回到百里外的六遂?

第三,六乡、六遂及公邑。六乡、六遂及公邑同属天子。六遂及公邑授田之法,据《遂人职》说:

> 辨其野之土,上地、中地、下地,以颁田里。上地,夫一廛,田百亩,莱五十亩,余夫亦如之;中地,夫一廛,田百亩,莱百亩,余夫亦如之;下地,夫一廛,田百亩,莱二百亩,余夫亦如之。

六乡授田之法,郑玄谓与《大司徒》"造都鄙"之法相同,即以不易、一易、再易区分三等田,不依《遂人》上地、中地、下地。二者的区别在于,不易之田无莱,而上地有莱,是后者所受之地较前者为多,故郑玄云"所以饶远也",谓六遂较六乡受田更多者,因六遂比六乡偏远。很明显,在《周礼》中,乡遂之间,或者说国野之间,在经济地位上是没有巨大落差的。

为保证国家的授田制不被破坏,官府会定期稽查,使人民的数量与授田制相匹配。这在《周礼》中屡见其文,略举诸例如下。

《小司徒》:"以稽国中及四郊都鄙之夫家九比之数。"

《乡师》:"以国比之法,以时稽其夫家众寡。"

《党正》:"以岁时莅校比。及大比,亦如之。"

《族师》:"以邦比之法,帅四闾之吏,以时属民而校,登其族之夫家众寡。"

《遂人》:"以岁时稽其人民,而授之田野。"

《遂师》:"经牧其田野,辨其可食者,周知其数而任之。"

《遂大夫》:"以岁时稽其夫家之众寡、六畜、田野,辨其可任者与其可施舍者,以教稼穑,以稽功事。"

《县正》:"各掌其县之政令征比,以颁田里,以分职事。"

简言之,依《周礼》授田之法,土地是被均分给平民耕种的,在平民的内部不太可能出现贫富悬殊的分化;如果出现私占他人土地的情况,也会被定期的稽查重新调整。因此也就不会有一个稳定的、长期存在的,政治、经济权益相当低的阶层,专门为政府提供劳役。

概言之，"均贫富"的授田制保障了社会公平，使庶人不出现贫富分化。在这样的背景下，《周礼》广泛使用庶人参与政权管理，或在基层组织担任负责人，或进入官府充当胥徒，胥徒则或在中央，或在地方。

三、《周礼》职文中"胥""徒"二字的用例

本部分考察《周礼》一书中"胥""徒"两字的用例。《考工记》一篇，未使用"胥""徒"两字。我们统计《周礼》古经五篇，得出如下结果："胥"字共出现159次，其中145次在《叙官》，剩余14次出现在职文之中；"徒"字共出现289次，其中260次在《叙官》，剩余29次出现在职文之中。《叙官》中的"胥""徒"，缺乏上下文以判定其含义，所以要考察"胥""徒"二字，可着重分析其在职文中的用例。

（一）《周礼》中"胥"字的用例

《周礼》职文中的14例"胥"字，可分为以下三类。
（1）胥徒之胥，共1例。

　　《宰夫》："掌百官府之征令，辨其八职：一曰正，掌官法以治要；二曰师，掌官成以治凡；三曰司，掌官法以治目；四曰旅，掌官常以治数；五曰府，掌官契以治藏；六曰史，掌官书以赞治；七曰胥，掌官叙以治叙；八曰徒，掌官令以征令。"

按：《宰夫职》将一个官府中的人员构成，分为正、师、司、旅、府、史、胥、徒八个等级，称为"八职"。郑注以大宰一官的构成为例，说："正，辟于治官，则冢宰也……师，辟小宰、宰夫也……司，辟上士、中士……旅，辟下士也。"冢宰即大宰。大宰、小宰、宰夫别职同官，其三等士及府、史、胥、徒皆三官共享，故由正至徒八个等级皆完备，其他各官则不一定八职皆备。

（2）"追胥"，共4例。

　　《小司徒》："五人为伍，五伍为两，四两为卒，五卒为旅，五旅为师，五师为军。以起军旅，以作田役，以比追胥，以令贡赋。"又同职："凡起徒役，毋过家一人，以其余为羡，唯田与追胥，竭作。"（2例）
　　《士师》："掌乡合州党族闾比之联，与其民人之什伍，使之相安相受，以比追胥之事，以施刑罚庆赏。"《修闾氏》："掌比国中宿互櫑者与其国粥，而比其追胥者而赏罚之。"（2例）

按："追胥"，《小司徒》郑注说："追，逐寇也。""胥，伺捕盗贼也。"《士师》注又说："胥读如宿偫之偫，偫谓司搏盗贼也。"《天官·叙官》郑注解释胥徒之胥，

说:"胥读为谞,谓其有才知,为什长。"可知"追胥"之"胥"与胥徒之"胥"形同字不同,不可混同解释。

(3) 作为官名者,凡9例。

《地官》之乡官有闾胥。(1例)

《地官》之市官有胥师、胥,又《司市职》亦出现此二官:"凡市入,则胥执鞭度守门。""胥师、贾师莅于介次,而听小治小讼。"(4例)

《春官》之乐官有大胥,小胥。(2例)

《秋官》之外交官有象胥,又《大行人职》亦出现此官:"七岁属象胥,谕言语,协辞命。"(2例)

按:闾师为一闾二十五家之长,爵中士。胥师,二十肆①则一人,其属有二史;胥,二肆则一人。大胥、小胥别职同官,大胥为中士四人,小胥为下士八人,其属有府二人,史四人,徒四十人。象胥为通晓夷狄语言的翻译官,每翟上士一人,中士二人,下士八人,徒二十人。

闾师、大胥、小胥、象胥四官,郑玄在《地官·叙官》注、《春官·叙官》注、《秋官·叙官》注中,皆将"胥"释为有才知之称,即读为"谞"字,与胥徒之"胥"同义。唯胥师、胥无注,《地官·叙官》贾疏将之释为"有才智之称",则与前述四官同义。

由"胥"作为官名的这些用例可知:它不局限于庶人,也可上通有爵者,说明其字无贬义;胥师亦是庶人,而其属有史,则胥在身份、地位上不会比府、史低太多,认为胥,徒与府史同是出自庶人,应该是恰当的。

(二)《周礼》中"徒"字的用例

《周礼》职文中的29例"徒"字,可分为以下几类。

(1) 胥徒之徒,凡2例。

《宰夫》:"八曰徒,掌官令以征令。"(1例)

《甸师》:"帅其徒以薪蒸役外内饔之事。"(1例)

按:《宰夫》郑注云:"征令,趋走给召呼。"余说已见上文,此从略。甸师之属有徒三百人,因甸师为王耕种藉田千亩,"掌帅其属而耕耨王藉",故徒多,亦因耕藉于野外而遂拾取野外薪蒸木材以供城中烹饪官使用。

---

① 肆为市场中分地置贾的最小单位,每一肆相当于一个巷道,是某一类商品的集中买卖之地。每肆有肆长一人。

(2) 贵族子弟之徒役,凡1例。

《宫伯》:"掌王宫之士庶子,凡在版者。掌其政令,行其秩叙,作其徒役之事,授八次八舍之职事。"

按:"士庶子",《宫伯》郑注云:"王宫之士,谓王宫中诸吏之嫡子也。庶子,其支庶也。"《槁人》郑注云:"士庶子,卿大夫士之子弟,宿卫王宫者。"《都司马》郑注云:"庶子,卿大夫士之子。"据此可知,"士庶子"是贵族子弟。贵族子弟在王宫中服务,也称作"徒役"。

事实上,在《周礼》的制度之下,公卿贵族的子弟必须与平民一起参加各种劳役,从制度设计上体现了《仪礼·士冠礼记》"天子之元子犹士也,天下无生而贵者也"的思想。《宫伯》:"若邦有大事作宫众,则令之。"《大司马》:"大会同,则帅士庶子而掌其政令。"是士庶子要参与会同、巡守等"大事",与庶民同①。《大司马》:"王吊劳士庶子,则相。"是士庶子要与庶民一起参与战争,故或有死伤者,王吊劳之。《都司马》:"掌都之士庶子及其众庶车马、兵甲之戒令。"车马、兵甲,即出军、田猎之事,贵族子弟要与庶人一起服役。《掌固》:"掌修城郭、沟池、树渠之固,颁其士庶子及其众庶之守。"士庶子是贵族子弟,众庶是庶人,他们要一起参与城池和国家防御工事的修缮与守卫。由此看来,举凡王国的各种役事,从危险的军旅到安全的宾客会同,从野外的防守、筑作到宫中的宿卫,不论轻重、远近,贵族子弟都要与庶人一同参加。如此说来,作为贵族子弟的"士庶子",所从事的诸多工作,并不比在宫中"趋走给召呼"的胥徒或遇有役事临时征调的民徒要高贵。

再进一步讲,这些参与役事的贵族子弟,有时候由太子率领。《诸子职》:"国有大事,则帅国子而致于大子,唯所用之。"这里的国子,先郑注云:"谓诸侯、卿、大夫、士之子也",也就是前文的"士庶子"。孙诒让云:"凡王巡守、会同,出行在外,大子或守或从,国子皆共其役。此大事当兼大会同、大军旅、大丧之等。"②《诸子职》下文紧接着说:"若有兵甲之事,则授之车甲,合其卒伍,置其有司,以军法治之。司马弗正。"郑玄注:"国子属大子,司马虽有军事,不赋也。"也就是说,遇上战争的时候,太子要亲自率领各级贵族子弟上战场。在战争中,平民归大司马管辖,贵族子弟归太子管辖,虽所属不同,但皆须参战。

这些贵族子弟参与役事的例证,清楚地说明,《周礼》并没有那种鄙视体力劳动的思想,并不把人分为应当享受的上等人和应当干粗活、累活的下等人。从所从事之工作的贵贱出发去划分人的贵贱,并不符合《周礼》的经义。

---

① 《乡师职》云:"大军旅会同,正治其徒役。"《县师职》云:"若将有军旅、会同、田役之戒,则受法于司马,以作其众庶。"是军旅、会同、田猎之事,主体是庶人。

② 〔清〕孙诒让著,汪少华整理,《周礼正义》卷五九,第2982、2983页。

(3) 民徒或庶民之徒役,凡20例。

《大司徒》:"大军旅,大田役,以旗致万民,而治其徒庶之政令。"(1例)

《小司徒》:"凡起徒役,毋过家一人,以其余为羡,唯田与追胥,竭作。"(1例)

《乡师》:"大役,则帅民徒而至,治其政令。""大军旅会同,正治其徒役与其辇辇,戮其犯命者。"(2例)

《稍人》:"掌令丘乘之政令。若有会同、师田、行役之事,则以县师之法作其同徒①、辇辇,帅而至,治其政令,以听于司马。"(1例)

《大司马》:"群吏撰车徒,读书契,辨号名之用。""乃陈车徒如战之陈,皆坐。""中军以鼙令鼓,鼓人皆三鼓,司马振铎,群吏作旗,车徒皆作;鼓行,鸣镯,车徒皆行,及表乃止;三鼓,摝铎,群吏弊旗,车徒皆坐。又三鼓,振铎,作旗,车徒皆作。鼓进,鸣镯,车骤徒趋,及表乃止,坐作如初。乃鼓,车驰徒走,及表乃止。鼓戒三阕,车三发,徒三刺。乃鼓退,鸣铙且却,及表乃止,坐作如初。遂以狩田,以旌为左右和之门,群吏各帅其车徒以叙和出,左右陈车徒,有司平之。""中军以鼙令鼓,鼓人皆三鼓,群司马振铎,车徒皆作。遂鼓行,徒衔枚而进。大兽公之,小禽私之,获者取左耳。及所弊,鼓皆駴,车徒皆噪。徒乃弊,致禽馌兽于郊,入献禽以享烝。"(15例)

按:《大司徒》说"万民",《小司徒》上文亦云"万民",《乡师》上文说"各掌其所治乡",《稍人》所作亦是同中之民,《大司马》上文云"司马以旗致民"。则此皆是庶人为"徒"者。

《大司马》15例"徒",皆与"车"相对而言。有车之兵士称为"车",无车之兵士称为"徒"。然则《周礼》中所说的"徒",与《说文》"徒,步行也"的古义一致。赵伯雄先生指出:"'徒'字由专指步卒,进而泛指军队,再进一步引申,可有'众'、'众人'之义。……战国晚期,'徒'字常用来指称服劳役的民众。""到了汉代,'徒'字似乎有了特定的含义,用来专指'刑徒'了。《论衡·四讳篇》:'被刑谓之徒。'"②"徒"字的含义有一个由上往下的变化过程。《周礼》是在步行、众人、役徒等意义上使用"徒"字的,与战国时期往往用于专指役徒的用法不同,当然更没有"刑徒"之义。

---

① 同徒,即一同内之徒。《小司徒》注引《司马法》云:"六尺为步,步百为亩,亩百为夫,夫三为屋,屋三为井,井十为通。""通十为成。""十成为终。""十终为同,同方百里。"井田之法,累算至方百里之同,方为完备。有役事之时,县师受法于大司马,自王畿至于畿外邦国,唯司马所调用。征调士兵、民徒之时,又当依次轮换,若一同已前次受调,则此次当调另一同,故称之为"同徒"。

② 赵伯雄《〈周礼〉胥徒考》,《中国史研究》,2000年第4期,第8、10页。

不论贵族子弟还是平民,当他们服役的时候,除了军旅和田猎时所用的兵车,都是无车可坐的,故遂统称为"徒"。服役时也要用到车,《周礼》中有专门用于载货的"役车",役车为服役者所常用,但它是不能载人的。《巾车职》:"服车五乘:孤乘夏篆,卿乘夏缦,大夫乘墨车,士乘栈车,庶人乘役车。"郑注云:"服车,服事者之车。""役车,方箱,可载任器以共役。"《巾车职》上文述王之五路、王后之五路、王之丧车五乘,此次及臣下之车。王及后为君,臣下则服事于人,故其车谓之服车。夏篆、夏缦、墨车、栈车,皆是驷马车,车舆装木栏,载人所用,文饰和工艺略有等差而已。而此"役车"即《考工记》之大车、柏车、羊车,皆用牛牵引,乃府史胥徒有事时用于载物之车。孤、卿、大夫、士等贵族,上班都是乘车,但庶人在官者则皆须步行上班,因此称为"徒"。《叙官》中的胥徒之"徒",与职文中的民徒之"徒",其得名原因是相同的。

(4) 作为官名者,凡 6 例。

《地官》有大司徒、小司徒,又《乡师职》:"司徒之大旗。"《乡大夫职》:"受教法于司徒。""令群吏考法于司徒。"《稍人职》:"以听于司徒。"(6 例)

按:司徒官之得名,乃因掌治民事。《周礼》"地官司徒第二"下贾疏引郑玄《三礼目录》云:"司徒,主众徒。"《尚书·洪范》伪孔传亦云:"主徒众,教以礼义。"作为官名的"司徒",其中的"徒"字也指庶民。

(三) 《周礼》中的奚隶

在《周礼》,确实有一类人,地位接近奴隶,就是奚隶。隶是男奴,奚是女奴。

秋官有五隶,即罪隶、蛮隶、闽隶、夷隶、貉隶。其中罪隶是因犯盗贼等重罪而没入为奴者,其余四隶皆是征战所获的战俘,即所谓"四夷之隶"。五隶各百二十人,是隶中表现较好的;五隶与其余的普通隶民,皆归司隶统辖。表现好的隶民待遇也不差,《师氏》:"使其属帅四夷之隶,各以其兵服守王之门外,且跸。"可见即使在奴隶之中,也有高下之分。

除隶外,还有奚。《周礼》有些官职,成员由女子组成,以奄人为官长,其下属即有奚。《天官·叙官》郑注云:"古者从坐男女,没入县官为奴,其少才知,以为奚,今之侍史官婢。"赵伯雄先生认为,《叙官》男徒女奚的安排,"分明暗示着徒与奚的地位相去不远"[①]。但事实上,这并不意味着徒与奚地位相同。如果可以这样模拟,那岂不是说奄人也可以与作为男性官职之长官的士大夫平等么?从《周礼》经文看,与奚并列的,是隶。《秋官·禁暴氏》:"凡奚隶聚而出

---

① 赵伯雄《〈周礼〉胥徒考》,《中国史研究》,2000 年第 4 期,第 10 页。

入者,则司牧之,戮其犯禁者。"郑注:"奚隶,女奴、男奴也。"可见,《周礼》经文明明白白,男隶女奚并列,不是男徒女奚。

据鲁国尧先生研究,先秦文献中,"隶"常作奴隶解,而到了两汉,它分化出两个意义,"其主要意义之一是'卑贱者'、'卑贱的',有时用作骂人语","'隶'还有另一主要意义,是罪犯、刑徒"。① 在《周礼》中,"隶"字没有后两种含义,仍使用先秦之义。

四、胥徒与《周礼》的官制设置

这部分主要从《周礼》的官制设置上来考察胥徒的身份。从《叙官》所著录的其他政府辅助人员看,胥徒与府史、工贾都是为官府服务的人员,不是纯粹的官员。胥徒序于府史和工贾之下,因为后者的专业技能更强,这与《周礼》"尚能"思想相合。从人员管理体制上看,《周礼》将胥徒与贵族打通,用统一的体制去管理他们,胥徒也享有官府给予的"工资",不是无偿劳役。由这些制度安排,可以看出胥徒并非地位低下之人。

(一) 从官府的其他辅助人员看胥徒

在身份性质上,胥徒既不是纯粹的官员,也不是纯粹的平民,而是所谓"庶人在官者",所以《天官·叙官》郑玄注在解释胥徒的身份时,说:"此民给徭役者,若今卫士矣。"说明胥徒不能视为严格意义上的官员,他们只是官府的辅助角色而已。府史比胥徒高一等,《天官·叙官》郑注说:"凡府史,皆其官长所自辟除。"可见自府史以下,都不能称为严格意义上的官员了,所以《周礼》中没有由府史胥徒担任长官的官职。

官府的辅助人员,除了府史胥徒外,《叙官》还著录了工和贾。《掌皮职》"以式法颁皮革于百工",《考工记·总叙》"国有六职,百工与居一焉",此皆在官之工,与分散于民间之工不同;分散于民间之工,即《大宰》九职"五曰百工,饬化八材",国家分万民为九种职业,百工是其中之一。《仪礼·聘礼》有负责保存圭璋之"贾人",彼即《周礼·叙官》所著录之贾,乃在官者,与散居民间的普通商贾不同;散居民间之商贾,即《大宰》九职"六曰商贾,阜通货贿"。

在《叙官》的排列顺序中,一般把工贾放在府史之后、胥徒之前,如玉府"府二人,史二人,工八人,贾八人,胥四人,徒四十有八人"。王会斌先生对此提出质疑:"《周礼》中工高于商,商高于'庶人'的排列方式,在其他先秦文献中很少见。……从政治地位上讲,农人要高于从事工、商业的人,在文辞叙述上自然

---

① 鲁国尧《"隶书"辨》,《鲁国尧语言学论文集》,南京:江苏教育出版社,2003年,第601、604页。

也多先于后两者。"①这是因为没搞懂《周礼》的规则。《叙官》这样排列,是出于对专业技术的尊重。《天官·叙官》郑注:"府,治藏;史,掌书。"又庖人《叙官》注:"贾主市买,知物贾。"玉府《叙官》注:"工,能攻玉者。"龟人《叙官》注:"工,取龟攻龟。"可知府史工贾,都是具备一定专业技能的。而《周礼》本有"尚能"的思想。《乡大夫职》:"三年则大比,考其德行道艺,而兴贤者能者。""使民兴贤,出使长之;使民兴能,入使治之。"郑注:"贤者,有德行者。能者,有道艺者。""贤者"即德行高尚之人,"能者"即技艺出众之人。《师氏》"以三德教国子",《保氏》"乃教之六艺",二官分掌德行与道艺,即分主贤、能之义。由此可见,《周礼》将贤、能分为二元,不仅仅以道德高下去评定人,也重视专业技能。柯尚迁在解释乡官皆用卿大夫士之有爵者为之时,说道:"凡《周官》有府史胥徒,皆能者之职;惟此与公侯伯子男,为贤者之位。"②在府史、工贾、胥徒的排序中,府史、工贾的专业性高于胥徒,故序于胥徒之上,这与《周礼》的整体思想相一致。

(二)《周礼》将胥徒与贵族统合考虑

《周礼》在官制设计上,是将府史胥徒与各级贵族统一起来考虑的。《大宰职》:"乃施法于官府,而建其正,立其贰,设其考,陈其殷,置其辅。"所谓正、贰、考、殷、辅,是与六官的结构相对应的,六官的核心事务,都由正、贰、考统领。以天官为例,其《叙官》云:"治官之属:大宰,卿一人;小宰,中大夫二人;宰夫,下大夫四人。上士八人,中士十有六人,旅下士三十有二人。府六人,史十有二人,胥十有二人,徒百有二十人。"大宰、小宰、宰夫别职同官,转相佐助,其下只设有一批士与庶人。分别言之,则大宰为正,小宰为贰,宰夫为考,上中下三等士为殷,府史胥徒为辅。其他六官的结构与此相同,故郑玄注云:"正谓冢宰、司徒、宗伯、司马、司寇、司空也。贰谓小宰、小司徒、小宗伯、小司马、小司寇、小司空也。考,成也。佐成事者,谓宰夫、乡师、肆师、军司马、士师也。司空亡,未闻其考。"

《大宰职》又说邦国与都鄙,云:"乃施典于邦国,而建其牧,立其监,设其参,傅其伍,陈其殷,置其辅。乃施则于都鄙,而建其长,立其两,设其伍,陈其殷,置其辅。"以差次考之,在邦国之中,牧指州牧,监指诸侯国君,参指三卿,伍指五大夫,殷指众士,辅指府史胥徒等庶人在官者;在都鄙之中,长指食采地之君,两指两卿,伍指五大夫,殷指众士,辅指庶人在官者。这样一套从公卿以下

---

① 王会斌《周礼"徒"考》,《山西大同大学学报》,2016年第1期,第20页。
② 〔明〕柯尚迁《周礼全经释原》卷四,《景印文渊阁四库全书》,台北:台湾商务印书馆,第96册,第621页。

至于庶人的治理结构,与王国的官府相同。

《周礼》不仅在官制设计上未曾明确区分庶人与贵族,在颁发"工资"时也是将他们合起来考虑的。《大宰职》有九式:"一曰祭祀之式,二曰宾客之式,三曰丧荒之式,四曰羞服之式,五曰工事之式,六曰币帛之式,七曰刍秣之式,八曰匪颁之式,九曰好用之式。"其中"匪颁之式",主要部分就是臣下的禄廪,即"工资"。孙诒让云:"凡经言匪颁者,以群臣之禄为最大。此外若稍食及岁时之常赐,遗人之委积,凡著于秩籍、为法所当得者,并入此科。"①《廪人职》云:"掌九谷之数,以待国之匪颁、赒赐、稍食。"江永《周礼疑义举要》云:"《廪人》匪颁,即《大宰》之匪颁,百官之禄是也。"②"统言匪颁,则稍食在其中。分言之,则诸臣之禄为匪颁,在官工役之禀为稍食。"③江永所说的"在官工役",就包括了府史胥徒。

《御史职》云:"凡数从政者。"郑注云:"自公卿以下至胥徒凡数,及其见在空缺者。"这就是说,《叙官》中各级官员数量的"编制",由御史掌管。"从政者"既包括上至公卿的贵族,也包括下至平民的胥徒,只要《叙官》有规定其员额的,其"编制"都归御史掌管。

由此可见,在人员管理体制上,《周礼》并不将庶人与士以上的贵族区别对待,而是用一套统一的体制去管理他们,从制度上打通了贵族与庶人。胥徒与担任官职的贵族一样有"工资",说明他们不是为官府免费服役,而是有一定地位的。

五、小结

以上探讨,比较全面地梳理了《周礼》中胥徒的来源和身份问题。胥徒来源于授田制下的平民,其家人有国家颁授的"官田",其本人有国家给予的稍食,并非无偿劳动的苦力。他们是《周礼》政权体系所依赖的重要力量,《周礼》将他们与贵族官员统合起来管理。"徒"之得名,源于步行,它在《周礼》中尚未用于专指服役的民众。

据此来看,《周礼》所设计的国家制度,乃是以平民为执政基础和依靠力量的;《周礼》中并没有出现大规模的阶级分化。此书虽非周公手定,但它也不是战国的实录,其成书过程复杂,难以简单定案。钩稽其中的制度与理念,仍应以文本为主,探求其"内在理路",方才可靠。

---

① 〔清〕孙诒让著,汪少华整理:《周礼正义》卷三,第126页。
② 〔清〕江永《周礼疑义举要》卷三,《景印文渊阁四库全书》,台北,台湾商务印书馆,第101册,第747页。
③ 〔清〕江永《周礼疑义举要》卷三,第748页。

中国古代礼学文献分类沿革考

杜以恒[*]

【内容提要】 礼学文献数量大、种类多、辐射广,是中国礼乐文明的重要载体。礼学文献的分类,不仅体现了目录学家的学术水平,也是一个时代礼学风尚的缩影。本文先讨论礼学文献的定义,总结了经学内部层累式生成、经学外部制度化生成、学科渗透融合式生成这三种礼学文献衍生方式,进而提出了礼学文献的层次定义法。然后以层次定义法为依据,遍考历代重要书目,分析礼学文献的分类沿革及其反映的学术兴衰。本文认为,随着礼学的发展,礼学文献不断增加,其分类的总体趋势则是由简单到复杂,由粗疏到精密。礼学文献遍布四部,而其大端则在经部礼类、经部经解类、史部职官类、史部仪注类、史部目录类、子部类书类。礼学文献分类史,以《七略》为源头,经历汉代至唐代的缓慢发展,于《通志·艺文略》达到第一个高峰,复于《国史经籍志》达到第二个高峰,最终于《四库全书总目》达到第三个高峰。这是礼学目录演进的大势。

【关键词】 礼学文献 《汉书·艺文志》《通志·艺文略》《国史经籍志》《四库全书总目》

中国古代礼学文献数量庞大、种类繁多,是中国传统文化的重要载体。对礼学文献进行分类、编目,是礼学家、文献学家的重要任务。礼学文献分类的差异,往往可以折射出不同学者、不同时代的学术风格。对中国古代礼学文献分类的讨论,不仅是中国目录学史研究的组成部分,也是中国礼学史研究的应有之义。

中国古代书目大体可以分公藏、私藏、史志、专科、特种五个类型,其中公藏、私藏目录往往受限于藏书种类、数量,不能全面体现礼学分类思想。专科、特种目录,则又范围较小。史志目录统摄四部,收录文献全面,而且大多带有官方性质,反映一个时代的主流观念,是我们研究的重点。当然,对于《崇文总目》《郡斋读书志》等成书年代早、著录文献多的重要公藏、私藏目录,我们也一并纳入考察范围。

---

[*] 本文作者为北京大学中文系古典文献专业2018级博士。

讨论古代礼学文献的分类,首先要明确礼学文献的概念。由于礼、礼学的概念本就存在不同意见,礼学文献的概念也众说纷纭。下面,我们先从礼学文献的界定谈起。

一、礼学文献的定义及分层

2013年,兰甲云、陈戍国、邹远志三位先生联名发表《古代礼学文献的分类及其学术意义》①一文,提出了"古代礼学文献"的定义:

> 古代礼学文献是指古代所有与礼典、礼制、礼仪、礼教、礼治等相关的文献及资料,其范围包括晚清及其以前所有记载、研究、体现中国古代礼仪制度、礼教传统、礼仪礼制实践以及各阶层的礼仪活动的文献典籍,也即后人研究中国古代礼典礼仪制度、礼教、礼治所必须参考之文献。

三位先生的探讨具有开创性,其定义也十分全面。然而,这一定义虽然概括性强,但是没有划分礼学文献的层次,没有突出重点,略显宽泛。

为了解决这一问题,我们根据礼学文献的生成规律,提出了层次化的礼学文献定义。下面,我们从"礼"谈起,追源溯流,探索礼学文献的生成历程。

(一)"礼"

《说文·示部》:"礼,履也。所以事神致福也。""礼"就是祭祀神灵以求福佑之礼仪,其产生可以追溯到原始社会。狭义的礼,就是指以祭祀为核心的各项礼仪。后来,"礼"的含义不断扩大,《大戴礼记·礼三本》云:"礼上事天、下事地,宗事先祖,而宠君师,是礼之三本也。"②礼事天地、礼事先祖、礼事君师是礼的三个根本方面。也就是说"礼"的范围由处理人与神的关系扩大到处理人与神、人与鬼、人与人的关系。既然"礼"可以处理人与人的关系,那么似乎与修齐治平有关的一切都可以囊括在内了。这样一来,连对"礼"下一个标准的定义都成了很困难的事。阴法鲁、许树安、刘玉才三位先生主编的《中国古代文化史》第四章《古礼总说》对广义的"礼"有较为凝练的定义:

> (礼)几乎是一个囊括了国家政治、经济、军事、文化一切典章制度以及个人的伦理道德修养、行为规范和准则的庞大概念。③

---

① 兰甲云、陈戍国、邹远志《古代礼学文献的分类及其学术意义》,《湖南大学学报(社会科学版)》,2013年第5期,第27—31页。
② 《大戴礼记》卷一,《中华再造善本》影印国家图书馆藏元至正十四年嘉兴路儒学刻本,北京:国家图书馆出版社,2003年,第9页。
③ 阴法鲁、许树安、刘玉才《中国古代文化史》(上),北京:北京大学出版社,2008年,第109页。

简而言之,礼有广、狭二义,其内涵随着学术的发展不断变化。

(二)"礼学"

"礼学"则与包罗万象的"礼"有很大区别。"礼"是实践,而"礼学"是经学的分支,是一门学问。虽然原始社会就有了祭祀,有了"礼"。但是学术意义上的"礼学",则始于孔子。孔子之前,"礼"不过是官方的规定或是民间的"约定俗成",并不能成为一门学问。孔子"以《诗》《书》《礼》《乐》教,弟子盖三千焉"[1],至此"礼"才有了师承、有了经典,成为"礼学",成为儒家经学的一部分。经学,就是解释儒家经书的学问。礼学,就是解释礼经的学问。所谓"礼学"即是"礼经学",又称"三礼之学"。中国古代礼学文献的核心无疑是解释《仪礼》《周礼》《礼记》这三部礼经的著述。可以说,"三礼"是后世所有礼学文献之总源。

(三) 礼经

孔子教授之《礼》,即《仪礼》,又称《礼经》,是最早、最核心的礼学文献,主要记载周代各种礼仪程序。战国晚期[2]又出现了《周礼》一书,记载周代官制,源于史实,而又含有理想成分。自春秋至两汉,礼学得到了极大发展,产生了很多旨在对《仪礼》进行解释的"记",《汉书·艺文志》(下简称《汉志》)著录为"记百三十一篇"[3],这些记大多单篇流传,并未汇编。汉代戴德、戴圣从这些"古记"中加以采择,分别编成《礼记》[4]。《大戴礼记》收入 85 篇,《小戴礼记》收入 49 篇。

二戴《礼记》成于众手,所收之记与《仪礼》的关系较为复杂。根据诸记与《仪礼》关系的远近,可大致把二戴所收录之记分为四类[5]:

(1) 补礼经。即所谓"逸经",是《仪礼》散失的篇目,如《投壶》《公冠》等。

(2) 解礼经。这类记或解释《仪礼》的仪式细则,或解读《仪礼》诸篇的礼义,如《曲礼》《冠义》《昏义》等。

(3) 阐述儒家思想。这类记侧重讲解儒家思想、理念,如《大学》《中庸》

---

[1] 《史记》卷四七《孔子世家》,北京:中华书局,2014 年,第 2347 页。

[2] 关于《周礼》成书年代,学界聚讼不休,本文采取钱穆、钱玄、王锷诸先生之"战国晚期说",详参王锷《〈周礼〉的书名、作者及其成书年代》,《国学茶座》2015 年第 1 期,总第 6 期,第 19—23 页。

[3] 《汉书》卷三〇《艺文志》,北京:中华书局,1962 年,第 1709 页。

[4] 〔唐〕陆德明《经典释文序录》引晋陈邵《周礼论序》云:"戴德删古《礼》二百四篇为八十五篇,谓之《大戴礼》;戴圣删《大戴礼》为四十九篇,是为《小戴礼》。"《序录》并主"大戴删古礼,小戴删大戴"之说,是以后人多因袭之。吴承仕《经典释文序录疏证》引戴震、钱大昕、陈寿祺之说,兼以己意,详论二戴乃分别编选《礼记》。今取戴、钱、陈、吴之说。详见吴承仕《经典释文序录疏证》,北京:中华书局,1984 年,第 101—106 页。

[5] 二戴《记》分类用刘晓东师说。此说于 2017 年山东大学本科生课程《礼记导读》讲授,未发表。

《儒行》。

（4）独立文献。有一些记，在编入二戴《礼记》之前就有较强的独立性，如《夏小正》《月令》《五帝德》等，记载了月令、古史等专门知识。

这四类中，补礼经与解礼经的记与《仪礼》关系非常紧密，而儒家思想、独立文献诸篇则与《仪礼》"若即若离"。实际上，《大学》《月令》等篇目与礼学关系并不密切，编入《礼记》，是为了拓宽学礼者的知识面，以便更好地学习礼学。二戴《记》均编成于汉代，所收篇目远远超越了基本的解经需要，这与汉代"礼"这一概念的扩大紧密相关。

（四）礼学文献的生成方式与层级关系

《仪礼》《周礼》《礼记》《大戴礼记》是较早的礼学文献，后世的礼学文献也大多围绕它们而生成。但是由于礼本身兼具较强的政治性与实践性，礼学文献也逐渐越过了"礼经学文献"的藩篱，向其他学科辐射。从文献生成的角度，我们把礼学文献的生成路径归结为三：经学内部层累式生成、经学外部制度化生成、学科渗透融合式生成。以下我们分别探讨这三种生成方式，并尝试着按照重要性划分每种方式所对应的文献层级。

（1）经学内部层累式生成。[①] 自《仪礼》《周礼》《礼记》产生以来，对三礼的训解层出不穷，出现了大量解经之作。以《仪礼》为例，东汉郑玄《仪礼注》解释《仪礼》，唐贾公彦《仪礼疏》又解释经与注，清胡培翚《仪礼正义》又复解释《仪礼》经、注、疏，这是一个递进地、层累地文献生成过程。层累式生成的解经之作不一定专门针对某部经书，也可以针对"三礼"这个整体，如宋聂崇义《三礼图》、清江永《礼书纲目》、清黄以周《礼书通故》。解经之作亦可针对"三礼"中提到的具体问题，如清胡匡衷《仪礼释官》。解经之作还可以针对礼经的某一篇，如子夏《丧服传》、东汉蔡邕《月令章句》。甚至于"三礼"之纬书，如《礼纬》《礼记默房》，本质上也是解经之作，《隋书·经籍志》（下简称《隋志》）云"纬书解经"[②]，且将谶纬类归入经部，更是纬书当归入解经之作的明证。需要指出的是，陈澔《礼记集说》等宋元注并非层累式生成，这些经解力图绕开注疏，直接解经，创建了"正经注疏系统"之外的"五经四书系统"[③]，其系统内部又重新开

[①] 经学内部层累式生成受《汉书·艺文志·六艺略》礼类启发。礼类排列顺序为《仪礼》《礼记》《周礼》，排列顺序严格按照三礼文献生成规律。详见下文第二部分《汉书·艺文志》之分类"。

[②] 《隋书》卷三二《经籍志》，北京：中华书局，1973年，第948页。

[③] 顾永新师将经学文献划分为正经注疏系统、五经四书系统、辅翼系统，辅以"级次文献""树状年轮结构"理论，充分揭示了经学文献内部衍生的规律、层级，是为本文"经学内部层累式生成"之主要依据。"树状年轮结构"理论于2019年北京大学研究生课程"经学文献学"课堂讲授，未发表。经学文献三大系统之划分与"级次文献"理论详参顾永新《经学文献与经学文献学刍议》，《北京大学学报（哲学社会科学版）》2019年第4期，第46—54页。

始了新的层累式生成。虽然这两大系统产生时间有先有后,但均属经学内部层累式生成。这一方式生成的文献由"三礼"派生,偏重学术,大体属"礼经学"范畴,居于礼学文献第一层级,是礼学文献体系的核心,最为重要,我们称之为"核心礼学文献"。

(2)经学外部制度化生成。这一生成方式越过了礼学的经学属性,与礼的实用性息息相关。《仪礼》《周礼》都是"一代之礼",分别反映了周代的礼仪、职官制度。由于不能适应时代的变化,周礼在春秋战国时期就"礼崩乐坏"了。每个朝代都需要一套礼仪制度来划分社会等级、稳定社会秩序,即《隋志》所谓"事在通变,或一时之制,非长久之道"①者。易代之际,往往都伴随着旧礼之崩与新礼之立。新礼的重心往往是礼仪、职官两大方面,前者由《仪礼》派生,后者由《周礼》派生。如唐代《大唐开元礼》《唐六典》,就分别渊源自《仪礼》《周礼》。我们把历代记载礼仪程序、职官制度的文献也视为礼学文献的组成部分。这些文献大多带有较强的制度性、实用性,但其重要性自然不可与"三礼"及其经解相比,故而将经学外部制度化生成的文献置于第二层级,称作"重点礼学文献"。

经学内部的解经著作与经学外部的礼仪、职官文献是相对独立,而又互相影响的。经学本身就是官学,很容易对礼仪、职官制度的制定施加影响。反之,礼仪、职官文献又可以成为训解礼经的鲜活材料,对经解产生时代性影响。

需要说明的是,前述《礼记》中之"独立文献"所衍生之文献,我们并不认为它们是礼学文献。比如说,《夏小正》《月令》讲天文历法,《五帝德》《帝系姓》讲古史,但我们不能认为后代的时令、古史著作都是礼学文献。"二戴"将这些独立文献收入《礼记》的目的,不过是为习礼者提供参考。当然,直接收入《礼记》的《夏小正》《月令》等独立文献及其注释②,自然属于礼学文献。但是这些独立文献所衍生的与礼学并无直接关联的专科文献③,则不属于礼学文献的范畴。

(3)学科渗透融合式生成。中国文化向来以"礼乐"著称,礼学的影响遍及四部,渗透到古代文献的方方面面,并与各学科融合,生成了很多含有礼学成分但并不以礼学为主体的文献,我们把这种由学科渗透、融合生成的文献称之为"交叉礼学文献",这类文献的重要性远远低于核心礼学文献与重点礼学文献,故而我们把交叉文献置于礼学文献的第三层级。

"交叉文献"存量极大,极难理清。比如说,二十四史及其衍生出的注释、再注释之作基本均含有礼学元素。子部诸家讨论问题时,也经常涉及礼学。

---

① 《隋书》卷三三《经籍志》,第972页。
② 如东汉蔡邕《月令章句》,是训解《月令》之作,属于核心礼学文献。
③ 如东汉崔寔所著《四民月令》,是由《夏小正》《月令》衍生出的专科文献,不属于礼学文献范畴。

集部总集及众多别集中,涉及礼学者更是不可计数。为了避免这种"四部皆礼"的泛化问题,交叉文献内部又需要按照礼学元素所占比重划分层次,也就是挑出较为重要的部分。这一划分已经不是简单的文献生成分析,而是一种价值判断,完全是可以反复探讨的。

以下结合笔者粗浅的认识,列举五种较为重要的交叉礼学文献:

群经总义类文献。此类文献总论群经,涉及三礼,如清人皮锡瑞名著《经学历史》《经学通论》,是治礼者必读之入门书。然而皮氏二书遍论群经,并非专主礼学,属于交叉礼学文献。

政书。多以会典的形式存在,如唐杜佑名著《通典》,虽然是一部政书,但属于交叉礼学文献中较为重要的典籍。全书二百卷中,卷一九至卷四〇为"职官",卷四一至卷一四〇为"礼",二者合计122卷,皆与礼学关系紧密。《通典》中的礼学元素占比高达六成以上,历来受到礼学家高度重视。

正史。历代正史之中多有礼乐志、职官志,这些史志是礼学研究极为重要的资料。就单志来说,它们无疑属于重点礼学文献。但是以正史这一整体论,则属于交叉礼学文献。

书目。古代书目对于研究礼学文献存藏与礼学学术源流具有重要作用,但群书目录并非专记礼书,故而属于交叉礼学文献。

类书。不少类书中保存了大量珍贵的礼学资料。如《宋中兴礼书》,即是从《永乐大典》中辑出。类书虽然重要,但包罗万象,不专录礼学一门,故属交叉礼学文献。

上所举五类,皆属交叉礼学文献中较为重要的文献,我们称为"重要交叉礼学文献"。在下文的讨论中,我们将重点对这几类交叉礼学文献进行探讨。至于一般交叉礼学文献,则暂不纳入考察范围。

《中庸》《大学》文献较为特殊,需要特别说明。"四书"之中的《中庸》《大学》乃《礼记》之两篇,对这两篇礼记的注解最早见于《汉书·艺文志》,《汉志·六艺略》礼类著录有《中庸说》一部。从文献生成的角度来说,《中庸》《大学》是礼经的组成部分,对这两篇的训解自然属于经学内部层累式生成的文献,属于核心礼学文献。然而,两宋以来"四书之学"兴起,宋元明清产生了大量研究《中庸》《大学》的著作,大多是从理学的角度出发,与礼学的关系已经微乎其微了。简而言之,宋以前的《中庸》《大学》著作属于礼学,宋以后的则大多属于理学。然而,即便是以理学为第一性的《中庸》《大学》文献,我们仍然认为它们具有一定的礼学属性,元代所修《宋史·艺文志》、清初所修《千顷堂书目》仍然把专论《中庸》《大学》的著作收入经部礼类,便是明证。故而下文在讨论历代礼学文献分类沿革之时,我们把四书类文献也纳入考察范围内,以求更好地揭示礼学与理学的联系及其分化过程。

以上，我们从礼的源头谈起，梳理了礼学文献的三种生成方式及其对应的文献层级。为了方便理解，我们把礼学文献生成过程与内外层次图示如下：

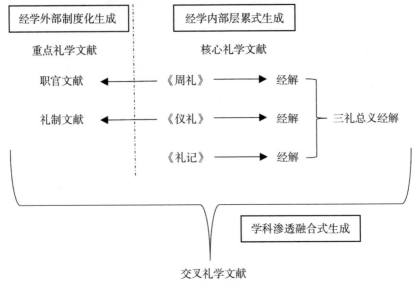

图1 礼学文献的生成

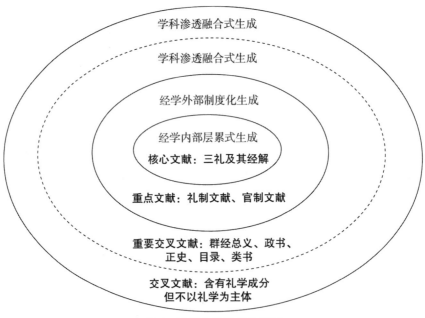

图2 礼学文献层级示意图

综上所述，我们可以试着总结出一个层次化的礼学文献定义：

礼学文献是"三礼"本身及其衍生文献的总和。按照文献生成方式和重要程度，可以将"三礼"及其经解划分为核心礼学文献，将历代礼制书、官制书划分为重点礼学文献，将含有礼学元素的其他类别文献划分为交叉礼学文献。

这一定义突显了礼学的经学属性，同时把经学外部的礼学文献包括在内，有较好的延展性，有利于体现礼学文献的层次性，还可以有效地克服"礼学文献"这一概念的泛化倾向。基于这样的认识，我们认为古代礼学文献的整理与研究应当侧重核心，由源及流，由内及外，循序渐进。下文讨论历代目录对礼学文献的划分时，我们也以这种层次化定义为理论依据。

当然，这一定义只是总体而论，具体到个案仍会出现不少特例，尤其是礼学文献的重要性不一定总与文献生成规律保持一致。如杜佑《通典》属于重要交叉礼学文献，是礼学文献体系的外围。但《通典》是礼学要籍，含有礼学元素的数量和质量比很多专门记载礼仪、职官的文献还要多，《通典》无疑更为重要。面对浩如烟海的礼学文献，我们在总体把握之余，还需要具体问题具体分析。

二、《汉书·艺文志》之分类

今可考最早之礼学文献分类见于《汉志》。汉成帝时，刘向等人受命校理皇家藏书。刘向卒后，汉哀帝命刘歆承其父业。刘歆在其父所撰《别录》基础上，编成中国历史上第一部分类的综合目录——《七略》，分"辑略""六艺略""诸子略""诗赋略""兵书略""术数略""方技略"七大类。大类下又分三十八小类，各书均附有提要。班固《汉志》在《七略》基础上修成，但是将"辑略"散入各类，删去各书提要（部分书目保存了片言只句），对部类进行了"出""入""省"等细微调整。后来《七略》失传，我们只能借由《汉志》窥见《七略》之大概。

礼学文献在《汉志》中主要分布于"六艺略"礼类，其余分布于"六艺略"论语类、孝经类。

"六艺略"礼类收书14部，[①]前后排列谨严，我们将礼类书按排列顺序再分为七类：

1. 礼经："《礼古经》五十六卷，《经》十七篇"。[②]
2. 礼记："《记》百三十一篇"、《明堂阴阳》《王史氏》《曲台后仓》。
3. 礼记解说：《中庸说》《明堂阴阳说》。
4. 《周礼》经传：《周官经》《周官传》。

---

① 《汉书》卷三〇《艺文志》，第1709页。
② "十七"，国图藏北宋本、南宋白鹭洲书院本、静嘉堂文库藏宋湖北本、元大德九路本、明汲古阁本、清武英殿本均作"七十"。宋刘敞、朱熹已指出"七十"当是"十七"之误。中华书局点校本亦已括补作"十七"。今从中华本径改。刘敞、朱熹说见朱熹《仪礼经传通解·仪礼经传目录》、《汉志》礼类考证。

5. 军礼:《军礼司马法》。
6. 封禅文献:《古封禅群祀》《封禅议对》《汉封禅群祀》。
7. 礼议:《议奏》。

刘歆先列《礼经》,再列解释《礼经》之记,复列对礼记的解说,完全符合《仪礼》文献层累式生成规律。《仪礼》之后,再列《周官经》以及释经之传,亦符合《周礼》文献生成规律。前四类录三礼经传,属于核心礼学文献。第五类乃班固所加《军礼司马法》。《司马法》为兵书,并非核心礼学文献,焦竑《国史经籍志·纠谬》曰:"《司马法》入礼,非,改兵家。"① 然而,五礼中军礼早已亡佚,《司马法》中尚存部分周代军礼,入礼类未尝不可。② 再次为封禅文献及礼议。封禅文献是礼制文献,并非经学内部生成的核心礼学文献。礼议,即"石渠奏议",所论不止三礼,《汉志》六艺略尚书类、礼类、论语类都著录有《(石渠)议奏》,可见石渠之论兼及众经,当属群经总义文献,为重要交叉礼学文献。

"六艺略"《论语》类末尾著录有"《孔子三朝》七篇"③。颜师古注:"今《大戴礼》有其一篇,盖孔子对哀公语也。三朝见公,故曰三朝。"《大戴礼》所载《孔子三朝记》实际上是一组文献,共七篇。宋代王应麟考证《孔子三朝记》实际就是《大戴礼记》中的《千乘》《四代》《虞戴德》《诰志》《小辨》《用兵》《少闲》七篇,④ 记载了孔子自卫反鲁之后与鲁哀公讨论治国之道的数次对话,于礼多有涉及。汉代《孔子三朝记》虽然被戴德收入《大戴礼记》,但同时仍旧单行。由于《三朝记》七篇带有孔子语录的性质,故而也被刘歆收入《论语》类。

"六艺略"《孝经》类末尾著录有"《五经杂议》十八篇",颜师古注:"石渠论。"⑤ 王先谦《汉书补注》云:"此经总论也。"⑥《五经杂议》当为"石渠奏议"中杂论五经的内容,属于群经总义类文献,在礼学文献层级中属于重要交叉礼学文献。至于《五经杂议》缘何附于《孝经》类之后,余嘉锡先生有很好的解释:"特当时总解群经之书尚少,故姑附之于此耳。"⑦

总的来说,《汉志》是礼学文献分类的发端,但其分类系统性不够强,尚显质朴。

---

① 〔明〕焦竑《国史经籍志》卷六《附录》,《续修四库全书》(第916册),上海:上海古籍出版社,2002年,第584页。
② 据《周礼·县师》所载,《司马法》当为周代司马所掌政典,今残存五篇。详参:〔宋〕王应麟《汉艺文志考证》卷二,王应麟《汉制考·汉艺文志考证》,北京:中华书局,2011年,第164—165页。
③ 《汉书》卷三〇《艺文志》,第1717页。
④ 〔宋〕王应麟《汉艺文志考证》卷四,第189页。
⑤ 《汉书》卷三〇《艺文志》,第1718页。
⑥ 〔清〕王先谦《汉书补注》,陈国庆《汉书艺文志注释汇编》,北京:中华书局,1987年,第83页。
⑦ 余嘉锡《目录学发微·目录类例之沿革》,北京:中华书局,2007年,第149页。

表1 《汉书·艺文志》礼学文献分类表

分布	部类	六艺略				
	类	礼类			论语类	孝经类
	内容	仪礼、礼记、周礼	封禅	议奏	《孔子三朝记》	《五经杂议》
文献层级		核心	重点	重要交叉	核心	重要交叉

从《汉志》分类,我们还可以得到一些学术史上的启发:

1. 从三礼文献著录数量上看,西汉《仪礼》学兴盛,《周礼》学稍次,《礼记》大多单篇别行,完全作为《仪礼》学之附庸,并没有形成专门之学。

2. 十四部书中,封禅文献独占其三,侧面印证了西汉武帝以来对封禅礼之推崇。

3. 《汉志》六艺略《易》《尚书》《诗经》《礼》《春秋》《论语》《孝经》类所录文献数量相差不大,唯有《春秋》略多,足见西汉之时各经发展较为均衡。

三、汉唐间书目之分类

汉唐之间产生了一大批图书分类目录,可惜大多亡佚,只能借助《广弘明集》所载《七录序》及《隋书·经籍志》等文献窥其一斑。现今所知最早的魏晋南北朝书目是魏秘书郎郑默所作《中经》,其详细情况已不可考。西晋秘书监荀勖在《中经》基础上又作《新簿》,后人称为《中经簿》或《中经新簿》,分甲、乙、丙、丁四部。关于各部内容,《隋书·经籍志》有简略记载:"一曰甲部,纪六艺及小学等书;二曰乙部,有古诸子家、近世子家、兵书、兵家、术数;三曰丙部,有史记、旧事、皇览簿、杂事;四曰丁部,有诗赋、图赞、汲冢书。"①从《隋志》记载来看,《中经新簿》所分甲、乙、丙、丁四部,大体对应经、子、史、集四部,礼学文献当列于甲部之中,具体情况则不得而知。

东晋之初,著作郎李充作《晋元帝四部书目》,仍沿用《中经新簿》分类之法,只是将乙部、丙部调换了顺序,②礼学文献仍当居于甲部。东晋义熙四年(408),又出现了一部《秘阁四部目录》。南朝宋元嘉八年(431)秘书监谢灵运编《四部目录》。元徽元年(473)秘书丞王俭又作《秘阁四部书目录》。这些官修书目皆分四部,盖与《中经新簿》《晋元帝四部书目》一脉相承,礼学文献皆当置于甲部。

---

① 《隋书》卷三二《经籍志》,第906页。
② 〔梁〕阮孝绪《七录序》云:"著作郎李充,始加删正,因荀勖旧簿四部之法,而换其乙、丙之书。"《七录序》见《四部备要》本《广弘明集》卷三。

元徽元年，王俭于《秘阁四部书目录》之外又作《七志》，《隋志》载有其纲目："一曰《经典志》，纪六艺、小学、史记、杂传；二曰《诸子志》，纪今古诸子；三曰《文翰志》，纪诗赋；四曰《军书志》，纪兵书；五曰《阴阳志》，纪阴阳图纬；六曰《术艺志》，纪方技；七曰《图谱志》，纪地域及图书。"①《七志》是在《七略》的基础上改进而来，从《七志》的类目来看，礼学文献当置于《经典志》之中，具体如何，已无从得知。

齐永明元年(483)，秘书丞王亮、秘书监谢朏作《秘阁四部目录》，仍祖四部分类法。梁天监四年②(505)，秘书监任昉、殷钧作《文德殿书目》，在四部之外将术数之书另立一部，总体框架仍与四分法相似。齐、梁官修书目，虽有四部、五部之别，但礼学文献应与两晋、刘宋时官修书目一致，置于甲部。

梁普通年间(520—526)，阮孝绪综括宋、齐以来诸家书目，作《七录》。《七录》已经亡佚，但唐人释道宣辑《广弘明集》中保留了《七录序》以及《七录目录》。《七录》分图书为七，《隋志》云："一曰《经典录》，纪六艺；二曰《记传录》，纪史传；三曰《子兵录》，纪子书、兵书；四曰《文集录》，纪诗赋；五曰《技术录》，纪数术；六曰《佛录》；七曰《道录》。"每录之下，又复分部。《经典录》分《易》《尚书》《诗》《礼》《乐》《春秋》《论语》《孝经》、小学九部，与刘歆《七略》"六艺略"完全一致。其余各录则与《七略》都有或多或少的差异。从《七录》各部类名称，我们认为礼学文献中经学内部生成的文献主要集中于《经典录》礼部，经学外部生成的礼制文献集中于《记传录》仪典部，经学外部生成的官制文献集中于《记传录》职官部。考虑到《七略》中《孔子三朝记》归入"六艺略"《论语》类，我们认为《七录》中《经典录》"《论语》部"、《子兵录》"儒部"也很有可能包含少量礼学文献。《七录》分类之精细远超前贤时彦，对后代分类目录产生了深远影响，姚名达云"《七录》在分类史中所占之地位实为一承前启后之关键"③，这一论断十分中肯。

表 2 《七录》礼学文献分类表

分布	部类	经典录		记传录	
	类	礼部	论语部	仪典部	职官部
	内容	三礼？	孔子三朝记？	礼制文献	职官文献
文献层级		核心	核心	重点	重点

---

① 《隋书》卷三二《经籍志》，第 907 页。
② 《七录序》所附《古今书最》作"天监四年"，《隋志》作"天监六年"。《七录序》早于《隋志》，此取"天监四年"。
③ 姚名达《中国目录学史》，北京：商务印书馆，2014 年，第 68 页。

《七录》之后，陈、隋二朝又有《陈天嘉六年寿安殿四部目录》《陈德教殿四部目录》《开皇四年四部目录》《开皇八年四部书目录》《隋大业正御书目录》等官修目录见于著录①，皆当沿用四部分类法。

魏晋南北朝及隋代之官修书目大多采用四分法，如《中经新簿》《晋元帝四部书目》。礼学文献在官修书目中基本集中于相当于经部的甲部。私修书目《七志》《七录》在《七略》基础上进行改进，采用七分法。礼学文献在《七志》《七录》中主要分布在相当于"六艺略"的《经典志》《经典录》中。而《七录》中《记传录》内明确分出了仪典部、职官部，证明由经学外部制度化生成的礼学文献已经初具规模。《七录》中《子兵录》儒部也很有可能包含少量礼记性质的礼学文献。礼学文献在《七录》中已经呈现出广泛分布于经、史、子三部的迹象，比《七略》分布更为复杂，这一分布也勾勒出了礼学文献在后世书目中分布的基本框架。惜六朝及隋代书目十不存一，难窥全貌。

四、《隋书·经籍志》之分类

《隋志》本属于唐显庆元年（656）修成之《五代史志》的一部分，后随《五代史志》一并附入《隋书》。《隋志》"远览马《史》、班《书》，近观王、阮《志》《录》，挹其风流体制，削其浮杂鄙俚，离其疏远，合其近密，约文绪义"②，尽取前代书目之长。《隋志》确定了四部分类法的正统地位，反映了两晋南北朝至隋的图书著录情况，是《汉志》之后、《四库全书总目》之前最重要的书目。

《隋志》所载礼学文献数量多、分布广，较为复杂，主要分布于经部礼类、经部论语类、经部谶纬类、史部职官类、史部仪注类、史部簿录类、子部杂家类。

经学内部层累式生成的礼学文献主要分布于《隋志》经部礼类。礼类共著录文献136部③，文献排列顺序为：《周礼》文献、《仪礼》文献、《礼记》文献、三礼总义文献。

经部论语类含有大量群经总义类的交叉礼学文献，如《白虎通》《五经大义》《七经论》《六艺论》，共29部，均为重要交叉礼学文献。除此之外，《论语》类末附三部《谥法》、一部《江都集礼》，均属于经学外部制度化生成的礼制文献，是重点礼学文献，按理当入史部仪注类。焦竑云"《谥法》三种入论语，非，附仪注；《江都集礼》入论语，非，改仪注"④，甚是。谥法类文献与《江都集礼》在

---

① 并见《隋书·经籍志》史部《簿录篇》，《隋书》卷三三《经籍志》，第991页。
② 《隋书》卷三二《经籍志》，第908页。
③ 若通计亡佚之书，则多达211部。本文所谓《隋志》经部各类著录文献数量，均不含亡佚之书。详见《隋志》经部礼类，《隋书》第919—924页。
④ 〔明〕焦竑《国史经籍志》卷六《附录》，第584页。

《隋志》以下诸目中所处部类屡有更革,下文我们会持续讨论。

经部谶纬类列有《礼纬》《礼记默房》两部礼学纬书,属于解经之作,为经学内部层累式生成文献,是核心礼学文献。

经部小学类列有《一字石经仪礼》一部,可视为《仪礼》一书的不同版本,亦为核心礼学文献。

史部职官类列有《汉官解诂》《汉官注》《汉官仪》等27部职官文献,属于经学外部制度化生成的礼学文献,是重点礼学文献。

史部仪注类列有《汉旧仪》《晋新定仪注》等59部礼制文献,属于经学外部制度化生成的礼学文献,是重点礼学文献。

史部出现了专门著录历代目录的类别——簿录类,其中所载《七略》《七志》等群书目录均含有礼学文献著录信息,属于重要交叉礼学文献。《隋志》簿录类著录有《杂仪注目录》,是礼制文献的专科目录,属于重点礼学文献。

子部杂家类列有《皇览》《帝王集要》等类书,属于重要交叉礼学文献。

表3 《隋书·经籍志》礼学文献分类表

部类		经部				史部			子部
分布	类	礼类	论语类	谶纬类	小学类	职官类	仪注类	簿录类	杂家
	内容	周礼、仪礼、礼记、三礼总义	群经总义	谥法、《江都集礼》	礼纬	《一字石经仪礼》	职官文献	礼制文献	群书目录	《杂仪注目录》	类书
文献层级		核心	重要交叉	重点	核心	核心	重点	重点	重要交叉	重点	重要交叉

从《隋志》礼学文献分布,我们可以得出一些认识:

1. 六朝礼学兴盛,远超其他经典之学。《汉志》"六艺略"各经著录文献数量较为平均,《隋志》经部各经之类则有较大差异。《隋志》易类69部,书类32部,诗类39部,礼类136部,乐类42部,春秋类97部,孝经类18部,论语类73部。诸经之中,礼类文献著录量独多,可见六朝礼学之盛。六朝时门阀士族兴起,世家大族需要礼来维系内部秩序,故而礼学大兴。清人认为"五经正义"中《礼记正义》水平最高,这可能与六朝礼学的兴盛密切相关。

2. 《周礼》《礼记》地位大幅提升。《汉志》礼类《仪礼》文献在前,《礼记》文献作为《仪礼》附属紧随其后,《周礼》文献则在《礼记》之后,作为《仪礼》的附属。《隋志》则《周礼》文献在前,《仪礼》次之。《礼记》自成一体,且有相当规模,置于《仪礼》之后。这样的变化,说明六朝时期《周礼》《礼记》的礼学地位有所提高,而《仪礼》的地位则相对下降。礼是郑学,东汉郑玄注三礼时尤重《周礼》。六朝时期,《周礼》又多次作为政治制度改革的重要参考。① 学术、政治之变,共同推动《周礼》地位迅速上升。自《隋志》之后,《周礼》《仪礼》《礼记》的排列顺序基本固定。

3. 礼类文献中,《丧服》类文献所占比重极大。《丧服》是《仪礼》中相对独立的一篇,围绕《丧服》逐渐形成了从属《仪礼》学而又相对独立的《丧服》学。《隋志》所载《仪礼》文献 54 部,其中 50 部为专门的《丧服》学文献。仅《丧服》学文献就在整个礼类占比三分之一以上,可见六朝《丧服》之学崛起并成为显学。

4. 礼类文献中开始出现大量三礼总论类文献,如《礼论》《三礼义宗》《三礼图》等。这说明六朝之时三礼开始互通,礼学发展到更深的层次。

5. 礼经通行本由"白文本"向"经注本"演变。以《周礼》为例,《汉志》著录"《周官经》六篇",《隋志》则不著录白文本,只著录有五部经注本《周官礼》,皆为十二卷,分别为马融注、郑玄注、王肃注、伊说注、干宝注。《隋志》所录《仪礼》《礼记》亦只录经注本,与《周礼》同。可见六朝时期,三礼的文本形态已经完成了由白文本向经注本的演变。

五、《旧唐书·经籍志》之分类

唐开元九年(721),殷践猷等修成《群书四部录》二百卷,由元行冲奏上。此后毋煚据《四部录》精简为《古今书录》四十卷。《古今书录》反映了唐朝全盛时期的藏书情况。《旧唐书》由后晋刘昫等于开运二年(945)修成。《旧唐书·经籍志》(下简称《旧唐志》)以《古今书录》为基础编成,除删去原有小序、提要外,基本保留了《书录》的原始面貌。

礼学文献在《旧唐志》中主要分布于经部礼类、经部谶纬类、经部经解类、经部小学类、史部职官类、史部仪注类、史部杂四部书目类、子部类事类。

《旧唐志》经部礼类著录 103 部②礼学文献。其文献排列顺序为《周礼》《仪礼》《礼记》、三礼总义。与《隋志》一致。礼类收录《丧服》学文献 23 部。礼类所收文献绝大多数属于经学内部层累式生成文献,只有类末所附《江都集礼》《大唐新礼》《紫宸礼要》三部书属于一代之礼,乃经学外部制度化生成文献,当归入史部仪注类。《隋志》将《江都集礼》收入论语类,《旧唐志》则收入礼类,有所改进,但仍不准确。

---

① 最典型者,乃北周武帝以《周礼》为参考改革政治制度,可参王仲荦《北周六典·前言》,北京:中华书局,1979 年,第 1—6 页。

② 《旧唐志》自述为"一百四部",与实际著录数量不合,今从其实。以下诸类皆然,不尽注出。

经部谶纬类著录有《礼纬》一部,属于核心礼学文献。

经部经解类是《旧唐志》新设之类。《隋志》将群经总义类文献收入经部论语类,《旧唐志》则将群经总义类文献收入新设之经部经解类,共著录26部书,是一大进步。经解类书皆属于重要交叉礼学文献。自《旧唐志》以后,书目中之经部论语类便专录《论语》文献,群经总义文献获得了相对独立的地位。《隋志》收入《谥法》三部,置于经部论语类,于理不合。《旧唐志》收入《谥法》两部、《谥例》一部,置于经部经解类,有所改进。但《谥法》既非《论语》附庸,亦非解经之作,而是经学外部制度化生成的礼制文献,当归入史部仪注类。

经部小学类著录《今字石经仪礼》,属于《仪礼》不同版本,为核心礼学文献。《旧唐志》这一处理方式与《隋志》相同。

史部职官类著录21部文献,仪注类著录80部文献,均属于经学外部制度化生成文献,与《隋志》分类方式一致。

史部杂四部书目类著录书目18部,有群书目录,为交叉礼学文献。亦有专科目录,如《史目》《法书目录》,但并无礼学专科目录。《旧唐志》之下史部基本均设有目录类,其中群书目录为重要交叉礼学文献。

子部新设类事类,录有21部类书。《皇览》等书《隋志》归于子部杂家,《旧唐志》则悉归类事类。此类著录类书多为重要交叉礼学文献。

子部杂艺术类收有《投壶经》一部。《大戴礼记》《小戴礼记》都有《投壶》篇,是《仪礼》逸经。但后代之投壶,已经由礼仪程序变为娱乐方式,故而后人所作投壶类文献已经不属于礼学范畴,此《投壶经》亦不属于严格意义上的礼学文献。《旧唐志》之后,《崇文总目》艺术类、《新唐志》杂艺术类亦收入《投壶经》《射经》等,均不属于礼学文献,下文不再一一赘述。

表4 《旧唐书·经籍志》礼学文献分类表

部类		经部				史部			子部
分布	类	礼类	谶纬类	经解类	小学类	职官类	仪注类	杂四部书目类	类事类
	内容	周礼、仪礼、礼记、三礼总义	《江都集礼》	礼纬	群经总义	谥法	《今字石经仪礼》	职官文献	礼制文献	群书目录	类书
文献层级		核心	重点	核心	重要交叉	重点	核心	重点	重点	重要交叉	重要交叉

从学术史的角度看,我们应当注意到,比起《隋志》,《旧唐志》礼类中《丧服》学文献所占比重有一定下滑,证明《丧服》学在唐朝有所降温。

六、《崇文总目》之分类

宋景祐元年(1034)，仁宗命张观等仿《开元四部录》编纂馆阁书目。① 庆历元年(1041)书目修成，由王尧臣、欧阳修等奏上，赐名《崇文总目》，今只有简目传世。② 《崇文总目》之分类大体承袭《旧唐志》，略有调整。

礼学文献在《崇文总目》中主要分布于经部礼类、经部论语类、史部职官类、史部仪注类、史部目录类、子部类书类。

经部礼类著录文献 33 部，其内部排列顺序不若前代书目整饬，先列三礼经，再列三礼唐疏。之后则将三礼总义与其他经解杂陈之。礼类混入了 13 部经学外部制度化生成文献：《江都集礼》《开元礼京兆义罗》《开元礼类释》《开元礼》《开元礼义鉴》《开元礼旨问》《开宝通礼》《开宝通礼义纂》《春秋谥法》《周公谥法》《谥例》《谥法》《续古今谥法》。这些文献皆属于重点礼学文献之礼制书，当归入史部仪注类。除此 13 部外，皆为经学内部层累式生成文献，其中有《丧服》著作 3 部，可见《丧服》学尚承全盛余绪。

经部论语类著录文献 13 部。《崇文总目》不设经解类，群经总义类文献归入论语类，这一分类实际上倒退至《隋志》的水平。论语类 13 部文献中，有《白虎通德论》《五经钩沉》《刊谬正俗》《六说》《经史释题》《授经图》《九经余义》7 部群经总义类文献，属于重要交叉礼学文献。

《崇文总目》收录纬书极少，仅著录有《周易》纬书三部，见于经部易类。经部不再专设谶纬类。《崇文总目》之后的公藏、私藏目录基本不再设谶纬类，反映了谶纬文献存量的迅速降低。下文对于不设谶纬类且经部礼类并无纬书的书目，不再一一说明。

史部职官类收入《汉官仪》《唐六典》等 34 部职官文献。史部仪注类收入《诸州县祭社稷仪》《汉旧仪》等 29 部③礼制文献。两类皆属于经学外部制度化生成之重点礼学文献。

《崇文总目》将《旧唐志》子部类事类改名作类书类，不仅收入《北堂书钞》等类书，亦收政书，如《通典》《续通典》《唐会要》等。本类所收类书、政书皆为交叉礼学文献中的重要组成部分。

---

① 杨金川先生结合史料与著录情况，认为《开元四库书目》《开元四部书目》《开元四部录》乃同书异名，而《崇文总目》所仿之《开元四部录》，就是毋煚《古今书录》。此观点颇可取信，然为求稳妥，仍取《宋史·艺文志序》"仿《开元四部录》"之说。详参杨金川《〈崇文总目〉"仿〈开元四部录〉"说探微》，《古典文献研究》2016 年第 1 辑，第 228—236 页。

② 《崇文总目》详细情况参见《四库提要》。

③ 仪注类类序云"共一十八部"，不准确，今从其实。

表 5 《崇文总目》礼学文献分类表

部类	经部			史部			子部
分布 类	礼类	论语类		职官类	仪注类	目录类	类书类
内容	三礼、三礼总义、礼制	谥法	群经总义	职官文献	礼制文献	群书目录	类书、政书
文献层级	核心/重点	重点	重要交叉	重点	重点	重要交叉	重要交叉

从《崇文总目》的礼学文献分类,我们能得出一些学术史认识:

1. 在经部礼类所收 33 部文献中,《丧服》仅有 3 部,这样的比重较《隋志》《旧唐志》下滑明显。这说明六朝以来迅速兴起的《丧服》学,在唐代开始降温,而在北宋时已迅速衰落。

2.《崇文总目》所收纬书绝少,且不设谶纬类,说明隋唐以来朝廷持续查禁谶纬之书效果明显。在政治干预下,谶纬之学迅速凋零,礼纬自然也随之消逝。

七、《新唐书·艺文志》之分类

《新唐书》自宋庆历四年(1044)开始纂修,经宋祁、欧阳修等人十七年努力,修成于宋仁宗嘉祐五年(1060)。①《新唐书·艺文志》(下简称《新唐志》)最大的突破是增加了大量开元之后唐人著作,弥补了《旧唐志》不能反映当朝著述的弊端。

礼学文献在《新唐志》中主要分布于经部礼类、经部谶纬类、经部经解类、经部小学类、史部职官类、史部仪注类、子部类书类。

《新唐志》经部礼类著录有 119 部②书,均为经学内部层累式生成的礼学核心文献。诸书排列以成书先后为序,与《七略》至《旧唐志》的类聚之法不同,起自《大戴德礼记》,终于《张频礼粹》。这样排列虽然有利于"辨章学术,考镜源流",但对于礼类内部的分类思想是一个破坏,总的来说弊大于利。

《崇文总目》无谶纬类,《新唐志》则据以《古今书录》为基础的《旧唐志》又设经部谶纬类。《新唐志》谶纬类著录有宋均所注《礼纬》一部,属于核心礼学文献。

经部经解类共收 36 部书,其中 35 部为群经总义文献,属于交叉礼学文

① 《新唐书》纂修时间详见〔宋〕曾公亮《进唐书表》,〔宋〕宋祁等《新唐书》,北京:中华书局,1975年,第 6471—6472 页。
② 《新唐志》自述为"九十六部",与实际收录数量不合。其余各类均有此异,具从其实,不复注出。

献。唯有《谥法》一部属于重点礼学文献。《新唐志》将谥法文献归入经解类，与《旧唐志》一脉相承。

经部小学类著录《今字石经仪礼》，为核心礼学文献，与《隋志》《旧唐志》同。

史部职官类收录职官文献65部，仪注类收录礼制文献151部，均属于经学外部制度化生成文献，为重点礼学文献。值得注意的是，作为礼制文献的《江都集礼》，《隋志》误入经部论语类，《旧唐志》《崇文总目》误入经部礼类，而《新唐志》则正确归入史部仪注类，值得称道。

《新唐志》继承《崇文总目》，于子部继续设类书类，多收大类书、政典、会要等文献，虽然从层级上属于交叉文献，但有较高礼学价值，如《艺文类聚》《北堂书钞》《三教珠英》《初学记》《政典》《通典》《会要》等。

表6 《新唐书·艺文志》礼学文献分类表

分布	部类	经部				史部			子部
	类	礼类	谶纬类	经解类	小学类	职官类	仪注类	目录类	类书类
	内容	三礼、三礼总义	礼纬	群经总义	谥法	石经	职官文献	礼制文献	群书目录	类书、政书
文献层级		核心	核心	重要交叉	重点	核心	重点	重点	重要交叉	重要交叉

八、南宋私藏书目之分类

南宋绍兴二十一年(1151)，晁公武编成《郡斋读书志》①（下简称《郡志》），是为古代流传下来的第一部私藏目录，其体例主要仿照《崇文总目》。

礼学文献在《郡志》中主要分布于经部礼类、经部经解类、史部职官类、史部仪注类、史部目录类、子部类家类。

经部礼类著录文献19部，内部排列并无一贯之法，时而依《周礼》《仪礼》《礼记》，时而依著者时代先后。除当归入史部仪注类的三部《谥法》文献，礼类所收均为核心礼学文献。需要注意的是，《中庸》文献著录数量开始增加。《旧唐志》《新唐志》经部礼类皆著录有戴颙《中庸传》一部，除此之外则无专论《中庸》之作。而《郡志》中著录有四部北宋人所作《中庸》解：程颢《明道中庸解》、晁说之《中庸篇》、游酢《游氏中庸解》、杨时《杨中立中庸解》，由此可见，《中庸》

---

① 《郡志》有衢州本、袁州本，孙猛先生通校二本，为《郡斋读书志校证》。本文即以《校证》为本。

之学受到二程及其门人的重视,于北宋之时开始兴起。

经部经解类著录《白虎通德论》《七经小传》等群经总义类文献8部,皆为重要交叉礼学文献。

史部职官类收录职官文献13部,仪注类收录礼制文献6部,均属于经学外部制度化生成文献,为重点礼学文献。

史部目录类录群书目录,子部类书类录类书、政书,皆为重要交叉礼学文献。

表7 《郡斋读书志》礼学文献分类表

分布	部类	经部			史部			子部
	类	礼类		经解类	职官类	仪注类	目录类	类家类
	内容	三礼、三礼总义	谥法	群经总义	职官文献	礼制文献	群书目录	类书、政书
	文献层级	核心	重点	重要交叉	重点	重点	重要交叉	重要交叉

南宋初尤袤编有私藏目录《遂初堂书目》(下简称《遂目》)。

礼学文献在《遂目》中主要分布于经部经总类、经部礼类、史部职官类、史部仪注类、史部目录类、子部儒家类、子部类书类。

《遂目》于经部之首新设经总类,著录合刻诸经以及各经版本。涉及三礼之版本有旧监本《礼记》《仪礼》,属于核心礼学文献。合刻经书如《成都石刻九经》者,作为整体属于重要交叉礼学文献。经总类还著录有一部《六经图》,属于群经总义类经解,亦为重要交叉礼学文献。

经部礼类著录59部文献,其内部排列无一定顺序,大部分属于核心礼学文献。其中亦收入不少礼制文献,如《江都集礼》《唐开元礼》《开宝通礼》等,当归于史部仪注类,属于重点礼学文献。《遂目》著录有《十先生中庸解》等六部《中庸》文献,另有合解《中庸》《大学》之书《玉泉中庸大学》《朱氏中庸大学》《四先生中庸大学解》,可见两宋之际《中庸》之学升温,而《大学》地位也有所提高。

史部职官类著录72部职官文献,仪注类著录45部礼制文献,均属于重点礼学文献。其中,仪注类著录有谥法文献3部。谥法文献属于经学外部制度化生成的礼制文献,理应归入史部仪注类。然而,《遂目》是《隋志》之后、《国史经籍志》之前唯一对谥法文献进行正确分类的书目。从这一点来看,《遂目》自有其独到之处。

子部农家类著录有《夏小正》一部,乃《大戴礼记》一篇,为核心礼学文献。

史部目录类录群书目录,子部类书类录类书、政书,皆为重要交叉礼学文献。

《遂目》不设经部经解类，《白虎通》《七经小传》等群经总义类文献入子部儒家类，此举混淆经、子，是《遂目》的一大失误。

表8 《遂初堂书目》礼学文献分类表

部类分布		经部			史部			子部		
	类	经总类	礼类		职官类	仪注类	目录类	儒家	农家类	类书类
	内容	经书版本	《六经图》	三礼、三礼总义	礼制	职官文献	礼制文献	群书目录	群经总义	《夏小正》	类书、政书
	文献层级	核心	重要交叉	核心	重点	重点	重点	重要交叉	重要交叉	核心	重要交叉

《直斋书录解题》（下简称《解题》）是南宋陈振孙编纂的私藏目录，已亡佚，今有《四库全书》据《永乐大典》等辑佚本。①《解题》之分类基本因袭《旧唐志》《崇文总目》《新唐志》，而略有更革。

礼学文献在《解题》中主要分布于经部礼类、经部经解类、史部典故类、史部职官类、史部礼注类、史部时令类、史部目录类、子部类书类。

经部礼类著录文献43部，严格按照《仪礼》《周礼》《礼记》、三礼总义的先后顺序排列，较《郡志》《遂目》排列严整。置《仪礼》于前，而非置《周礼》于前，体现了对"三礼"重要性的正确认识。当然，这样的排序也有可能是四库馆臣所为。礼类所收，并无《谥法》等类杂入，皆为经学内部层累式生成之核心礼学文献。礼类著录有朱熹《大学章句》《中庸章句》等7部《大学》《中庸》文献，可见经过朱子的推动，《大》《中》之学进一步发展。

经部经解类照例著录文献21部，主体为群经总义类文献，属于交叉礼学文献。经解类收入谥法类文献4部，属重点礼学文献。《解题》对谥法类文献的归类，与《旧唐志》《新唐志》相同。经解类另收有《五经文字》《九经字样》，二书在《崇文总目》《新唐志》中归于经部小学类。《解题》如此划分，虽然突显了二书的重要性，但从性质上似仍可归入小学类为佳。

《唐会要》等政书，属于交叉礼学文献的重要部分，《解题》不归入子部类书类，而归于独有之史部典故类。这一划分十分正确，证明陈振孙已经意识到政书不同于一般的类书，有其特殊性。

史部职官类著录职官文献52部，史部礼注类著录礼制文献41部，皆为核心礼学文献。

---

① 四库辑本基本可以反映《解题》原貌，《续文献通考》云："陈振孙《直斋书录解题》二十二卷……惟《永乐大典》尚载其完帙，今加校订，厘为二十二卷，著录《四库全书》。"

史部时令类著录有《夏小正传》一部,是对《夏小正》之注解,属核心礼学文献。

史部目录类著录有群书目录,子部类家著录有类书,均属重要交叉礼学文献。

表9 《直斋书录解题》礼学文献分类表

部类	经部			史部					子部
类	礼类	经解类		典故类	职官类	礼注类	时令类	目录类	类家类
分布 内容	仪礼、周礼、礼记、三礼总义	礼制	群经总义	谥法	政书	职官文献	礼制文献	《夏小正传》	群书目录	类书
文献层级	核心	重点	重要交叉	重点	重要交叉	重点	重点	核心	重要交叉	重要交叉

从南宋三部私藏书目的礼学文献分类著录中,我们可以发现:

1. 至迟于北宋时,三礼经注本唯存郑注本。《隋志》《旧唐志》《新唐志》皆著录有马融、郑玄、王肃等多家三礼注。北宋《崇文总目》则不著录三礼注者,可见北宋之时三礼经注皆为郑玄注,已无歧义。而南宋《郡志》《解题》这两部私藏目录中所著录之三礼,皆为郑玄注本。则至迟于北宋时,三礼其余注本已经亡佚,唯存郑注,郑注三礼成为三礼唯一的文本形式。这也是孔颖达《礼记正义》、贾公彦《周礼疏》《仪礼疏》选择郑注的必然结果。

2. 南宋之时,《中庸》之学、《大学》之学相继兴起。《郡志》中《中庸》解开始增加。《遂目》中《中庸》解继续增加,且开始出现合释《中庸》《大学》的著作。《解题》中开始出现单释《大学》之作,如《大学章句》。这样的变化,反映出南宋《中庸》之学先兴,而《大学》之学后兴。

九、《通志·艺文略》之分类

《通志》成于南宋绍兴三十一年(1161),是一部私修通史,因此《通志·艺文略》(下简称《通志略》)带有史志目录的性质。

《通志略》的分类与前代目录有极大不同。《通志略》将群书划分为经类、礼类、乐类、小学类、史类、诸子类、天文类、五行类、艺术类、医方类、类书类、文类共12部类,每部类之下又有类,每类之下又分小类,纲举目张,前所未有。从部类来说,《通志》实际是在前代四分法的基础上,将经部一分为四,将子部一分为六。

礼学文献在《通志略》中主要分布于经类经解谥法类、礼类、小学类、史类职官类、史类目录类、类书类。

《通志略》将经部一分为四，礼单独成为一大部类。礼类之下又分《周官》《仪礼》《丧服》《礼记》《月令》、会礼、仪注7类，各类之下又分小类，以下制表明之：

表10 《通志·艺文略》礼类纲目表

类	小类	部数	类	小类	部数
周官 21部	1 传注	6	月令 37部	1 古月令	7
	2 义疏	3		2 续月令	12
	3 论难	5		3 时令	9
	4 义类	4		4 岁时	9
	5 音	2	会礼 54部	1 论钞	22
	6 图	1		2 问难	16
仪礼 15部	1 石经	2		3 三礼	6
	2 注	7		4 礼图	10
	3 疏	3	仪注 216部	1 礼仪	59
	4 音	3		2 吉礼	13
丧服 88部	1 传注	7		3 宾礼	4
	2 集注	4		4 军礼	2
	3 义疏	6		5 嘉礼	4
	4 记要	18		6 封禅	9
	5 问难	8		7 汾阴	2
	6 仪注	25		8 诸祀仪注	23
	7 谱	4		9 陵庙制	9
	8 图	7		10 家礼祭仪	10
	9 五服图谱	9		11 东宫仪注	9
礼记 49部	1 大戴	1		12 后仪	2
	2 小戴	6		13 王国州县仪注	3
	3 义疏	17		14 会朝仪	12
	4 书钞	3		15 耕籍仪	4
	5 评论	4		16 车服	20
	6 名数	4		17 国玺	9
	7 音义	8		18 书仪	22
	8 中庸	4			
	9 谶纬	2			

《通志略》礼类内部划分为7类54小类，十分细密，远胜前代。透过这些类目，我们似乎可以一窥郑樵对礼学文献的理解。

《通志略》礼类所分7类，实际上包含礼经、三礼总义、制度3组。《周官》《仪礼》《丧服》《礼记》皆属于礼经组，礼经组之《丧服》本为《仪礼》之一篇，由于六朝以来"《丧服》"学"兴盛，文献众多，故而得以与三礼分庭抗礼。"会礼"实际上就是三礼总义，"月令"和"仪注"则属于制度组。

礼经组诸类内部小类的划分实际上严格遵循礼学文献经、注、疏的生成规律，各经之下根据实际情况又有所增减，如《周官》《礼记》皆无石经，故无"石经"小类，《丧服》独有"五服图谱"，《礼记》独有"《中庸》""谶纬"2类等等。

会礼实际上就是三礼总义类，是围绕三礼生成的经解文献。

制度组包括"月令""仪注"2类，皆是经学外部制度化生成的文献。"月令"由《大戴礼记·夏小正》《礼记·月令》孳生，"仪注"则由《仪礼》孳生。"月令"内部按照时间先后再分"古月令""续月令""时令""岁时"4小类，其中"古月令"著录《夏小正》《月令章句》两部、御刊定《礼记月令》《月令疏》《周书月令》《月令图》等7部，皆是《礼记》《夏小正》《月令》二篇之经文及其注解之作，属于核心礼学文献。至于"续月令""时令""岁时"所录《四民月令》等月令文献，则与礼学关联甚微，不属于礼学文献。"仪注"内部则按照一代之礼、五礼、专门礼的顺序划分为18小类。需要指出的是，"仪注"虽然用五礼分类法，但实际只有吉、宾、军、嘉4小类，凶礼仪注划入《丧服》，作为《丧服》类的一小类。

礼类下7类相互关系可图示如下：

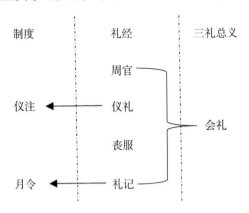

图3 《通志·礼类》各小类关系图

《通志略》礼类的划分，实际上包括前代书目之经部礼类、史部仪注类、子部农家类之月令文献。由此可见郑樵认为像仪注这样重要的经学外部制度化生成的文献也是礼学文献的重要组成部分。可惜的是，郑樵未能将由《周礼》孳生出的史部职官文献归入礼类，且将子部农家类月令文献划归礼类，未得完满。然而，郑樵试图建立一个大礼类以统领整个礼学文献的尝试，无疑是具有创造性的，可以为后人探讨礼学文献的定义、分类提供有益参考。

《通志略》将《周公谥法》《春秋谥法》等谥法文献归入经类经解谥法类，皆为重点礼学文献。这样的划分承袭《旧唐志》《新唐志》《解题》，仍未能将谥法文献正确归入仪注类。但《通志略》将"经解类"改名作"经解谥法类"，证明郑樵已经意识到谥法文献的特殊性。

《通志略》史类职官类不分小类，著录146部职官文献，均为重点礼学文献。

《通志略》史类目录类分总目、家藏总目、文章目、经史目4小类，实际是今所谓公藏目录、私藏目录、专科目录的前身，有开创意义。目录类虽未著录礼学专科目录，但其所录群书目录为重要交叉礼学文献。

《通志略》类书类不再分小类，著录类书、政书，属于重要交叉礼学文献。

表11 《通志·艺文略》礼学文献分类表

部类	经类		礼类				史类		类书类
分布 类	经解谥法		周官、仪礼、丧服、礼记、会礼	月令	仪注	职官	目录		无
内容	群经总义	谥法	详见表10	古月令	礼制文献	职官文献	群书目录		类书、政书
文献层级	重要交叉	重点	核心	重点	重点	重点	重要交叉		重要交叉

相比前代粗疏、零散地划分，《通志略》对于礼学文献的划分显得完整、细密，开始显现出系统性。从礼学文献分类沿革史的角度看，《通志略》是具有里程碑意义的书目。姚名达云："(《通志略》)对于小类节目之分析，不惮苛细。其胆量之巨，识见之宏，实旷古一人。"[①]当然，《通志略》的这种跨越式进步，也离不开对前人成果的参考，如《通志略》礼类仪注类内部的划分使用了五礼加专科礼的分类法，而杜佑《通典·礼》所用正是此法，《新唐书·礼乐制》也已使用五礼总分仪注，《通志略》此法当是有所承袭。

---

① 姚名达《中国目录学史》，第87页。姚先生虽然不认可郑樵变四分法为十二分法，但总体上对郑樵的目录学成果持肯定态度。

十、《文献通考·经籍考》之分类

元成宗大德十一年(1307),马端临修成《文献通考》。《文献通考》是一部政书,以杜佑《通典》为基础。《文献通考》中的《经籍考》是政书中新设的门类,首创辑录之法,广泛辑录《郡斋读书志》《直斋书录解题》等前人书目,对元以前的典籍进行了系统梳理。

《文献通考·经籍考》(下简称《经籍考》)采用四部分类法,礼学文献在《经籍考》中主要分布于经部礼类、经部仪注类、经部谥法类、经部经解类、史部故事类、史部职官类、史部目录类、子部类书类。

经部礼类著录文献 54 部,大多为核心礼学文献,按照《周礼》《仪礼》《礼记》、三礼总义的顺序排列。《周礼》《礼记》皆著录有石经本。礼类末著录有《周公谥法》《春秋谥法》,乃经学外部制度化生成文献,当归于仪注类。二《谥法》之前著录有《夹漈乡饮酒礼》《丧服加减》,似当与《仪礼》文献一起列于类首。盖马氏于此二书不甚了了,故置于类末,此固目录家之通法也。

《经籍考》将仪注类置于经部,而《经籍考》之前将仪注升格为经者,唯有《通志略》,盖是受其影响。经部仪注类著录 76 部礼制文献,皆为重点礼学文献。需要注意的是,见于经部礼类之《丧服加减》亦见于仪注类,提要亦同,是为两见。

《经籍考》于经部仪注类后新设经部谥法类,收入谥法文献 8 部,皆为重点礼学文献。《经籍考》之前,《通志略》已经认识到谥法文献的特殊性,虽沿袭前代书目,仍将谥法文献归于经部经解类,但将类名改为"经解谥法类"。马端临则更进一步,直接新设谥法类,证明马氏认同郑樵之说,明确认识到谥法文献较为特殊。至于经部礼类所收《周公谥法》《春秋谥法》,当为伪托之作,应尽入经部谥法类。

史部故事类收有《通典》等政书,属重要交叉礼学文献。

史部职官类著录职官文献 69 部,为重点礼学文献。

史部时令类著录有《夏小正传》一部,与《解题》同,为核心礼学文献。

史部目录类著录有群书目录,子部类书类著录有类书,均为重要交叉礼学文献。

需要注意的是,《经籍考》经部谶纬类著录有《礼含文嘉》一部,此书并非汉代礼纬之《含文嘉》,而是宋以后行世之书,属于五行占卜书,不属于核心礼学文献。

表12 《文献通考·经籍考》礼学文献分类表

部类 分布		经部				史部				子部
	类	礼类	仪注类	谥法类	经解类	故事类	职官类	时令类	目录类	类书类
	内容	周礼、仪礼、礼记、三礼总义	礼制、谥法	礼制文献	谥法	群经总义	政书	职官文献	《夏小正传》	群书目录	类书
文献层级		核心	重点	重点	重点	重要交叉	重要交叉	重点	核心	重要交叉	重要交叉

《经籍考》将仪注类置于经部、将谥法单列为谥法类值得称道。但《经籍考》将谥法分散在礼类、仪注类，又使《丧服加减》等书出现两见的情况，则略显粗疏。总的来说，《经籍考》的礼学文献分类瑕瑜互见。

十一、《宋史·艺文志》之分类

元至正五年(1345)，元廷敕修《宋史》成书。①《宋史·艺文志》(下简称《宋志》)根据宋朝四部《国史艺文志》修成，②分类、著录方式则主要模仿《新唐志》。

礼学文献在《宋志》中主要分布于经部礼类、经部经解类、史部职官类、史部仪注类、史部目录类、史部农家类、子部类事类。

经部礼类著录文献149部③，大部分为核心礼学文献，根据成书先后排列，顺序与《新唐志》相同。礼类不再收入谥法文献。《周公谥法》《春秋谥法》等谥法文献皆入经部经解类，此亦与《新唐志》同。需要注意的是，《宋志》将《江都集礼》正确归入史部仪注类，但却将一部《江都集礼图》归入经部礼类。二书关系紧密，均属礼制文献，本当一同归于史部仪注类，此处殆为《宋志》之失。

经部经解类所录谥法文献属于重点礼学文献，群经总义文献属于重要交叉礼学文献。

史部职官类著录70部职官文献，仪注类著录188部礼制文献，皆为重点礼学文献。

子部农家类著录《夏小正戴氏传》、蔡邕《月令章句》，为《礼记》篇目的注解，属于核心礼学文献。

子部类事类(对应《新唐志》类书类)著录有类书及《通典》等政书，属于重

---

① 《宋史·进宋史表》，北京：中华书局，1977年，第14253—14255页。
② 《宋史·艺文志》总序，第5033页。
③ 原作"一百十三部"，今从实。《宋志》诸部计数往往不合，皆从其实。

要交叉礼学文献。

表 13 《宋史·艺文志》礼学文献分类表

部类 分布	经部				史部			子部	
类	礼类		经解类		职官类	仪注类	目录类	农家类	类事类
内容	三礼、三礼总义	《江都集礼图》	群经总义	谥法	职官文献	礼制文献	群书目录	夏小正、月令注解	类书、政书
文献层级	核心	重点	重要交叉	重点	重点	重点	重要交叉	核心	重要交叉

从《宋志》礼学文献分类著录,我们可以一窥宋代《大学》《中庸》之学的发展面貌。《宋志》经部礼类149部书中,《大学》《中庸》(下简称"学庸")类文献有30部。结合《郡志》《遂目》《解题》的著录,可以说宋代学庸之学迅速升温。但是《宋志》将包括《中庸章句》《大学章句》在内的学庸文献附于礼类,证明宋元之时仍然认为学庸之学总体上属于礼学范畴。

十二、《国史经籍志》之分类

明代公藏书目有正统六年(1441)《文渊阁书目》、万历三十三年(1605)《内阁书目》,惜所载较为简陋,类似"图书登记簿",很难说有精深的分类考虑,故暂不讨论。

焦竑所撰《国史经籍志》成于万历二十四年(1596)左右,①是焦竑参修《国史》的产物,故而属于史志目录,其分类方法主要继承《通志略》。②

礼学文献在《国史经籍志》中主要分布于制书类、经类礼类、经类经总解类、史类故事类、史类职官类、史类时令类、史类仪注类、史类时令类、史类簿录类、子类杂家类。

《国史经籍志》采用四部分类法,受《文渊阁书目》影响,在经类之前加"制书类",专录御制书籍。焦竑云:"当代见存之书统于四部,而御制诸书则冠其首焉。"③由于制书类分类以政治身份为依据,故而所收礼学文献较为复杂,简析如下:

---

① 万历二十四年,陈于陛卒,据《涌幢小品》记载,此时"(国史)各志草草了事",则此时《国史经籍志》当亦已完成。详参吴漫《焦竑著述考略》,《华北水利水电学院学报(社科版)》2008年第5期,第73页。
② 《四库总目》认为《国史经籍志》分类过细,但焦竑之细分实则源于郑樵《通志》。
③ 〔明〕焦竑《国史经籍志》序,第282页。

1.核心礼学文献。《礼记大全》。

2.重点礼学文献。有明代本朝之礼制文献,如《礼仪定式》《洪武礼制》《祭祀礼仪》《大明集礼》《礼制集要》《大礼集议》。有明代本朝职官文献,如《大明官制》。

3.交叉礼学文献。有政书,如《会要》《大明会典》。有大类书《永乐大典》。

经类礼类著录294部礼学文献,下分《周礼》(48部)、《仪礼》(30部)、《丧服》(50部)、二戴《礼》(113部)、通礼(53部)5类。这样分类实际上是在《通志略》礼类所分《周礼》《仪礼》《丧服》《礼记》、月令、会礼、仪注7类基础上,将月令划归史部新设之时令类,将"会礼"改名"通礼",将仪注重新划归史类仪注类。这样处理,将《通志略》不合理之处改正,保留了合理部分。但是《通志略》7类之下又详分小类,而《国史经籍志》则无,是不如《通志略》之处。礼类各类内部排列顺序大致按照《通志略》所分小类顺序,但又有所调整。礼类收入石经本经书,与《通志略》同。需要特别注意的是,《国史经籍志》将经学外部制度化生成的月令、仪注文献移出经部,又继承《通志略》礼类不收谥法文献的正确做法。简而言之,《国史经籍志》存《通志略》之当存,删《通志略》之当删,是继《通志略》之后的又一个里程碑。

《国史经籍志》将"经解"类改名"经总解"类,收录群经总义类文献,皆为重要交叉礼学文献。

《国史经籍志》因袭《通志略》,将《唐会要》《通典》等政书收入史类故事类,属于重要交叉礼学文献。

史类职官类收录214部职官文献,皆为重点礼学文献。

史类时令类收有《夏小正》一部,乃《大戴礼》之一篇,属于核心礼学文献。

史类仪注类著录253部礼制文献,皆为重点礼学文献。其内部分礼仪、吉礼、凶礼、宾礼、军礼、嘉礼、封禅、汾阴、诸祀仪、陵庙制、东宫仪、后仪、王国州县仪、会朝仪、耕籍仪、车服、谥法、国玺、家礼祭仪、射仪、书仪21小类,大体与《通志略》礼类仪注类一致,改进之处在于增加凶礼、谥法、射仪3类,并将家礼祭仪由陵庙制之后调到国玺之后。

《国史经籍志》之前,谥法文献归类不定,《隋志》将谥法归入经部论语类,《旧唐志》《新唐志》《解题》《通志略》《宋志》将谥法归入经部经解类,《崇文总目》《郡志》将谥法归入经部礼类,《经籍考》又将谥法分入经部礼类、经部仪注类,唯有《遂目》将谥法正确归入史部仪注类。《国史经籍志》则明确将谥法文献归入史部仪注类,且单列"谥法"小类,正式确定了谥法文献经学外部制度化生成的文献性质,结束了《隋志》以来谥法文献分类的混乱。

史类簿录类著录有群书目录,为重要交叉礼学文献。

子类类家著录有类书,是为重要交叉礼学文献。

表 14 《国史经籍志》礼学文献分类表

分布	部类	制书类	经类		史类					子类
	类	无	礼类	经总解	故事类	职官类	时令类	仪注类	目录类	类家类
内容		御制诸书	三礼、三礼总义	群经总义	政书	职官文献	《夏小正》	礼制文献	群书目录	类书
文献层级		核心、重点、交叉	核心	重要交叉	重要交叉	重点	核心	重点	重要交叉	重要交叉

《国史经籍志》还附有《纠谬》篇,对《汉志》至《文献通考·经籍考》之间的书目分类一一进行辨正,《江都集礼》、谥法等文献皆明确提出当归入仪注类,足见焦竑目录学功力之深厚。《纠谬》篇是较早对历代书目分类进行详细辨正的专篇,应当引起我们更多的重视。

十三、《千顷堂书目》与《明史·艺文志》之分类

《明史》由张廷玉等主修,始修于清康熙十八年(1679),修成于雍正十三年(1735)。黄虞稷参与《明史·艺文志》(下简称《明志》)的纂修,《千顷堂书目》即是黄虞稷所撰《明志》初稿。此后张廷玉等人对《明志》反复修改,成为今所见《明志》。而修改的重点,则是删省宋辽金元著作及无卷数、作者之条目。考虑到二目紧密的渊源关系,我们重点讨论《千顷堂书目》。

礼学文献在《千顷堂书目》中主要分布于经部三礼类、经部礼乐类、经部经解类、经部四书类、史部职官类、史部典故类、史部簿录类、子部类书类。

经部三礼类收录395部文献,按照《仪礼》《周礼》《礼记》顺序排列,每部经书皆先列明人著作,后补宋辽金元人著作。

经部礼乐类著录有《大明集礼》《辽朝杂礼》《大金仪礼》等仪注类文献。

经部经解类照例著录群经总义类文献。

经部新设四书类,著录合释"四书"之作。由于《礼记》之《大学》《中庸》属于四书,故而四书类文献亦构成交叉礼学文献。至于专释《大学》《中庸》之作则仍归于经部礼类《礼记》之后。《千顷堂书目》新设四书类,证明宋明以来四书之学兴盛,产生文献数量众多而难以附于他类。

史部职官类著录179部职官文献,仪注类著录117部礼制文献,均属于重点礼学文献。需要注意的是,仪注类所录文献与经部礼乐类所录仪注类文献界限不明,甚至两类所补宋辽金元文献基本一致。

史部典故类仍著录《通典》等会典文献,为重要交叉礼学文献。

史部簿录类无礼学专科目录。

子部类书类仍录《永乐大典》等类书。

表 15 《千顷堂书目》礼学文献分类表

部类 分布	经部				史部				子部
类	礼类	礼乐类	经解类	四书类	职官类	仪注类	典故类	簿录类	类书类
内容	仪礼、周礼、礼记、三礼总义	礼制文献	群经总义	合释四书	职官文献	礼制文献	政书	群书目录	类书
文献层级	核心	重点	重要交叉	重要交叉	重点	重点	重要交叉	重要交叉	重要交叉

《明志》至迟完成于乾隆四年(1739),①将《千顷堂书目》经部"礼乐类"并入"礼类",将原"礼乐类"中所收仪注类文献重新划归史部仪注类。经部礼类划分为《周礼》《仪礼》《礼记》、通礼 4 小类。将《千顷堂书目》经部论语类、孟子类、四书类合并入新的四书类。经部礼类不再收录专释《大学》《中庸》类的文献,学庸文献并入四书类。经部礼类内部顺序由《千顷堂书目》的《仪礼》《周礼》《礼记》调整为《周礼》《仪礼》《礼记》。经解类改称诸经类,仍收入群经总义类文献。

虽然《明志》将《千顷堂书目》所保存的大量珍贵信息删除,但是从史志目录质量上来看,《明志》类目谨严、信息可靠。相比《明志》,《千顷堂书目》略显大而不精,只是一部草稿。

从《千顷堂书目》与《明志》的礼学文献分类,我们可以得出以下两点学术史方面的认识:

1.《隋志》之后历代书目(除按作者时代先后排列者外)经部礼类内部排序多依《周礼》《仪礼》《礼记》之序,唯有《解题》《千顷堂书目》作《仪礼》《周礼》《礼记》之序。这一现象体现了郑玄尊《周礼》的深远影响,也体现了陈振孙、黄虞稷对《仪礼》重要性的独到理解。

2. 明代四书学极为发达,清初四书之学已成专门学术。《宋志》已著录有《大学》《中庸》经解 30 部,归入经部礼类。《千顷堂书目》则于经部设置四书类,将通论四书的文献收入在内,但专论《中庸》《大学》之作仍归经部礼类。《明志》则将经部论语类、孟子类以及礼类中的学庸文献一并归入经部四书类。单从目录学的角度来看,虽然宋元之际学庸之学已迅速产生、发展,但《宋志》

---

① 张廷玉《上明史表》落款时间为"乾隆四年七月二十五日",见张廷玉等《明史》,北京:中华书局,1974 年,第 8631 页。

仍认为学庸之作属于礼学。清初的《千顷堂书目》则承认四书成为专门之学，但仍将学庸专篇著作归于礼学。直到《明志》方才彻底将"大中论孟"毕集于四书类。可以说，学庸文献在目录学分类体系中由礼学到理学，并非一蹴而就，而是经历了一个渐进的过程。这一转换至迟于清初彻底完成。

十四、《四库全书总目》之分类

《四库全书总目》（下简称《总目》）是纂修《四库全书》的总目录，乾隆末年定稿，是目录学史上最重要的成果，对《四库》"著录书""存目书"进行分类，每书皆撰有高水平提要。

礼学文献在《总目》中主要分布于经部礼类、经部五经总义类、经部四书类、史部职官类、史部政书类、史部目录类、子部类书类。

《总目》将经部礼类划分为周礼、仪礼、礼记、三礼通义、通礼、杂礼书6小类，均属核心礼学文献。前代书目虽然大部分没有划分礼类之下的小类，但是排列原则基本上是先列三礼及其经解，再列三礼综合性经解。《总目》的最大贡献就在于对三礼综合性经解进行区分，划分成三礼总义、通礼、杂礼书三类。

礼类三礼总义类著录6部文献[1]，皆是"兼释三礼者"，如聂崇义《三礼图》。

通礼类著录4部文献，皆是"历代之制皆备"之书，如陈祥道《礼书》、朱熹《仪礼经传通解》、江永《礼书纲目》、秦蕙田《五礼通考》。简而言之，通礼虽然与三礼总义一样涉及三礼经义，但通礼更重视对历代礼制进行分门别类的系统考察。

杂礼书著录司马光《书仪》、朱子《家礼》等5部文献。杂礼书所收文献，前代皆属于史部仪注类，对此《总目》小类按语有很好的解释："公私仪注，《隋志》皆附之礼类。今以朝廷制作，事关国典者，隶史部政书类中。其私家仪注，无可附丽，谨汇为'杂礼书'一门，附礼类之末。"[2]原来史部仪注类诸书，《总目》一分为二，将私家归入礼类，将朝廷主导制作的官方仪注归入史部新设之政书类。这样一来，繁杂难分之仪注类文献，各得其所。

《总目》之前，经部多设"经解类"，收群经总义类文献，《总目》将此类改称"五经总义类"，类序曰："《旧唐书·志》始别名'经解'，诸家著录因之，然不见兼括诸经之义。"[3]《总目》所云甚是。五经总义类收入的文献，皆是重要交叉礼学文献。

---

[1] 不含存目。
[2] 《四库全书总目》，北京：中华书局，1965年，第182页。
[3] 《四库全书总目》，第269页。

《总目》于经部设四书类,"从《明史·艺文志》例"①,凡论四书者,皆入此类。此类中专论《大学》《中庸》者如《大学章句》《中庸章句》,属于核心礼学文献。泛论四书者如《四书或问》,则属于重要礼学交叉文献。

史部职官类与前代目录相差不多,所录皆为职官文献,属于重点礼学文献。所不同者,《总目》分出官制、官箴两小类。

前代书目史部多设"故事""仪注"类,《总目》借明《内阁书目》"政书类"之名,创制新类以综括之,分为通制、典礼、邦计、军政、法令、考工 6 小类。通制类对应《通典》《唐会要》等会典文献,属于重要交叉礼学文献。典礼类则是官方仪注,如《大唐开元礼》《明集礼》等,属于重点礼学文献。至于邦计、军政、法令、考工则分别对应古代财政、军政、司法、工程等方面,于礼学关涉不大。

子部仍因袭前代,设置类书类。其所收类书大多为交叉礼学文献,而个别类书甚至十分重要,如孙逢吉《职官分纪》、吕祖谦《历代制度详说》,皆属于重要交叉礼学文献。

表 16 《四库全书总目》礼学文献分类表

部类 分布	经部			史部			子部
类	礼类	五经总义类	四书类	职官类	政书类·通制	政书类·典礼	目录类	类书类
内容	周礼、仪礼、礼记、三礼通义、通礼、杂礼书	群经总义	合释四书	学庸专篇	职官文献	政书	礼制文献	群书目录	类书
文献层级	核心	重要交叉	重要交叉	核心	重点	重要交叉	重点	重要交叉	重要交叉

总的来说,《总目》礼学分类在前代书目分类基础上又加创新,充分体现了礼学文献的三个层级,一直沿用至今,是礼学文献分类的第三个里程碑。

十五、结论

《仪礼》《周礼》《礼记》是中国古代礼学文献的总源。"三礼"经过"经学内部层累式生成",不断衍生出经学意义上的礼学文献,即"礼经学文献",是礼学文献的核心。由于礼学具有较强的政治性、实践性,礼学文献经过"经学外部制度化生成",衍生出大量礼制文献、官制文献,实现了由"经部之礼"向"史部

---

① 《四库全书总目》,第 289 页。

之礼"的扩散,这些文献是重点礼学文献。经部、史部的礼学文献,又经过"学科渗透融合式生成",与其余部类广泛融合,产生了大量带有交叉性的礼学文献。这些交叉性礼学文献,不以礼学为第一属性,但又含有礼学元素。交叉性礼学文献又以群经总义、政书、正史、书目、类书较为重要,是为重要交叉礼学文献。礼学文献的衍生历程,是礼学勃兴进而深刻影响整个中国社会的缩影。

中国古代目录学家一直试图对礼学文献的衍生进行客观反馈。现今可考最早的礼学文献分类见于《汉书·艺文志》,礼学文献在《汉志》中主要分布于"六艺略"礼类,少量分布于"六艺略"论语类、孝经类。此时礼学文献的衍生总体停留于经学内部。六朝之时,梁阮孝绪《七录》"记传录"中出现仪典部、职官部,证明礼制文献、职官文献初具规模,单独成类,礼学文献的经学外部制度化生成开始。《隋书·经籍志》所载礼学文献主要分布于经部礼类,其余散见经部论语类、经部谶纬类、史部职官类、史部仪注类、史部簿录类、子部杂家类,经学内部、外部生成进一步发展的同时,学科融合渗透式生成开始。《隋志》奠定了中国古代礼学文献分类的基本框架,《隋志》之后,《旧唐书·经籍志》《崇文总目》《新唐书·艺文志》《郡斋读书志》《遂初堂书目》《直斋书录解题》《通志·艺文略》《文献通考·经籍考》《宋史·艺文志》《国史经籍志》《千顷堂书目》《明史·艺文志》《四库全书总目》所录三种生成方式所衍生的礼学文献数量不断增加,各小类之间虽多有出入,但总体不离《隋志》轨范。

总体来说,古代礼学文献分类变化的趋势是由简单到复杂、由粗疏到精密。历代礼学文献分类虽然变化多端,但其主流大抵分布于以下六个部类:

1. 经部礼类。此类是礼学文献主要聚集之处,多为核心礼学文献。
2. 经部经解类。多收录群经总义类文献,属于重要交叉礼学文献。
3. 史部职官类。主要著录制度化生成的官制文献,属于重点礼学文献。
4. 史部仪注类。主要著录制度化生成的礼制文献,属于重点礼学文献。
5. 史部目录类。主要著录众多群书目录,是重要交叉礼学文献。
6. 子部类书类。主要著录类书,是宝贵的文献数据库,属于重要交叉礼学文献。

历代礼学文献分类中,水平最高的三个书目是宋郑樵《通志·艺文略》、明焦竑《国史经籍志》、清四库馆臣《四库全书总目》。《通志略》将礼类升格为最大部类,内部划分为7类54小类,十分细密,远胜前代。《通志略》礼类囊括前代书目之经部礼类、史部仪注类、子部农家类之月令文献,试图建立一个大礼类以统领整个礼学文献,具有系统性、创造性。《国史经籍志》分类方法总体继承《通志略》,又进行了一些调整,如将月令划归史部新设之时令类,将"会礼"改名"通礼",将仪注重新划归史类仪注类,保留了《通志略》的合理部分,改进了其不合理之处,其《纠谬》篇更是专门研究分类优劣之作,足资取信。《四库全书总目》则是礼学文献分类的集大成者,无论是宏观架构还是小类命名均有改进,沿用至今,堪为确论。这三部书目对礼学文献分类的发展、成熟起到了至关重要的作用,堪称礼学文献分类的里程碑式著作。

礼是自外向内的外部限制,理是由内及外的心灵自制,二者共同构成了中国古代社会秩序的支柱。由于礼在操作性、普适性上强于理,故而礼始终更受各阶层的重视,成为中国的文明符号。研究中国古代礼学文献的分类沿革,不仅能够帮助我们从横向、纵向的角度认识目录学史、礼学史,还能帮助我们更好地认识自己的文化。

《四书集注》注释的内在关联性与朱子思想体系的建构

顾歆艺 *

【内容提要】 朱熹对儒家经典《大学》《中庸》《论语》《孟子》的诠释是以章句、集注等传统古籍整理方式呈现出来的,而他所建构的四书学体系,其精致度和严密性远远超出人们的想象,可以看作是朱子理学思想的一个缩影。通常人们从《四书章句集注》的成书过程、组织结构、排列次序等外在因素发现四者之间的联系,但更为深刻的关联却是在朱子四书注语的字里行间,在串讲、引用、取舍、判断的诠释之语中,看似客观的不经意的表达却体现了朱子四书诠释的系统性、连贯性和导向性。朱子在语言运用和思想表达之间游刃有余,可以说是找到了全方位建构其思想体系的恰当表现方式。本文通过分析这一典型文献诠释案例,展现其语言与思想之间的微妙关系。

【关键词】 朱熹 四书集注 关联 思想建构

朱熹通过对儒家经典《大学》《中庸》《论语》《孟子》的诠释构筑了一个完整、系统而严密的四书学体系,使读者在不知不觉中进入程朱理学的思想境地。然而这一切都不是理所当然的,背后有着朱子缜密的考虑、精心的布局和不动声色的引导。特别是他运用了章句、集注这类语言诠释或曰古籍整理的一般方式,看似客观,实则起到一种润物细无声的引导和感化作用,是使"不必当然"成为了"必然"。

人们通常认为朱熹撰有《四书章句集注》(简称《四书集注》)的看法其实表述并不十分准确。诚然,语孟学庸四书的并行是从朱子而不是从其他人那里开始的,所谓并行就是一起被提及。朱子生前常常以"四书"之名指代语孟学庸,其论著中常有"四书"、"章句"、"集注"的说法,但在朱子生前及逝世后的相当长的一段时间内,"四书"这一名称并非绝对是指语孟学庸的,还可能指其他。四书这一概念是被慢慢接受的,与朱子学说的弘扬和其历史地位的提高

---

* 本文作者为北京大学中文系、北京大学中国古文献研究中心副教授。

经历了同样的过程。此外,其四个组成部分都有一个漫长的酝酿、形成和修订的过程,其中《论语集注》与《孟子集注》、《大学章句》与《中庸章句》几乎同时分别成书。朱子生前单独修订刊刻语孟学庸,或《论语集注》与《孟子集注》、《大学章句》与《中庸章句》两两合刻,要比四者的合刻次数更多。即便是四部书合刻,它们的关系也十分松散,合之为一编,分之则可单行。即便朱子生前四者一起同时刊刻过,也并无《四书章句集注》或《四书集注》这样的书名,而是分别单称。就是说,一开始人们感受到的它们四者之间联系的紧密程度并不像后世如《四书集注》成为科举考试依据之后特别是明初《四书大全》编纂流行之后那么紧密。①

朱子生前语孟学庸章句集注的刻本并无一个"四书"的统称。现存最早的版本是藏于中国国家图书馆的宋淳祐本,又称"当涂郡斋本",是一个递修本。其中《论语集注》十卷《序说》一卷、《孟子集注》十四卷《序说》一卷为宋宁宗嘉定十年(1217)当涂郡斋刻,理宗嘉熙四年(1240)、淳祐八年(1248)、十二年(1252)递修;《中庸章句》一卷、《大学章句》一卷为淳祐十二年当涂郡斋刻本。宋末人受到朱子思想的影响,接受了"四书"的概念,认为应将四者合刻在一起,但即便如此,也未有"四书"的总书名。此外,藏于山东省博物馆的元至正二十二年(1362)本为现存最全的元刻本,亦未用"四书"作总书名。不过,后来此元本成为明初永乐年间官方编刻《四书集注大全》的来源。不晚于此时,"四书"一词明确出现在有关朱子著述的书名之中。朱子《四书集注》为更多人所接受并形成广泛的影响开始于它与科举制度的结合,当四书所代表的程朱理学成为社会统治思想之时,其影响力变得尤为强大。人们普遍而深入地阅读、背诵《四书集注》,贯穿于其中的朱子理学思想便潜移默化地影响了很多人。其中朱子对语孟学庸四者细致的解说、有意的联络、精密的构架,才是四书最终成为经典的真正内在原因。

阅读《四书集注》,我们会发现朱子将语孟学庸四者通过注释而织成一张大网,这网中的联系点比比皆是,这里我们仅选取并关注其中一些重要节点或曰重要思想观念,希望经由对它们的仔细观察和深入分析,感受它们彼此之间是如何互证、如何巧妙地连接成一个严密而连贯的系统的。兹分述如下。

一、道统

树立"道统"的观念是朱子之所以将语孟学庸四者组成一个完整架构并加

---

① 参见拙文《〈四书章句集注〉成书考略》,《北京大学百年国学文粹》(语言文献卷),北京:北京大学出版社,1998年。

以解说和推崇的重要原因之一,因而朱子将四者紧密联系就成为一种十分自觉的行为。可以说《四书集注》是朱子有关道统问题资料最集中、最丰富也最重要的著述,超过其他任何著述。朱子的道统观在继承前人思想的基础上发展而来,特别是受到韩愈、二程等人的影响,然而在道统的传承体系及内容两方面,朱子均有自己的新观点。

  大致说来,朱子认为《论语》《大学》《中庸》《孟子》四书分别代表和反映了孔子、曾子、子思、孟子的思想,并且他们是一脉相承的,从而形成了儒家的道统。这种看法有的方面为世人所接受,有的却引起很大争议,甚至成为思想史上争议不断的话题。四书之中,《论语》是孔子弟子及再传弟子记载孔子及其弟子言谈行为之作,《孟子》是孟子本人及其弟子公孙丑、万章等人共同完成的,大致没有多少争议[①],但《大学》和《中庸》的作者却有不同意见。一般认为,《大学》《中庸》作为《礼记》中的两篇,与《礼记》其他篇章并未标明作者的情况相同,它们的作者也不可知。西汉戴圣所编《礼记》(《小戴礼记》)是儒家思想论说的汇集,并非成于一时一人之手,是在春秋末期到西汉初期陆续形成的,作者大致可说是孔门后学。当然,将《中庸》的作者定为孔子之孙子思的看法也由来已久,很早司马迁[②]、郑玄、孔颖达[③]等人即持有此观点,直到北宋理学家亦以为然,朱子只是沿袭成说,对已有的《中庸》作者为子思说进行再一次的确认。与他人不同的是,朱子特别强调了子思与孟子之间的传承关系,"此篇(中庸)乃孔门传授心法,子思恐其久而差也,故笔之于书,以授孟子"(《中庸章句》题解)[④]。

  关于《大学》作者,是朱子的发明。他先是将《大学》划分为"经"和"传",继而认为经之部分是曾子记录的孔子之言,而传之部分则是曾子门人记录的曾子之言,所谓"经一章,盖孔子之言,而曾子述之","其传十章,则曾子之意而门人记之也"(《大学》首章朱子注)。朱子关于《大学》作者的看法其实是揣测之词,并无佐证,因而引起后人许多非议。如据段玉裁所撰《戴东原年谱》记载,戴震十岁时入私塾读书,读到朱子《大学章句》,至朱子解释《大学》作者的"右经一章"以下文字时,"问塾师:'此何以知为孔子之言而曾子述之?又何以知为曾子之意而门人记之?'师应之曰:'此朱文公所说。'即问:'朱文公何时人?'

---

① 关于孟子的作者,清人有一些议论,但大致不出此范围。
② 司马迁《史记·孔子世家》:"伯鱼生伋,字子思,年六十二,尝困于宋。子思作《中庸》。"这是迄今为止关于子思作《中庸》的最早记载。
③ 东汉郑玄亦曰:"名曰《中庸》者,以其记中和之为用也。庸,用也。孔子之孙子思伋作之,以昭明圣祖之德。"(孔颖达《礼记正义》引郑玄目录)这是郑玄对《礼记》中少有几个篇章作者的确定,这个观点也为唐代孔颖达所接受。孔颖达曰:"《中庸》为子思伋所作。"(《礼记正义》书题孔疏)
④ 本文所引《四书章句集注》《四书或问》《朱子语类》均依据整理本《朱子全书》(修订本),朱杰人、严佐之、刘永翔主编,上海:上海古籍出版社;合肥:安徽教育出版社,2010年。

曰:'宋朝人。''孔子、曾子何时人?'曰:'周朝人。''周朝、宋朝相去几何时矣?'曰:'几二千年矣。''然则朱文公何以知然?'师无以应。"①此段著名记述表现了清代朴学家不迷信圣贤、求实钻研的精神以及无征不信的治学方法,也说明了朱子《大学》作者之说的不可深加推敲。

其实早在朱子生前,其门人弟子就对他的《大学》作者说提出过疑问,"曰:子谓正经盖夫子之言,而曾子述之,其传则曾子之意,而门人记之。何以知其然也?"朱子曰:"正经辞约而理备,言近而指远,非圣人不能及也。然以其无他左验,且意其或出于古昔先民之言也,故疑之而不敢质。至于传文,或引曾子之言,而又多与《中庸》《孟子》者合,则知其成于曾氏门人之手,而子思以授孟子无疑也。"②分析朱子的这些理由,其实都不能成立。其一,朱子以《大学》经文语言精练而内容深刻进而断言只有圣人孔子才能达到如此程度,这是主观性很强的论断而非有客观依据,从思想和文风上确定作者是靠不住的,所以就连朱子本人也承认此一判断"无他左验",语气迟疑。其二,朱子对《大学》传文作者确定的理由是其中引用了曾子之言,所以推知是曾子门人所记。此外,传文的思想内容多与《中庸》《孟子》相合,如果以《大学》传文是曾子之意而曾子门人所记的话,那么与《中庸》《孟子》结合起来考虑,就能梳理出一个曾子、子思、孟子的传承系统,故而朱子肯定地说,《大学》"成于曾氏门人之手,而子思以授孟子无疑也"。朱子这一断言也是有漏洞的。首先,《大学》的确引用了曾子之言,即《诚意章》的曾子曰:"十目所视,十手所指,其严乎。"按照古籍通例,弟子引用老师的话,的确可以用"某子曰"的陈述方法,但却不能排除其他人引用和转述曾子话语的可能,因为都可标明为"曾子曰",而不必非要是曾子之门人弟子。况且《大学》引用曾子之言仅此一处,此外还引用了《诗经》《尚书》《楚书》等典籍文字以及孔子、舅犯、孟献子等人话语,这就更不能断言《大学》引曾子言即为曾子弟子所记,因为不具备排他性。其三,《大学》本无经、传文之分,是朱子将它划分成了经和传。《大学》通篇并不长,一般情况下似乎应认为其作者为一人或出于某一学派之手,难以让人相信《大学》一文分作两截,一部分出自一人之手,另一部分出自他人之手。所以说,朱子对《大学》作者的推断,即认为经的部分"盖孔子之言,而曾子述之",传的部分是"曾子之意,而门人记之"是没有根据、经不起推敲的。

尽管如此,朱子还是分别在其《大学章句》《中庸章句》《论语集注》《孟子集注》中不失时机地巧妙贯穿了他的道统理念,就像是乐曲的主旋律在各个乐章中时时奏响一样,给人留下深刻印象。

---

① 《戴震集》所附段玉裁《戴东原先生年谱》,上海:上海古籍出版社,2009年,第454页。
② 《四书或问》卷一之《大学或问》,第514页。

比较直抒胸臆的表述是朱子在四书正文注释之外的序言,如《大学章句序》《中庸章句序》《论语序说》《孟子序说》。特别是《大学章句》《中庸章句》两篇的《序》,对道统论述得最为全面详尽,虽然侧重点不尽相同。《大学章句序》强调曾子的作用,《中庸章句序》强调子思的作用以及所传之道的内容。我们将二者结合起来加以概括,可以看到朱子所描述的最为详尽的道统传承谱系:伏羲—神农—黄帝—尧—舜—禹—汤—文—武(皋陶—伊尹—傅说—周公—召公)—孔子—曾子—子思—孟子—二程—朱子本人。在朱子的道统观中,孔子之前虽然人物众多,但却并不十分固定,只是举例性质,可以统括为周代衰乱之前的上古圣王贤相。在他们之后,由于政事不修,教化陵夷,风俗颓败,异端兴起,仅有少数特异俊秀之人可以担当起传承道统的重任,孔子是其中最重要的一位,这一点大家都有共识。关键的道统传承表述是在孔子之后,即四书所要向人们呈现的孔子(《论语》)—曾子(《大学》)—子思(《中庸》)—孟子(《孟子》)的传承系统。

中唐韩愈之前,一般人在孔孟传承问题上往往一笔带过,并不深究,是韩愈首先偶尔提到孔子—(曾子—子思)—孟子这样一种师承关系,但到宋代特别是以朱子为代表的理学家则特别重视孔子和孟子之间的道统传承问题,并且将孔、曾、思、孟的传承定为确凿无疑的结论。有一例证可以说明朱子是怎样在《四书集注》中完成这一转变过程的,尽管十分隐晦而不易为人察觉。

关于道统,韩愈除在《原道》中说"斯吾所谓道也,非向所谓老与佛之道也。尧以是传之舜,舜以是传之禹,禹以是传之汤,汤以是传之文、武、周公,文、武、周公传之孔子,孔子传之孟轲。轲之死,不得其传焉"①之外,又在《送王秀才序》中说:"孔子之道大而能博,门弟子不能遍观而尽识也,故学焉而皆得其性之所近。其后离散,分处诸侯之国,又各以其所能授弟子,原远而末益分。盖子夏之学,……荀卿之书,……孟轲师子思,子思之学,盖出曾子。自孔子没,群弟子莫不有书,独孟轲氏之传得其宗,故吾少而乐观焉。……故求观圣人之道者,必自孟子始。"②朱子在《孟子集注》之前的《孟子序说》中引用了韩愈之言,但却作了一些貌似细微却不能视作无足轻重的修改。具体表述如下:

> 孔子之道大而能博,门弟子不能遍观而尽识也,故学焉而皆得其性之所近。其后离散,分处诸侯之国,又各以其所能授弟子,原远而末益分。(笔者按:以下省略部分内容)惟(笔者按:此字为朱子所加)孟轲师子思,而(笔者按:此字为朱子所加)子思之学(笔者按:此处朱子省略了"盖"字)

---

① 〔唐〕韩愈撰,马其昶校注、马茂元整理《韩昌黎文集校注》第一卷《原道》,上海:上海古籍出版社,1986年,第12页。
② 《韩昌黎文集校注》第四卷《送王秀才序》,第261页。

出于曾子。自孔子没，(笔者按：朱子略去"群弟子莫不有书")独孟轲氏之传得其宗。(笔者按：以下省略一些内容)故求观圣人之道者，必自孟子始。

值得我们注意的是，韩愈和朱子虽然都认为有孔子－曾子－子思－孟子一脉相承的道统传承关系，但二人的立场却有十分微妙而重要的区别。

第一，韩愈是将曾子、子思、孟子一派作为孔子弟子的一支来谈论的，除此一脉之外，还论及其他孔门弟子(子夏等)。韩愈从孟子往上推溯至孔子，目的是为了强调孟子是与孔子有关系的，强调孟子在道统传承中的重要性。至于中间的曾子、子思等人，在韩愈看来只是孔孟关系的衬托，且韩愈在叙述曾子与子思师承关系时用了一个"盖"字，表示不很确定，所以韩愈在《原道》一文中郑重提出他心目中的儒家道统时就直接从孔子连接到孟子而忽略了曾子、子思二人。相反，朱子在引用韩愈之语时则将原本不甚肯定的表述转变为语气坚定、确凿无疑的结论了。并且在引述完韩愈此段话之后又特地引用程子之语对此加以佐证。"程子曰：'孔子言参也鲁，然颜子没后，终得圣人之道者，曾子也。观其启手足时之言，可以见矣。所传者子思、孟子，皆其学也。'"所以说朱子强调的是孔、曾、思、孟总体的传承关系，对曾子、子思在道统传承中的作用决不低估，甚至可以说是给予了前所未有的强调。

第二，朱子之所以比韩愈更强调曾子和子思的作用，根本原因就在于他对道统内容的界定是独特的，而韩愈则并未特别明言道统内容是什么，只是在《原道》中说"斯吾所谓道也，非向所谓老与佛之道也"，我们从其"博爱之谓仁，行而宜之之谓义，由是而之焉之谓道"及延伸论说中能隐约感到韩愈的道统似乎更侧重于政治秩序上，而朱子的道统则侧重于思想观念上。从道统的内容来看，朱子是不得不强调孔、曾、思、孟传递体系的。《中庸章句序》中提到的"允执厥中"(亦见于《论语·尧曰篇》首章，作"允执其中")或"人心惟危，道心惟微，惟精惟一，允执厥中"的"十六字心传"(出自伪《古文尚书·大禹谟》)，被宋儒看作是圣贤心心相传的有关个人修养和治理国家的根本法则。即人心生于气血，故"危殆而难安"；道心生于义理，故"微妙而难见"。所以要讲求精一之学，使道心为一身之主，而人心听命于道心，使"危者安，微者著"，以合乎中庸之道。这是朱子所谓道统传承的内容，而他所认为的道统传承的方式则是"心传"。朱子认为曾子的《大学》是定为学规模的，而子思的《中庸》则几乎都是在阐释这十六字真言。

除在语孟学庸序言中直抒胸臆地阐释道统外，朱子还在四书注文中不失时机地屡屡提及道统。如《论语集注》之《学而》篇"曾子曰吾日三省吾身"章，朱子引谢氏(谢良佐)之言曰：

> 诸子之学,皆出于圣人,其后愈远而愈失其真。独曾子之学,专用心于内,故传之无弊,观于子思、孟子可见矣。惜乎其嘉言善行,不尽传于世也。其幸存而未泯者,学者其可不尽心乎!

其中孔子(圣人)、曾子、子思、孟子都被提及并且谈及他们的传承。

又如《孟子集注》之《离娄章句上》"居下位而不获于上"章:"孟子曰:'居下位而不获于上,民不可得而治也。获于上有道:不信于友,弗获于上矣;信于友有道:事亲弗悦,弗信于友矣;悦亲有道:反身不诚,不悦于亲矣;诚身有道:不明乎善,不诚其身矣。是故诚者,天之道也;思诚者,人之道也。至诚而不动者,未之有也;不诚,未有能动者也。'"这里的天道、人道、思诚、明善等表达使朱子联想到《大学》的"欲正其心者,先诚其意;欲诚其意者,先致其知"和"诚意"章,以及《中庸》"哀公问政"章的孔子之语"在下位不获乎上,民不可得而治矣;获乎上有道:不信乎朋友,不获乎上矣;信乎朋友有道:不顺乎亲,不信乎朋友矣;顺乎亲有道:反诸身不诚,不顺乎亲矣;诚身有道:不明乎善,不诚乎身矣"。类似的表述、相同的思路,使得朱子在注释时底气十足地强调孔曾思孟的道统传承以及语学庸孟四书的关联性:

> 此章述《中庸》孔子之言,见思诚为修身之本,而明善又为思诚之本。乃子思所闻于曾子,而孟子所受乎子思者,亦与《大学》相表里,学者宜潜心焉。

正如人们所见,在《大学章句》《中庸章句》中,朱子对道统观念的阐述表现得较为明显,其实在《论语集注》《孟子集注》中,这种强调道统的阐述也屡屡出现,只不过淹没在大量文字中易被忽视,上文所引即为明显例证。此外,朱子还在《论语》《孟子》两书的结尾部分由对原文的注释而将道统作了重点的特别诠释。

《论语》最后一篇(尧曰第二十)共有三章,其中第一章是"尧曰咨尔舜"章。"尧曰:'咨!尔舜!天之历数在尔躬。允执其中。四海困穷,天禄永终。'"此见《虞书·大禹谟》,言尧舜禹禅让之事。接着,此章又引用了《商书·汤诰》《周书·武成》《周书·泰誓》等有关商汤、武王的话语及事迹。在这一章中,出现了"允执其中"的字眼,刚好与朱子在《中庸章句序》开头所引用和强调尧舜禹心传的十六字相匹配,也是北宋以来道学家所推崇的,故而朱子集注在此引用杨氏(杨时)之语作为此章的总结性观点,实际上也反映了朱子本人的思想。杨氏曰:

> 论语之书,皆圣人微言,而其徒传守之,以明斯道者也。故于终篇,具载尧舜咨命之言,汤武誓师之意,与夫施诸政事者。以明圣学之所传者,一于是而已。所以著明二十篇之大旨也。孟子于终篇,亦历叙尧、舜、汤、

文、孔子相承之次,皆此意也。

这里说本章内容事涉尧、舜、汤、武,固然如此;说是以明圣道、以传圣学,亦勉强可通。① 但说是如《孟子》终篇一样,也是《论语》的"终篇",因而有著明《论语》之"大旨"、概括《论语》二十篇全部内容的作用,则结论无法成立。事实上,此章乃《论语》二十篇的最后一篇《尧曰》篇的第一章,其后还有两章,与此章在内容上并无必然联系,因而此章并非置于全部《论语》最后,也就不能说有概括全书的作用。编写《论语》的人恐怕未曾或无意用这种方式来体现孔子思想的"微言大义",这与《孟子》有所不同。

《孟子》七篇各分上下,《尽心章句下》是最后部分,细分为三十八章。其第三十八章是名副其实的全书结束部分或曰"终篇"。由于《孟子》一书是孟子本人与其门人弟子共同编撰的,较之《论语》具有更自觉更系统的章节安排,所以颇能体现孟子本人的意志主张。"由尧舜至于汤,五百有余岁,……由孔子而来至于今,百有余岁,去圣人之世,若此其未远也;近圣人之居,若此其甚也,然而无有乎尔,则亦无有乎尔"。孟子历数尧舜以来的上古圣王贤相,及承上启下、前无古人的无冕之王孔子,也表达了自己有志于继承他们思想传统的决心,的确意味深长。而朱子明确认为这是儒家道统传承问题,并对此进行了特别的发挥。在《孟子》卒章的注释部分,朱子先是用"愚按"的方式郑重地诠释孟子的用意,其后又意味深长地引述程颐评论程颢的一段文字,最后强调和表明了他的道统观念。

> 愚按:此言虽若不敢自谓已得其传,而忧后世遂失其传,然乃所以自见其有不得辞者,而又以见夫天理民彝不可泯灭,百世之下,必将有神会而心得之者耳。故于篇终,历序群圣之统,而终之以此,所以明其传之有在,而又以俟后圣于无穷也,其指深哉!
>
> 有宋元丰八年,河南程颢伯淳卒。潞公文彦博题其墓曰:"明道先生。"而其弟颐正叔序之曰:"周公殁,圣人之道不行;孟轲死,圣人之学不传。道不行,百世无善治;学不传,千载无真儒。无善治,士犹得以明夫善治之道,以淑诸人,以传诸后;无真儒,则天下贸贸焉莫知所之,人欲肆而天理灭矣。先生生乎千四百年之后,得不传之学于遗经,以兴起斯文为己任。辨异端,辟邪说,使圣人之道涣然复明于世。盖自孟子之后,一人而已。然学者于道不知所向,则孰知斯人之为功?不知所至,则孰知斯名之称情也哉?"

---

① 其实这里的"允执其中"或伪古文尚书《虞书·大禹谟》"允执厥中"的"中"是否就是中庸、中和之"中"还值得商榷。此处暂不多论。

正如孟子历数尧舜以来每五百年所出的圣人而暗喻轮到自己那样,朱子也是用一种比附和暗喻的方法以表明自己的道统观。他用程颐称赞程颢的话以说明孟子之后道统的继承者不是别人,而是道学家二程。另外,朱子在《大学章句序》中明言"河南程氏两夫子出,而有以接乎孟氏之传。……虽以熹之不敏,亦幸私淑而与有闻焉"。说明他有自己继承道统的愿望和雄心,事实上他本人也正是二程及其他道学家思想的继承者和发扬光大者,甚至可以说直承孔子。于是,经过朱夫子诠释的孔夫子的思想就成为此后众多中国人的精神支柱。

朱子将他的道统观及思想框架牢牢建立在对语孟学庸四书的诠释之上,四书、道统借由朱子的阐释形成一个完整的系统。此后,道统的观念经朱子后学的推崇和传播,为官方所首肯,《宋史》首立《道学传》即代表了官方的立场。《道学传》对朱子的道统论进行了简略概括,同时又正式确立了朱子继承道统、传承道统的历史地位。经过官方正史确定的儒家道统观念,究其根本,是源于朱子对北宋以来道学思想的集大成,并通过对四书的诠释和系统化而最终实现的。

二、大学之道

语孟学庸四书在朱子思想体系中各自承担着它们重要的使命,但作用又各不相同。从进学阶梯或阅读顺序上看,《大学》一篇是二程和朱子认为首先要研读的经典。在《大学章句》的开篇,标题之后正文之前,朱子引用程子之言,也是他本人深以为然的一段著名表述:"《大学》,孔氏之遗书,而初学入德之门也。于今可见古人为学次第者,独赖此篇之存,而《论》《孟》次之。学者必由是而学焉,则庶乎其不差矣。"关于四书的排列次序,从成书刊刻、道统传承、读书进阶、总括列举等各个角度出发,人们会得出各不相同的结论。就读书次序而言,朱子主张以《大学》《论语》《孟子》《中庸》为序,这一点他多有论述。如"学问须以《大学》为先,次《论语》,次《孟子》,次《中庸》。《中庸》工夫密,规模大"。"某要人先读《大学》,以定其规模;次读《论语》,以立其根本;次读《孟子》,以观其发越;次读《中庸》,以求古人之微妙处。《大学》一篇有等级次第,总作一处,易晓,宜先看。《论语》却实,但言语散见,初看亦难。《孟子》有感激兴发人心处。《中庸》亦难读,看三书后,方宜读之",等等。[①] 可见,朱子之所以将《大学》作为四书之中首先要阅读的一个儒家经典,是因为它具有"纲目""题目""规模""坯模""架构""间架""腔子""地盘"等性质和作用[②],是"初学入德之

---

① 均见《朱子语类》卷一四,第419页。
② 以上词语均见《朱子语类》卷一四。

门",所以才把《大学》看作儒家基本典籍的阅读起点。正因为此,朱子认为读《大学》之后,还要再读其他书去丰富《大学》的内容,加深对《大学》之道的理解,最好是接着读《论语》,然后读《孟子》,更为抽象因而放在最后读的是《中庸》。同时,要用自身的学习和实践去体会《大学》内容,也就是在实际生活中"做功夫",体验"格物"和"诚意"的精髓。所以四书除《大学》之外,着重于儒家言行修养的《论语》《孟子》二书,由于提供了无数道德修养和为人处世的细节,因而成为被朱子用来诠释"大学之道"而与之配套的绝好素材。

如果我们以比较概括的语言来总结朱子心中"大学之道"的话,不妨从两方面来考虑:

其一,朱子认为《大学》一篇的特点是前后照应,互相发明,颇具系统性,而重点在前面他所划分出的经之部分,即从"大学之道,在明明德,在亲民,在止于至善"到"自天子以至于庶人,壹是皆以修身为本。其本乱而末治者否矣,其所厚者薄,而其所薄者厚,未之有也"。经一章主要是讲"三纲领,八条目",三纲领是明明德、新民、止于至善;八条目是格物、致知、诚意、正心、修身、齐家、治国、平天下。后面的"传"之部分都是对经的解释。如果再细分的话,八条目中"修身"(含)以上是所有人(自天子以至于庶人)都应做到的,而在此以后则只是就君王而言的。"修身"以上对应着"明明德","齐家"之后对应着"新(亲)民"(朱注:"修身以上,明明德之事也。齐家以下,新民之事也。")因而对普通人而言,修身是人生之本,是最为重要的,而修身的内容就是"格物致知""正心诚意"部分。为此,朱子不顾非议地为《大学》补了"所谓致知在格物"章,并认为"此一书之间,要紧只在'格物'两字,认得这里看,则许多说自是闲了"①。

由此我们可以理解,程朱理学家心目中的理想人生就是格物穷理、明德至善,所谓学习、所谓成人,都是在此框架和认知中进行的。具体到朱子对《论语》《孟子》的诠释,也都是沿着这一思路而来的,处处可以感受到朱子心目中的大学之道的影响。

其二,为了突出大学之道的重要性,朱子强调了大学与小学的区别。其实在整篇《大学》原文中,并没有关于这一问题的正面论述,但朱子在其《大学章句序》中却有清楚的辨析。讲到古代设学时朱子曰:"人生八岁,则自王公以下,至于庶人之子弟,皆入小学,而教之以洒扫、应对、进退之节,礼乐、射御、书数之文;及其十有五年,则自天子之元子、众子,以至公、卿、大夫、元士之嫡子,与凡民之俊秀,皆入大学,而教之以穷理、正心、修己、治人之道。此又学校之教、大小之节所以分也。"这里朱子区分了大学和小学,不仅在于入学年龄、教育对象的不同,更重要的是教育内容及所起作用的不同。小学是基础教育,所

---

① 《朱子语类》卷一四,第425页。

要教的是"洒扫、应对、进退之节,礼乐、射御、书数之文",属于做人的基本礼仪和基本技能;大学则是精英教育,教育内容是"穷理、正心、修己、治人之道",属于道德修养和如何认识世界的本质(明理)问题。所以当朱子的弟子问他"小学、大学如何"时,朱子答曰:"小学涵养此性,大学则所以实其理也。忠信孝弟之类,须于小学中出。然正心、诚意之类,小学如何知得。须其有识后,以此实之。"①虽然小学大学均不可或缺,但在朱子心目中显然"大学之道"更为重要。

朱子将其大学之道观念自觉地贯穿于对《论语》《孟子》解说之中,比较突出的是《论语》中对"学"的解释和《孟子》中对"正心""诚意"观念的表述。

《论语》一书论学之处比比皆是,因此朱子大学之道的思想观念也就在其中处处有所体现。当然,以孔子为代表的儒家所谓的学很大程度上是注重人的道德品质和修养,但并不能说这就是孔子所认为的学习的全部内容,还应包括基础知识、基本技能如六艺、日常礼节等方面的学习,而朱子诠释《论语》中的学,则与孔子本意有所偏差,朱子更强调学习的道德修养一面。如《论语》开篇的"学而时习之"章,"学"一般解释为"学习",而朱子曰:"学之为言效也。人性皆善,而觉有先后,后觉者必效先觉之所为,乃可以明善而复其初也。"完全是用《大学》的"明明德""止于至善"的观念来解释所谓学习是为了效仿圣人而寻求初心,达到恢复善良本性的目的,这恐怕是缩小了《论语》中学之概念的内涵。

再如《为政》篇之"吾十有五而志于学"章,朱子全用大学之道来解释。朱子注释"吾十有五而志于学"曰:"古者十五而入大学。心之所之谓之志。此所谓学,即大学之道也。志乎此,则念念在此而为之不厌矣。"至于接下来关于"三十而立,四十而不惑,五十而知天命,六十而耳顺,七十而从心所欲不逾矩"的解释,朱子都是紧紧围绕着学者立德、守志、进学而展开的。"六十"注释的"声入心通,无所违逆,知之至,不思而得也","七十"注释的"从,随也。矩,法度之器,所以为方者也。随其心之所欲,而自不过于法度,安而行之,不勉而中也",实际上分别与《大学》的"物格而后知至"和"絜矩之道"相呼应,正如朱子又引程子之言,说这一章是孔子为学者立法而明示进德之序的。

又如《泰伯》篇"兴于诗"章:"子曰:'兴于诗,立于礼,成于乐。'"简短的原文,朱子却用大量的篇幅来解释,认为诗、礼、乐"此三者,非小学传授之次,乃大学终身所得之难易、先后、浅深也"。强调了儒家诗学、礼乐之学的道德教化作用,并且特别指出此乃大学之事,与小学所传授是有区别的。实际上,这种绝对的区别是很难做到的,比如关于礼的实践和教育,有时就必须从具体而琐细的童蒙之学入手。朱子这里借此阐明大学、小学的区别,与他思想体系中特

---

① 《朱子语类》卷一四,第422页。

别注重理性和道德修养的升华有很大的关系。

　　一个更为典型的例子可以进一步说明朱子对大学、小学区别的强调。《子张》篇"子夏之门人小子"章,通过子游与子夏的对话,显示了孔门弟子为学进德过程的不同理念。子游认为:"子夏之门人小子,当洒扫、应对、进退,则可矣。抑末也,本之则无。"子游的言论遭到子夏的反驳,他认为子游对后生小子太苛责。在对待子游、子夏态度问题上,显然朱子是倾向于前者的①,他解释子游之言说是"子游讥子夏弟子,于威仪容节之间则可矣。然此小学之末耳,推其本,如大学正心诚意之事,则无有"。朱子又不厌其烦地引用程子的五段话对此章加以解释,其中第一段话曰:"君子教人有序,先传以小者近者,而后教以大者远者。非先传以近小,而后不教以远大也。"说明君子教人是先小后大。另外四段话则与此有所不同,是从另一个方面说明从细小之事中也可以领悟到大道理,也可以升华为形而上的东西,从中体会到"理"。朱子在引完程子五段话后作了如下评论:

　　　　愚按:程子第一条,说此章文意,最为详尽。其后四条,皆以明精粗本末。其分虽殊,而理则一。学者当循序而渐进,不可厌末而求本。盖与第一条之意,实相表里。非谓末即是本,但学其末而本便在此也。

　　这里,朱子更倾向于大学之道所讲求的本和理,并且提出了他从二程那里继承而来并加以发挥的重要思想范畴——"理一分殊"。朱熹从本体论出发,认为天地万物的理只是一个理,分开来看,每个事物都各自有一个理,然而千差万殊的事物都是那理一的体现。"万物皆有此理,理皆同出一原,但所居之位不同,则其理之用不一"②。

　　与《论语集注》中朱子主要用大学之道解释"学"不同,在《孟子集注》中,朱子更多是从大学之道"正心""诚意"的修养方面搭建《大学》与《孟子》联系框架的。在《孟子集注》之前,朱子的《孟子序说》引用了《史记》、韩愈、二程及程门弟子评论孟子之语,其中程门弟子仅引用杨时一人之言,而且只有他的一段话,可见朱子对杨时此言的格外重视。我们认为,此段话甚至可以视作朱子本人思想的一种表达:

　　　　杨氏曰:"《孟子》一书,只是要正人心,教人存心养性,收其放心。……千变万化,只说从心上来。人能正心,则事无足为者矣。《大学》之修身、齐家、治国、平天下,其本只是正心、诚意而已。心得其正,然后知性之

---

① 在《先进》篇"师与商也孰贤"章中,朱子解释"师也过,商也不及"曰:"子张才高意广,而好为苟难,故常过中;子夏笃信谨守,而规模狭隘,故常不及。"也对子夏(卜商)评价不高。

② 《朱子语类》卷一八,第606页。

善。故孟子遇人便道性善。……

朱子以《大学》正心、诚意等修身内容来解释《孟子》的最为典型的例子是《尽心章句上》之"尽其心者"章,此章也是朱子理学思想的集中体现。《孟子》原文:"孟子曰:'尽其心者,知其性也。知其性,则知天矣。存其心,养其性,所以事天也……'"其中"心""性""天"的概念既具体又抽象,由于原文语句简短,实际上后人很难弄清孟子此章的真实含义,而朱子则结合《大学》的内容,引用二程、张载之语,最大程度地阐发了他思想体系中的心性之学。朱子曰:

> 心者,人之神明,所以具众理而应万事者也。性则心之所具之理,而天又理之所从以出者也。人有是心,莫非全体,然不穷理,则有所蔽而无以尽乎此心之量。故能极其心之全体而无不尽者,必其能穷夫理而无不知者也。既知其理,则其所从出亦不外是矣。<u>以《大学》之序言之,知性则物格之谓,尽心则知至之谓也。</u>

尤其值得注意的是,朱子这里直接使用了他本人在《大学》里主观添加的内容,即格物致知的思想。因此,这里与其说是朱子在为《孟子》作注,不如说是作为思想家的他在直抒胸臆地阐发自己的哲学主张。

当然,在《孟子》一书中,也有与《大学》内容相近而可以使人自然而然地想起《大学》的部分,如《离娄章句上》:"孟子曰:'人有恒言,皆曰"天下国家"。天下之本在国,国之本在家,家之本在身。'"这里的天下、国、家、身等很容易让人想到《大学》首章,所以朱子解释说:"《大学》所谓'自天子至于庶人,壹是皆以修身为本',为是故也。"然而,《孟子》的另外一些内容其实从字面上根本看不出与《大学》有何联系,本来不必互引的,但朱子还是主观地以《大学》来解释《孟子》。如《尽心章句下》:"孟子曰:'贤者以其昭昭,使人昭昭;今以其昏昏,使人昭昭。'"朱注:"昭昭,明也;昏昏,暗也。"意思已经很明确了,但朱子却又引尹氏(尹焞)之言曰:"大学之道,在自昭明德,而施于天下国家,其有不顺者寡矣。"其实《孟子》此章与《大学》的"明明德"并无必然联系。

朱子是如此自觉地要将语孟学庸四书联系在一起,以至于有时他要特别地辨析它们之间的异同。如《公孙丑章句上》"夫子加齐之卿相"章,孟子在讲述"揠苗助长"故事之前说:"必有事焉而勿正,心勿忘,勿助长也,无若宋人然。"历来的解释有断句如上者,也有将"正"字从下句的,即"正心"为一词。朱子认为两种断句均可,但提醒读者,如果是"正心"断句的话,就一定要注意此"正心"与《大学》"正心"的不同。朱注曰:"正,预期也。《春秋传》曰'战不正胜'是也。如作'正心'义亦同。此与《大学》之所谓正心者,语意自不同也。"此处朱子特别强调另外一个意思的"正心"与《大学》表示个人修养的"正心"是不同的,表明他特别用心地将《大学》和《孟子》作出了关联,否则就不必提及它们的区别。

关于《大学》与他书的关联性,朱子还用一种特别的方式呈现出来。众所周知,对儒家经典的解说叫作"传"或"记"。单独这样称呼的话,如无上下文明确指示,是很难确定这传记所指为何的。所以在四书之中,经常出现的是"《春秋传》曰",唯有在注释中朱子对《大学》的称呼直接称"传",且并无上下文的交代。如《梁惠王章句下》"所谓故国者"章,孟子认为在进贤、用刑的过程中,国君不仅要听从左右、卿大夫的意见,还要听从国人的意见,"如此,然后可以为民父母"。朱子解释此言说:"《传》曰:'民之所好好之,民之所恶恶之,此之谓民之父母。'"而这句话正出自《大学》,朱子所谓"传"就是指《大学》。这样没有上下文交代而直接将《大学》称之为"传"的做法,有一种使读《孟子》的人理所当然地直接联想到《大学》的意思,从而将二者进行了紧密的关联。在朱子四书的注释中,"记"指《礼记》,如《八佾》篇"射不主皮"章,朱子注曰:"《记》曰:'武王克商,散军郊射,而贯革之射息。'"而这正是《礼记·乐记》的内容。但同样是出于《礼记》的《大学》一篇,由于被朱子单独提取出来成为四书的一部分,因而被赋予了特殊的地位,不再称为"记"而专称为"传"了。"传"在朱子四书注释中不再指称其他,而是专门指称《大学》。

三、中庸之道

"中庸之道"是儒家思想的认识论和方法论,"中者,不偏不倚、无过不及之名。庸,平常也"(《中庸章句》题解),"不偏之谓中,不易之谓庸。中者,天下之正道,庸者,天下之定理"(朱子引"子程子曰"释"中庸")。所谓中庸之道,也就是儒家贯穿于日常生活中的认识世界的角度和为人处世的恰到好处的状态,被认为是"孔门传授心法"。四书之中,自然《中庸》一篇是集中论述中庸之道的,然而其他部分也颇能体现儒家的中庸思想,朱子的注释着重提醒了读者这种联系,扩充和演绎了中庸之道思想在四书中的存在。

四书之中除《中庸》篇外,"中庸之道"的思想在《论语》中体现得最为广泛,如在《先进》篇中,当子贡问"师与商也孰贤"时,孔子答曰"师也过,商也不及","过犹不及"等等。正因如此,朱子就极用心地在《论语集注》中阐释中庸之道。出现在《中庸》和《论语》中的相关重点篇章,朱子不厌其烦地辨析、互证,力求使读者达到最精准的理解。

典型例证如下:

> 《中庸》朱子所分第三章:"子曰:'中庸其至矣乎!民鲜能久矣!'"
> 《论语》之《雍也》篇:"子曰:'中庸之为德也,其至矣乎!民鲜久矣。'"

这两段在内容和语句表达上相差不多，朱子对它们都有精细的注释。朱子对于《中庸》一段的注释是：

> 鲜，上声。下同。过则失中，不及则未至，故惟中庸之德为至。然亦人所同得，初无难事，但世教衰，民不兴行，故鲜能之，今已久矣。《论语》无"能"字。

朱子对于《论语》一段的注释是：

> 鲜，上声。中者，无过无不及之名也。庸，平常也。至，极也。鲜，少也。言民少此德，今已久矣。程子曰："不偏之谓中，不易之谓庸。中者天下之正道，庸者天下之定理。自世教衰，民不兴于行，少有此德久矣。"

我们比较朱子这两个注释发现，首先他是根据各自原文的字句来准确串讲的，另外朱子非常注重它们彼此之间的互证，《中庸》无而《论语》有的"能"字在《中庸》注释中加以注明，这样做既是注释体例上的当为之事，同时也提醒读者孔子此言的重要性，在多处出现过。更值得注意的是，《论语》中有"德"字而《中庸》中无"德"字，但朱子诠释《中庸》的语句时却将"德"字嵌入其中了，曰"惟中庸之德为至"。另外还将《论语》中孔子"过犹不及"的思想以"过则失中，不及则未至"的语句呈现出来。反之，朱子在解释《论语》此段时引用了程子之言："不偏之谓中，不易之谓庸。中者天下之正道，庸者天下之定理。"而此段话正是朱子在《中庸章句》正文开头最为醒目的地方郑重其事引用"子程子曰"的内容。所以，以此为例我们可以发现，朱子的注释是你中有我、我中有你，读者会在读《中庸》的时候自然会想到《论语》，而在读《论语》的时候也会想到《中庸》。

中庸之道就人的性情而言也可以称为"中和"。游氏（游酢）曰："以性情言之，则曰中和，以德行言之，则曰中庸是也。"（《中庸》朱子所分第二章注所引）《中庸》首章所谓"喜怒哀乐之未发，谓之中；发而皆中节，谓之和"。《论语》中孔子的圣人气象最能体现出中和之气来，因而朱子在注释此类章节的时候总不忘以《中庸》的"中和"概念来解说，以圣人为榜样，向人们展示出做人当有的精神气质和最佳状态。如《述而》篇的"子之燕居"章："子之燕居，申申如也，夭夭如也。"是说孔子燕居，闲暇无事之时呈现出的舒缓愉悦的样子，不严厉也不放肆，放松而不懈怠，是恰到好处的一种"中和"状态。朱子注引用程子之言："此弟子善形容圣人处也，为'申申'字说不尽，故更着'夭夭'字。今人燕居之时，不怠惰放肆，必太严厉。严厉时著此四字不得，怠惰放肆时亦著此四字不得，惟圣人便自有中和之气。"又如《述而》篇的"子温而厉"章："子温而厉，威而不猛，恭而安。"是说孔子温和而又严肃，威严而不凶猛，恭敬而又安泰的符合中庸之道的精神状态。朱子解释道："人之德性本无不备，而气质所赋，鲜有不偏，惟圣人全体浑然，阴阳合德，故其中和之气见于容貌之间者如此。……学者所宜反复而玩心也。"可见朱子以中庸之道或中和之气诠释《论语》中孔子的圣人气象显得特别合适,做这样的关联也是恰到好处的。

四、五伦

儒家特别重视人与人之间的道德关系和等级次序,也就是讲求人之大伦,认为这是维护社会稳定、彰显人性美好的头等大事。由于孟子所处的时代较之孔子之时更是礼坏乐崩,所以他特别强调人类社会与动物世界的区别,彰显"人之所以异于禽兽者几希"之处,即宣扬体现人性之善的人伦关系。《孟子》一书中屡屡出现"人伦""大伦"的字眼,要远远多于《论语》。事实上,《论语》全书并未出现"人伦"之词,"大伦"的说法也仅出现过一次,是子路指责隐者丈人对孔子及其门徒的轻慢行为的(《微子》篇"子路遇丈人"章)。

孔子提出了人与人之间的基本关系,最著名是《颜渊》篇"齐景公问政于孔子"章。当齐景公向孔子征询治国理政的妙方时,"孔子对曰:'君君,臣臣,父父,子子。'"这里孔子提及等级社会的两种基本关系,即君与臣、父与子的关系,特别强调了下级对上级的服从义务。在《论语》的另一章,通过子夏之言,将儒家伦理关系扩充为三种或四种关系。《学而》篇:"子夏曰:'贤贤易色,事父母能竭其力,事君能致其身,与朋友交言而有信。虽曰未学,吾必谓之学矣。'"这里明确呈现的是父(母)子关系、君臣关系、朋友关系三种人际关系,但其中的"贤贤易色"由于历来有多种解释,有人认为是指夫妻关系,有人认为只是尚德而并非指夫妻关系,所以我们或者可以理解为子夏是指四种关系(朱子注:"四者皆人伦之大者。"又引游氏曰:"三代之学,皆所以明人伦也。能是四者,则于人伦厚矣。")或者理解为子夏所指为三种关系,但无论如何,都还不是后来被长期奉为道德准则的五种人际关系——五伦。

"人伦"一词,最早见于《孟子》一书,是孟子在孔子及孔门弟子思想的基础上,结合当时的社会现实,进一步全面总结概括出封建社会中人与人之间的五种基本道德关系或曰道德规范。《滕文公章句上》"有为神农之言者许行"章:"人之有道也,饱食、暖衣、逸居而无教,则近于禽兽。圣人有忧之,使契为司徒,教以人伦:父子有亲,君臣有义,夫妇有别,长幼有序,朋友有信。"朱子解释说:"人之有道,言其皆有秉彝之性也。然无教则亦放逸怠惰而失之,故圣人设官而教以人伦,亦因其固有者而道之耳。书曰:'天叙有典,敕我五典五惇哉。'此之谓也。"所以说孟子提出"五伦"是对儒家思想的一大发展,因而受到朱子特别地看重。综观语孟学庸四书,正文中只有《孟子》此处出现"父子有亲,君臣有义,夫妇有别,长幼有序,朋友有信"五伦的表述,而朱子却在注释中不厌其烦地反复使用五伦的表述来解释儒家人伦问题,遍及《中庸》《论语》《孟子》

各书。

《孟子·滕文公章句上》"滕文公问为国"章:"设为庠序学校以教之:庠者,养也;校者,教也;序者,射也。夏曰校,殷曰序,周曰庠,学则三代共之,皆所以明人伦也。人伦明于上,小民亲于下。"其中首先出现了"人伦"一词,朱子解释道:

> 庠以养老为义,校以教民为义,序以习射为义,皆乡学也。学,国学也。共之,无异名也。伦,序也。父子有亲,君臣有义,夫妇有别,长幼有序,朋友有信,此人之大伦也。庠序学校,皆以明此而已。

《中庸》"哀公问政"章原文:"天下之达道五,所以行之者三:曰君臣也,父子也,夫妇也,昆弟也,朋友之交也:五者天下之达道也。知、仁、勇三者,天下之达德也,所以行之者一也。"对此,朱子的解释是:

> 达道者,天下古今所共由之路,即《书》所谓五典,《孟子》所谓"父子有亲、君臣有义、夫妇有别、长幼有序、朋友有信"是也。知,所以知此也;仁,所以体此也;勇,所以强此也;谓之达德者,天下古今所同得之理也。

《论语》之《微子》篇"子路遇丈人"章,子路在与荷蓧丈人的一番交往后评价他说:"不仕无义。长幼之节,不可废也;君臣之义,如之何其废之?欲洁其身,而乱大伦。君子之仕也,行其义也。道之不行,已知之矣。"这是《论语》中唯一一次出现"大伦"一词的地方,因而受到朱子的高度重视,虽然原文只涉及君臣、长幼两种人际关系,但朱子注释中还是借机将它作了最大限度的发挥,并且认为子路之言即是孔子之意:

> 子路述夫子之意如此。盖丈人之接子路甚倨,而子路益恭,丈人因见其二子焉。则于长幼之节,固知其不可废矣,故因其所明以晓之。伦,序也。人之大伦有五:父子有亲,君臣有义,夫妇有别,长幼有序,朋友有信是也。仕所以行君臣之义,故虽知道之不行而不可废。

通过以上分析我们可以看到,朱子正是用孟子五伦的观念在《中庸》《论语》《孟子》的相关章节中反复诠释儒家的人伦(大伦)思想,以诠释的黏合剂构筑成四书或儒家道统的思想体系。

朱子通过注释而将语孟学庸四书紧密联系在一起的例证,除以上所举之外,重要的还有"仁""仁义"等儒家思想观念。因有另文论述,兹不赘言①。

---

① 参见拙文《细读经典:孔孟人性论及朱子诠释再认识》,收入郑吉雄主编《语文、经典与东亚儒学》(文献与经典诠释论丛),台北:台湾学生书局,2008年。

当然，由于语孟学庸均为儒家经典，在一个大的思想体系中本来它们之间就有传承性，特别是孟子，非常自觉地继承和弘扬孔子的思想，《孟子》一书引用孔子之言甚多，在此情况下，不仅朱子之注，即便是汉唐旧注，点明四书内容彼此之间的相袭性也是理所当然的。然而，朱子的四书之注不同于其他注释的特点在于，如果是四书之间明确地彼此称引的话，朱注就一定会毫不遗漏地指出，互相注释并加以发挥。此类例证很多，如《中庸》的"武王周公其达孝"章（朱子所分第十九章），朱子的解释分别联系了《孟子》和《论语》，"达，通也。承上章而言武王、周公之孝，乃天下之人通谓之孝，犹孟子之言达尊也"。其末尾注又云："此与《论语》文意大同小异，记有详略耳。"再如《孟子》之《尽心章句下》"万章问孔子在陈"章，由于事涉孔子之事，朱子注释中四次提到"事见《论语》"，反复提醒读者《论语》与《孟子》之间的关联性。另如《孟子》之《公孙丑章句上》"夫子加齐之卿相"章，孟子曰："我四十不动心。"朱子注语则自然而然地由孟子而联想到孔子，曰"四十强仕，君子道明德立之时。孔子四十而不惑，亦不动心之谓"，等等。

不仅如此，即便是四书原文之间并无互相称引或无明显继承关系的朱子之注也会尽量挖掘彼此之间的关联点，有时则是在注释中非常隐蔽地引用彼此的表述或思想观念而加以互注。如前文所举《孟子》之《尽心章句下》"贤者以其昭昭"，"昭昭"以大学之道的"昭明德"来解释。再如《尽心章句下》有一非常简短的章节："孟子曰：'仁也者，人也。合而言之，道也。'"朱子除一如既往对此作出理学色彩浓厚的解释之外（"仁者，人之所以为人之理也。然仁，理也；人，物也。以仁之理，合于人之身而言之，乃所谓道者也。"）还引用了程子之言："《中庸》所谓率性之谓道是也。"从原文看，此处释"道"要联系《中庸》并非必然，但朱子依然这样做了。又如，《论语》之《八佾》篇"林放问礼之本"章："林放问礼之本，子曰：'大哉问！礼，与其奢也，宁俭；丧，与其易也，宁戚。'"对"易"字的解释，朱子曰："易，去声。易，治也。孟子曰'易其田畴。'"朱子引《孟子》中语来解释《论语》中的"易"字固然准确无误，但并不具有唯一性和排他性，就是说此处引其他书作训释也是可以的，但朱子偏偏引用了四书之一的《孟子》。

语孟学庸四书的内容并不都是统一和谐的，有时一些观念甚至会有冲突，即便是同为儒家且有思想传承关系的孔子和孟子之间，也有理念或做法不一致的地方。比如在对待君王的态度问题上，是恭敬还是轻慢，是顺从还是叛逆，孔子、孟子的区别显而易见。实际上这也正是孟子在宋代上升为经书的过程中引起各方激烈争论的主要方面，朱子在那些论争中的基本态度是认为孔子、孟子所处时代不同,因而他们对待君王的态度上看似相异实则各有各的道理。① 朱子在对《论语》和《孟子》相关章节的注释上表现为尽量轻描淡写,避免矛盾。

比如《孟子》之《公孙丑章句下》"孟子将朝王"章,孟子因齐王托病不召见他而自己也同样托病不造朝见齐王,并且回避齐王使臣的探望。孟子这一举动在当时是特立独行、不同凡响的,因而被认为是违背了君臣之大伦,也与礼书所言"父召,无诺;君命召,不俟驾"相违背。我们在《论语》中可以看到孔子正是"君命召,不俟驾行矣"(《乡党》篇),他是十分尊君的。孟子对待君王的态度显然与孔子有异。但是,在朱子的解释中,却淡化甚至抹杀了孔孟这种区别。朱子先是解释说,孟子"辞疾而出吊,与孔子不见孺悲取瑟而歌同意",实际上并非朱子所说的那样,孟子回避见君王(齐王)和孔子回避见他讨厌的人孺悲(只是鲁王之臣,并不代表鲁王)根本不可等量齐观。后来朱子又引用程子之言:"古之人所以必待人君致敬尽礼而后往者,非欲自为尊大也,为是故耳。"引范氏之言:"孟子之于齐,处宾师之位,非当仕有官职者,故其言如此。"认为孟子当时在齐国是客居的"宾师",宾师不以趋走承顺为恭,人君也应该贵德尊士。我们在朱子此章的诸多解释中,完全可以体会到他试图弥合孔、孟差异的努力。

再比如《离娄章句下》"君之视臣如手足"章,孟子直接对齐宣王说:"君之视臣如手足,则臣视君如腹心;君之视臣如犬马,则臣视君如国人;君之视臣如土芥,则臣视君如寇雠。"发出了封建时代论述君臣关系最为惊世骇俗的声音。朱子对此整章文字除了字词的解释外,都没有自己正面的诠释和议论,只是引用了他人如孔氏、潘兴嗣、杨氏之语,有点回避矛盾、弥合分歧的意思。潘兴嗣曰:"孟子告齐王之言,犹孔子对定公之意也;而其言有迹,不若孔子之浑然也。盖圣贤之别如此。"认为孟子不如孔子那么浑然仁者,这当然也是朱子的基本看法。

总而言之,通过以上诸多事例的分析,我们完全可以体会到朱子注释语孟学庸、构筑四书学体系的良苦用心。在此,我们并无意于预设立场,断定他这样做的是与非,只是想具体而微地探究思想史的发展是如何通过古典文献的整理和语言的诠释而演进的。朱子《四书章句集注》为我们提供了一个典型的案例。

---

① 参见拙文《从朱熹〈读余隐之尊孟辨〉看宋代尊孟非孟之争》,《北京大学古文献研究所集刊》第1辑,北京:燕山出版社,1999年。

《宋史·宗室世系表》校勘一则
——新见《宋太宜人任氏圹志》考释

钱汝平*

【内容提要】 新发现的《宋太宜人任氏圹志》的志主任道用,其夫为赵宋宗室。圹志比较详细地记载了任氏的家世生平,对于校勘今本《宋史·宗室世系表》,考察南渡宗室迁居状况,以及补充今人《宋代登科总录》均有一定参考价值。

【关键词】 任道用　圹志　赵不默(默)　宋代登科总录

近日,笔者在专收古甓和墓志的会稽金石博物馆获睹一方宋代圹志。圹志长60厘米,宽41厘米,总18行,满行26字,共445字。这方墓志对于校勘今本《宋史·宗室世系表》以及补充今人所编《宋代登科总录》都有较高的参考价值。兹先将其释读标点,再略作阐述。

宋故太宜人任氏圹志①

先妣太宜人任氏,讳道用,开封人也。故朝散大夫通判太平州望之之女。先世讳官,弗克究知。年及笄,归于先公。其为人严肃,立性孤高。先公早世时,才三十有三。能居贫守寡,克俭成家,于是婚嫁祭祀之礼靡不毕举。以功名期子孙,皆目睹其有成;以好善崇佛老,独喜舍而不靳,其通晓特达如此。宜人生于绍兴辛亥②七月八日。男三人:长善甄,从义郎;次善锡,训武郎,皆先母三十年而卒。幼善铁,武德郎,两举,该覃恩,免省。女四人,有官,适进士祝致一、张浩、钱雷、管光祖,俱以请举,换文资。孙七人:汝援,五举,该两恩,补转修职郎;汝栽,登乙丑科,官至儒林郎,终于太平州节推;汝纡,三举,该恩,免省;汝抟,登辛未科,儒林郎,见任抚州录参;汝郴,两举,该恩,免省;汝指,登甲

---

* 本文作者为绍兴文理学院越文化研究院副教授。
① 原石无题,今姑拟此题。
② "辛亥",原刻"癸丑",后在原字上改刻"辛亥"。

戌科,儒林郎,见任建昌军广昌簿;汝(㵄),以父奏补,转保义郎。孙女三人,长适待补国学生丰起予,余尚在室。曾孙九人,曾孙女六人。先妣年当耄期,视听益聪明,精力不衰,饮啖每自若,虽簿书算数,犹躬任其责。忽一日气觉不和,至是夕偃然而逝,实宝庆改元乙酉二月一日也。享年九十有五,累封太宜人。善𨱎含苦茹哀,勉襄大事,以是年十二月二十日丙午并启先公攒,合葬于会稽县五云东乡镇坞之原。葬日薄,未能丐铭于当世君子,姑濡血以纪岁月而纳诸圹云。谨记。婿文林郎钱雷填讳并书

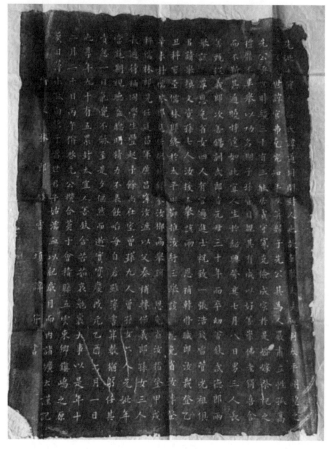

图1

圹志志主任道用,与其夫"合葬于会稽县五云东乡镇坞之原",其先是开封人,盖因南渡迁居于会稽者。据墓志,其父任望之,曾通判太平州。检《(康熙)太平府志》卷一四《职官表》,宋孝宗乾道年间有通判任望之,当是此人无疑。此人仕履比较丰富,但多浮沉于州县,高似孙《剡录》卷一"古令长"条下"皇朝令题名"中有任望之,可知出任过嵊县知县;又《(同治)乐安县志》卷六《职官志·文职》里有宋知县任望之,可知出任过乐安县令;又《(咸淳)临安志》卷五

一《秩官九》国朝钱唐县令中有任望之,可知出任过钱唐县令。唯不知其具体任职时间耳。通判太平州当是任氏最后的职务。志主丈夫姓名虽未在墓志中出现,但从其子名善甄、善锡、善铁以及其孙名汝援、汝裁、汝纡、汝指等看来,其人必定是南宋宗室太宗派成员。笔者检今本《宋史》卷二三〇《宗室世系表》十六,发现志主任道用的丈夫是"赠武略郎(赵)不默"。① 赵不默之父是"赠昭庆军节度使会稽郡公(赵)士峇",赵士峇之父是"安定侯(赵)仲廪",赵仲廪之父是"温王(赵)宗师",而赵宗师是濮王赵允让第七子,与宋英宗为亲兄弟。由于特殊原因,濮王一系在赵宋王室中人口最多,势力最大。南渡后,濮王神主安置于绍兴,嘉泰《会稽志》卷六《陵寝》"濮王园庙"条云:

> 濮安懿王在英宗皇帝时,以茔为园,即园立庙,俾王子孙世袭濮国,自主祭祀,行之累朝。绍兴中,以濮邸宗室有在远未集行在者,故久阙嗣王,止以见在行高者为主,奉濮安懿王祠事。久之,乃复除嗣王。濮园既阻绝,庙祏寓会稽之天宁寺。今为报恩光孝寺。盖以英祖初诏有立庙京师之戒,故止寓会稽,尝时讲求,亦详矣。十三年,主奉祠事贺王士会请即光孝之法堂为庙,而辟寺西隅南向为庙门如旧制,置卫甚谨,其香火、官吏出入,繇别门。园令一人,以濮邸诸王孙充。嗣濮王奉朝请,岁以春秋来荐献,亦循旧制也。

由于濮王神主最终被安置在绍兴,并建有宗庙,因此濮王一系子孙定居绍兴的肯定很多。赵不默一支估计就是在这样的背景下迁居会稽的。

这方圹志最大的价值体现在可供校勘今本《宋史·宗室世系表》上。今本《宋史》卷二三〇《宗室世系表》十六,赵不默生有三子:善甄、善锡、善钦②。但圹志"善钦"作"善铁",盖"钦""铁"形近而讹,自当以圹志为准。检《宋史》卷二三二《宗室世系表》十八,赵不佟子亦有名善钦者③。疑赵不佟子善钦不误,而赵不默子善钦实当作善铁。又圹志云任道用有孙七人:汝援、汝裁、汝纡、汝抟、汝梆、汝指、汝瀛。然据《宋史》卷二三〇《宗室世系表》十六,赵善甄有二子汝纡、汝梆,赵善锡有五子汝援、汝池、汝裁、汝抟、汝拾、汝指,赵善钦(铁)有一子汝瀛,则任氏共有孙九人,其中七人与圹志相合,两人汝池、汝拾不见于圹志。此两人不可能在任氏死后所生,因为按照排序,汝池还长于汝裁,汝拾长于汝指,汝裁、汝指既已在圹志中出现,若汝池、汝拾真是任氏之孙,则在其圹志中自必出现。这只能有三个解释:一是汝池和汝拾可能早逝,故未将此二人列入孙子之数,但按圹志写作的一般通例,即使早逝,也会将其名列入,只不过

---

① 默,当作默。赵不默墓志也已公布,见杭州:西泠印社出版社,2018年,第225页。
② 《宋史》卷二三〇,北京:中华书局,1985年,第7262—7263页。
③ 《宋史》卷二三〇,第7607页。

会在其名下加"早逝"等字眼来补充说明,因此这种可能性较小;二是汝池和汝拾并非赵不默和任氏之孙,而是他处窜入;三是汝池、汝拾的排序错误,汝池、汝拾或许是年龄最小的两个,应排在汝㴓之后,是在任氏死后出生。因此,这方圹志除可校正今本《宋史》卷二三〇《宗室世系表》十六"善钦"为"善铁"之误外,对未见于圹志的汝池、汝拾是否是任氏之孙这一点,由于书缺有间,尚不能作最后之判断。

　　这方圹志也可补龚延明、祖慧先生编著的《宋代登科总录》的不备。虽然《宋代登科总录》的编者殚精竭虑地广肆收罗古今传世及出土文献,但毕竟书囊无底,有所疏漏,在所难免。这方圹志上出现的三位登科进士就为《宋代登科总录》所未载:赵汝裁,登乙丑科(开禧元年,1205),官至儒林郎,终于太平州节推;汝抟,登辛未科(嘉定四年,1211),儒林郎,见任抚州录参;汝指,登甲戌科(嘉定七年,1214),儒林郎,见任建昌军广昌簿。赵汝裁,检《(康熙)太平府志》卷一四《职官表》,军事推官中有赵汝裁,嘉定年间任,可证圹志所载不误;赵汝抟,检《(康熙)抚州府志》卷九《官师考》,录事参军中未见,可据补;赵汝指,检《(乾隆)建昌府志》卷二六《秩官三》,广昌县主簿中未见,可据补。

跋苏天爵《三史质疑》

张 良*

【内容提要】 苏天爵《三史质疑》一文可谓"言必有据",行文偶有疏失,也往往有案可稽。借由梳理其中一处"错误"的因由,可以更加立体地排比出《质疑》一文所依据的材料来源,从而加深对《宋史·艺文志》纂修过程及文本生成的理解。

【关键词】 《三史质疑》 唐实录 《宋史·艺文志》 《中兴四朝国史艺文志》

元苏天爵所作《三史质疑》称:"龙图阁学士宋敏求补撰唐文、武、宣、懿、僖、昭、哀七帝实录,共一百八十三卷。"①此说有误。按《宋史》本传,宋敏求尝"补唐武宗以下六世实录百四十八卷"。②《长编》记载,庆历五年(1045)九月"癸巳,复校书郎宋敏求为馆阁校勘,王尧臣等上其所缉唐武宗以来至哀帝事为《续唐录》一百卷故也"。③又《宋史·艺文志》著录有"《唐文宗实录》四十卷",注云"魏謩修撰"。④《新唐志》亦作四十卷,云"卢耽、蒋偕、王沨、卢告、牛丛撰,魏謩监修"。⑤《玉海·艺文》引《新唐志》文,并称:"《书目》、《崇文目》同。起宝历二年,尽开成五年,凡十四年。"⑥显而易见,苏天爵将《文宗实录》的著作权误归宋敏求了。

然这一错误颇值得玩味。今《宋史·艺文志》史部编年类依次著录《唐文宗实录》四十卷,为唐代编修;又《唐武宗实录》二十卷,《唐宣宗实录》三十卷,《唐懿宗实录》二十五卷,《唐僖宗实录》三十卷,《唐昭宗实录》三十卷,《唐哀宗

---

* 本文作者为北京大学历史学系博士研究生。
① 〔元〕苏天爵撰,陈高华、孟繁清点校《三史质疑》,《滋溪文稿》卷二五,北京:中华书局,1997年,第425页。
② 《宋史》卷二九一《宋敏求传》,第9737页。
③ 〔宋〕李焘《续资治通鉴长编》卷一五七,北京:中华书局,2004年,第3801页。又王应麟《玉海》卷四八《艺文》"宋朝续唐录·唐朝补遗录"条称:"宋敏求续成《唐录》一百卷。庆历五年,王尧臣上之。九月癸巳,以敏求为馆阁校勘。"东京:中文出版社,1977年,叶953上—953下。
④ 《宋史》卷二○三《艺文志二》,第5089页。
⑤ 《新唐书》卷五八《艺文志二》,第1472页。
⑥ 〔宋〕王应麟《玉海》卷四八《艺文》"唐文宗实录"条,叶952下。

实录》八卷。前后部次衔接，计一百八十三卷，与苏天爵所记若合符契。这显然不会是巧合。实际上苏天爵当有可靠凭据，若非借由目录文献，则必是亲验原书，绝非记忆疏失或传写讹误可以塞责。

有证据表明，元末官库藏书中，已经没有部帙相连、卷数完整的唐朝实录。翰林国史院诸臣称述唐代故事但以《唐书》为据，鲜见引据实录的情况；而元朝文献所载唐实录的零篇断简若非旧文陈陈相因，则与温公《通鉴考异》一脉相承。而今残本《永乐大典》中亦无唐代实录的蛛丝马迹；入清以后，学者颇以辑录《永乐大典》所收秘本为尚，却不见有唐实录的片纸只字流出秘府。明朝末年，陈第《世善堂藏书目录》尚收有"唐历朝实录"，著为抄本十册，不计种类卷数，实为陈氏杂抄而成，并有所去取。①前人颇疑此项著录不尽可据，而其中收录的"断种秘册"不仅明清之际无法稽核，亦无一流传于后。即便唐实录一条著录可信，据陈氏书目所称，亦为后人摘编之本，无法反映旧籍原貌。②因此，苏天爵对于唐实录卷帙部次的准确认识，仅有可能得自间接著录。本文谨从这一思路出发，力图追踪其致误之由，并在此基础上厘清《三史质疑》一文的材料来源，从而加深对其性质的认识和理解。

一、《宋史·艺文志》及私家目录

《宋史·艺文志》无疑是厘清宋元文献概貌的突破口。③今本《宋志》收录了《唐文宗实录》四十卷，注云"魏謩修撰"；其后依次著录宋敏求补撰的六种实录，末注云"并宋敏求撰"（参见图1）。④从这里可以得到启发：如果说苏天爵依据了与《宋志》同源的某种目录，那么其文本必然呈现出如下外在特征：

---

① 〔明〕陈第《世善堂藏书目录》，《知不足斋丛书》本。其后总叙"实录"一类云："右实录，内多奇闻异事，正史所未载者，亦有与正史相矛盾者，不可不知。约而抄之，共四十五本。"

② 此书所收条目真伪相杂，多为陈氏后世子孙羼入，决不能如实反映其家藏实情。参见王重民《中国目录学史料（四）》，《吉林省图书馆学会刊》1981年第5期；李丹《明代私家书目伪书考》，《古籍研究》2007年第1期，第137—139页。

③ 目前学界对《宋史·艺文志》的研究依然非常薄弱，尚未出现可比肩姚振宗《隋书经籍志考证》的作品。清人补志并无章法。陈乐素《宋史艺文志考证》（广州：广东人民出版社，2014年）只是旁注汇纂。刘兆祐《宋史艺文志史部佚籍考》（台北：编译馆中华丛书编审委员会，1984年）从汇集资料的角度来看好过陈书不少，但抄书失于剪裁，文本层次混乱，间或ări断失当。究其原因，则是因为缺乏着眼于《宋志》本身的文献源流意识。王珂《宋史·艺文志·类事类》研究》（杭州：浙江大学出版社，2015年）多有陈陈相因之憾。其他单篇研究在研究思路上鲜有创获。苗润博《有关〈裔夷谋夏录〉诸问题的新考索》着意区分《宋志》"著录"与"不著录"部分，并从个案入手，对《宋志》的编纂体例做出推测。（《文史》2016年第2期，第131—132页）而马楠《离析〈宋史艺文志〉》（收入《唐宋官私目录研究》，上海：中西书局，2020年）旨在彻底厘清《宋史艺文志》的文本性质及编纂过程，为元修三史志书部分的史源研究提供启示。在此基础上，《中兴馆阁书目》、《续书目》等书的辑佚工作亦能在高屋建瓴的基础上获得深入。

④ 《宋史》卷二〇三《艺文志二》，第5089页。

(1)《文宗实录》与《武宗实录》并列著录,且均属史部编年类;
(2)《文宗实录》所附注文脱落,致著者不明,和宋敏求六种补录混淆。

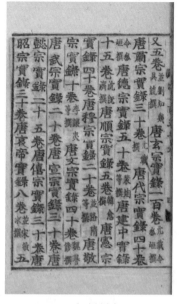

百衲本《二十四史》影印元至正刻本　　　　　　　朝鲜刻本
〔底本无校改;明成化刻本同〕

图1　《宋史·艺文志》"史部编年类"所著录宋敏求补录六种

可以肯定,苏天爵本人绝无可能直接参考《宋史·艺文志》。首先,《宋志》明确标记了《文宗实录》的作者,与宋敏求六种补录判然二分;其次,《三史质疑》作于元顺帝至正三年(1343),《宋史》尚未开始纂修;①苏天爵虽常年备员史属,而此时却身处江南,远离修史中心,并没有机会看到《宋史》草目。因此,参考《宋志》的可能性可以直接排除。

另外,苏天爵也不太可能参考当时存世的几种私家书目。如《邯郸书目》著录《唐武宗实录》一卷,②实际上是韦保衡《武宗实录》残帙,绝非宋敏求补撰之本;尤袤《遂初堂书目》仅笼统标识了"唐十五帝实录",至于个中细节则语焉

---

① 〔元〕苏天爵《三史质疑》叙撰文始末云:"至正癸未,敕宰臣选官分撰辽、宋、金史。翰林学士欧阳公玄应召北上,道出鄂渚。余以三史可疑者数事欲就公质之,适公行役怔忪不果,因书以寄之。"(《滋溪文稿》卷二五,第427页)又《元故鄱阳程君墓志铭》云:"至正癸未,予参湖广省政。"(《滋溪文稿》卷一九,第316页)

② 〔宋〕陈振孙撰,徐小蛮、顾美华点校《直斋书录解题》卷四:"《邯郸书目》惟存一卷而已。"上海:上海古籍出版社,2015年,上册,第126页)《新唐志》卷五八《艺文志二》著录有"《武宗实录》三十卷",注云:"韦保衡监修。"(第1472页)《通志·艺文略》同。《玉海》卷四八《艺文》称此三十卷本"五代时唯存一卷",又引《崇文总目》云"一卷"。(叶952下)

不详；《郡斋读书志》中全然未见《唐文宗实录》及六种《补录》的踪迹；而辑本《直斋书录解题》虽收录了诸本唐实录，然而每书之下著者判然分明，显然不会引起苏天爵的误会；此外，袁桷五世聚书，其家有新旧书目各一种，惜已不传，①惟袁氏文集中无只言片语提及唐实录，或许可以表明其家藏载籍中并无此书。

既然如此，有没有可能从《宋史·艺文志》的材料来源寻求突破呢？

今本《宋志》主要依据四种国史志杂凑拼合而成。序录部分述其撰作体例称："宋旧史，自太祖至宁宗，为书凡四。志艺文者，前后部帙，有亡增损，互有异同。今删其重复，合为一志。"②事实上，四种国史志在今本《宋史·艺文志》中所占权重有所差异。今本《宋志》的分类主要参考了《中兴馆阁书目》及《中兴四朝国史艺文志》，并参酌其他几种国史志略作损益；③具体条目则以《中兴四朝志》为主，分门补充神、哲、徽、钦《四朝国史艺文志》及当时见存的其他诸史志而成。④因此，分别追溯上述几种国史志的著录情况，或许可以大致推断出苏天爵所据材料的来源。

宋敏求补录既然在仁宗庆历五年进呈，依体例应收入仁、英《两朝国史艺文志》。《崇文总目》奏上于庆历元年(1041)，⑤自然不可能登载其书。而仁宗嘉祐四年(1059)，诏从吴及之议，校理昭文、史馆、集贤院、秘阁四处典籍，并访求天下遗书，至神宗熙宁八年(1075)方竟其功。⑥续唐录当登载于这一段时间内，嗣后分别收入《两朝国史艺文志》〔《两朝国史》创修于神宗元丰三年(1080)，五年(1082)进呈⑦〕及《秘书总目》〔创修于徽宗政和七年(1117)⑧〕。陈振孙《书录解题》称：

> 《五录》者，皆敏求追述为书。按《两朝史志》，初为一百卷；其后增益为一百四十八卷。⑨

今《秘书省续编到四库阙书目》史部编年类著录有"宋敏求《续唐录》一百

---

① 参见袁桷《袁氏旧书目序》《袁氏新书目序》，《清容居士集》卷二二，《四部丛刊》初编影印元刻本。袁氏两种书目现均已不存。
② 《宋史》卷二〇二《艺文志一》，第5033页。
③ 今借由马端临《文献通考·经籍考》的记载，尚可复原出宋朝《国史志》的类目分合情况。在分类体例上，《宋史·艺文志》表现出了向《四朝志》回归的趋向。惟其类目不全，不能反映一朝著述全貌，因此以《中兴志》为主干而加以损益。
④ 本文有关《宋史·艺文志》的认识多受惠于清华大学历史系马楠老师，参见其未刊稿《离析〈宋史·艺文志〉》。
⑤ 〔宋〕李焘《续资治通鉴长编》卷一三四，第3206页。
⑥ 〔宋〕李焘《续资治通鉴长编》卷一八九，第4551页；并《宋史》卷三〇二《吴及传》，第10024页。
⑦ 〔宋〕李焘《续资治通鉴长编》卷三〇三，第7366页；并同书卷三二八，第7908页。
⑧ 《宋史》卷一六四《职官志四》，第12册，第3875页。
⑨ 〔宋〕陈振孙撰，徐小蛮、顾美华点校《直斋书录解题》卷四，上册，第126页。

卷",即是《秘书总目》的文献来源,①上述记载反映了北宋馆阁的实藏情况。由此可见,直到政和七年,北宋官方藏书中仅有一部百卷本的《续唐录》。然而《两朝国史》进呈于神宗元丰五年,在《秘书总目》之前,其《艺文志》何以出现"后增益为一百四十八卷"这种说法呢?

百卷本《唐录》可确定为庆历五年宋敏求初次进呈本;而据《宋史·艺文志》并诸家目录可知,通行于南宋的补录共有六种,分别单行,合计一百四十三卷,当为初次进呈后续有增补,并重新分析篇目。而其卷帙与《两朝志》著录的"一百四十八卷"增订本亦有差异。实际上,百四十八卷之说本之于传记资料,并不意味史臣曾亲见其书。《宋史》本传称宋敏求"补唐武宗以下六世实录<u>百四十八卷</u>,它所著书甚多,学者多咨之"。其细目,据《中兴馆阁书目》记载:"《会昌实录》二十卷,宣、懿、僖、昭《实录》各三十卷,《哀帝实录》八卷,合一百四十八卷。"然注云"今懿宗二十五卷",②则南宋馆臣亲见本亦为百四十三卷。宋敏求生前曾与修仁、英《两朝正史》[事在神宗熙宁十年(1077)];③而他去世的时间为元丰二年(1079),④恰在创修《两朝国史》前一年。因此宋敏求的家传资料有机会得到史馆采择。

又《文献通考·经籍考》引《四朝史志》"史部编年门"叙称:"宋敏求武宗以下,元入杂史门,今附此。"⑤所谓"元入杂史门",说的就是宋敏求补录在《两朝国史志》中被收入史部杂史门,而《四朝志》则改附编年一类。⑥

马端临曾亲见四种宋朝国史,《经籍考》称述诸史艺文志的著录体例云:"实录即是仿编年之法,惟《唐志》专立实录一门,《隋史》以实录附杂史,宋志以实录附编年。"⑦此处"宋志"显然是对宋朝四部国史志的通称,如《三朝国史》史部编年类序云:"编年之作,盖《春秋》旧,自东汉后,变名滋多,……梁有《皇帝实录》,唐贞观中,作《高祖实录》,自是讫皇朝为之。"⑧这说明《三朝志》将实录附于编年类。至于两朝、四朝,据上文类目转圜之语自不待言;而《中兴四朝

---

① 参见王新华《〈秘书省续编到四库阙书目〉初探》,吉林大学硕士论文,1999年;张固也、王新华《〈秘书省续编到四库阙书目〉考》,《古典文献研究》第12辑,第317—332页。
② 〔宋〕王应麟《玉海》卷四八《艺文》"宋朝续唐录·唐朝补遗录"条,叶953下。
③ 《宋史·宋敏求传》称"乃加敏求龙图阁直学士,命修《两朝正史》,掌均国公笺奏"。(第9737页)加龙图阁直学士在熙宁八年(1075),与修《两朝正史》在熙宁十年。其纂修始末参见《长编》卷二七○、二八二、二八三。或为纂修《两朝国史》之滥觞。
④ 〔宋〕李焘《续资治通鉴长编》卷二九七,第7231页;并《宋史》卷二九一《宋敏求传》,第9737页。
⑤ 〔元〕马端临《文献通考》卷一九一《经籍考十八》,杭州:浙江古籍出版社影印浙江书局本,1988年,下册,叶1620上。
⑥ 又《四朝志》史部杂史门叙称:"内《唐武宗实录》以下六部人实录门,不重具。"参见马端临《文献通考》卷一九五《经籍考二二》,下册,叶1647上。
⑦ 〔元〕马端临《文献通考》卷一九一《经籍考十八》,下册,叶1620上。
⑧ 〔元〕马端临《文献通考》卷一九一《经籍考十八》,下册,叶1620上。

志》的体例则与《宋史》一脉相承,《经籍考》史部起居注类引《中兴志》小序:"七部,四千三百一十二卷。"注云:"本志元以实录、日历俱入编年,今除实录入编年外,以日历附于起居注。"①

综上可知,传统意义上的实录在宋朝诸本国史中均附于史部编年一门。而宋敏求六朝补录本属于私家撰述,故在《两朝志》中归入杂史;其后《秘书总目》《四朝国史艺文志》将其改附编年类,《馆阁书目》《中兴四朝国史艺文志》及《宋史·艺文志》沿袭不改。

专就苏天爵所据材料来说,唐修《文宗实录》和宋敏求《武宗实录》当同样系于史部编年类,且二书还要前后衔接、卷帙明确。那么,上述《四朝志》《中兴目》及《中兴四朝志》中,哪一部符合这个条件呢?

二、《四朝国史艺文志》

《宋史·艺文志》总叙三朝、两朝及四朝国史艺文志体例称:

> 尝历考之,始太祖、太宗、真宗三朝,三千三百二十七部,三万九千一百四十二卷。次仁、英两朝,一千四百七十二部,八千四百四十六卷。次神、哲、徽、钦四朝,一千九百六部,二万六千二百八十九卷。《三朝》所录,则《两朝》不复登载,而录其所未有者。《四朝》于《两朝》亦然。最其当时之目,为部六千七百有五,为卷七万三千八百七十有七焉。②

这段记录很有可能是敷衍《中兴四朝国史艺文志》叙录部分而成,惟其卷目与前三种国史志序录原文存在出入,或是《中兴志》编纂者的抄撮之误。③然称"《三朝》所录,则《两朝》不复登载,而录其所未有者。《四朝》于《两朝》亦然"则是大体可信。《两朝志》序录即称其"合《崇文总目》,除前志所载,删去重复讹谬,定著一千四百七十四部,八千四百九十四卷",④可以佐证其说。《文献通考·经籍考》备列宋朝诸国史类目、卷数甚详,这其中,仁、英《两朝国史》及

---

① 〔元〕马端临《文献通考》卷一九一《经籍考十八》,下册,叶1620中。有趣的是,今《宋志》史部编年类著录有《宋高宗日历》一千卷,《中兴志》著录;《孝宗日历》二千卷;《光宗日历》三百卷;《宁宗日历》五百一十卷,重修五百卷。又有《显德日历》一卷,《中兴目》著录;汪伯彦《建炎中兴日历》一卷。共计七部,四千三百一十二卷。

② 《宋史》卷二〇二《艺文志一》,第5033页。

③ 〔元〕马端临《文献通考》卷一七四《经籍考一》,下册,叶1510上。而其中涉及《三朝》《两朝》的部分则陈陈相因,当本之于更早修纂的几部国史。参见王应麟《玉海》卷五二《艺文》"淳化秘阁群书"条,第2册,叶1040上—1041上。对于《文献通考》中这一段记载,赵士炜《宋国史艺文志辑本》已有辨析,参见《原序》部分,《古逸书录丛辑》之五,国立北平图书馆、中华图书馆协会,1933年。

④ 〔宋〕王应麟《玉海》卷五二《艺文》"淳化秘阁群书"条,第2册,第1041页。

神、哲、徽、钦《四朝国史》均无名家、墨家、纵横家诸类目。今本《宋志》著录的三类书属宋以前著作,则不收宋前书应当是《两朝》及《四朝国史》的通例。

王应麟《玉海》多在同一条目下并列引用《崇文总目》《国史志》《中兴书目》及《续书目》,其中"国史志"的性质颇值得辨析。① 这也有助于进一步廓清《四朝志》的著录范围。

首先可以肯定,"国史志"当中并不包含《中兴四朝国史艺文志》。从类目来讲,《玉海》征引的"国史志"包括了"杂史"一门,② 三朝、两朝及四朝国史志均有这一门目,而《中兴志》则改"杂史"为"别史"。③ 此外从文献源流角度也可以加以佐证,《中兴志》的编纂主要就是依据了《中兴书目》及《续书目》,两者对于高宗朝至宁宗前期著作的著录当有相当高的重合度。然而《玉海》同书条目下多见并列征引"国史志"及《中兴目》〔或《续目》〕的情况,引据典籍的书名卷帙多有不同,显非同源。退一步说,如果"国史志"中包含了"中兴志",又何必大费周章地引用同源文献呢?

实际上,《中兴四朝国史》大致完成于理宗宝祐五年(1257);④ 而王应麟宝祐四年中博学鸿词,景定五年(1264)以太常博士除秘书监,授著作佐郎,⑤ 其后常年任职史馆,是完全有条件看到《中兴四朝国史》的。然其纂辑《玉海》,初为应付博学鸿词试而作,⑥ 故宝祐四年之前必已粗具规模。北宋九朝国史以及《中兴馆阁书目》《续书目》在《玉海》初辑之时均已流传民间,绝非难得;而在王应麟中博学鸿词之年,《中兴四朝国史》尚在纂辑,无由参考。因此,《玉海》所标举的"国史志"不包括《中兴四朝志》也就在情理之中了。而王应麟任职中秘之后固可遍览群籍,然此时《玉海》规模已定,难以自乱体例。⑦

其次,《玉海》所引"国史志"多属《四朝国史艺文志》,⑧ 然而其中也包含超

---

① 赵士炜《宋国史艺文志辑本》径将《玉海》所引"国史志"视作一体,不加区分。
② 如王应麟《玉海》卷四一《艺文》"五代春秋"条:"《国史志》杂史:王轸《五朝春秋》二十五卷。"叶811上。
③ 〔元〕马端临《文献通考》卷一九五《经籍考二二》:"宋《三朝志》:'杂史九十一部,九百六十八卷。'宋《两朝志》:'三十一部,六百三十卷。'宋《四朝志》:'二十四部,一千七十三卷。'宋《中兴志》:'别史三十一家,三十六部,一千三十四卷。'右杂史。"下册,叶1647上—1647中。
④ 〔宋〕王应麟《玉海》卷四六《艺文》"淳祐四朝史"条:"宝祐二年八月二十三日癸巳,进史、传。五年闰四月四日,修润上之。"(叶922上。)并《宋史》卷四四《理宗纪四》,第853、859页。蔡崇榜认为《中兴四朝国史》至度宗咸淳八年尚未完成(《宋代修史制度研究》,台北:文津出版社,1980年,第141—142页),实际上是误读高斯得经筵进讲奏议的缘故。参见拙作《高斯得经筵进讲修史故事发覆——兼论〈中兴四朝国史〉的成书时间》,《文献》2020年第3期;并参见魏亦乐《胡一桂〈周易启蒙翼传〉引宋〈中兴四朝国史艺文志〉逸文考述》。
⑤ 《南宋馆阁续录》卷八,张富祥点校,中华书局,1998年,第310页。
⑥ 〔元〕王厚孙《玉海序》,《玉海》卷首,第1册,叶6下。
⑦ 有证据表明,《玉海》中确实补入了《中兴四朝国史》的部分内容。
⑧ 马楠《离析〈宋史艺文志〉》。

出神哲徽钦四朝范围的条目,谨撮举如下:

表1 《玉海》所见"国史志"

	国史志	中兴书目	宋史·艺文志
经部易类	《国史志》:《子夏易传》:十卷,假托。真《子夏传》,一行所论是,然残缺。	《中兴书目》:十卷,或题卜子夏。〔此据《玉海·艺文》;按《厚斋易学》云:"《崇文》《中兴书目》乃有十卷。《崇文》谓非子夏所传,故剗去子夏名,以袪后人误惑。《中兴》亦云或谓卜子夏传。"〕①	《易传》十卷。〔题卜子夏传〕
	《国史志》:王弼《易论》一卷,大类略例而不及。	《中兴书目》弼有《易辩》一卷,或言晋得之,王羲之承诏录藏秘府。〔《玉海·艺文》弼又有《易辨》一卷,论易论象论象亦类略例。或言弼著此书已亡,晋得之,王羲之承诏录此书,藏于秘府,世莫得见。《厚斋易学》〕	王弼《略例》一卷;《易辨》一卷。
	《国史志》:李翱《易诠》三卷。	《易诠》七卷。唐李翱撰。先说八卦,次列六十四卦并杂卦。翱字习之,案本传不言著此书。〔《厚斋易学》〕	李翱《易诠》七卷。
	《国史志》:任奉古《周易发题》一卷。《周易正经明疑录》一卷。〔不知撰人〕	《周易发题》一卷。本朝成都乡贡三传任奉古撰。〔《厚斋易学》〕	任奉古《周易发题》一卷。……《易正经明疑录》一卷。
经部诗类	《国史志》:《诗谱》,世传太叔求注,不在秘府。《经典释文·叙录》所称"徐整畅,太叔裘隐",盖整既畅演而裘隐括之。"求"字讹也。〔欧阳修《补注》一卷〕	欧阳修为《毛诗本义》十六卷,凡百十四篇。〔《玉海·艺文》未标识来源,疑为《中兴书目》〕	郑玄《诗谱》三卷。……欧阳修《诗本义》十六卷;又《补注毛诗谱》一卷。

---

① 〔宋〕冯椅《厚斋易学·附录》,《永乐大典》本,台北:商务印书馆影印《文渊阁四库全书》本,第16册。

续表

	国史志	中兴书目	宋史·艺文志
经部春秋类	《国史志》:《春秋指掌图》二卷。融据李瑾《指掌》为图,不著姓。〔按,此处"融"姓氏生平不详,兹附于此。待考。〕	《志》李瑾,十五卷。《书目》〔卷同上〕李瑾集诸家之说,为《序义》、《凡例》各一篇。抄孔颖达《正义》为五篇,采撷余条为《碎玉》一篇,集先儒异同,辨正失得,为三篇,取刘炫《规过》,申订其义,为三篇。大抵专主杜学。《崇文目》同〔《玉海·艺文》〕	李瑾《春秋指掌图》十五卷。……《春秋指掌图》二卷。〔按,《新唐志一》作"李瑾《春秋指掌》十五卷",《宋志》"图"字或衍〕
史部杂史类	《国史志》杂史:王轸《五朝春秋》二十五卷。	《书目》:《五代春秋》一卷,尹洙撰。〔《玉海·艺文》〕	王轸《五朝春秋》二十五卷。〔别史类〕
子部法家类	《国史志》:……丁度《管子要略》五篇。		丁度《管子要略》五篇。〔卷亡〕

上表《诗谱》一条,注云"欧阳修《补注》一卷"。《文献通考·经籍考》著录"《诗谱》一卷",引《两朝国史志》云:"欧阳修于绛州得注本,卷首残阙,因补成进之,而不知注者为太叔求也。"则《两朝志》可确定著录有欧阳修《补注》一卷。①尤其值得注意的是见于"国史志"的"丁度《管子要略》五篇"。从时段来说属仁宗、英宗时期著作。又《经籍考》法家类条列宋朝诸国史著录卷数,《宋三朝志》为"七部,六十七卷",《两朝志》"三部,二十六篇",《中兴志》"四家,四部,五十卷",②仅《两朝志》称篇而不称卷。此处《玉海》所引"国史志"但称篇数而不称卷数,恰好符合《两朝志》的著录体例,却与《三朝志》《四朝志》均有不同。因此,这条材料的来历必然是《两朝国史艺文志》。

此外,《秘书省续编到四库阙书目》还收录了不少宋以前的载籍,当属嘉祐、政和间陆续汇总的成果。而上引"国史志"所载宋前书却多无法与之对应。从这一点来说,"国史志"中的宋前书更有可能对应徽宗朝以前的记载,也就不太可能出自纂修于南宋的《四朝志》了。

综上可知,今《玉海》所引"国史志"当属集合名词,其中既包含《四朝国史艺文志》,同样也包含了《三朝》及《两朝国史志》。而"国史志"中涉及的宋以前

---

① 〔元〕马端临《文献通考》卷一七九《经籍考六》,下册,叶1545下。
② 〔元〕马端临《文献通考》卷二一二《经籍考三九》,下册,叶1737上。明成化间慎独斋刻本、嘉靖间冯天驭刻本、清武英殿本均作"二十六篇"。

著作显然出自《三朝志》。那么王应麟为什么要用"国史志"这一笼统的说法统赅三种志书呢？或许这可以从侧面证明，三种国史艺文志大致能够依据年代判分。其中《两朝志》为"除前志所载，删去重复讹谬"所纂成，而《四朝志》则是"综合参考了当时所能见到的神、哲、徽、钦四朝的各种藏书目录编成的"。①正如《宋志》总序所称："《三朝》所录，则《两朝》不复登载，而录其所未有者。《四朝》于《两朝》亦然。"因此从体例方面来说，《四朝国史志》一般不会著录神宗朝以前的著作。

然而据前文可知，《两朝志》及《四朝志》均著录了宋敏求续补的六种唐录。应该如何解释这种情况呢？《经籍考》转述《四朝志》著录情况称："然自熙宁以来，搜访补缉，至宣和盛矣，至靖康之变，散失莫考。今见于著录，往往多非曩时所访求者。"②靖康之乱，神、哲、徽、钦四朝著述星散，多无法亲验其书。因此《四朝国史》诸志部分多采择李焘《续通鉴》敷衍成文，《艺文志》自然无法例外。③事实上，《两朝志》著录的是最初进呈的百卷本，与南宋通行的一百四十三卷本迥然有别。而《四朝志》则是因袭了文献记载。加之《四朝志》追步《秘书省续编到四库阙书目》，将宋敏求之书改附于编年类，对国史志体例的更张颇具标志意义，因此宋敏求的著作并录于《两朝志》与《四朝志》，也在情理之中。

综上所述，从所收条目的年限来说，《四朝志》不会著录宋以前著作。而《文宗实录》为唐人纂修，断然不会收入《四朝国史志》，这样也就没有可能在编年一类中同宋敏求补撰的六朝实录前后衔接了。因此，苏天爵致误之由绝非《四朝国史艺文志》。

三、《中兴馆阁书目》及《中兴四朝国史艺文志》

《中兴书目》同时收录了《文宗实录》及宋敏求补录。《玉海·艺文》引《新唐志》称："《文宗实录》四十卷，卢耽、蒋偕、王沨、卢告、牛丛撰，魏謩监修。"注云："《书目》《崇文目》同。起宝历二年，尽开成五年，凡十四年。"可见《中兴目》所收的《文宗实录》著作权归属明晰，如援据此目，本不应出现张冠李戴的

---

① 王重民《中国目录学史论丛》，北京：中华书局，1984年，第110页。
② 〔元〕马端临《文献通考》卷一七四《经籍考一》，下册，叶1510上。
③ 〔宋〕王应麟《玉海》卷四六《艺文》"淳熙修四朝史"条："（淳熙）七年十二月十二日，国史院上《四朝正史志》一百八十卷。"注云："地理一志全出李焘之手，余多采《续通（监）〔鉴〕》。"（第2册，叶921下）值得注意的是，《宋志》中凡标识"卷亡""无卷"者，除少部分源于《两朝国史艺文志》之外，大部分源于《四朝国史艺文志》，这些著录条目多可在李焘《长编》中找到源头。

情况。而宋敏求所补的六种实录既有总叙统赅大要，①又在六书条目下分别标识宋敏求之名，②条目清楚。因此，苏天爵致误之由大概不能归因于《中兴馆阁书目》。

至此，唯一的可能性就指向了与《中兴目》关系密切的《中兴四朝国史艺文志》。

《三史质疑》称："宋自太祖至宁宗，实录几三千卷，国史几六百卷，编年又千余卷，其他宗藩图谱、别集、小说，不知其几。"③有趣的是，《宋史·艺文志》著录有《宋太祖实录》五十卷，《太宗实录》八十卷，《真宗实录》一百五十卷，《仁宗实录》二百卷，《英宗实录》三十卷，《神宗实录》朱墨本三百卷，《神宗日录》二百卷，《神宗实录考异》五卷，《哲宗实录》一百五十卷，《徽宗实录》二百卷，〔李焘重修〕《徽宗实录》二百卷，《钦宗实录》四十卷，《高宗实录》五百卷，《孝宗实录》五百卷，《光宗实录》一百卷，④通计 2705 卷，与"实录几三千卷"的记载相符。然而"国史几六百卷"的说法却颇成问题。今本《宋志》仅仅著录了北宋九朝国史，其中吕夷简《宋三朝国史》一百五十五卷，王珪《宋两朝国史》一百二十卷，李焘、洪迈《宋四朝国史》三百五十卷，合计 625 卷，亦符合苏天爵所记卷目。⑤这里《三史质疑》极有可能忽略了《中兴四朝国史》的存在。而毫无疑问的是，苏天爵曾亲见《中兴四朝国史》，《质疑》本文即明确提到"宋中兴四朝史，诸传尤少，盖当理宗初年诸公犹多在世故也"。⑥苏氏曾备员史馆，得以纵观包括宋朝国史在内的馆阁图籍，⑦所作《曹先生文稿序》称："愚尝备员史属，阅近代载籍，宋自建隆迄（讫）于嘉定，实录、编年、纪志表传盖数万言，其未成书者第宝

---

① 〔宋〕陈振孙撰，徐小蛮、顾美华点校《直斋书录解题》卷四："今按《懿录》三十五卷，止有二十五卷，而始终皆备，非阙也，实一百四十三卷。《馆阁书目》又言阙第九一卷，今亦不阙云。"（上册，第 126 页）言"阙第九一卷"，从卷数来说当针对其全部而言，非专指某部书。

② 如《武宗实录》二十卷，《玉海·艺文》引《中兴目》云："皇朝宋敏求撰，二十卷。起开成五年正月，尽会昌六年三月，凡七年。"（第 2 册，叶 952 下—953 上）《宣宗实录》三十卷，《玉海·艺文》引《中兴目》云："敏求撰，起藩邸，尽大中十四年二月。"（第 2 册，叶 953 上）

③ 〔元〕苏天爵《三史质疑》，《滋溪文稿》卷二五，第 424 页。

④ 《宋史》卷一五六《艺文志二》史部编年类〔著录部分〕，第 5090—5091 页。

⑤ 《宋史》卷一五六《艺文志二》亦著录有"王旦《国史》一百二十卷"。（第 5087 页）〔宋〕洪迈撰，孔凡礼点校《容斋三笔》卷四"九朝国史"条："祥符中，王旦亦曾修撰《两朝史》，今不传。"（北京：中华书局，2005 年，下册，第 469 页）则《四朝》以来诸志显然不会著录王旦《两朝史》，《宋志》此处所依据的当为《三朝国史艺文志》。

⑥ 〔元〕苏天爵《三史质疑》，《滋溪文稿》卷二五，第 425—427 页。按，其称"国史几六百卷"，恰好接近三朝（155 卷）、两朝（120 卷）及四朝国史（350 卷）卷帙之和；而下文又明确提及《中兴四朝国史》。作此文时，苏天爵身在南方，这或许是由于他记忆有误的缘故。

⑦ 〔元〕苏天爵《真定杜氏先德碑铭》称："天爵昔列词林，获观宋史。"《滋溪文稿》卷一六，第 262 页。

庆、咸淳之事而已。"①既然有机会目验原书,为何又在统计卷数的时候忽略了《中兴四朝国史》呢？这或许可以说明,《质疑》中所说的"实录几三千卷""国史几六百卷"绝非亲自核验原书的结果,而是依据了某种官修书目;而上文推断已经表明,这种书目极有可能就是《中兴四朝志》。

《经籍考》载宋代官方藏书及编目的始末称:"自绍兴至嘉定,承平百载,遗书十出八九,著书立言之士又益众,往往多充秘府。绍定辛卯火灾,书多阙。今据《书目》《续书目》,及搜访所得嘉定以前书,诠校而志之。"②马端临《通考》大量引用《中兴艺文志》的原文,③而这一段文字的叙述年限又恰好与《中兴四朝国史》的编纂时间相吻合,因此前辈学者多认为此段文字实际上出自《中兴四朝国史艺文志》总叙部分。④上述文字还透露出,《中兴志》著录文献的时限断自宁宗嘉定之前。从体例来看,《中兴志》所载国史毫无疑问应断至李焘、洪迈所修的《四朝史》,而列朝实录断然不会涵盖宁宗以后。这无疑是符合《中兴志》著录体例的。推考苏天爵致误之由,或许是因为按目验书,却没有计入手边《中兴四朝国史》的缘故。

《中兴馆阁书目》《续书目》分别成书于淳熙五年、嘉定十三年。⑤《中兴四朝志》大致成书于理宗淳祐十二年至宝祐五年之间。⑥《中兴志》叙录部分明确指出,"今据《书目》《续书目》,及搜访所得嘉定以前书,诠校而志之"。前辈学者据此认为《中兴四朝国史艺文志》的体例与之前的四种国史艺文志存在差异,其基本框架继承自《中兴馆阁书目》及《续书目》。⑦这一看法无疑是很有道理的。那么具体而言,《中兴志》是如何因袭、改编《中兴馆阁书目》及《续书目》的呢？

《中兴目》及《中兴志》原本均已不存,其遗文有赖《玉海》《文献通考》《山堂

---

① 〔元〕苏天爵《曹先生文稿序》,《滋溪文稿》卷六,第84页。此处"数万言"的说法显然不符合实情。元刻残本并无此卷,而今所见诸本卷六均作"数万言"。按,"数万言"当非"数万卷"之讹,宋代实录、国史并无万卷规模,据其本人《三史质疑》称:"宋自太祖至宁宗,实录几三千卷,国史几六百卷,编年又千余卷。"唐以前写本多在卷末书尾标记字数,《隋志》所谓"但253题及言"亦本于此,苏天爵既约指其字数,当本自此类标识,则此处数字或为脱误。然而更有可能是以万字虚指其多,古书中此类修辞手法较为常见,似不必刻意求实。

② 〔元〕马端临《文献通考》卷一七四《经籍考一》,下册,叶1510上。

③ 应当注意的是,《文献通考·经籍考》引据《中兴四朝国史艺文志》的条目,其书名多无卷数。实际上,这一类《中兴志》的佚文属于类序,或由马端临拆分至各个书名之下,其原本并非系于书名的序录,与《中兴馆阁书目》《续书目》之间亦没有必然的文本联系。在探讨《中兴目》与《中兴志》的关系时,需要辨析这一类文本的性质。

④ 参见余嘉锡《目录学发微》第九章《目录学源流考下·唐至清》,北京:中华书局,2007年,第134页;王重民《中国目录学史论丛》,第111页;此外,赵士炜径将这篇文字辑入《中兴四朝志》的序录部分。

⑤ 〔宋〕陈振孙撰,徐小蛮、顾美华点校《直斋书录解题》卷八,上册,第236页。

⑥ 按,这一时期《中兴四朝史》的修纂由尤焴主之。尤氏为尤袤之孙,《艺文志》很有可能出自其手。

⑦ 参见余嘉锡《目录学发微》,第134页;王重民《中国目录学史论丛》,第111页。

考索》《厚斋易学》及《周易启蒙翼传》诸书转引得以传世。虽然后人可见较原本十不存一，两书关系仍有迹可循。从分类来看，《中兴志》对《中兴目》的沿袭尚可窥得一二。《文献通考》引《宋中兴艺文志》称："前史时令皆入子部农家类，惟《中兴馆阁书目》别为一类，列之史部，以诸家之所载，不专为农事故也。今从之。"①又三朝、两朝及四朝志楚辞均属别集类，《中兴志》则单独分出楚辞一门，而《中兴目》亦有独立的"楚辞类"。②另外，《中兴志》与三朝、两朝及四朝篇卷著录的方式也颇有不同，前三种国史在每一类末尾仅标记部数及卷数，而《中兴志》除标记这两项之外，还会标明某部类共几家，这也是仿效《中兴目》及《续目》的做法。③

除此之外，《中兴四朝志》还收录了宋以前以及北宋九朝不少著作，收书体例与两朝及四朝国史志均不同，却与《中兴馆阁书目》及《续书目》相合。如《宋志》子部"纵横家"门类之下并无宋以后新增书籍，《中兴志》著录子部纵横家类书"三家，三部，四十六卷"，④恰与今本《宋志》著录卷帙一致，⑤二者之间极有可能存在源流关系。具体书目即有例证可循，如唐李鼎祚《周易集解》十卷，《文献通考》引《中兴艺文志》，称其"宗郑康成，排王弼"。⑥又《燕丹子》三卷，《中兴志》云："丹，燕王喜太子。此书载太子丹与荆轲事。"⑦可见宋以前人的著作确系被《中兴志》收录。又收录陆佃《礼记新义》，小序称此书"宣和末，其子宰上之"，⑧则北宋九朝著作亦获采择。然而这其中有不少条目实属后出的伪作，如所谓阮嗣宗《易通论》三卷凡五篇，胡一桂《周易启蒙翼传》据"宋志"转引，⑨此处"宋志"即《中兴四朝国史艺文志》。⑩这一条目源自《中兴馆阁书目》，却不

---

① 〔元〕马端临《文献通考》卷二〇一《经籍考二八》，下册，叶 1680 中。
② 如王应麟《玉海》卷五四《艺文》"楚辞·汉离骚传·唐七家楚辞·楚辞章句"条引《中兴书目》云："楚辞九家九十四卷。"第 2 册，叶 1063 下。
③ 如王应麟《玉海》卷六九《礼仪》"淳熙中兴礼书·嘉定续中兴礼书"条："《书目》仪注类：六十家，定著一千二百二十三卷，始于《政和五礼新仪》，终于《仪物志》三卷。《续目》：八家，九部，四十三卷。"第 3 册，叶 1366 上。
④ 〔元〕马端临《文献通考》卷二一二《经籍考三九》，下册，叶 1741 下。
⑤ 《宋史》卷二〇五《艺文志四》，第 15 册，第 5203 页。
⑥ 〔元〕马端临《文献通考》卷一七五《经籍考二》，下册，叶 1515 下。《中兴志》收录宋以前的著作，或许是出于学术史方面的考虑。按胡一桂《周易启蒙翼传》卷中引《中兴志》易类小序云："汉以来言《易》者局于象数，王弼始据理义为言，李鼎祚宗郑玄，排王弼。"(叶 268 上)
⑦ 〔元〕马端临《文献通考》卷二一五《经籍考四二》，下册，叶 1755 上。此书并见《旧唐志》著录，卷数相同。
⑧ 〔元〕马端临《文献通考》卷一八一《经籍考八》，下册，叶 1560 上。
⑨ 〔元〕胡一桂《周易启蒙翼传》卷中，台北：商务印书馆影印《文渊阁四库全书》本，第 22 册，叶 258 下。
⑩ 据魏亦乐博士研究，胡一桂所谓"宋志"当属《中兴四朝国史艺文志》。参见魏亦乐《胡一桂〈周易启蒙翼传〉引宋〈中兴四朝国史艺文志〉逸文考述》，待刊。

见北宋人征引。冯椅《厚斋易学》引《中兴目》云："易通论一卷,凡五篇。"按语称："今本题晋阮嗣宗撰。《书目》云似非晋人之文。《崇文总目》亦无之。"①而杂凑北宋官修书目的《通志·艺文略》中亦无片纸只字记载此书。因此,所谓阮嗣宗书当为南宋时收入秘府,嗣后为《中兴目》及《中兴志》收录。

表 2 《中兴四朝志》各部类收录概貌

类目	中兴四朝志		宋史·艺文志②	
	部数	卷数	部数	卷·篇数
经部	901	8945	1182	11806
			1304	13608
史部	1483	25484	2081	41357
			2147	43109
子部	2190	19267	3846	27692
			3999	28290
集部	1658	24709	2369	34965
			2369	34965
总计	6232	78405	9478	115820
			9819	119972

还需要注意的是,《中兴四朝志》与《中兴目》《续目》之间并非简单的因袭传录关系。《中兴志》在编纂过程中,还补入了不少绍定之后搜访所得。据陈振孙记载,《中兴目》奏上于孝宗淳熙五年(1178),著录书籍大凡"四万四千四百八十六卷";《续目》进于宁宗嘉定十三年(1220),"凡一万四千九百四十三卷"。③两者累加,通计 59429 卷。而《中兴国史艺文志》总共著录了 78405 卷。通过对比卷数可以看出,《中兴志》所著录图籍的卷数要远远超过《中兴目》及《续目》的总和(参见表 2)。

事实上,不少载籍确为《中兴四朝志》新收,却不见于《中兴馆阁书目》。如《宋志》经部礼类著录有"李心传《丁丑三礼辨》二十三卷",④属于"著录"部分,无疑沿袭了前朝旧目的记载;⑤另外从时间来看,李心传之书应作于宁宗嘉定十年(丁丑,1217),在《中兴馆阁书目》进呈之后;而撰定三年尚流传不广,时人

---

① 〔宋〕冯椅《厚斋易学》附录二,台北:商务印书馆景印《文渊阁四库全书》本,第 16 册,叶 838 下。
② 上栏为实际著录部/卷数,下栏为类目末尾所记部/卷数。
③ 〔宋〕陈振孙撰,徐小蛮、顾美华点校《直斋书录解题》卷八,上册,第 236 页。
④ 《宋史》卷一五五《艺文志一》,第 11 册,第 5052 页。
⑤ 马楠《离析〈宋史艺文志〉》。

欲睹其面目而不可得,①自然也不会收入成书于当年(嘉定十三年)的《续书目》了。直到理宗淳祐八年(1248)至十一年(1251)之间高斯得在湖南提点刑狱任上梓行之,②其后由高氏携入史馆,编纂于宝祐年间的《中兴四朝志》即予以收录。③因此,《宋志》中的这一条目无疑是来自《中兴志》。又南宋冯椅《厚斋易学》多摘录《中兴馆阁书目》原文,而《中兴四朝志》中冯书条目赫然在列。④其书显然不见于《中兴目》,应为《中兴志》收录。又《高宗日历》一千卷,《中兴志》佚文称:"《高宗日历》初年者多为秦桧改弃,专政以后纪录尤不足信。韩侂胄当国,《宁宗日历》亦多诬。后皆命刊修。然《高宗日历》、《时政记》亡失,多不复可考。"⑤韩侂胄当国、编订《宁宗日历》显然在《续书目》奏上之后,因此《高宗日历》的解题显系《中兴志》增附;解题又称《高宗日历》《时政记》亡失,或许是因为"绍定辛卯火灾"的缘故。《中兴四朝国史》的志、传部分奏上于理宗宝祐二年(1254)及五年,⑥《艺文志》的纂修时间恰好在绍定四年(1231)火灾之后。

此外,《中兴志》还对《中兴馆阁书目》及《续书目》重出条目加以归并取舍。《直斋书录解题》称吕大临《礼记解》凡两本,卷帙篇目存在差异,陈氏称:"《馆阁书目》作一卷,止有《表记》《冠》《昏》《乡》《射》《燕》《聘义》《丧服四制》,凡八篇;今又有《曲礼》上下、《中庸》《缁衣》《大学》《儒行》《深衣》《投壶》八篇,此晦庵朱氏所传本,刻之临漳射垛书坊,称'芸阁吕氏解'者即其书也。《续书目》始别载之。"⑦今《宋史·艺文志》经部礼类吕大临名下依次收录了《大学》一卷、《中庸》一卷、《礼记传》十六卷。⑧其《馆阁书目》所收一卷本或许在《中兴志》编纂时就予以删落。

以上从整体架构、类目分合等方面呈现了《中兴目》《续目》与《中兴志》之间的改编传承关系。据现有遗文可以肯定,《中兴目》及《中兴志》条目之下均有解题。那么具体到这一部分,两者之间是否存在因袭关系呢?如果存在,

---

① 〔宋〕高斯得《秀岩先生三礼辨后序》,台北:商务印书馆,影印文渊阁《四库全书》本,第1182册,叶70上;并北京:商务印书馆,影印文津阁《四库全书》本,第1186册,叶49下—50上。此篇文渊阁本系于卷四,文津阁四库全书本及武英殿聚珍本均系于卷三。
② 〔宋〕高斯得《秀岩先生三礼辨后序》。
③ 〔元〕马端临《文献通考》卷一八一《经籍考八》,下册,叶1562上。
④ 〔元〕马端临《文献通考》卷一七六《经籍考三》,下册,叶1527中—1527下。
⑤ 〔元〕马端临《文献通考》卷一九四《经籍考二一》,下册,叶1645中。
⑥ 《宋史》卷四四《理宗纪四》:"(宝祐二年八月)癸巳,谢方叔等上玉牒、日历、会要及七朝经武要略、中兴四朝志传,诏方叔、徐清叟、董槐等各进秩。"又:"(宝祐五年)闰四月己丑,程元凤等进玉牒、日历、会要、经武要略及中兴四朝志传。"凡两上。按《玉海·艺文》"淳祐四朝史"条:"淳祐二年二月,进纪。十一年,命史官分撰志、传。编修官王扬撰舆服志四卷。宝祐二年八月二十三日癸巳,进志、传。五年闰四月四日,修润上之。"
⑦ 〔宋〕陈振孙撰,徐小蛮、顾美华点校《直斋书录解题》卷二,上册,第47页。
⑧ 《宋史》卷一五五《艺文志一》,第5049页。

《中兴志》又是如何改编《中兴目》相关条文的？现有遗文尚能透露出一些蛛丝马迹(参见表3)。

表 3 《中兴志》与《中兴目》《续目》文本对勘

	中兴馆阁书目·续书目	中兴四朝国史艺文志
李鼎祚《周易集解》十卷	唐著作郎李鼎祚《周易集解》十卷。按《唐志》，集注《周易》十七卷，子夏、孟喜、京房、马融、荀爽、郑康成、刘表、何晏、宋衷、虞翻、陆绩、干宝、王肃、王弼、姚信、王廙、张璠、向秀、王凯冲、侯果、蜀才、翟玄、韩康伯、刘瓛、何妥、崔璟、沈麟士、卢氏、崔觐、孔颖达三十余家，又引九家《易乾凿度》义。所谓蜀才者，人多不知。按颜之推云"范长生也"。《隋志》所录《易》类六十九部，今所有七部而已。《乾凿度》是纬书，焦赣《易林》又属卜筮，关子明不载书目，子夏《传》，干宝、王肃之书，多是伪本。然则《隋志》所录，舍王弼皆未得见也。自余独鼎祚所集者，时可见其大指，今又亡七卷，惜哉。其所取荀、虞之说为多。《崇文总目》云："大抵以卦互体缘爻索变，盖本《易》家师承之旧。"其《自序》云："自卜商之后传注百家，唯王、郑相沿，颇行于近代；郑则多参天象，王乃全释人事。《易》之道，岂偏滞于天、人哉。而天象难寻，人事易习，《折杨》《黄华》，学徒多从之。今集诸家，刊辅嗣之野文，补康成之逸象。"盖宗郑学者也。〔据《厚斋易学》；《玉海·艺文》所引与此大略一致，有删节〕	李鼎祚《易》宗郑康成，排王弼。〔《经籍考》二〕
徐筠《周礼微言》十卷	徐筠学周官于陈傅良，记所口授，成书十卷。自谓闻于傅良曰："《周礼》纲领有三：养君德，正纪纲，均国势。郑氏注误有三：《王制》，汉儒之书，今以释《周礼》；《司马法》，兵制也，今以证田制；汉官制皆袭秦，今引汉官以比周官，其误三也。"陈傅良、徐元德撰《周官制度精华》二十卷。〔《玉海·艺文》引《续书目》〕	《中兴艺文志》称傅良之言曰："《周官》之纲领三，养君德、正朝纲、均国势也。郑注之误三，《王制》，汉儒之言，今以释《周礼》；《司马法》，兵制，今以证田制；汉官制皆袭秦，今以比周官。"徐筠学于傅良，记所口授，而为书曰《微言》。傅良为《说》十二篇，专论纲领。〔《经籍考》八〕

《中兴四朝志》所载李鼎祚《周易集解》解题称其书"宗郑康成，排王弼"，当改编自《中兴馆阁书目》的解说；《周礼微言》一条则全据《续书目》为说。而其他几种多属节引，无法全面反映《中兴目》及《中兴志》相关条目的全貌。而见于《文献通考》《周易启蒙翼传》的《中兴志》遗文又多属类目小序，因此通过比对，仅能确定两者著录书名、卷数相同，此外再没有更多文本传承改写的证据。

然而从书目到国史志，其间改编痕迹并非杳无可寻。《宋史·艺文志》中的小注就提供了不少蛛丝马迹。如子部儒家类《子华子》十卷，注云：(1)自言程氏，名本，字子华，晋国人。(2)《中兴书目》曰："近世依托。"(3)朱熹曰："伪书也。"①按，此书《中兴书目》儒家类著录为十卷，提要云："载刘向校录序曰：'向所校雠中外书，《子华子》凡二十四篇，以相校，除复重十四篇，定著十篇。'又曰：'子华子，程氏，名本，字子华，晋人也。善持论，不肯苟容于诸侯。聚徒著书，自号程子。'按《汉志》及隋唐二志、《崇文总目》《国史艺文志》悉无此书，吴兢、李淑二家书目亦不载，必近世依托也。"②可以看出，《宋志》小注部分的(1)、(2)两句最初当改编自《中兴书目》。第(3)句最早可以从朱熹《偶读漫记》中找到来源。③然而此文间有"乙卯十一月四日"之事，当为宁宗庆元元年(1195)；则《偶读》一文的纂定日期必然在当年之后。而《中兴馆阁书目》奏上于孝宗淳熙五年，远在庆元之前；这一年朱熹四十九岁，甫因史浩保举除知南康军。④史浩虽欣赏朱熹才学，却远远称不上其思想的信徒。但凭此时的政治地位，朱熹自然没有资格列名官修书目。就在当年正月，"侍御史谢廓然乞戒有司，毋以程颐、王安石之说取士。从之"。⑤而宁宗即位之后爆发了庆元党禁，理学的地位一度有所跌落；踪迹党禁的源头，或许正是在这一年肇端。⑥在当时环境下，朱熹本人尚且面临无常的处境，言语间颇有志向不得伸展之意，⑦在答复吕祖谦的书信中，他谈道："更愿益以其大者自任，上有以正积弊之源，下有以振久衰之俗，则区区之望也。今瞑眩之药屡进未效，其他小小温平可口之

---

① 《宋史》卷二〇五《艺文志四》，第 5172 页。
② 〔宋〕王应麟《玉海》卷五三《艺文》"子华子"条，第 2 册，叶 1053 下。
③ 〔宋〕朱熹《晦庵先生朱文公文集》卷七一，《四部丛刊》初编影印明嘉靖刻本。又《朱子语类》卷一三七："又尝见一书名曰《子华子》，说天地阴阳，亦说义理、人事，皆支离妄作。"其时段应稍后。北京：中华书局，1986 年，第 8 册，第 3269 页。
④ 《宋史》卷一八八《道学三·朱熹传》，第 12753 页。又参见〔宋〕李心传撰，徐规点校《建炎以来朝野杂记·乙集》卷八《晦庵先生非素隐》，北京：中华书局，2000 年，下册，第 633—634 页。
⑤ 《宋史》卷三五《孝宗纪三》，第 3 册，第 667 页。
⑥ 束景南《朱熹年谱长编》卷上，上海：华东师范大学出版社，2014 年，上册，第 598 页。
⑦ 按李心传《朝野杂记·乙集》卷八《晦庵先生非素隐》："史公必欲先生之出，又降旨不许辞免，便道之官，俟终更入奏事。仍命南康趣遣迓吏。史公既勉先生以君臣之义，又俾馆职吕伯恭作书劝之。先生再辞，不许，乃上。"下册，第 634 页。

剂,固无望其有补矣。不胜畎亩私忧,辄复及此,惟高明深念之也。"①此时将朱熹言论收入官修目录纯属异想天开。因此,《宋志》所引朱熹语绝非《中兴目》原文。

《宋志》同卷著录有"《孔丛子》七卷",注云"汉孔鲋撰";又引朱熹曰:"伪书也。"②情况与《子华子》颇为类似。现存《中兴书目》佚文仅标明卷数篇目,③而朱熹按断亦有依据,如《朱子语录》中多有称述其书可疑之处,如"《孔丛子》不知是否。只孔丛子说话,多类东汉人文,其气软弱,又全不似西汉人文。兼西汉初若有此等话,何故不略见于贾谊董仲舒所述,恰限到东汉方突出来,皆不可晓。"④乃至直斥其伪:"《家语》虽记得不纯,却是当时书。《孔丛子》是后来白撰出。""《孔丛子》乃其所注之人伪作。读其首几章,皆法《左传》句,已疑之。及读其后序,乃谓渠好《左传》,便可见。"又:"《孔丛子》鄙陋之甚,理既无足取,而词亦不足观。"⑤此外文集中此类按断亦比比皆是,南宋末年借由门弟子鼓吹,影响颇为深远。马端临《文献通考》"孔丛子"及"孔子家语"条节引其辨伪之语甚夥。⑥同《子华子》的情况类比,此处"朱熹曰"也绝非《中兴目》原文。

实际上,今《宋史·艺文志》条目下多直接称引《中兴馆阁书目》及《续书目》,并节引其解题充作注文,因此《宋志》或非直接抄录《中兴目》及《续目》。除《子华子》之外,还有其他例证能够佐证这一判断:

【经部书类】《三坟书》三卷。〔注〕元丰中,毛渐所得。⑦

〔按〕《玉海·艺文》"三皇五帝书、古三坟"条引《中兴馆阁书目》云:"三坟之目见于孔《序》,《汉志》不载。元丰中〔七年〕,毛渐奉使京西得之。其书……有《姓纪》一篇,《皇策》一篇,《政典》二篇,合为三卷,皆依托也。"⑧此处注文亦或源于《中兴书目》解题部分。

【史部职官类】《宋朝相辅年表》一卷。〔注〕《中兴馆阁书目》云:"臣绎上,《续表》,曰臣易记。"⑨

〔按〕《玉海·官制》"乾道左右丞相"条称:"《续目》:《国朝相辅年表》一卷,

---

① 〔宋〕朱熹《晦庵先生朱文公文集》卷三四《答吕伯恭》,《四部丛刊》初编影印明嘉靖刻本,叶14。
② 《宋史》卷二〇五《艺文志四》,第15册,第5172页。
③ 〔宋〕王应麟《玉海》卷五三《艺文》"孔丛子"条,第2册,叶1052上。
④ 《朱子语类》卷一二五,第8册,第2990页。
⑤ 《朱子语类》卷一三七,第8册,第3252页。
⑥ 〔元〕马端临《文献通考》卷一八四《经籍考十一》,下册,叶1582中;并同书二〇九《经籍考三六》,下册,叶1720下—1721上。
⑦ 《宋史》卷二〇二《艺文志一》,第5044页。
⑧ 《玉海》卷三七《艺文》"三皇五帝书、古三坟"条,第2册,叶738上。
⑨ 《宋史》卷二〇三《艺文志二》,第5110页。标点有调整。

起建隆庚申，讫治平丙午，《序》曰，臣绎上；《续年表》，起治平丁未，迄绍兴十四年，《序》曰，臣易记，皆不著姓；又自绍兴十四年至嘉定六年，终不著纂者名氏。"时间下限直到南宋宁宗朝，①《宋志》注文显然抄自《续书目》的解题部分，因此此处《中兴馆阁书目》当为《续书目》之误。

【子部道家类】《黄帝阴符经》一卷。〔注〕《旧目》云，骊山老母注，李筌撰。②

〔按〕《玉海·天文》"黄帝阴符经"条引《中兴书目》称："一卷，分上中下篇。骊山老母注，少室山布衣李筌撰。"③因此这里所说的"旧目"显系《中兴馆阁书目》。④如此，则下所谓"旧书目"亦极有可能就是《馆阁书目》。

【子部道家类】《文子》十二卷。〔注〕《旧书目》云周文子撰。⑤

【集部别集类】《刘一止集》五十卷。〔注〕《苕溪集》多五卷。张攀《书目》以此本为《非[有]斋类稿》。⑥

〔按〕张攀《书目》即《中兴馆阁续书目》。《宋史·艺文志》著录三十卷。⑦

至于《子华子》小注中"朱熹曰伪书也"一句，究竟是《中兴志》添入还是元末史臣补充，尚无确凿佐证。然而元修《宋史》成书蹙迫，一年半之间已告完工，其粗疏可想而知；相对来说，《中兴志》的编纂时间横跨数十年，更有可能细致地改编原文，增添条目。此外，相对宋代以往的官修目录，《中兴四朝志》已经体现出更加浓厚的理学色彩。如陈鹏飞《书解》三十卷，《中兴志》云："绍兴时太学始建，陈鹏飞为博士，发明理学。"⑧李如圭《仪礼集释》，《中兴志》云："《仪礼》既废，学者不复诵习，或不知有是书。乾道间，有张淳始订其讹，为《仪礼识误》；淳熙中，李如圭为《集释》，出入经传，又为《纲目》，以别章句之指。……朱熹尝与之校定礼书，盖习于礼者。"⑨又《破礼记》一条，夏休撰成二十卷，《中兴志》称："夏休以《礼记》多汉儒杂记，于义有未安者，乃援《礼经》以破之。然《中庸》、《大学》实孔氏遗书也。"⑩其增添朱熹门人之书亦不知其几。

---

① 《玉海》卷一二〇《官制》"乾道左右丞相"条，第 5 册，叶 2295 上。
② 《宋史》卷二〇五《艺文志四》，第 5180 页。
③ 《玉海》卷五《天文》"黄帝阴符经"条，第 1 册，叶 130 下—131 上。
④ 赵士炜《中兴馆阁书目辑考》，《古逸书录丛辑》本，《宋元明清书目题跋丛刊》，北京：中华书局，2006 年，第 1 册，第 418 页。
⑤ 《宋史》卷二〇五《艺文志四》，第 5180 页。
⑥ 《宋史》卷二〇八《艺文志七》，第 5382 页。底本脱去"非"字。
⑦ 《宋史》卷二〇四《艺文志三》，第 5148 页。
⑧ 〔元〕马端临《文献通考》卷一七七《经籍考四》，下册，叶 1534 中。
⑨ 〔元〕马端临《文献通考》卷一八〇《经籍考七》，下册，叶 1552 上。
⑩ 〔元〕马端临《文献通考》卷一八一《经籍考八》，下册，叶 1560 上。

《艺文》之外，其他诸志也大量征引朱熹言行，而其材料来源只有可能是《中兴四朝国史》一书。因此从这个角度来说，朱熹的言论更有可能是《中兴国史艺文志》的编者所补入。

至此可以看出，对于《中兴目》的解题部分，《中兴志》显然不是全部照搬，而是在此基础上做出不少增删、改编。或许就在这个过程中，《唐文宗实录》条目下所附的撰人姓名被《中兴国史志》无意刊落。其后苏天爵又受到《中兴四朝志》记载误导，犯下了本文开头所说的错误。

四、按语

然而苏天爵撰文绝非仅仅依靠了官修书目，《三史质疑》中胪列的不少文献确系其目验所得。且不说辽金文献并无现成书目可资凭据，从行文来看，文中称耶律俨《实录》"天历间进入奎章阁"，流传之迹班班可考；又陈大任《辽史》直书赵匡胤废主自立一事，《世宗实录》记载施宜生事迹；金实录阙太宗、熙宗两朝纪事，而海陵复存；金朝官修国史入元仅存"太祖、太宗、熙宗、海陵本纪"，而功臣列传则无复可考。①如此种种，若非亲验其本书，自然无从知晓。

至于本文著录的宋代官书，也同样存在和史志目录记载不一的情况。如《宋史·艺文志》有"《德祐事迹日记》四十五册"，②属史部编年类不著录部分，③《三史质疑》并未列举此书，实因未及见之故。后由翰林国史院馆臣从史库中得之。④至正三年（1343）开馆修宋辽金三史，由史官据中秘实藏补入。文中又称《理宗实录》"纂修未成，国亡，仅存数十册而已"，而《宋志》收录了"《理宗实录初稿》一百九十册"，⑤同样在不著录部分；其称"初稿"，恰与"修纂未成"的说法相符，然《宋志》著录远多于"数十册"规模，大概也和《德祐日记》情况一样，是后来馆臣陆续搜稽补正的结果。

赵汸《题三史目录纪年后》称："参政赵郡苏公早岁入胄监，登禁林，接诸老儒先生绪言，最为有意斯事。尝取三国史志文集，总其编目于前，而合其编年于后，事之关于治乱存亡者，则疏而间之，题曰《宋辽金三史目录》。所以寓公正之准的，肇纂修之权舆也。后虽出入中外，不克他有撰录，而所至访求遗文，

---

① 〔元〕苏天爵《三史质疑》，《滋溪文稿》卷二五，第 421—424 页。
② 《宋史》卷二〇三《艺文志二》"史部编年类"，5091 页。
③ 《宋史》卷二〇三《艺文志二》"史部编年类"小注云："《宁宗实录》以下不著录六部，无卷。"第 5093 页。
④ 〔元〕危素《昭先小录序》，此《序》作于至治六年，袁桷、苏天爵均不及见《德祐日记》一书。参见《危学士全集》卷二。
⑤ 《宋史》卷二〇三《艺文志二》"史部编年类"，第 15 册，第 5091 页。

考论逸事,未尝少忘。"①又《书赵郡苏公所藏经史遗事后》云:"翰林学士张行简《起居注》草稿,起明昌六年正月朔,止三月十五日,后有张公题识及部数,脱稿提空式。今赵郡苏公通辑为一卷而藏之。""公家藏书万卷,于辽、金逸事,宋代遗文,犹拳拳收购不倦,此其毫芒尔。盖有志述作者其平居暇日必如是而后可庶几也。当朝廷修先代史,一时文学之士莫不与能,乃独留公外藩,论者每为惜之。"②这都是苏天爵属意馆阁藏书的写照。

正如友人赵汸所言,苏天爵确实视修史为毕生志业。《三史质疑》收束处叙述为文始末:"翰林学士欧阳公玄应召北上,道出鄂渚。余以三史可疑者数事欲就公质之,适公行役怔忪不果,因书以寄之。"③怅然而又迫切的心情此时一并跃出笔端。而苏氏下笔成文,确实做到了言必有据,其中胪列的文献大多数依据了翰院实藏,没有他在馆中数年间勤勉不倦地整比勘核,自然无法取得如此细致准确的认识。但文中不少材料源于史志目录,与实际情况多少存在出入。惟其身在江渚,千里悬隔,无从亲自稽核馆库实藏;而目下成文,惟有依靠历年积累下的笔录加以整齐排布。每念及此处,实在无法苛责苏天爵的无心之失。

---

① 〔元〕赵汸《题三史目录纪年后》,《东山存稿》卷五,台北:商务印书馆影印文渊阁《四库全书》本,第1221册,叶290下。
② 〔元〕赵汸《书赵郡苏公所藏经史遗事后》,《东山存稿》卷五,叶291下、292上。
③ 〔元〕苏天爵《三史质疑》,《滋溪文稿》卷二五,第427页。

清代校刊翰林处考述

项 旋

【内容提要】 校刊翰林处是清代最重要的内府校书机构,殿本能够获得后世"校勘精审"的美名,与隶属于武英殿修书处的校刊翰林处工作密不可分。本文全面考察校刊翰林处的设立始末、人员管理以及校勘流程等基本问题,从而较为清晰地勾勒出校刊翰林处的整体面貌和日常运作机制。武英殿内浴德堂是校刊翰林处所在地,设有总裁、提调、校录等人员,皆是具有较高学识的大学士、翰林,校刊翰林处制定了严格的奖惩机制。校勘书籍的一般流程是:嘉庆十九年以前,如无原馆原校者,由翰林处校阅;有原馆原校者,仍交原修书馆原校官覆校。嘉庆十九年新定校勘章程,规定武英殿初写底本,仍交原馆校对,刻样则就近由翰林处校对。可以说,校刊翰林处的日常运作机制和制定的校勘章程既保证了校勘工作的高效、有序进行,亦在相当程度上保障了殿本的校勘质量。

【关键词】 清代 校刊翰林处 殿本 校勘章程

康熙十九年(1680),清廷正式设立武英殿修书处,专门负责刊印、校勘、装潢书籍。[①] 乾隆四十三年(1778)奉敕编撰的《钦定国子监志》卷五一"经籍"条载:"刊于武英殿,谓之殿本。"[②]学界通常把这些在武英殿刊印的内府书籍称为"殿本"。武英殿修书处以皇家雄厚的财力为后盾,不惜工本,其刊印的殿本不仅在装潢水平、纸墨质量等方面非一般坊刻、私刻可比,而且以精校、精刊著称,一改明代内府经厂本"校勘不精"[③]之弊病,获得了后世"校勘精审"的美名。乾隆帝本人就对殿本之精校颇为自得,他将明代监本《十三经》与殿本《十三经》进行了对比,认为二者校勘质量高下立判:"士子所读经书,多系坊

---

* 本文为中央高校基本科研业务费专项资金资助成果。
** 本文作者为北京师范大学历史学院讲师。
① 《钦定日下旧闻考》载,"康熙十九年,始以武英殿内左右廊房共六十三楹为修书处。"参见《钦定日下旧闻考》卷七一,北京:北京古籍出版社,1981年,第1190页。
② 〔清〕梁国治《钦定国子监志》卷五一,影印《文渊阁四库全书》本。
③ 〔清〕叶德辉《(插图本)书林清话》卷五,上海:上海古籍出版社,2012年,第96页。

本。即考证之家,亦止凭前明监本。然监本中鱼豕之舛讹,字句之衍缺,不一而足。……武英殿官刻十三经,勘雠精核。久已颁发黉序,嘉惠艺林。"①晚清名臣曾国藩喜好收藏殿本,致友人信中多次提及代购殿本:"如遇有殿板诸善本,及国朝名家所刊之书,凡初印者概祈为我收买。"②"江西如有殿板初印《廿四史》,敬求代为购买,虽重价不惜也。……弟眼蒙,非善本书不耐看也。"③曾国藩把殿本视为"善本书",与殿本的校勘质量不无关系。近代版本学家叶德辉评价殿本:"当时馆臣校刊,多据宋刻善本,又处分颇严,故讹误遂少。"④毛春翔《古书版本常谈》则认为:"考证校雠之学,至乾嘉而极盛。校刻之书,多精审而可靠。"⑤

实际上,殿本能够获得后世"校勘精审"的美名,与隶属于武英殿修书处的校刊翰林处的贡献密不可分。校刊翰林处在长达二百余年的发展历史中,不仅参与了大量殿本的校勘工作,而且建立了一套较为系统有效的运作机制和校勘章程,在校勘学史中占据重要地位。清代是中国校勘发展史上的高峰时期,学界对清代校勘的理论、方法和成就已有专深的研究,相关论著层出不穷。但笔者梳理发现,目前学界的研究侧重于对乾嘉学派校勘成就以及著名校勘学家的研究,呈现出重私家轻官方的不均衡研究倾向。而关注清代官方校勘的研究者,视角也主要集中在四库全书馆的校勘成就,⑥对于清代校刊翰林处的校勘活动则往往一笔带过,⑦相关研究较为薄弱。校刊翰林处作为清代最重要的专门校书机构,如何摆脱明代内廷校书不精的弊病?其运作机制、校勘流程如何保证殿本校勘质量?各机构、人员彼此如何协调与配合?这些细节问题,是以往研究中所常常忽略,但又是关系殿本质量的基础性问题,需要加以厘清。本文拟在充分挖掘相关文献档案的基础上,全面考察校刊翰林处的设立始末、人员管理以及校勘流程等基本问题,从而较为清晰地勾勒出校刊翰林处的整体面貌和日常运作机制,同时也为中国古代内府校书机构的研究提供一个具体案例。

---

① 〔清〕昆冈、李鸿章等《钦定大清会典事例(光绪朝)》卷三三二,《礼部·贡举》。
② 〔清〕曾国藩《曾文正公书札》卷四《与袁漱六》,光绪二年传忠书局刻增修本。
③ 〔清〕曾国藩《曾文正公书札》卷六《致刘星房》。
④ 〔清〕叶德辉《叶德辉书话》,杭州:浙江人民出版社,1998年,第5页。
⑤ 毛春翔《古书版本常谈》,上海:上海古籍出版社,2002年,第80页。
⑥ 代表性的成果如罗积勇等《中国古籍校勘史》第七章《清代校勘》,武汉:武汉大学出版社,2015年;何灿《〈四库全书〉纂修中的校勘成就》,山东大学2014年博士学位论文。
⑦ 参见张学谦《武英殿本〈二十四史〉校刊始末考》,《文史》2014年第1期。

一、校刊翰林处办公处所与机构组成

武英殿修书处直接隶属于总管内务府,由"侍卫及司员经营"①。除书作、印刷作外,还设有露房、砚作等。早期的武英殿修书处仅是武英殿造办处的一个下属机构,虽然参与刊刻书籍,但承刻能力有限,康熙帝将书籍主要交由曹寅等织造大臣刊印,如《全唐诗》《历代题画诗类》《御批通鉴纲目》等,皆非武英殿修书处初刻。康熙四十四年(1705),武英殿造办处下的砚作划归养心殿造办处管理。康熙五十七年(1718),珐琅作又并入养心殿造办处。武英殿修书处职能渐趋独立,成为最重要的殿本书籍刊印、校勘、装潢之所。

武英殿修书处主要由监造处和校刊翰林处两大职能部门组成,二者各有分工。监造处主要负责刊刷、装潢殿本和支领钱粮、采买、给发物料等事,而校刊翰林处则负责校勘殿本等事宜。校刊翰林处,亦称校对书籍处或翰林处、提调处、校对处,负责缮写、校勘书籍,包括校勘底本和刻竣之本。② 校刊翰林处与负责刊印、装潢的监造处同处一地,"于武英殿修书处,校对官员、写刻工匠咸集于兹"③,极大便利了书籍校勘与刊印工作的顺利衔接。下文将对校刊翰林处的机构运作细节如办公处所、机构组成等问题进行探讨。

爬梳相关史料,校刊翰林处的办公处所在武英殿浴德堂。④ 对于浴德堂的功能,学界有不同看法。有谓"高宗当日赐香妃沐浴之所,其建筑仿欧西意大利形式,说者以为当时高宗命意人设计而成也"⑤。按:"浴德"一词源自儒家经典,《礼记·儒行篇》有"儒有澡身而浴德",孔颖达注疏曰:"澡身,谓能澡洁其身,不染浊也。浴德,谓沐浴于德,以德自清也。"武英殿以"浴德"题额,非真指沐浴,而是比喻君子以德自清之意。实际上,紫禁城内重华宫西配殿亦名为"浴德殿",作为乾隆帝的书房,与沐浴毫无干涉。据单士元考证,武英殿浴德堂可能始建于元代,并非用作浴室:"浴德堂在明清两代并非浴室,更非香妃浴室,明代汉族亦无淋浴之习俗,清代其处长期为修书之所,其建筑可能为元代之遗物。"⑥《康熙衙署图》已经出现了浴德堂,表明康熙朝确实已经存在,至《乾隆京城全图》图示注明"浴德堂",穹顶建筑依稀可见,香妃沐浴之说依据不足。

---

① 〔清〕昆冈、李鸿章等《钦定大清会典事例(光绪朝)》卷一一七三。
② 曹宗儒《总管内务府考略》,载《文献论丛》1936年第10期。
③ 陶湘《清代殿板书始末记》,载《书目丛刊》,沈阳:辽宁教育出版社,2000年,第65页。
④ 《国朝宫史》载:"西有浴德堂,为词臣校书直次。"参见〔清〕鄂尔泰等编《国朝宫史》卷一一《宫殿》,北京:北京古籍出版社,1987年,第198页。
⑤ 〔清〕徐珂编《清稗类钞·宫苑类》,北京:商务印书馆,1931年,第14页。
⑥ 单士元《故宫武英殿浴德堂考》,《故宫博物院院刊》1985年第3期。

《清稗类钞·宫苑类》提供了浴德堂形制和用途的不同说法：

> 浴德堂在武英殿西北，屋三间……其后，西为井亭，高与堂齐，亭中一井，以砖石砌成方形之水管，沿堂之后檐而过。东为浴室，室之顶形圆如盖，井旁之方水管直接于此。其侧一小门，铁棂为窗，一砖台，有阶级可登，或谓昔时此台置一锅炉，以煮水者。……或又谓乾隆时，武英殿中皆贮书籍，凡钦命定刻之书，俱于殿之左右值房校刊装潢，浴德堂为词臣校书之所，旧称之为修书处。①

也有学者认为浴德堂为蒸纸处，室外有锅台，西有井亭，悬石槽将水引入烧火处大锅，烧水蒸汽入室，供印书蒸熏纸张之用。实际上，这一说法与浴德堂作为校书处所并不矛盾，校书需大量供缮写的纸张，校书与蒸纸可以同时兼而有之。

康熙后期，浴德堂最初为武英殿修书处所在地。《钦定日下旧闻考》载："西北为浴德堂，即旧所称修书处也，浴堂在其后，西为井亭。"②清人许鸿磐《方舆考证》卷七谓"（武英殿）北为浴德堂，为修书处"③。朝鲜燕行使金景善《燕辕直指》亦说武英殿"后有浴德堂，即修书处也"④。《钦定日下旧闻考》所谓"旧所称修书处"，应指康熙朝的情况。康熙四十三年（1704），康熙帝敕令编纂《佩文韵府》，在浴德堂开局，命翰林词臣详校。校刊翰林处具体成立于何时，史无明载。据《国朝宫史》载："西有浴德堂，为词臣校书直次，设总裁统之。"⑤武英殿总裁既是武英殿修书处的总管理者，兼且负责校刊翰林处缮写、校对工作，其职官设置与翰林处设立时间应该接近。目前所见最早的武英殿总裁是陈鹏年，其在康熙五十二年（1713）十一月十二日被任命为武英殿总裁，而其职责就有"令查校古书中缺文、讹字"⑥。据此可大致判断校刊翰林处在康熙五十二年以前就已存在。

值得一提的是，关于浴德堂与恒寿斋的职能分工，文献的记载极容易造成混淆。《国朝宫史》卷一一载："西有浴德堂，为词臣校书直次。"《国朝宫史续编》卷五三云："东北为恒寿斋，西北为浴德堂，皆词臣校书直次。"而《钦定日下旧闻考》卷一三则载："恒寿斋，今为缮校四库全书诸臣直房。"⑦《国朝宫史》《国朝宫史续编》说浴德堂为词臣校书直次，《钦定日下旧闻考》也说恒寿斋为缮校

---

① 〔清〕徐珂编《清稗类钞·宫苑类》，北京：中华书局，2010年，第14页。
② 《钦定日下旧闻考》卷一三，第173页。
③ 〔清〕许鸿磐《方舆考证》卷七，清济宁潘氏华鉴阁本。
④ ［朝鲜］金景善《燕辕直指》卷三《留馆录》，载《燕行录全集》卷七一。
⑤ 〔清〕鄂尔泰等编《国朝宫史》卷一一《宫殿》，第198页。
⑥ 熊治祁编《湖南人物年谱》第一册，长沙：湖南人民出版社，2013年，第370页。
⑦ 《钦定日下旧闻考》卷一三，第173页。

诸臣直房,似乎浴德堂、恒寿斋都是校刊翰林处的办事场所,但仔细探究,二者的功能有所不同。张升认为缮书地点在浴德堂,而武英殿总裁、提调办公处所在恒寿斋①,笔者认为这种区分较为准确。从空间来说,恒寿斋仅是武英殿东北角之小殿,面阔三间,进深一间②,无法同时容纳校刊翰林处大量人员。比较而言,浴德堂的空间较大,可以容纳。校刊翰林处设在浴德堂而非恒寿斋,校刊翰林处大部分人员日常都在浴德堂办公,而管理官员如武英殿总裁、提调则在旁边的恒寿斋办公监督,如关槐于乾隆年间曾充武英殿提调,其年谱载:"殿东北隅恒寿斋为修书直庐,自兹编校无虚日。"③

关于浴德堂为校勘处所,还有不少佐证。如武英殿办事官员的诗文集、笔记中就有不少入直浴德堂、办理校书事宜的记载。郭则沄《十朝诗乘》引乾隆时供职于武英殿的李葂圃《春明纪事》诗云:"玉阶行绕殿西厢,校勘分司浴德堂。密室砥平规茧瓮,铭盘犹袭御香香。"注谓"殿直每集浴德堂,后有浴室,规圆若瓮,而廡其顶。"④杨钟羲《雪桥诗话》载:"方望溪尝在浴德堂订三礼及四书文。"⑤这里的"方望溪"即方苞,雍正间为武英殿总裁。按《望溪先生方苞年谱》:"雍正上宾,先生时领武英殿修书处事。"曾任翰林院编修的叶观国回忆:"御刻《西清古鉴》,皆绘大内所储古器,余为编修时,直浴殿,得与校订之役。"⑥清人吴省钦也有诗文涉及浴德堂校书事:"回忆校书藜火晚,浴堂只在殿西头。"⑦

《钦定诗经乐谱全书》于乾隆五十三年(1788)纂成,奉旨交聚珍版摆印连四纸书五十部,竹纸书一百五十部。⑧玉保所著《萝月轩存稿》,有《浴德堂恭录〈钦定诗经乐谱全书〉偶成长句呈朱爱亭前辈》。同时诗注曰:"宫商工尺分注硃墨两色字。"⑨以上文献说明《钦定诗经乐谱全书》乾隆五十三年纂竣后、交付摆印前,即在浴德堂进行缮校。

实际上,这一现象并非孤例,聚珍版《钦定四库全书考证》交付摆印前亦在浴德堂办理校勘。乾隆四十一年(1776)九月,乾隆帝谕旨编辑《四库全书考

---

① 张升《四库全书馆研究》,北京:北京师范大学出版社,2012年,第50、51页。
② 朱赛虹等《中国出版通史·清代卷(上)》,北京:中国书籍出版社,2008年,第84页。
③ 〔清〕李钧简编《青城山人年谱》,载北京图书馆编《北京图书馆藏珍本年谱丛刊》第117册,第547页。
④ 〔清〕郭则沄《十朝诗乘》卷一二,上海:上海书店出版社,2002年,第375页。
⑤ 〔清〕杨钟羲《雪桥诗话》,北京:北京古籍出版社,1989年,第406页。
⑥ 〔清〕叶观国《绿筠书屋诗钞》卷九《奉题巡抚宝冈余公品古图小像长卷》,《续修四库全书》第1444册,第354页。
⑦ 〔清〕吴省钦《白华前稿》卷五六《滇州试院浴戏示少林同年》,《续修四库全书》第1448册,第337页。
⑧ 《清宫武英殿修书处档案》第一册,北京:故宫出版社,2014年,第26页。
⑨ 〔清〕玉保《萝月轩存稿》,载《清代诗文集汇编》第2016种,第766页。

证》，并计划告竣后以聚珍版排印，至乾隆四十七年正月，《考证》正式办理完竣。据张升的研究，"武英殿四库馆有专门办理抄录黄签的地方，即黄签考证处，又可称为黄签处、考证处"①。如档案载"大宗伯王文庄公际华奏：择进士工书者在武英殿黄签处行走"②。可见办理《四库全书考证》处所设在武英殿。③

国家图书馆藏乾隆抄本《四库全书考证》录有校对者"吴裕德、彭元珧"。而据乾隆五十二年十二月的四库档案，此二人为校刊翰林处的纂修："查武英殿原设额缺纂修十二员……今于本月初二日奉旨：吴裕德、彭元珧准其捐复中书，仍准在办书处行走。"④由此可见，在武英殿修书处成立后，浴德堂是校刊翰林处办事处所，负责殿本书籍的缮写、校勘。聚珍馆设立后，聚珍版书籍如《钦定诗经乐谱全书》《钦定四库全书考证》等，在摆印前都是在浴德堂进行校勘。

对于校刊翰林处的具体机构情况，以往学界并不太清楚。借助于武英殿修书处档案，我们可以弥补这一缺憾。道光十三年（1833）武英殿修书处官员等呈为报修房间事称："本处据提调处来付内称，浴德堂校书、贮书房共五间，现因瓦片脱落，椽檩槽烂，渗漏不堪，内有贮书房一间，后坡脱落，全行塌卸，至将书柜二口压损，柜内书籍俱皆霉烂。"⑤道光十六年，"据提调处来付报修，校书房五间，瓦片脱落，椽檩糟朽，渗漏不堪。内有贮书房一间，后坡脱落，全行塌卸。又校录房五间，北三间渗漏不堪，难以坐落。南二间前檐瓦片脱落，后檐坍塌，椽望损坏，后檐墙全行坍塌，并前经行取木柜二口，作速成做"⑥。

提调处为校刊翰林处的别称，由上述档案可知，校刊翰林处（提调处）设在浴德堂，其中包括校书房五间（北三间、南二间）、校录房五间。校书房中有一间为贮书房，摆有书柜多口，贮藏部分书籍，方便随时核校，所谓"武英殿浴堂，今为藏书地"⑦。校录房和校书房，仅仅一字之差，但其分工应该比较明确。校录房负责缮写、录副底本，校书房则负责校对缮样、刻样。道光十六年修书处堂呈档所称"提调处校勘房屋"⑧，应是指校书房。由此可见，校刊翰林处设有提调房、校录房和办事值房等具体机构，彼此分工合作。

---

① 张升《四库全书馆研究》，第196页。
② 〔清〕许兆椿《秋水阁杂著·靖万安木斋行状》，《续修四库全书》第1472册，第669页下。
③ 参见琚小飞《清代内府抄本〈四库全书考证〉考论》，《文献》2017年第5期。
④ 张书才主编：《纂修四库全书档案》，上海：上海古籍出版社，1997年，第2106—2107页。
⑤ 《清宫武英殿修书处档案》第二册，道光十三年堂呈档，第655页。
⑥ 《清宫武英殿修书处档案》第二册，道光十六年堂呈档，第694页。
⑦ 〔清〕吴省钦《白华前稿》卷五六《滇州试院浴戏示少林同年》。
⑧ 《清宫武英殿修书处档案》第二册，道光十六年堂呈档，第684页。

二、校刊翰林处人员设置与奖惩机制

作为武英殿修书处的主要职能部门之一，校刊翰林处建立了一套相对独立的职官系统。据《钦定日下旧闻考》，校刊翰林处"专司缮录、校阅等事，则有提调二员，纂修十二员，均以翰詹官奏充，而特简大臣为总裁，以综其成"①。这是校刊翰林处早期的职官设置，其后又增设了协修、校录等办事人员。嘉庆朝《钦定大清会典》卷八〇"内务府"条较为详细地著录了校刊翰林处的职官制度：

> （武英殿）总裁满洲一人，汉一人，于六部侍郎内简充；提调二人，于纂修内由管理王大臣总裁等奏派；纂修十有二人，协修十人，满、汉翰林学士以下，詹事府少詹事以下，由翰林院掌院学士派充。掌校正文字，刊修书籍，先将底本校勘无误，送监造处刊刻。刻竣，再详加校勘。其各书文义有无错误，由原馆承办官员校对。字画圈点，由本处校对。设校录十人，以国子监肄业生内之恩、拔、副贡由监考取咨送。五年当差勤慎，由总理王大臣酌量奏请议叙。笔帖式四人，掌给使令。②

这里特别说明了校刊翰林处的主要职能是校勘，不是编纂书籍，即"掌校正文字，刊修书籍，先将底本校勘无误，送监造处刊刻。刻竣，再详加校勘"，也就是说殿本刊印前后校刊翰林处都参与了具体的校对工作，但对于书籍内容讹误，校刊翰林处本身不负责，校对"字画圈点"才是职责所在："其各书文义有无错误，由原馆承办官员校对。字画圈点，由本处校对"，明确了与修书各馆的职责分工。从职官类别看，嘉庆朝以前校刊翰林处分别设有武英殿满、汉总裁各一人，提调二人，纂修十二人，协修十人，校录十人，笔帖式四人，共计四十人。

嘉庆朝以后，校刊翰林处职官有所变化，人员增多：设满、汉武英殿总裁各一人，另设有提调二人、总纂二人、纂修十二人、协修十人、承发供事二人、领办供事六人、收掌二人、笔帖式四人、校录十人、誊录不定员、苏拉八人（参见表1）。据杨玉良的研究，翰林处"提调以下各级官员的任用，先由总裁提名，会同总理王大臣列名题请。这些官员虽在此任职，但都隶属于其原单位"③。

---

① 《钦定日下旧闻考》卷七一，第1190页。
② 《钦定大清会典（嘉庆朝）》卷八〇"内务府"条。
③ 杨玉良《武英殿修书处及内府修书各馆》，《故宫博物院院刊》1990年第1期，第33页。

表 1　校刊翰林处职官设置一览表①

序号	职衔	人数设置	选派方式	备注
1	武英殿总裁（汉）	一人	于六部侍郎内简充	从二品
2	武英殿总裁（满）	一人	于六部侍郎内简充	从二品
3	总纂	二人		四到九品不等
4	提调	二人	于纂修内由管理王大臣总裁等奏派	四到九品不等
5	纂修	十二人	满、汉翰林学士以下，詹事府少詹事以下，由翰林院掌院学士派充	四到九品不等
6	协修	十人	满、汉翰林学士以下，詹事府少詹事以下，由翰林院掌院学士派充	四到九品不等
7	校录	十人	以国子监肄业生内恩、拔、副贡由监考取咨送	月食膏火三两
8	誊录	不定员		月食膏火三两
9	承发供事	二人		从九品
10	领发供事	六人		从九品
11	收掌	二人		从九品
12	笔帖式	四人		从九品
13	听差苏拉	八人		食一两钱粮

（一）校刊翰林处人员设置

校刊翰林处在二百余年的发展过程中，人员设置前后有一定的变化。结合相关文献档案，可对不同时期的校刊翰林处人员设置，如武英殿总裁、提调、总纂、纂修、校录等人员进行一一查考，明确其职责分工。

1. 武英殿总裁　武英殿总裁设置于康熙末年，最初并无定额。雍正初年殿本《子史精华》职名表中所列武英殿总裁即已多达五名，其后额设武英殿总裁满、汉各一人，最初于六部侍郎内简充，后改为以部院一、二品官员兼充。武英殿总裁全面负责武英殿修书处相关事宜，所谓"凡支销钱粮，置买板片，行取

---

① 数据源：综合参考嘉庆朝《钦定大清会典》卷八〇；杨玉良《武英殿修书处及内府修书各馆》；曹宗儒《总管内务府考略》（《文献论丛》1936 年第 10 期）等。

对象,刷印书籍,一切委之于总管"①,尤其侧重于管理校刊翰林处的缮写、校勘之事。《钦定日下旧闻考》载:"其专司缮录、校阅等事,则有提调二员,纂修十二员,均以翰詹官奏充,而特简大臣为总裁以综其成。"《钦定日下旧闻考》又载:"其缮写之事,以武英殿总裁及提调等总其成。"②接替陈鹏年任武英殿总裁的方苞,至雍正元年(1723)仍为总裁,在校刊翰林处亲自参与校勘之事。另一位接任者王兰生,也有在武英殿从事校勘工作的记录:"康熙六十一年六月十四日奉旨充武英殿总裁。自入武英殿后,汇纂《骈字类编》《子史精华》,仍兼对《钦若历书》。"③校刊翰林处所设武英殿总裁,一般由高级别官员担任,著名学者陈鹏年、方苞等都曾先后担任武英殿总裁,说明清廷对于殿本校勘工作的高度重视,因校勘工作优劣直接关系到殿本质量的好坏。

2. 武英殿提调 清代修书各馆设有提调,负责一切稽察功课、综核档案等事宜,"提调掌章奏文移,治其吏役"④。校刊翰林处额设提调二人,于纂修内由管理王大臣总裁等奏派。武英殿校刊翰林处所设提调,其职责是:"既专司进呈书籍并查点装潢诸事,又经管各项补缺、议叙、定稿、行文事件,头绪较为纷杂。"⑤乾隆四十五年武英殿总裁王杰鉴于提调事务较繁,奏请从四库全书馆中"派拨四员,分办提调事务"⑥。当时的武英殿四库馆提调一度曾达到五人,⑦嘉庆以后,仍恢复至提调二人,从武英殿纂修翰林中遴选充补,不再兼任他馆之职。嘉庆十九年十二月十八日,文颖馆总裁官董诰等奏为议复武英殿办书章程事称:"本处提调,或本在他馆行走,又于此处挂名,才短事多,彼此俱废。请择翰林充当,自当择端方、勤敏之员,俾膺斯选。武英殿事务较繁,向来提调系由本处纂修派充,应请嗣后遇保提调时,总裁于本处纂修内,秉公遴选人品端方、勤敏之员充补,毋庸令兼他馆行走,以免顾此失彼,致有旷误。"⑧武英殿提调负责校刊翰林处的诸多事务,功劳较大,清廷亦较为优待,如嘉庆八年谕:"庶子王宗诚、汪滋畹充当武英殿提调有年,办理书籍五十余种,妥协无误。向来书成,并未得邀议叙。该二员因本年大考三等,降补今职,例不计算前俸。第念其在馆年久,着加恩准其接算前俸,以示鼓励。"⑨

---

① 录副奏折,录副档号03—1564—012,嘉庆十九年十二月初四日。
② 《钦定日下旧闻考》卷七一。
③ 〔清〕王兰生《恩荣备载》,影印道光十六年王氏刻《交河集》本,《北京图书馆藏珍本年谱丛刊》第91册,北京:北京图书馆出版社,1999年。
④ 《钦定大清会典(嘉庆朝)》卷五五。
⑤ 《纂修四库全书档案》,第1153页。
⑥ 同上书,第1155页。
⑦ 参见张升《四库全书馆研究》,第219页。
⑧ 录副奏折,录副档号03—2159—046,嘉庆十九年十二月十八日。
⑨ 《大清会典事例(光绪朝)》卷七〇《吏部》。

3. 武英殿总纂 校刊翰林处设总纂一职，在嘉庆朝以前的《大清会典》《大清会典则例》以及《总管内务府则例》中皆无载录，但嘉庆朝以后武英殿修书处档案则有大量载录，可见总纂应于嘉庆朝前后设置。道光二年（1822）二月，武英殿修书处为奏补提调、总纂、纂修事称："查武英殿修书处额设提调二员，总纂二员，纂修十二员，协修十员，遇有提调、总纂缺出，例于纂修拣选充补。今提调王惟询奉旨补授福建知府，所遗员缺选得熟谙馆务之总纂祝庆蕃勘以充补，所遗总纂员缺，拟以曾充总纂之史评充补。"①道光四年二月十九日，武英殿修书处又奏称："今提调郎葆辰升任御史，所遗员缺选得总纂成世瑄充补。其总纂遗缺，拟以修纂翁心存充补，又出纂修一缺，拟以到馆在前之协修潘光藻充补。"②道光三十年（1850）六月，武英殿修书处咨内阁："为提调徐相己奉旨简放浙江知府，所遗员缺选得总纂郭沛霖充补。所遗总纂员缺，拟以曾充总纂之戴鸾翔充补。又纂修三缺，拟以到馆在前之协修李鸿章、彦昌、吴保泰充补。"③由上述档案可查知，嘉庆末年道光初年曾任武英殿总纂的有史评、王惟询、祝庆蕃、成世瑄、郭沛霖、戴鸾翔，其员缺由纂修递补。

4. 武英殿纂修 武英殿修书处设立之初，校刊翰林处人员来源较为多样化，不少行走人员出身较为低微。至康熙五十二年（1713）十月十六日，康熙帝谕令：翰林官员内，多有不识字义、不能作诗文，教习不勤。比较而言，在武英殿行走之人，乡会试中式者甚多。"盖以在武英殿行走，每日不释卷耳。"康熙帝要求"此后凡修书、校书处，著并派庶吉士"。④ 因此，康熙五十二年以后，校刊翰林处的纂修、协修人员主要来源于翰林院编修、庶吉士。

5. 武英殿校录 校刊翰林处额设校录十人，以国子监肄业生内之恩、拔、副贡由监考取咨送。五年当差勤慎，由总理王大臣酌量奏请议叙。档案、官书记载则为我们提供了关于校录人员选拔的更多细节。咸丰二年（1852）内府抄本《钦定总管内务府现行则例·武英殿修书处》载："乾隆三年十二月呈明，誊录书籍校录十员，每员每日各给饭食银六分。"⑤乾隆三十四年（1769）十一月谕：

> 查武英殿缮写人员，自应遵照原奉谕旨，遴选年力精壮、字画端楷者充补。乃历年来，国子监咨送贡生皆系凭文考取，挨次补用，以致书法不工，且有年力向衰之人，办理原未妥协，自应筹酌变通，以收实用。应如该

---

① 内阁大库档案，登录号218431-001。
② 内阁大库档案，登录号060120-001。
③ 内阁大库档案，登录号182526-001。
④ 《清圣祖实录》卷二五六，康熙五十二年十月十六日。
⑤ 咸丰二年（1852）内府抄本《钦定总管内务府现行则例·武英殿修书处》"茶饭事宜"条。

侍郎所奏,将国子监咨送贡生之例停止。即于吏部考取誊录内遴选正途出身、书法端楷者咨送,仍听武英殿覆加考验,再行充补。……至现在缮写之事,既属无多,亦应如该侍郎所奏,于十缺内裁去四缺,仍留六缺,其原设贡生等应支膏火,咨明国子监转咨户部扣除,所留六缺改补誊录及每名每月仍支给银二两五钱,即由武英殿给发。①

档案表明,乾隆三十四年裁撤了四名校录,仅留六人,每月支取二两五钱。嘉庆二十一年(1816)提调处又奏准,添设校录十员②。嘉庆二十一年三月初八日,浙江道监察御史罗京彦奏为武英殿校录员缺请酌定章程事称:

> 武英殿向设校录十员,例由国子监于已补外班之优、拔、副贡生考取咨送馆。……嗣后俟监考取人数应只以十名为率,以为定例。③

此次调整后,武英殿修书处校录人员额设十人,成为定例。

6. 武英殿供事 武英殿修书处向无额设供事,每有刊刻书籍,临时奏请招募,并不支取公费,书成议叙。乾隆十二年(1747)六月十九日,武英殿修书处奏:"查供事专司收发登记,似不可少,但照例取用伊等,每月俱支公费银两,未免靡费。仰请皇上准臣等招募四名,令其效力,不行支领公费。"④乾隆三十一年(1766),增设供事一名,办理档案。吏部移会稽察房称:

> 武英殿向无额设供事,每有刊刻书籍,临时奏请,或赏给四名,或赏给二名,书成议叙,之后仍行撤去。惟是缮写书签、查校篇页、改正写样、查对板片,皆须一人专司登记,是以各馆皆有额设供事,仰请天恩,俯准设立供事一名,办理档案,如蒙俞允,臣等招募充役,照例关支公费,效力五年,照书馆书成之例,一体议叙。⑤

乾隆三十四年(1769)又谕:各翰林每日在殿办事收办文书、登查档案及零杂事件,奔走需人,原额设供事一名,"既称实难敷用,亦应如所奏再行添设供事一名,以资办理。如蒙俞允,应令武英殿仍照原设供事之例,召募充补"⑥。

四库全书开馆之初,即奏请增加供事十二名,至四库全书编纂完成后,再行恢复:"收发记档及搬运书籍,分核纸篇,头绪颇繁,均须供事承管,现今在殿行走供事仅止二名,各有本分应办之事,应请添募供事十二名承管诸事。俟书

---

① 中国第一历史档案馆编《乾隆朝上谕档》第五册,档案出版社,1998年,第945页。
② 咸丰二年(1852)内府抄本《钦定总管内务府现行则例·武英殿修书处》"茶饭事宜"条。
③ 录副奏折,录副档号03-1639-018。
④ 内阁大库档案,登录号223849-001。
⑤ 内阁大库档案,登录号081549-001。
⑥ 中国第一历史档案馆编《乾隆朝上谕档》第五册,第945页。

成后,将添设之处停止。"①其中"武英殿办理四库全书提调、督催二处,各派供事承值,而督催处稽查功课,按季奏报,向由提调处供事开送"②。武英殿聚珍馆开馆期间,又奏设办理摆字供事六人:"查武英殿现有臣等奏添书吏二名,改为供事,止须再添供事四名,闲常皆令在档案房书写档案,遇摆字时即令应役。如果勤慎,五年之后,归并武英殿修书处供事一体办理。"③

乾隆五十二年(1787)五月十九日,军机大臣和珅致武英殿总裁函,文津阁所贮四库全书详加校勘,所有应行挖补讹字及改换篇页之处甚多,请武英殿总裁遴派武英殿派供事一名,速来热河,以备应行挖补换页。④可见校刊翰林处供事一般负责缮写书签、查校篇页、改正写样、查对板片、挖补讹字及改换篇页等诸多事宜。嘉庆时期,校刊翰林处供事已达七十余名,其中额设承发供事二人、领办供事六人。"每遇办书皆系提调,派委亦多,意为去取,往往劣者幸邀议叙,而能者转至向隅,不足以示激劝",办事大臣建议"将各供事编列册档,于办书时酌其卷数之多寡,按册分派差使,挨次轮流,不得擅越"⑤,可杜请托钻营等弊。

(二) 校刊翰林处人员素养

清朝统治者入主中原后,总结明代刻书校勘不精的经验教训,对内府编刻典籍的把关极严,具体表现之一便是在修书各馆设置大量校勘人员。按例,校对官每人每日校对二十五篇。⑥这些校勘人员大多为一流学者,如四库全书馆开馆期间,选取戴震等一干著名学者参与校勘。如乾隆三十八年(1773)七月十一日乾隆帝谕旨,办理《四库全书》需人,"将进士邵晋涵、周永年、余集,举人戴震、杨昌霖调取来京,同司校勘"⑦。

选派至校刊翰林处的人员,如总裁、纂修、协修等皆是具有较高学识的学士、翰林,他们的学识素养保障了校勘质量。首先,武英殿总裁一般从科甲出身的一二品大臣中简派,武英殿总裁多是学有专长的重要学者,如康熙六十一年(1722)以庶吉士充武英殿总裁,被吴振棫视为异数的王兰生⑧,精通律吕、算法,曾于康熙五十二年四月奉旨召入内廷行走,于御前校对《朱子全书》《周易折中》;康熙五十二年九月入蒙养斋分校《律吕正义》《数理精蕴》《卜筮精蕴》,

---

① 《纂修四库全书档案》,第 76 页。
② 同上书,第 1579 页。
③ 同上书,第 178 页。
④ 同上书,第 2006 页。
⑤ 录副奏折,录副档号 03-1564-012,嘉庆十九年十二月初四日。
⑥ 《光绪朝大清会典事例》卷一五《内阁五·职掌三》。
⑦ 《清高宗实录》卷九三八,乾隆三十八年七月十一日。
⑧ 〔清〕吴振棫《养吉斋丛录》卷二。

纂辑韵书。康熙帝对王兰生极为器重,曾下谕:"举人王兰生学问,南人或有胜彼者,亦未可定,直隶人无有如之者,前《周易折中》《性理精义》《朱子全书》等书,魏廷珍、何国宗、王兰生、吴孝登在朕前昼夜校对五年,不遗一字,伊等知朕亦深。"①鉴于此,康熙帝特赐王兰生进士。

武英殿总裁之中还有学识渊博的著名学者。王引之便是其中的典型,其精通声韵、文字、训诂,著有《经义述闻》三十二卷、《经传释词》十卷。道光七年(1827)七月,王引之以工部尚书任武英殿总裁②,次月奉旨校勘《康熙字典》,三年告竣。据王引之自述:"引之充武英殿总裁,奉旨重刊《康熙字典》,乃偕同馆诸君子博考原书,校正传写之误,并撰写《字典考证》十三册,恭呈御览。"其子王寿昌所编《王文简公行状》载:"因《康熙字典》内列圣庙讳皇上御名未曾缺笔,有旨修刊。……府君遵旨细检原书,手自校订,凡更正二千五百八十一条,辑《考证》十二卷,分条注明,各附案语,恭缮进呈钦定。是时同事诸公,皆推重府君学问,谓有府君校订,可以无俟他人。故更正之条出自府君手者十居八九。"③

校刊翰林处的另一重要职官为武英殿提调,清廷要求"遴选人品端方、勤敏之员"。嘉庆十九年(1814)十二月十八日,文颖馆总裁官董诰建议,因校刊翰林处事务较繁,择取翰林充当武英殿提调,遴选标准为"总裁于本处纂修内,秉公遴选人品端方、勤敏之员充补,毋庸令兼他馆行走,以免顾此失彼,致有旷误。"可见,武英殿提调的遴选慎之又慎,目的是保障校勘质量。

在校刊翰林处任职的翰林大抵有三种情况:一是皇帝宠信、学问优长并善文词、书法的人才。二是因故被罢官革职但又以学识见长的人员。《清圣祖实录》载,康熙五十七年(1718)三月十七日:"沈宗敬,着从宽免革职,在武英殿修书处行走。"④三是在内廷供职不合格的翰林,亦被派到翰林处学习行走。康熙五十二年(1713)十月,康熙帝谕大学士等:"翰林官员内,多有不识字义、不能诗文者,此皆教司不勤之故……此后,凡修书校书处,着并派庶吉士行走学习。"可以说,校刊翰林处的办事人员总体素养较高。康熙帝对翰林处行走的纂修人员,就颇多褒奖。即便是出身较低的校录人员选拔也非常严格,或是在国子监肄业之正途贡生内选取,或是吏部考取誊录内选补,同时清廷要求"年力精壮,字画端楷,情愿效力者"⑤。

值得一提的是,大量学有专长的人员参与校刊翰林处工作,不仅保障了殿

---

① 〔清〕王兰生《恩荣备载》。
② 《清宣宗实录》卷一二一,道光七年七月十一日。
③ 〔清〕王寿昌《王文简公行状》,民国刻雪堂丛刻本。
④ 《清圣祖实录》卷二七八,康熙五十七年三月十七日。
⑤ 嘉庆朝《钦定大清会典事例》卷九〇六"内务府·书籍碑刻"条。

本的质量,对于从事校勘工作人员来说这也是重要的人生经历。如程可式曾于康熙五十五年(1716)在武英殿修书处校勘《古今图书集成》,其在所著《来山堂书钞》自序中回忆:"康熙辛卯谬膺乡荐,校书武英殿,集曰瀛海、曰石渠。"①《癸丑感事》诗言:"挟策游石渠,得以饱经史。"石渠代指内廷,描述的也是程可式在武英殿校刊翰林处校对《古今图书集成》的经历。校勘人员诗文中对其校勘经历颇多感怀。邓显鹤所编《沅湘耆旧集》卷六五有诗云:"清时稽古独优崇,诏许诸儒集禁中。花发上林春窈窕,雪晴阿阁日瞳昽。直庐夜检青藜照,讲幄朝呈白虎通。痛定湘累惭报国,皂囊无补但雕虫。文恁云此怀武英殿修书而作。"②玉保《萝月轩存稿》卷四载:"兽炭炎炎迸火花,墨池融处灿红霞。霜匙快沃麒麟草,雪乳频倾鹦鹉茶。风入重檐寒气聚,春回疏牖日轮斜。望溪旧刻供欣赏方望溪曾在浴德堂订三礼及四书文,锦赙牙签掇古葩。"③值得一提的是,校刊翰林处培养了一批校勘人才。如龚自珍自述:"嘉庆壬申岁校书武英殿,是平生为校雠之学之始。"④

(三)校刊翰林处奖惩机制

书籍的校勘工作是刊刻之前的最后一道工序,其校勘好坏直接关系到书籍本身质量。因此,清廷也采取了多项奖惩措施,恩威并施,以保障殿本校勘质量。

校刊翰林处人员从事缮写、校对工作,任务繁重,但总的来说,清廷对校勘人员的待遇较为优厚。校刊翰林处人员,除按原定品级食俸外,还分别享受官饭、办事公费和奖叙。据嘉庆朝《钦定大清会典事例》,康熙四十三年奏准:照南书房翰林饭食例,每修书翰林日给肉菜半桌,米一升,茶叶二钱,跟役老米一升,其肉菜半桌,按时价定银一钱二分八厘七毫五丝,买办供给,稻米老米茶叶,俱按时价采买,每日炭五斤,煤五十斤,向营造司行取。乾隆三年定,誊录、校录,每人每天给饭银六分;提调、纂修、协修、供事等,每人每天供给粳米一仓升。⑤

校刊翰林处人员所食米石,每月按二十七日计,由修书处咨行关防处的官三仓照数发给。如遇官员出差,需相应扣除。道光十四年,武英殿修书处官员等呈为行取米石事称:

---

① 〔清〕程可式《来山堂书钞》,沈青崖乾隆十三年戊辰暮春序,国家图书馆藏乾隆刻本。
② 〔清〕邓显鹤《沅湘耆旧集》卷六五,道光二十三年邓氏南村草堂刻本。
③ 〔清〕玉保《萝月轩存稿》,载《清代诗文集汇编》第2016种,第766页。
④ 〔清〕龚自珍《定盦全集·定盦续集》,光绪二十三年万本书堂刻本。
⑤ 《钦定大清会典事例(嘉庆朝)》卷九〇六"内务府·书籍碑刻"条。

> 前经本处呈准咨行总管内务府,本处总裁、提调、总纂、翰林等官,应领米石,每月俱按二十七日合计……每日总裁、提调、总纂、翰林等官二十八员,每员应领粳米一仓升,每各随带家人一名,每名每日应领细老米一仓升,共应领粳米二十二石六斗八升,细老米二十二石六斗八升。①

清廷对校刊翰林处的物料供应充足,如提调处校勘房屋寒冷,照例添备火箱、煤炉。道光十六年(1836)武英殿修书处奏:

> 本处办理翰林饭食每日用煤五十斤、炭五斤;翰林处茶炉一座,书作匠役等烧烙铁打面糊煤炉一座,每煤炉一座,每日用煤十斤、炭一斤。自本年十月初一日起至二十九日止。又年例校对书籍处煤炉一座,砚炙四个……提调处校勘房屋寒冷,须添备火箱一个,逐日应用黑炭十五斤。②

即便是出身较低的校录人员,亦有奖励、议叙:"其在监肄业,每月所领膏火之资,仍照旧给与,若有缺出,该监照例送补,俟数年之后,行走若好,该管王大臣秉公具奏,酌量议叙。"③

曾在校刊翰林处从事校勘的人员,时常回忆翰林处待遇之优。陈鹏年曾作《初伏直武英殿》诗:"秘府观图书,西清集群彦。每分象管笔,拂拭龙香砚。月榭步披襟,风帘坐展卷。四海如弟兄,岂必同乡县。"小序注云:"赖圣慈命直武英,日在凉堂广厦之间,每带星而入,昏黑而返。"④据《沧州近诗》注,陈鹏年亦曾赋诗云:"御厨每络绎,珍味来六官。犹蒙老中使,日赐水晶盘。会食笑堂馔,相将劝加餐。"又云:"稽首拜凌人,堆冰作清供","盛朝特优异,赐出同侍从"。这些诗作是陈氏担任武英殿总裁时所作,既反映了武英殿总裁工作的辛劳,也说明康熙时校刊翰林处待遇之优渥。卢文弨《抱经堂文集》卷二五《丽景校书图记》亦曾自述:"凡有校写皆开局于武英殿,大臣、监理之外,饔供其食,书成请旨赏赉而已,文弨亦一再与焉。"⑤吴锡麒《有正味斋集》卷四《解褐集》有《十九日被命入武英殿分校恭纪》,其诗曰:"五月薰风拂玉除,校雠身喜傍宸居。青毡旧是臣家物,善本今窥秘府书。自愧冷萤光有限,敢矜落叶扫无余。花间每听传清漏,赐食銮坡正午初。"⑥二人对"饔供其食""赐食銮坡"的印象均极深,视为莫大荣耀。这些奖励措施,确实在相当程度上对校勘人员产生了激励作用。

---

① 《清宫武英殿修书处档案》第二册,道光十四年堂行档,第 679—680 页。
② 《清宫武英殿修书处档案》第二册,道光十六年武英殿修书处堂呈档,第 661—662 页。
③ 嘉庆朝《钦定大清会典事例》卷九〇六"内务府·书籍碑刻"条。
④ 〔清〕邓显鹤《沅湘耆旧集》卷六三。
⑤ 〔清〕卢文弨《抱经堂文集》卷二五《丽景校书图记》,乾隆六十年刻本。
⑥ 〔清〕吴锡麒《有正味斋集》卷四《解褐集》,嘉庆十三年刻有正味斋全集增修本。

校刊翰林处对校勘出现的问题则采取了较为严厉的惩治措施。乾隆三十八年（1773）十月初九日，乾隆帝批阅缮成的《四库全书荟要》时，发现不少讹误，特谕："今呈进已经缮成之《荟要》各卷内，信手翻阅，即有错字二处，则其余书写舛误者，谅复不少。若不定以考成，难期善本。其如何妥立章程，俾各尽心校录无讹之处，着总裁大臣详议具奏。"①《四库全书荟要》的校勘工作在校刊翰林处进行，武英殿四库馆很快制定了严格的功过处分条例，其中一项是设立功过簿，方便稽查奖惩。十月十八日，永瑢等奏称："查办理缮写《四库全书》，向只设有稽核字数考勤簿。今既定以功过，应将覆校、分校、誊录人员，各设功过簿二本。每交书一次，臣等查核填注，一贴武英殿备查，一交本员收执，俾各触目警心，咸知儆勉。至五年期满后，将功过簿详加核对，其应行议叙之誊录人员，除按字数多寡、工拙酌定等次外，仍将功多过少者，列为上等，功过相抵者次之，过多功少者又次之。由臣等公同核定，移咨吏部，分别班次铨用。"②也就是说，分校、覆校如果在本职工作外，及时发现底本错误并纠正，可予奖励，未能发现错误，须被记过。如此责任清楚，赏罚分明。

校刊翰林处从事校勘四库的人员，屡有被罚之记载。例如，乾隆四十二年（1777）四月六日乾隆帝谕旨："总裁等校勘书籍，经朕偶尔抽阅，即有讹舛。可见校勘时，原未尽心。"给予武英殿总裁以严厉警告："今量予察议，亦不过罚俸而止，非重处分也。所以如此者，欲令各心知愧勉。若此番加恩后，尚不悉心校阅，仍前错误。试令伊等抚心自问，不益滋愧乎？"③即便是贵为亲王，校勘如有错误，亦须处罚。乾隆四十三年（1778）三月二十七日谕旨："前派八阿哥、十一阿哥校勘四库全书。向来总裁校书，经朕指出错误者，例有处分。阿哥等所校之书，如有错误，亦应一体查核处分，以昭公当。其应罚之俸，着照尚书例议罚，即于应得分例内坐扣。"④

殿本刊刻成书，例进呈皇帝御览。御览过程中如发现错误，往往要追责。乾隆十三年（1748）九月谕旨："文颖馆所进刻本，就朕御制诗中，偶一披阅，讹谬甚多。御制尚然，不知该馆所称校对者何事。虽鱼鲁豕亥，不能必无累牍连篇，岂宜屡见。……总裁官张廷玉、梁诗正、汪由敦并编校人等，着交部议处。嗣后各馆，有错谬失于勘正者视此。"⑤乾隆六十年（1795）十二月，乾隆帝因在御览武英殿所刊《军器则例》时发现"阿桂列名下空一字未经填写"，勃然大怒，责令："进呈书籍，君前臣名，岂有空写之理。此项则例，自当详细校对，再行刊

---

① 《纂修四库全书档案》，第163—164页。
② 《纂修四库全书档案》，第168页。
③ 《清高宗实录》卷一〇三〇，乾隆四十二年四月六日。
④ 《清高宗实录》卷一一五三，乾隆四十三年三月二十七日。
⑤ 《清高宗实录》卷三二四，乾隆十三年九月八日。

刻。及刊出底本,该部又覆加勘校,方行刷印。何以于此等空字处所,未经看出。"①最后乾隆帝谕旨将所有参与武英殿总裁及校勘各员,均交部分别议处。

三、校刊翰林处的校勘流程

校刊翰林处的日常任务主要是校勘殿本书籍,其最终目的是以校勘精善之本交由武英殿监造处刊印成书。以嘉庆十九年(1814)制定武英殿修书处章程为界限,校刊翰林处的校勘殿本书籍流程可划分为两个阶段。

(一) 嘉庆十九年以前校勘流程

第一个阶段是嘉庆十九年以前,校刊翰林处的一般校勘流程为"由武英殿先缮写宋字样本一分,交原馆校勘,其有缮写错误者签出,交回改正,俟覆校无讹后,再送交武英殿刊刻。及刻成板片、印出板样一分,仍交原馆校勘,亦俟签出错误,修改覆校无讹后,再送交武英殿刷印,其先校写样,后校板样"②。具体来说有四个主要步骤:

第一步,缮写宋字底本。修书各馆编竣书籍后,缮录底稿一份,送交校刊翰林处缮写宋字底本。校刊翰林处缮写宋字样本,一般领取黑格纸张缮写。如据修书处档案:"提调处来付修刻廿史板片内,应行换刻之板,本处缮写底本,需用太史连黑格二万页等因,前来照例刷印黑格二万页。"③需要指出的是,缮写汉文宋字板样由武英殿校刊翰林处负责,而对于满文板样,则一般交由原馆缮写。乾隆五年三月二十四日,武英殿为清汉文上谕编次告成时称:"武英殿旧例,各馆交来刊刻书籍,凡汉文经本殿缮写刻板样,仍送原馆校阅。惟清文武英殿并无缮写清文之人,俱交原馆缮写校阅。今应将清文上谕二十五套,请交实录馆总裁官酌派缮写清文人员敬谨缮写样本,校准以便刊刻。"④

第二步,校对宋字底本。刊刻书籍,其无原馆、原校者,由武英殿各员校阅;其有原馆、原校者,仍交原校官覆校。⑤

第三步,校对刊刻板样。宋字底本由翰林处校勘无误后,送回武英殿监造处依式刊刻板样(草样)七份,将板样退给原馆校对,遇有错误,附浮签注明应修、应改之处。再将板样退回监造处,交匠役照签修改。亦即嘉庆朝《大清会典》所述"刊修书籍,先将底本校勘无误,送监造处刊刻。刻竣,再详加校勘"。

---

① 《清高宗实录》卷一四九三,乾隆六十年十二月十七日。
② 录副奏折,录副档号03—2160—021。
③ 《清宫武英殿修书处档案》第二册,戌字八号,武英殿修书处官员等呈为行取纸张事。
④ 内阁大库档案,乾隆五年三月二十四日,登录号210115—001。
⑤ 录副奏折,录副档号03—2159—046,嘉庆十九年十二月十八日。

第四步，覆校刊刻板样。监造处将改后的板样交原馆覆校，凡已改正无误者销签；仍有修改者，再加浮签退给监造处修改。板样校对无误后，才正式发交监造处刊刻成书。

上述校勘程序有两点需要特别说明：其一，正常情况下，殿本书籍一般必须经过三校三修之后，方可照写样上板刊刻、刷印。但并非固定不变，如错误较多，有时甚至需要经过数次、十余次校改后方能上板。书板刻好后，交原馆校勘无误后，正式刷印样本。修改之处，一般采取贴签的方式，如曾在内廷校勘的周广业在所著《过夏杂录》卷五《签贴挖补》记载："凡校勘书籍，有疑误，多用小纸签贴眉上，以便更定。……今翰苑校官书，每签必具名。"①

其二，嘉庆十九年以前，校刊翰林处视情况参与校对，如无原馆原校者，由翰林处校阅；有原馆、原校者，仍交原修书官原校官覆校。交由原馆校对的板样，翰林处并非撒手不管，也参与板样、字画、圈点的校对工作，只是与修书各馆的校对各有侧重，"其各书文义有无错误，由原馆承办官员校对。字画圈点，由本处校对"。

由校刊翰林处全行负责校勘的一个典型是武英殿聚珍版书籍。四库馆分为两大系统，翰林院专司《四库全书》的校阅与编修，武英殿专司《四库全书》的缮写、校对与装印。②武英殿聚珍版书作为四库馆应刊书籍，其校勘工作便是在校刊翰林处进行的。聚珍本的办理流程，据张升的研究，要经过两步，第一步为底本录副、校对，"由校录据发下的定本用方格纸抄成副本（即聚珍底本），并在上面作署名标记，然后交聚珍本分校官、总校官校对"。第二步是校对刻样，"聚珍本在摆好板后还会先印出一个样本，由分校官校对，是为聚珍本校样"。③金简《武英殿聚珍版程式》亦云："每版垫平之后，即印草样一张校阅，或有移改以及错字，即时抽换，再刷清样覆校妥，即可刷印。"

实际上，交由修书各馆原校人员校对的情况更为常见，这里以明史纲目馆为例，考察其校勘程序。首先，校对板样一般采取两种方式：第一种，由武英殿咨文原馆选派校对人员赴武英殿修书处校对文义。乾隆十一年（1746）十月，武英殿咨明史纲目馆："查得向例各馆交刻各种书籍，刊刻告竣，进呈样本，俱系各馆人员赴殿校对文义，查对号数在案。今《御撰资治通鉴纲目三编》现在装潢样本，相应知会贵馆，派员于本月十五日赴殿校对。"④第二种，在原馆校对板样。乾隆十一年十月，武英殿修书处咨明史纲目馆："贵馆咨送刊刻《御撰资

---

① 〔清〕周广业《过夏杂录》卷五《签贴挖补》，《续修四库全书》第 1154 册，第 537 页。
② 张升《〈四库全书〉馆的机构与运作——以〈四库全书〉职名表为中心的考察》，《北京师范大学学报（社会科学版）》2007 年第 3 期。
③ 参见张升《四库全书馆研究》，第 327、328 页。
④ 内阁大库档案，登录号 102239-001。

治通鉴纲目三编》一书计二十卷,经本处全行刊刻告竣,咨送贵馆校对,去后今仅校准四卷,其余十六卷尚未校准发来。查本处刊刻书籍,俱有定限,原定皇上回銮之时,进呈样本,应移会贵馆,将其余十六卷速为校准发来,以便办理进呈。"①

其次,修书各馆校对板样后,一般将意见返回给武英殿修书处监造处,由监造处根据校签对内容和刻错之字予以修正,彼此协调甚多。如乾隆九年,实录馆咨武英殿修书处:"汉校对官校出自雍正八年至十三年所奉《世宗宪皇帝上谕》刻本内,应修错误六十二处,共十卷,相应粘签备文,恭送贵处照签改正,仍送本馆复行校对,书写准字送还,然后装潢进呈。"②武英殿修书处收到实录馆咨文后,又咨实录馆:"查雍正八年至十三年上谕业已颁行。今贵馆复行校出应修处所六十二处,其中毋庸改正者二十二处,至应修板片者四十处。本处修理妥毕。"③修书处根据实录馆校对结果加以修正板片,校对无讹后才能进呈。

再次,以往板样校对过程中如发现刻错笔画,即令刻字匠赔补,但校对增删过多,甚至往返校改数十次,刻字头目等赔补,恐其力不能支,不得不改变板样校对方式。嘉庆十六年(1811)九月二十八日,校刊翰林处确定新的办法:"嗣后刻得书板,该馆校对交来改补时,着该作库掌、柏唐阿等接页谨查,如系刻错笔画,仍令原刻之人修补,若实系增添修改另刻之字,报明查核房,复行查对,准其照依修补各书之例开销。"④应该说,这一办法一定程度上减轻了刻字匠的负担。道光二十年(1840)又定,以后刻得书板,原馆校对交来改补时,由该作库掌、柏唐阿等按页详查,如系刻错笔画,仍令原刻工人赔补,若实系增添删改另刻,其刻字数要报明查核房,准其照修补之例开销。⑤

(二) 嘉庆十九年以后校勘流程

修书各馆承办书籍,数年之后,有原馆而无原校者居多,造成弊端重重:"既无原校,则必须令易生手校勘,既属生疏,挖补又多,错误屡校屡改,传送多次。有一卷之书而迟搁旬日,有数字之误而往返频仍,在覆校者既非原校之人,销签者又非原签之人,前后涉手纷纭,互相推诿,办书淹滞"。⑥ 有鉴于此,嘉庆十九年十二月初四日,署理武英殿总裁鲍桂星奏陈管见十条,其中多条建

---

① 内阁大库档案,登录号 102243-001。
② 内阁大库档案,登录号 144861-001。
③ 内阁大库档案,登录号 144861-001。
④ 该奏折附载于道光二十年武英殿修书处报销档案,国家图书馆藏。
⑤ 陶湘编《内府写本书目》附录《武英殿修书处写刻刷印工价并颜料纸张定例》。
⑥ 录副奏折,录副档号 03-2159-046,嘉庆十九年十二月十八日。

议涉及校刊翰林处的校勘事宜。其中一条是:"请嗣后凡一书告成时,武英殿初写底本,自应仍交原馆校对。至刊刻告成,为日已久,原校官多已离馆,其刻本本应就近即由武英殿各员校对,仍准其向原馆咨取无讹定本,详悉校勘,偶有字画错误,就近挖改,即就近销签,较为便捷,校毕仍将定本送回原馆存贮,如此则刻书雠校同在一处,不致旷日持久矣。"①总结起来,新定章程规定:各馆编纂书籍的初次写样交原修书馆校对,刊刻板样由武英殿校勘处据正本校对。嘉庆二十二年(1817)又定,凡交原馆校对的书籍,百卷以半年为限,武英殿修改错字,一千字以内者,限二十天交回原馆;二千字以内者,限四十天交回。以杜绝彼此拖延、推诿之弊。② 此后,校刊翰林处的校勘程序相对简化,承担了更多的校勘任务。

根据鲍桂星的建议,校刊翰林处的校勘方式和流程较以往有所变化:原馆校书,每人设立签档,注明应修应改。初次校毕按签改正后,仍交原馆原校官注销,逐字画押。总理王大臣总校后发印正本,再交原校官复校销签画押。装订时仍交原馆原校官复校销签画押。校毕,将三次签档交提调处封存。样本进呈之前再经总理大臣总校,如有错误查照签档,分别议处。③

关于校刊翰林处的校勘工作分工,鲍桂星认为应立定章程,监造处写成宋字底本,但得二十卷,即由提调知会各员,先交校录初勘,继则纂修、协修轮校,以校录十人为一班,纂修、协修二十二人为一班,每日每人各校一卷,校录二日而毕,纂修、协修一日而毕,再呈总裁汇勘。刻成之后,亦照此覆校一次,计一卷之书,先后校勘五六次,可保无亥豕之讹,而按卷轮流,亦不致有稽时日,其纂修、协修、校录有托故不到者,提调立薄登记,三次不到者,即回明总裁咨退。④

鲍桂星的奏议呈交朝臣讨论后,嘉庆十九年十二月十八日,文颖馆总裁官董诰等奏为议覆武英殿办书章程事,对其建议予以认可,同时提出"武英殿额设纂修、协修、校录等员,本系专司校对,并无他事",校刊翰林处应当承担刻样的校对工作,"嗣后凡一书告成时,武英殿初写底本自应仍交原馆校对,至刊刻告成,为日已久,原校官多已离馆,其刻本本应就近即由武英殿各员校对,仍准其向原馆咨取无讹定本,详悉校勘,偶有字画错误,就近挖改,即就近销签,较为便捷,校毕仍将定本送回原馆存贮"。这就改变了原有的校勘流程,将"刻

---

① 录副奏折,录副档号03-2159-046,嘉庆十九年十二月十八日。
② 杨玉良《武英殿修书处及内府修书各馆》,第38页。
③ 中国第一历史档案馆藏内务府武英殿修书处档,转引自杨玉良《武英殿修书处及内府修书各馆》,第35页。
④ 录副奏折,录副档号03-1564-012,嘉庆十九年十二月初四日。

书、雠校同在一处,不致旷日持久"①。

可以说,嘉庆十九年新定校书章程,非常清晰地明确了修书各馆和校刊翰林处各自职责:武英殿初次写样,仍交原馆校对,至刊刻告成后,其板样即由武英殿各员校对,原馆只负责校勘写样,签出误处。

嘉庆二十五年(1820),清廷又出台了校刊翰林处校勘章程的补充规定。嘉庆帝发现武英殿刊刻各馆书籍,交原馆校对,有迟至十余年未经办竣,认为"实属延缓"。对于如何限期之处,嘉庆二十五年十月初四日军机大臣详查核议具奏称,嗣后武英殿写样交原馆校对者,书百卷,以半年为限。武英殿修改误字,一千字,以二十日为限,迟逾分别参处。②

针对校勘不精和校对迟缓的问题,嘉庆二十五年十一月初四日,曹振镛等议奏校勘武英殿书籍章程,酌议:

> 嗣后武英殿写样交原馆校对者,凡书百卷,自交到写样之日,始除去中间送回修改日期,统以半年为限,其卷帙多少视此增减。至武英殿修改误字,应酌定在一千字以内,限二十日交回,二千字以内,限以四十日交回,多者递加,其交回后仍有误字,无论字数多寡,统限十日交回,其有迟延者,迟在原馆,由该总裁参处,迟在武英殿,由该管大臣惩办,如此则原馆校勘书籍可期速竣矣。③

直至道光年间,校刊翰林处仍严格执行嘉庆朝所定校勘章程。道光十六年(1836)武英殿修书处堂呈档载:"本处据提调处来付内称,现在奉旨修办廿史书籍……应由本处查明草样内共欠若干页,按照底本补写全部,按卷校妥。陆续发交贵处按签修板,所有写样篇页,本处现在赶缮校妥,先行发交贵处。即写宋字写妥交回,按卷补全,再行校对。俟校妥数卷,陆续付送,照签修改,修妥销签。即刷清样,复校无讹,即成一史,其余十九史书亦按照此办理,周而复始,不至耽延。惟查采买板片必须赶紧采办,一俟本处校妥宋样,先行发刻出若干块,即刷草样,送交本处校妥之时,补成全部,方能刷印清样,若采买迟延,难免临时掣肘。"④再如咸丰十一年,"正月为装订清汉文圣训草本,移送校勘、提调二处校阅、刷印,需用香墨二十斤"。⑤

---

① 录副奏折,录副档号03—2159—046,奏为议覆武英殿办书章程事,嘉庆十九年十二月十八日。
② 《清仁宗实录》卷六,嘉庆二十五年十月四日。
③ 录副奏折,录副档号03—2160—021。
④ 《清宫武英殿修书处档案》第二册,第731—732页。
⑤ 《清宫武英殿修书处档案》第四册,第152页。

四、结语

  综上所述,清代校刊翰林处隶属武英殿修书处,其办公处所在武英殿浴德堂,设有提调房、校录房和办事值房等机构,专门负责殿本书籍的校勘工作。校刊翰林处改变了明代由司礼监掌管内府校书的管理体制,在组织管理上有重要的创新和发展,不仅体现在职官设置完善,任务明确,分工与合作相得益彰,还建立了一套严密完善的监督管理制度,除了有帝王的严密督查、遴选校勘人员,还制定了一系列切实可行的奖惩机制,相关人员不敢草率从事。陈鹏年、查慎行、方苞、何焯、王引之等一大批宿学硕儒入值校刊翰林处,大部分校勘人员则多从翰林院选拔,从事校勘工作。康熙帝就曾评价:"内廷行走及武英殿修书翰林,亦较在外翰林不同,诗文皆大方,总由每日纂修、校对之故也。"[①]翰林院作为清代储才之地、学术中心,集中了一流的学者。这些翰林考据精核、校勘精审,这一雄厚的人才基础相当程度上保障了殿本书籍的校勘质量。

  此外,本文还重点考析了校刊翰林处校勘书籍的流程。嘉庆十九年以前,一般需经过三校三修,校刊翰林处视情况参与校对,如无原馆原校者,由翰林处校阅;有原馆原校者,仍交原修书馆原校官覆校。嘉庆十九年新定校勘章程,规定武英殿初写底本,仍交原馆校对。刻样就近由武英殿各员校对。同时规定,监造处写成宋字底本二十卷,即由提调知会各员,先交校录初勘,纂修、协修轮校,以校录十人为一班,纂修、协修二十二人为一班,每日每人各校一卷,校录二日而毕,纂修、协修一日而毕,再呈总裁汇勘。刻成之后,再照此覆校一次。校刊翰林处制定的校勘章程,对校勘工作的流程和分工予以明确划分,是清代内府校书工作的重要创举,保障了校勘工作高效、有序进行。

  需要指出的是,皇权之于校刊翰林处,是一把双刃剑。皇权为其提供雄厚财力支持的同时,亦带来了一些弊病。具体表现之一即殿本校勘过程中删改太过。曾国藩曾评论:"自乾隆间改译辽、金、元三史,人名虽三朝诸臣最熟之名,亦使人茫然莫辨。故殿板虽佳,犹以三史为憾。"[②]帝王对殿本校勘的干预和控制,反而造成校勘出现种种问题,有人记载:"纯庙时刊印《廿四史》,时上雅重文史,患多舛谬,常自校核。诸臣虑无以逭上意,乃故于明显处错误数字,俾待宸翰勘正,以惬圣怀。然不免有漏未正者,故今殿板书常有讹舛云。此说

---

 ① 《清圣祖实录》卷二六二,康熙五十四年正月二十七日。
 ② 〔清〕曾国藩《曾文正公书札》卷一五,《致陈岱云》

甚奇,然曲意承迎,其极必至于此,至此则心地更不可问矣。"①殿本质量在嘉庆以后迅速下滑,其中一个重要原因是管理不善,"急就竣工,希图议叙",如阮元《题严厚民杰书福楼图》回忆:"余校石经时,见其误字反与明监本同,大疑之,及访之,始知原摹不误,后为武英殿校刻之人所倒改也。"②如此做法导致校勘不精,出现了不少讹误,这是我们客观评价校刊翰林处的校勘成绩时应当注意的问题。

---

① 〔清〕小横香室主人《清朝野史大观》卷一,《二十四史》。
② 〔清〕阮元《揅经室集》续集卷六,《题严厚民杰书福楼图》。

《崇文总目》明清抄校本源流考

董岑仕*

【内容提要】《崇文总目》庆历编六十六卷本原书在元明之际亡佚,今传的《崇文总目》各抄本及钱东垣等《崇文总目辑释》的底本,均从天一阁藏绍兴改定明抄本而出。在辗转传抄的过程中,部分抄本中有校勘与辑补,而校勘后的版本面貌,影响了后出传抄本。通过梳理传世抄本的传抄时限,结合异文比勘,考察各本的校勘层次,可知《崇文总目》抄本大致分为半叶九行本与半叶十行本两个系统。从半叶九行本而出,另有错叶重编本,这一错叶重编本与《崇文总目辑释》底本同出一源。四库全书本以半叶十行本为底本,校以《永乐大典》中所引《崇文总目》,并辑考叙释后形成,而湖南图书馆藏抄校本与四库全书本有密切关系。厘清《崇文总目》的版本源流,审定各本的校勘性质,可以为此书进一步的整理辑校工作提供参考。

【关键词】 崇文总目 天一阁 朱彝尊 四库本 抄本校勘

《崇文总目》为北宋仁宗景祐元年(1034)至庆历元年(1041)年编纂完成的官藏书目,共六十六卷,每类下有叙录,每书下有解题。南宋绍兴十三年(1143),向子固建议在《新唐书·艺文志》《崇文总目》《秘书省续编到四库阙书》南渡后秘阁所缺之书下注"阙"字,由国子监刻印颁行,作为访求遗书的依据,遂有绍兴改定本《新唐书·艺文志》《崇文总目》《秘书省续编到四库阙书》。绍兴年间改定《崇文总目》时,删削了类叙与解题。

在嘉庆年间钱东垣等作《崇文总目辑释》以前,《崇文总目》久无刻本,多以抄本形式流传,传抄、录副、校勘,产生了多个抄本、校本。关于《崇文总目》的

---

* 本文作者为人民文学出版社古典文学编辑室编辑。

版本源流，此前的研究有所涉猎。① 不过，以往的讨论中，对于《崇文总目》明清抄本上的校勘及校勘层次，往往有所疏忽，在探讨版本源流时，各抄本的源流关系亦有不甚准确之处。清代至近代，对于抄本的鉴定，往往依赖藏本的钤印与序跋，而藏书家在仅得孤本的情况下，难免鉴定有误。同时，对于一些近时抄本，藏书家递藏而不钤印的情况，往往有之。故一些抄本的早期流传情况，不能通过钤印得到确切的证据。在考察抄本文献时，必须关注抄本的录副、题跋的录副情况，不能将传世抄本简单地理解为一脉单传、呈父子关系的文本，在抄本的版本系统的考察中，须假设存在一些部分今佚而曾经存在的系统祖本。抄本、校本的研究上，需要区分抄、校的时间，并关注校勘是否为一次完成，抑或有两次以上的校勘，校语的性质是原校还是录副校语。同时，抄本文献上的校勘记等，有的与抄本并非同时，有底本传抄的时间而存在校勘时间的上限，也因录副本而存在校勘时间的下限。部分校勘记，可以用来判断两本之间是否为直接祖本，抑或仅为关系密切的同一系统本。由此出发，本文拟重新检讨存世的《崇文总目》的明清抄本，考察各抄本的校勘情况与校勘性质，分析存世《崇文总目》抄本的源流。

一、《崇文总目》绍兴改定本之递传

带有叙录、解题的《崇文总目》六十六卷本，于北宋仁宗朝编定之后，藏于馆阁之中而未见刊刻记录。至南宋，删削叙录、解题并加注阙否的绍兴改定本

---

① 《崇文总目》的国内藏旧抄本的版本考察中，对天一阁本、南图钱大昕跋本、湘图本《崇文总目》的介绍，参见杨恒平《绍兴改定本〈崇文总目〉现存版本考论》（《中国典籍与文化》，2012年第4期），不过，杨恒平文中，对诸本的部分描述，有误记与误认。侯印国《钱大昕佚文〈清抄本崇文总目〉考叙——兼说南图藏清抄本〈崇文总目〉系〈崇文总目辑释〉底本》（《湖南人文科技学院学报》，2015年第5期）补充考证了南京图书馆藏钱大昕跋本当为钱大昕手跋，并简介了南京图书馆藏题"明人旧钞"本《崇文总目》。翟新明《〈崇文总目〉总集类校考》（《古典文献研究》，第二十辑下卷，2017年），提及了此前国内研究未纳入讨论的日本静嘉堂藏本，并简介南京图书馆藏倪模旧藏《崇文总目》为湖南图书馆本的录副本，略叙南图"明人旧钞"本当为清抄本。《崇文总目》的静嘉堂藏本的情况，[日]会谷佳光《〈崇文總目〉——その編纂から朱彝尊舊藏抄本に至るまで》（《〈崇文总目〉——从编纂到朱彝尊旧藏抄本》，《二松学舍大学人文论丛》第68辑，2002年1月，第156—173页）与《〈崇文總目〉の抄本と輯佚書について》（《论〈崇文总目〉的抄本与辑佚书》，《日本中国学会报》第54辑，2002年，第151—165页，2002年）有较为详细的讨论，二文后收入氏著《宋代書籍聚散考——新唐書藝文志釋氏類の研究》下篇《北宋官藏目録の研究》（日本：汲古书院，2004年），不过，因日文写作的缘故，此前国内研究往往未留意；而限于访书条件，会谷佳光并未目验中国所藏各本，有从目录著录出发的推测，亦未考察出朱彝尊本上的校补与校勘层次。另外，乔衍琯《崇文总目辑本勘异》（《故宫学术季刊》第四卷第四期，1987年）和范艳君《〈崇文总目〉与学术史研究》（吉林大学2008年硕士论文）作了大量的《崇文总目辑释》与文渊阁四库全书本《崇文总目》的比勘，从版本源流来看，《崇文总目辑释》和《崇文总目》四库本实属《崇文总目》的分支版本，两者排次差异、异文来源，有待进一步从版本源流作梳理。

《崇文总目》，曾作为访书书目，同《秘书省续编到四库阙书》《新唐书·艺文志》一并下国子监刊行，颁行全国。陈振孙《直斋书录解题》中著录《崇文总目》，云：

> 《崇文总目》一卷，景祐初，学士王尧臣同聂冠卿、郭稹、吕公绰、王洙、欧阳修等撰定。凡六十六卷，诸儒皆有议论。欧公文集颇见数条，今此惟六十六卷之目耳。题云"绍兴改定"。①

据陈振孙言，陈氏所得的《崇文总目》《秘书省四库阙书目》均题"绍兴改定"，今存《秘书省续编到四库阙书》的清抄本二卷卷首，均有"绍兴□□年改定"字样，《崇文总目》各抄本，虽未有"绍兴改定"字样，而实属"绍兴改定本"。

从撰人和解题看，今存的《崇文总目》明清抄本中，书籍下多无撰人，仅少量有同名情况的书籍，加撰人小注，这与绍兴年间改定《崇文总目》的目的有关：馆阁所藏六十六卷《崇文总目》中的撰人，实见于解题，绍兴改定本《崇文总目》旨在访求南渡以后散亡书籍，故删削了六十六卷本的小类叙录、书目解题，而同名书籍，注撰人以便区分。自绍兴改定本刊刻以后，六十六卷本的旧本，当在南宋馆阁中继续流传，但子部、集部或有亡佚。② 后来陈揆等编《中兴馆阁书目》、张攀等编《中兴馆阁续书目》均曾征引《崇文总目》解题；马廷鸾、王应麟等亦因秘阁之任，得以接触有叙录和解题的《崇文总目》。

从王应麟《玉海》、马端临《文献通考》等中征引的《崇文总目》六十六卷本的解题、卷帙情况中可见，《崇文总目》中著录的书籍卷数，为北宋仁宗时馆阁藏书的实际卷帙，当时已有一些书籍出现了部分卷帙亡佚的情况，在这类书籍的解题中，亦往往有所交代，而绍兴改定本中，仅删削解题，卷数著录上则沿袭北宋所编《崇文总目》的卷数旧貌，并不恢复为该书理应有的全本卷数。③

《崇文总目》《秘书省续编到四库阙书》的明清抄本，多采用上下两栏的格式，并且均有上栏或下栏整栏首字连续阙文的情况，而从源流上来看，二书均祖出南宋的绍兴改定本，或为绍兴改定本刊刻时，便已采用上下二栏的形式。

《崇文总目》绍兴改定本的国子监刊本板片，元代入藏西湖书院，泰定元年

---

① 〔宋〕陈振孙撰，徐小蛮、顾美华点校《直斋书录解题》，上海：上海古籍出版社，1987年，第231页。
② 参见马端临《文献通考·自序》："《崇文总目》，记馆阁所储之书，而论列于其下方，然止及经史，而亦多缺略，子集则但存名目而已。"今考南宋征引之《崇文总目》庆历本之叙录、解题，亦以经史二部为主。
③ 如南唐徐锴所撰《说文解字系传》，原书当为四十卷，而《崇文总目》中著录作"三十八卷"，盖当时馆阁中所藏之本和北宋递传之本，均阙卷二五、卷三〇两卷，在北宋末年至南宋初，此书已补为四十卷，而《崇文总目》的绍兴改定本，此书仍作三十八卷。

(1324)所编的《西湖书院重整书目》"史部"中所录《崇文总目》《四库阙书》,①当即指《崇文总目》《秘书省续编到四库阙书》二书的南宋绍兴改定国子监本的板片。入明之后,杭州西湖书院所存板片移入南京国子监,嘉靖二十三年(1544)编纂《南雍志·经籍考》,并无《崇文总目》《四库阙书》二书,板片当已佚失。②另外,明初南京文渊阁中,曾藏有绍兴改定本的《崇文总目》《四库阙书》,并据以抄入永乐三年(1405)至永乐五年(1407)编成的《永乐大典》。收入《永乐大典》中的《崇文总目》与《四库阙书》,并非整书抄录,而是以书目汇编的形式加以整合③。正统年间,杨士奇等编录北迁至北京文渊阁的藏书情况,在《文渊阁书目》"盈字号第六厨·类书"中著录了"《崇文总目》一部二册。《四库阙书录》一部二册",④所指亦当为绍兴改定本的《崇文总目》《秘书省续编到四库阙书》。至清代,开四库全书馆时,曾利用《永乐大典》中汇编的《崇文总目》绍兴改定本异文作校勘,而六十六卷本原书,似在元明之际亡佚。

二、《崇文总目》绍兴改定本之明清抄校本

通过校勘各本面貌,可以发现,现存《崇文总目》的版本中,以天一阁旧藏

---

① 《秘书省续编到四库阙书》编成后,在南宋有多次改定、增补的过程,宋代的目录著录和文献称引中,即多有异称。到清代,徐松在不知《秘书省续编到四库阙书》另有完整传本的情况下,从《永乐大典》辑佚《四库阙书》,而此辑本实与今传本《秘书省续编到四库阙书》出自同书的不同版本,详张固也《〈秘书省续编到四库阙书目〉考》《〈秘书省续编到四库阙书〉版本源流考》,见张固也《古典目录学研究》,武汉:华中师范大学出版社,2014年,第152—166页、第167—175页。从《西湖书院重整书目》、《永乐大典》辑本与《文渊阁书目》的著录名来看,"四库阙书""四库阙书录"均为《秘书省续编到四库阙书》的省称。

② 今按,西湖书院的板片,在元末又经历过一次损毁,据陈基《西湖书院书目序》(陈基《夷白斋稿》卷二二,《四部丛刊三编》影印明抄本)记,至正十七年(1357),西湖书院书库倾圮,"书板散失埋没,所得瓦砾中者,往往刓毁蠹剥",其后,至正二十一年至二十二年,西湖书院有一次大规模的修补板以及新刊书籍。如《金陀粹编》,著录于泰定元年《西湖书院重整书目》,但今存《鄂国金佗粹编》之西湖书院刊本,全部板片均为至正二十三年(1363)以后新刻。至正西湖书院本有陈基、戴洙后序,据明嘉靖翻刻本载戴洙后序:"其版旧刊之嘉禾,岁久,版版坏无存。其藏诸民间者,又遗阙而无全书。有府经历朱君佑之乃为之遍求四方,得其残编断简,参互考订,合其次第,始克成书。复得续集五卷于平江,盖江西本也。通为□□□□,比前尤详。于是将刻梓于平章相国大新祠宇之后,郎中陈君初庵为之序。"由此可知,泰定元年存于西湖书院的岳珂旧刻书板,到至正二十三年板片"脱坏无存",故需重新收集遗文、考订付梓。类似的,著录于泰定元年《西湖书院重整书目》的《崇文总目》《四库阙书》二书书板亡佚时间,在元在明,尚待详考。

③ 参见董岑仕《〈永乐大典〉之〈崇文总目〉〈四库阙书〉考——兼论〈永乐大典〉中的四十二卷书目汇编》,《古典文献研究》第二十一辑下卷,2018年。

④ 〔明〕杨士奇等编《文渊阁书目》,据读画斋丛书本影印,《宋元明清书目题跋丛刊》第四册,北京:中华书局,2006年,第120页。另外,钱溥《秘阁书目》,"类书"类下著录"《崇文总目》(二)","二"为册数记录,该目实为《文渊阁书目》的一个子版本,参见张升《〈文渊阁书目〉考》,载《史学论衡——庆祝北京师范大学一百周年校庆历史论文集》,北京:北京师范大学出版社,2002年,第862页。

明抄本最古。康熙三十九年(1700),朱彝尊托张希良前往天一阁借抄《崇文总目》,朱彝尊于该录副本增补撰人、题有手跋,朱彝尊旧藏本事实上是清代各抄本的祖本。

  根据抄录行款的不同和文本的异文看,明清的《崇文总目》抄本中,可分为以下几个系统:其一,以天一阁本为代表的半叶九行本系统。康熙年间抄成的朱彝尊旧藏本,袭用天一阁本的行款抄录,同时,朱彝尊本之校勘,实分两次,第一次为朱彝尊增注撰人,第二次校勘当校于乾隆中期以前,校人不详。另有一错叶重编本,从九行本的朱彝尊本而出,而这一错叶重编本,与嘉庆年间刊刻的钱东垣等辑释之《崇文总目辑释》五卷本底本关系密切。其二,半叶十行本系统,该系统约为乾隆年间从经过第二次校勘的朱彝尊本抄出,在改变抄本行款的同时,出现了不少系统性的异文,包括文字、行款、排序等,不少条目的卷数、阙否等。其三,为四库全书本系统。四库全书本系统实为四库全书馆的重编本,改编为十二卷,辑补了部分解题,誊抄体例亦据四库馆格式而有所变化,但该本并非《四库全书总目》所题的"《永乐大典》本"。① 翁方纲在四库馆校阅采进本时,曾以札记形式记下《崇文总目》四库馆采进本各卷的部、卷数,并摘抄了部分《永乐大典》中征引《崇文总目》绍兴改定本的面貌,② 提供了考索四库馆重编十二卷始末的线索。从翁方纲札记和四库本上的文字异文系统等来看,四库采进本实属半叶十行本系统。今存湖南图书馆的《崇文总目》抄校本(以下简称湘图本)从原抄行款上来看,即半叶十行本之抄本,其上朱校累累,而细绎校记内容,可知该本与四库馆采进本有密切关系,其中不少校记,即为录副四库全书馆采进本上的《永乐大典》校记,有较高的文献价值。四库全书本实以采进的录副有朱彝尊书跋的半叶十行本为底本,参校以《永乐大典》中所引《崇文总目》绍兴改定本,并辑补《欧阳文忠公文集》《文献通考》所引《崇文总目》六十六卷本的叙录和解题,加以馆臣按语修纂而成。

  现存的《崇文总目》明清抄本中,部分版本上有校勘,且有的抄本上的校勘并非一次完成,层次较为复杂。以下,分别考察《崇文总目》各抄本面貌、校勘源流:

(一) 半叶九行本系统

1. 天一阁本

  天一阁本今藏天一阁博物馆。天一阁本正文部分用蓝格稿纸,白口,上单

---

① 赵庶洋最早对四库本《崇文总目》的"《永乐大典》本"提出质疑,参见《〈四库全书〉本〈崇文总目〉底本质疑》,《中国典籍与文化》,2010年第3期。
② 翁方纲校阅札记与提要手稿,今藏澳门中央图书馆,有影印本与整理本,具体详下。

鱼尾,四周单边,半叶九行,行二十余字。版心无书名,亦无叶数。正文首叶有"天一阁"朱长印。此本曾从天一阁本流出,经朱氏别宥斋收藏,后访归,①朱氏未钤印。

天一阁本无序跋。书前另有无格稿纸所抄目录一叶,半叶十行,首行作"宋崇文总目",后九行,分五栏,移录目录,共列四十四门类目,与正文相较,脱漏"历数"一门。目录叶抄写用行草字体,与抄本正文所用纸张、字体均不同,目录叶无钤印。张希良为朱彝尊录副本中未见此目录,目录叶的抄录与装入,可能晚于康熙年间。

天一阁本正文部分,大多分上下两栏抄录,部分书名字数较多的条目,则独占一行。各卷标目上,正文首行作"宋崇文总目卷第一"、从卷一至卷二四,除个别的脱漏以外,逐卷卷首书"宋崇文总目卷第×",卷二五"道家"类,天一阁本原抄有讹误,作"宋文总卷二十五",其后黑笔改"宋"为"崇",并校补"目"字,一般各卷均有的"第"字亦脱漏;卷二六起,逐卷卷首书"崇文总目卷第×",无"宋"字。天一阁本脱漏卷次标注的,包括"礼"类前脱"宋崇文总目卷第三"一行,"仪注"类前脱漏"宋崇文总目卷第十六"一行,"兵家"前脱"崇文总目卷第二十九"一行,"医书[二]"②脱漏"二"字,而前脱"崇文总目卷第三十五"一行,卷三六脱漏"医书三(共×部计×卷)"的类目名和部卷的计数。另外,卷一二"杂史上"的"共六十八卷计六百七十一卷"的前一"卷"字,为"部"之形讹;卷三〇作"书类上",卷三一作"类书下",有乙文;且卷三一的"类书下",误题作"崇文总目卷第三十三",卷数有讹误。卷四五"道书上",当作"道书一";卷四〇"天文占书"类,天一阁本作"共五十一部,百九十九卷",当在"百"前脱漏了"计一"二字。天一阁本中,部分条目有阙文空字,而文字上,亦间或有错漏倒衍等讹误。③

天一阁本中,今有黑笔、朱笔二色的校勘和校改。从字迹等来看,黑笔校勘中,包括两种笔迹。换言之,天一阁本中,至少包含三层校勘:黑笔校勘两层,朱笔校勘一层。因康熙年间张希良曾为朱彝尊传抄,可借以推断天一阁本上的不同校勘层次及其年代。

天一阁本的第一层校勘,为以墨笔旁校补字、校勘改字和疑误符号三类。这一校勘,早于康熙三十九年。具体如下:

以墨笔旁校补字,见天一阁本卷一五"职官"类的《汉官》一卷,"官"下旁

---

① 参见谢国桢《江浙访书记》及《天一阁访归书目》(收入《新编天一阁书目》)、《别宥斋藏书目录》。据《天一阁访归书目》,此书曾经朱氏别宥斋收藏,后赠回天一阁博物馆。

② 因抄本多有讹误,本文为避免行文烦琐,采用简式校勘记,"()"表原抄讹字,当删;"[]"表原抄脱文,当补。

③ 如"道书"类的"丹",多处形讹作"舟";"胎息",多处形讹作"贻息";"诵",多处形讹作"讼"等。

校补入"仪"字;卷二三"目录"类的"《唐列圣实目录》五十卷","实"下旁校补入"录"字;卷二三"目录"类的"《天下郡县目》一卷","县"下旁校补入"书"字;卷二五"道家"类,原抄误作"宋文崇总卷第二十五","宋"字,黑笔校改作"崇","崇"字旁有点去符号,"总"下旁校补入"目"字;卷三四"医书一"的"氏诸病源候论",在首字前,校补"巢"字;[①]卷三九"卜筮"的"郭璞林","璞"后旁校补入"洞"字。

以墨笔校勘改字的,多直接用较浓的黑笔,于原字之上校改。有些校改,较为清晰,有些则较难辨认原抄与改后的字形。整理天一阁本的黑笔校改如下表所示(不能准确辨认的,加"?"):

卷次	类目	书名	原抄	校改	备注
一四	伪史	邗沟要略	刊	邗	
一六	仪注	汾阴后土故事	厚	后	
二〇	岁时	岁华纪丽	记	纪	
二一	传记上	汉武帝列国洞冥记	别	列	
二一	传记上	列女传	别?	列	
二一	传记上	太原事迹	源	原	
二一	传记上	杜阳杂编	杨	杜	
二四	儒家	太玄经	真	玄	详下。
二五	道家	老子道德经二卷(王弼注)	鬻	弼	
二五	道家	阴符	府	符	此类共九处。
二五	道家	骊山姆传阴符元义	母	姆	"母"是。朱彝尊本等仍作"母"。
二七	小说上	乾䐑子	扌	月	校改偏旁。
三六	医书三	千金髓方	介	金	
四二	五行上	堪舆	余	舆	此类共二处,另有"《太史堪余》一卷"未改。
四六	道书二	大道形神论	刑	形	
四六	道书二	契贞刊缪论	利	刊	

---

① 今按,此条实前后共八条,上栏均有脱文,详见后文。

续表

卷次	类目	书名	原抄	校改	备注
四九	道书五	大还**丹**金虎白龙论金**丹**赋	舟	丹	此类共两处。大量未校。朱彝尊本均作"丹"。
五八	总集下	极**玄**集、极**玄**律诗例……	元	玄	此类共五处。详下。
五九	别集一	王**勃**文集三十卷、王**勃**雕虫集一卷	勑？	勃	两处。
五九	别集一	姑**臧**集	？	臧	校改较不清。详下。
六一	别集三	韩**翃**诗	翊	翃	
六一	别集三	元**稹**长庆集	诸？	稹	
六二	别集四	卢延**让**诗	襄	让（讓）	
六二	别集四	刘**言**史诗诗一卷	元	言	校改较不清。详下。
六四	别集六	陆贽翰⦻苑集	集	⦻	圈去。

案，比较天一阁本和朱彝尊旧藏本可知，上述校改，朱彝尊本唯卷二五"道家"的"《骊山姆传阴符元义》"未从，其余朱彝尊藏本，多已据天一阁本上的墨笔校改而改动，乃至新添讹误，故知张希良自天一阁本抄出时，这些校改即已存在。如卷五九"别集一"的"《姑臧集》"为李德裕文集，天一阁本原抄字形已不能辨认，改后的"臧"字，亦较为难认，在朱彝尊本中，此字作空字。卷六二"别集四"的"《刘言史诗诗》一卷。（阙）"，此条疑南宋国子监刊本已有误字，原刊作"《刘元史歌诗》"①，"元"当为"言"之讹，天一阁本的"诗诗"，当为"謌诗"的形讹。天一阁本原抄作"元"字，实即为南宋国子监本底本面貌的移录，黑笔校改"元"为"言"字，校改后字形不清。在朱彝尊本中，抄写者未抄录字形不清的"言/元"字，及误以为衍文的"诗"字，作"刘史诗一卷"。卷二四"儒家"的"《太玄经》"一条，在南宋国子监刊本中，原即作"真"，据郑樵《通志》卷七一《校雠略》"编次之讹论十五篇"言：

《太玄经》，以讳故，《崇文》改为"太真"，今《四库书目》分《太玄》《太真》为两家书。②

可知《崇文总目》改作"太真经"实为避讳所致，而湘图本此条有朱校，言："《大典》云：《崇文总目》：'《太真经》十卷。'"可知《永乐大典》所抄绍兴改定本

---

① 湘图本《崇文总目》的"别集一"，天头有朱笔校记："《小许公集》三十卷、《刘元史歌诗》一卷。"
② 〔宋〕郑樵《通志》卷七一，《中华再造善本》据元大德三山郡庠刻元明递修弘治印本影印，北京：北京图书馆出版社，2006年，叶17a。

《崇文总目》,亦作"《太真经》",天一阁本的原抄,实与南宋国子监本同,而天一阁本黑笔校改"真"为"玄"。《极玄集》等"玄"字,原亦避宋讳而抄作"元",而天一阁本黑笔校改为"玄"。从朱彝尊本所出各本,"玄"字又往往避清讳,作缺笔"玄",或改作"元"。另外,卷五"春秋类"的《左氏传引帖断义》十卷,"帖"字左半"巾"旁,天一阁本笔画较为紧凑,致张希良为朱彝尊传抄时,或以为圈去"巾"旁而误抄右半,复形讹为"古"字。由此可知,因原抄为黑墨,校改亦用黑色,难以辨识,造成了张希良为朱彝尊传抄时的讹误。

以墨笔书疑误符号,即在天一阁本原抄文字右侧画"×"以表疑误,共有二条:其一,卷一四"仪注"的《南效纪国图》一卷,"效"字右侧有"×"号;其二,卷二八"小说下"的《开元深平源》一卷的"深""源"二字右侧有"×"号。"×"应当为校勘者暂未寻到他本参校时,怀疑讹字,但这一校勘符号,并不表示被疑误的字当删除。据《通志·艺文略》、湘图本上引《永乐大典》中《崇文总目》绍兴改定本之校勘记,可知此二条实当作《南郊纪图》一卷《开元升平源》一卷。"国"字当为衍文,而未疑误;"源"字右侧的疑误,原抄并未讹误。朱彝尊本系统中,有"×"号的字,均直接删去,且无空字,两条分别作《南纪国图》一卷《开元平》一卷,由此可知,这一疑误符号,应当亦早于张希良为朱彝尊传抄之时。

天一阁本另一层黑笔校勘,为黑笔行书批校,与上一种校勘字迹不同,一共三处。其一,卷二四"儒家"的《东莞子》十卷(阙),天头有:"刘飏,东莞人。"其二,卷二七"小说上"的《两同书》一卷下,有行书注:"杂家又有。"指《崇文总目》卷二六"杂家"类重出《两同书》二卷。其三,卷二七"小说上"的《释常谈》一卷下,有行书注:"见《百川学海》。"指《百川学海》丛书中收录此书。另外,天一阁本今本首叶简目上的字体,与批校字体类似,简目叶内容与三条批校,朱彝尊本均未见,当为康熙以后得到天一阁藏本者所增。此外,天一阁本部分书名上方有黑笔"、",可能为点对之用,但这些符号的时间,难以论定。

天一阁本的朱笔校勘,出现在各卷卷首的部数、卷数上,共计四处。卷二一"传记上",原抄作"计三百七十□卷","十"后原有空字,朱校补"三"字。卷三五"医书[二]"卷数原抄作"共六部,计三百八十八卷",天一阁本朱校作"共六十部,计三百九十五卷"。卷三六"医书三"的类目名与卷数,天一阁本原脱,朱笔补作"医书三(五二部/一百五十二卷)",其中,"医"用草书简体(而不用"醫"),部、卷数上,亦不似他卷详细记录"共×部,计×卷"。卷五〇"道书六","计四十七卷",朱笔校改"四""七"二字,作"计七十六卷"。这些部、卷数量的校改,均为据天一阁本著录的实际部、卷数所作的校改,而在朱彝尊本中,所有的部、卷数,均从原抄,"传记上"的空字,亦未保留。《崇文总目》中各卷部数、卷数,在后来的传抄本中,各本在传抄时有讹误或校改,而天一阁本朱校的文字,与现传的任何传抄本、刊本校改后的计数均不合。故朱笔校勘,并非依据他本校勘,而是就天一阁本进行的本校,因朱校未被《崇文总目》朱彝尊本系统采纳,故这些朱校,也当晚于康熙三十九年。

天一阁本中,卷三〇"(书)类[书]上"的下栏、卷三四"医书一"的上栏,各有连续八条在栏内首字脱文的情况。"医书"类中,天一阁本有旁校补字,在"氏诸病源候论"前补入"巢"字,而其他各条,均无校勘,且行款上,这些条目与不脱之文无别,故天一阁本的祖本当已有残缺。根据屡屡转引《崇文总目》的《通志·艺文略》、据宋代《国史艺文志》编成的《宋史·艺文志》等,参考湘图本据《永乐大典》所出校记,① 这两处八条脱文可以校补如下:

"类书上"脱文示意图（天一阁本叶40a）

序	上栏	下栏
一	太平御览一千卷	太平广记五百卷
二	册府元龟一千卷	天和殿御览三百六十卷
三	彤管懿范七卷	修文殿御览三百六十卷
四	玉府新书三卷 阙	麟角 抄十二卷 阙
五	麟角一百二十卷	北堂书抄一百七十三卷
六	通典二百卷	续通典二百卷
七	会要四十卷	续会要四十卷
八	唐会要一百卷	五代会要略三十卷
九	集类一百卷	集类略三十卷

"医书一"脱文示意图（天一阁本叶47a、46b）

序	上栏	下栏
一	燕台要术五卷 阙	五鉴论一卷 阙
二	明医显微论一卷 阙	太元新论一卷 阙
三	集诸要方一卷 阙	金匮玉函要略三卷
四	养性要录一卷 阙	金匮录五卷 阙
五	……	
六	□身?经要集一卷	金匮指微诀一卷 阙
七	素问医疗诀一卷 阙	法家论语一卷 阙
八	巢药证病源五卷 阙	病源手鉴一卷 阙
九	巢氏诸病源候论五十卷	

其中,"类书"类的下栏中,八条下栏各脱去一至二字,而"□抄十二卷"原抄即有空字,根据卷帙及次条《麟角》一百二十卷",可知此条实为《麟角抄》十二卷",而排在《麟角》之前,或有倒乙。下栏的脱文,也造成了"《通典》""《会要》"似有重出的假象。"医书"类中,八条上栏脱去一字,其中,"《□经要集》一卷(阙)",《通志》卷六九《艺文略》"医方·脉经"则有"《自经要集》一卷",《宋史·艺文志》有"《身经要集》一卷",均示此有脱文,但两书征引有异文。"□□

---

① 按,湘图本校补情况详后。其中,湘图本"医书一"虽多有校补,但校补不尽正确。

方一卷(阙)",原抄即空二字,后来的湘图本、四库本,据《永乐大典》引《崇文总目》,校补作"《集诸要方》",但这一校补,似与《崇文总目》"医书二"有"《集诸要妙方》一卷(阙)"有重出,原阙字似已难以征考。

综合来看,《崇文总目》天一阁本的祖本,为一个半叶九行本,其中已有部分讹误与脱漏,书中有两层黑笔校勘与一层朱笔校勘,第一层黑笔校勘,早于康熙三十九年,故朱彝尊本系统得以采纳。这层黑笔校勘中,有的与其他文献征得的南宋国子监刊绍兴改定本《崇文总目》不合,有的为无文献可依的疑误,包括底本原不误的"误疑",由此可知,这层黑笔校勘,应当是校勘者未得《崇文总目》其他版本时所作的理校。天一阁本另外一层黑笔行书批校与书前的简目叶、朱笔校勘,在朱彝尊本系统中未见,当晚于张希良为朱彝尊传抄天一阁本的康熙三十九年。

2. 静嘉堂文库朱彝尊旧藏本

今藏日本静嘉堂文库的清抄本,为朱彝尊(1629—1709)旧藏,后陆心源皕宋楼曾藏,与陆心源其他藏书一起,鬻与静嘉堂文库。① 《皕宋楼藏书志》卷三六史部目录类著录"《宋崇文总目》六十二卷,旧钞本,朱竹垞旧藏"的"六十二卷",实为"六十六卷"之误。②

静嘉堂文库藏本正文内容共一百一十一叶,半叶九行,行二十余字,用无格稿纸誊抄,版心无书名、叶数。第二册卷尾,另书有"壹百壹拾壹叶"六字。今该本装为二册,第二册首叶为卷三六的第二叶,分册另起处的内容并非位于整卷的开头结尾处,这一分册形式,实割裂了卷三六内部的文字,由此可知,静嘉堂文库藏本当经过重装,而原装当为一册。

静嘉堂藏本中,第一册卷首的书前跋与卷首几叶天头处有残蚀。其中,正文前一叶的衬叶,为朱彝尊手跋,受卷首残损的影响而文字残蚀较多,据陆心源《皕宋楼藏书志》移录情况可知,残损由来已久。湘图本移录了朱彝尊手跋,可用以校补。因静嘉堂本藏本原为手书,故湘图本可校补的文字数量,与《皕宋楼藏书志》中的预空文字数量,间或有参差。兹录《皕宋楼藏书志》中录文,并据湘图本校补如下:③

---

① 关于静嘉堂本内页情形,[日]会谷佳光《从〈崇文总目〉的编纂到朱彝尊旧藏抄本》介绍较详,另参[日]和田罴撰,杜泽逊等点校《静嘉堂秘籍志》卷二二,上海:上海古籍出版社,2016年,第789页。不过,该藏书志将朱彝尊旧藏本著录为"明抄二本",鉴定有误。

② 长泽规矩也《中国版本目录学研究书籍解题》已指出静嘉堂藏本实为六十六卷,见[日]长泽规矩也著,梅宪华、郭宝林译《中国版本目录学解题》,北京:书目文献出版社,1990年,第38页。

③ 按,录文行款据静嘉堂藏本,《皕宋楼藏书志》中所录空字,以"□"识出,以"[ ]"校补相应文字,最末"时"字,《皕宋楼藏书志》未留空字,目验原本,可知朱彝尊补书"时"于"年"字右侧,恰与上行缺损处相连。

> 向读马氏《经籍考》,中载《崇文总目》,
> 皆有评论,思亟见其书。及借抄于四
> □□□[明天一]阁,则仅有其目而已。盖绍兴间
> □□□[惑于夹漈]郑氏之说而去之也。拟从
> □□□□□《六一居士集》暨《通考》所采,别抄一本。
> □[老]矣□□[未能],□□□[姑识于]此。康熙庚辰九月,
> 竹垞老人书,[时]年七十有二。

手跋后,有"彝""尊"朱方印。第一册卷一有"竹垞收藏"朱方、"秀水朱氏潜采堂图书"朱方、"静嘉堂现藏"朱长印,第二册首叶有"静嘉堂现藏"朱长印。卷末有"野史亭藏"白方、"弟式十六洞天武夷仙掌峰天游观术士"朱方印。因静嘉堂藏本有朱彝尊手跋及朱彝尊藏印,故以下简称此本为"朱彝尊本"。

朱彝尊《曝书亭集》卷四四,另有一篇《崇文书目跋》,与朱彝尊本书前的手跋文本有所不同,文集跋中,交代了朱彝尊得录副天一阁本的来龙去脉,也陈述了朱彝尊对于《崇文总目》删削序跋的看法:

> 《崇文总目》六十六卷,予求之四十年不获,归田之后,闻四明范氏天一阁有藏本,以语黄冈张学使,按部之日,传抄寄予。展卷读之,只有其目。当日之叙释,无一存焉。乐平马氏《经籍考》述郑渔仲之言,以排比诸儒,每书之下,必出新意著说,嫌其文繁无用。然则是书因渔仲之言,绍兴中从而去其序释也。书籍自刘《略》、荀《簿》、王《志》、阮《录》以来,不仅条其篇目而已,必稍述作者之旨,以诏后学。故赞《七略》者,或美其剖判艺文,或称其略序洪烈。其后殷淳则有《序录》,李肇则有《释题》,必如是而大纲粗举,若尽去之,是犹存虎豹之鞟,与羊犬何别欤?《唐志》十九家,《宋志》六十八部,今存者几希,赖有是书,学者获睹典籍之旧观。欧阳子集收《总目叙释》一卷,余则马氏《志》间引之,辞不费而每书之本末具见,法至善矣。渔仲徒恃己长,不为下学后觉之地,此谓君子一言以为不知者也。

朱彝尊手跋署康熙三十九年,文集跋文则未交代得书年月,于书跋与文集跋可知,朱彝尊通过"黄冈张学使"张希良,从天一阁借抄得《崇文总目》的录副本,朱氏得到该本,当不晚于康熙三十九年九月,而朱彝尊认为,《崇文总目》叙释的删削,是受郑樵说法的影响。① 不过,朱氏这一理解,限于当日所见资料而

---

① 朱彝尊《经义考》卷二九四"著录"类"《崇文总目》"条,也有朱彝尊按语,看法与书跋、文集跋类似。按,朱彝尊所引"乐平马氏《经籍考》"之说,出自《文献通考》卷二〇七《经籍考》之"《崇文总目》"条下,原为马端临转引郑樵《通志·校雠略》之"泛释无义论"。

有误说。

　　从朱彝尊本上的字迹来看，抄本各叶字迹有所不同，并非一人所抄，当为张希良赁工完成。从行款、换叶等来看，朱彝尊本与天一阁本一致，是依照天一阁本行款进行录副的传抄本。天一阁本中脱漏的卷次、类目，在录副时并未校补，唯卷二五天一阁本原抄讹误，朱彝尊本抄作"宋崇文总目卷二十五"，而卷二六起依天一阁本作"崇文总目卷第×"，无"宋"字。比勘具体文本，可知从天一阁本至朱彝尊本的录副过程中，以有黑笔校勘的天一阁本文本为底本，出现了传抄的讹误，并多有脱漏绍兴改定本"阙"字等情况。①

　　朱彝尊本上有校勘，结合朱彝尊本被传抄的历史来看，朱彝尊本上的校勘，前后共有两次，其中，第一次校勘的笔迹为朱彝尊手校，校勘的内容主要为校补撰人，而径添于抄本之上，墨色浓淡虽微有区别而多接近原抄；第二次校勘，当不晚于乾隆中期，主要是对抄本中脱漏的卷目等进行校补，并有部分条目的理校、他校，这次校勘时，墨色稍淡而有洇墨，且往往在原抄旁增补旁校，有的从行款上能清晰识出添加之痕迹。

　　第一次校勘中，朱彝尊为不少天一阁本中原无撰人的条目补注了撰人，包括"易类"十一条、"书类"五条、"诗类"五条、"礼类"五条、"乐类"一条、"春秋

---

① 除了前文介绍天一阁本黑笔校勘的误抄诸例外，尚有多例，如卷四"乐类"，天一阁本作"共四十八部，计二百八十一卷"，朱彝尊本误作"计一百八十一卷"；卷九"正史"中《后魏书·天文志》二卷，朱彝尊本误作"一卷"；卷一二"杂史上"中《云南事状元》一卷，朱彝尊本无"元"字，此字原衍，当有校删；卷二二"传记下"中《辅弼名对》四十卷，朱彝尊本"名"误作"召"；卷二二"传记下"中《芝田录》一卷十卷，天一阁本原当有脱文或衍文，朱彝尊本无"十卷"二字；卷三四"医书一"中《元门脉诀》一卷，朱彝尊本"元"误作"亢"；卷三八"医书五"中《仙人水鉴图诀》一卷，朱彝尊本"水"误作"冰（氷）"；卷三九"卜筮"中《周易纥骨林》一卷，朱彝尊本"纥"误作"统"；卷四○"天文占书"中《云气则赋》一卷，朱彝尊本误作《云气则气》一卷（今按，据《玉海·天文》，知《崇文总目》此条当为《云气测候赋》，天一阁本有形讹与脱字，朱彝尊本增多讹字，而南图钱大昕手跋本《崇文总目辑释》所依底本，"则"字作阙文空字，而该条误作《云气□气》一卷，复讹上加讹，钱侗作《崇文总目辑释·补遗》，据《玉海·天文》补入；湘图本有旁校，改作《云气测赋候》，疑旁校移录时有误乙，而文渊阁本、文津阁本则改作《云气测候赋》，校改无误）；卷四五"道书一"中《告元图》一卷（阙），朱彝尊本"图（圖）"误作"圃"，并脱"阙"字；卷四六"道书二"中《长生正义玄门大论》三十八卷，朱彝尊本误作"二十八卷"；卷四六"道书二"《辅正除非论》一卷，朱彝尊本"非"误作"邪"；卷四八"道书四"中《参同契心鉴》一卷，朱彝尊本"契"误作"异"；卷五二"道书八"中《修六丁八史用事科法》一卷，朱彝尊本"科"误作"斜"；卷五二"道书八"中《太清越章》一卷，朱彝尊本"越"误作"起"；卷五五"释书中"中《佛说一乘竟究佛心戒经》一卷，朱彝尊本"戒"误作"成"（今按，据《宋史·艺文志》，"竟究"当为"究竟"之误乙）；卷五五"释书中"中《禅关八问》一卷，朱彝尊本"八问"误作"入门"；卷五八"总集下"中《诸朝彦过顾况宅赋诗》一卷，朱彝尊本误脱"诗"字；卷六五"别集七"中，在下栏的"令狐楚《梁苑文类》三卷（阙）"的"阙"字，朱彝尊本均错行至次行下栏原无"阙"字的《樊南四六乙集》二十卷处。另外，"道书"类中，天一阁本"丹"多误作"舟"，"胎息"多误作"贻息"，而朱彝尊本已校正。

类"三条,①共计三十条,集中在经部,这与朱彝尊熟稔经部文献有关。从体例来说,天一阁本原抄中,书名下兼有"撰人小注"与"阙"时,先注撰人,后注"阙",而朱彝尊本上的撰人为后补,故天一阁本上原有"阙"的《周易新论传疏》十卷(阙 阴弘道)"和《周易口诀义》六卷(阙 史证)"两条,撰人在"阙"字之后,体例有别,但其他校补的撰人,往往难以与原抄区别。从《文献通考》《玉海》等引《崇文总目》中的解题来看,朱氏的部分校补未必正确,如《周易正义》十四卷,《文献通考》引《崇文总目》作"唐太尉长孙无忌与诸儒刊定"②,朱彝尊本补"孔颖达等";《周易正义补阙》七卷,《文献通考》引《崇文总目》作"不著撰人名氏,其说自谓裨颖达之阙",朱彝尊本补"邢璹";《尚书断章》十三卷,《文献通考》引《崇文总目》作"不著撰人名氏,按其书略序众篇大旨",朱彝尊本补"成伯玙"。朱彝尊或原拟"从《六一居士集》暨《通考》所采,别抄一本",而在自藏本上随文批注,略作补充。朱氏所添的撰人、注人,使抄本面貌与祖本天一阁本有较大差异,而这一改动,实影响了有清一代《崇文总目》的抄本面貌。从传抄的讹误、脱漏,增补的撰人等情况来看,今可考的除天一阁本以外的旧抄本,均从朱彝尊校补撰人本而出。对于朱彝尊增补的撰人,后来清廷开四库馆编修四库本《崇文总目》和钱东垣等编《崇文总目辑释》时,均提出过异议。③

朱彝尊本上第二次校勘数量不多,校者不详,用墨笔校改,用墨略淡,能辨别为后改的痕迹,在校勘中,校补了不少天一阁本、朱彝尊本原抄中脱漏的卷次、类目,如"礼类"前补"宋崇文总目卷第三"一行,"仪注"类前补"宋崇文总目卷第十六"一行,卷三五"医书(二)"脱漏的"二"字和前脱的"崇文总目卷第三

---

① 增补的撰人,"易类"十一条,包括:《易纬》九卷(宋均注)(今按,此条天一阁本有"阙",朱彝尊本录副时脱去)、《元包》十卷(卫元嵩)、《周易新论传疏》十卷(阙 阴弘道)、《周易正义》十四卷(孔颖达等)、《周易举正》三卷(郭京)、《周易物象释疑》一卷(东乡助)、《周易甘棠正义》三十卷(任正一)、《周易口诀义》六卷(阙 史证)、《周易正义补阙》七卷(邢璹)、《易论》三十三卷(王昭素)、《周易言象外传》十卷(王洙);"书类"五条,包括:《尚书大传》三卷(伏胜)、《尚书正义》二十卷(孔颖达)、《尚书广疏》十八卷(冯继先)、《尚书断章》十三卷(成伯玙)、《尚书释文》一卷(陆德明);"诗类"五条,包括:《韩诗外传》十卷(韩婴)、《毛诗草木鸟兽虫鱼疏》二卷(陆玑)、《毛诗正义》四十卷(孔颖达)、《毛诗指说》一卷(成伯玙)、《毛诗断章》二卷(成伯玙);"礼类"五条,包括:《周礼疏》五十卷(贾公彦)、《仪礼疏》五十卷(贾公彦)、《礼记正义》七十卷(孔颖达)、《三礼义宗》三十卷(崔灵恩)、《礼记外传》四卷(成伯玙);"乐类"一条,为《羯鼓录》一卷(南卓);"春秋类"三条,包括:《集传春秋微旨》二卷(陆)、《集传春秋辨疑》七卷(陆)、《非国语》二卷(柳宗元)(今按,两条"陆"字,指陆淳)。
② [元]马端临《文献通考》卷一七五《经籍考》,《中华再造善本》据元西湖书院本影印,北京:北京图书馆出版社,2005年,叶7a。
③ 其中,易类二条,四库本均从《文献通考》摘引《崇文总目》叙录,而不录抵牾的文字。《尚书断章》下,馆臣则加按语,指出:"谨按,天一阁抄本此书下有'成伯玙'三字,与注'不著名氏'之说不符,恐是朱彝尊所加,非原本所有。"《崇文总目辑释》于《周易正义补阙》条下言:"陈诗庭云:前《周易正义》'孔颖达等'四字,下卷《尚书断章》'成伯玙'三字及此'邢璹'并与《通考》所引互异,疑世传天一阁本即朱锡鬯所钞,而此数条皆其增加者。锡鬯曾撰《经义考》,故旧本于经部注释撰人独多。"

十五"均校补,该卷的部数上,天一阁本、朱彝尊本原作"共六部",而有墨笔于"六"后补入"十"字;卷三一的"类书下",天一阁本误作"三十三",朱彝尊本袭之,而"三十三"的第二个"三"字,朱彝尊本上改作"乙"字,均有纠正。唯"兵家"前脱"崇文总目卷第二十九"一行、卷三六脱漏"医书三(共×部计×卷)"的类目名和部卷的计数未补,而卷四五"道书一"仍误作"道书上",卷四〇"天文占书"类,天一阁本、朱彝尊本作"共五十一部,百九十九卷","百"前仍脱漏了"计一"二字。此外,校者还校改了朱彝尊本上部分讹误,如卷八"小学下"的"辨体修补如字切音五卷",朱彝尊本"修补"二字右有乙正号,"如"字上用墨笔改作"加","音"字旁校补"員"作"韵(韻)"字,意即改作"辨体补修加字切韵";卷一〇"编年"的"帝王历类歌","类(類)"的"頁"旁改作"攵"旁,意谓改作"数";卷一一"实录"的"唐年值录","值"字圈去,旁校改作"補";卷三〇"书类上"的"殿御览",在"殿"字前校补"天和"二字,"《彤管懿范》七卷",于"七"下校补"十"字;卷三二"算术"的"《张立建算经》三卷","立"校改作"丘";卷五〇"道书六",天一阁本、朱彝尊本作"计四十七卷","四"上另有墨笔书"七"字等。同时,值得注意的是,第二次校勘时,在三条条目上补题了撰人,包括"小学上"类的"《说文解字系传》三十八卷(徐锴)","编年"类的"《开皇纪》三十卷(郑向撰)"和"小说下"类的"《搜神总记》十卷(不著撰人名氏)",这三条撰人的校补,与其他二校的墨色字迹等相同。从文献来源上来看,第二次校勘,所据史源以《玉海·艺文》为主。①

朱彝尊本上的第二次校勘,在原抄上进行旁校与校改,这次校勘,为后来的抄本(包括钱大昕手跋本的祖本和半叶十行本系统的祖本)所吸收,而部分校勘,因修改字形等为在原抄字迹上径改,后来传录时,有时难以辨析究竟何为校订后的文字,何为被校改文字,故传抄本在吸收校勘时,间或有不全面之处。②

---

① 各例校改,均见于《玉海·艺文》,而以"《搜神总记》十卷"条最为显证,《玉海》卷五七《艺文》"晋博物志"条,言《书目》:《搜神总记》十卷。《崇文目》云'不著撰人名氏'。或题'干宝撰',非也;《宋史艺文志》以宋代四部《国史艺文志》为底本删修而成,著录作"干宝《搜神总记》十卷",其后又有《宝椟记》十卷,并不知作者。"又以为"不知作者",或即从某一解题中既题"干宝"又作不著撰人的《国史艺文志》来。朱彝尊本上校补"不著撰人名氏",当即出自《玉海·艺文》,而非据正史艺文志校补。

② 此外,蒙浙江古籍出版社路伟老师告知,杭州图书馆藏有《宋崇文总目》一帙(书号:181-4198-28276),并惠示首叶。据该馆著录,该本为清抄本,分四册,末录有朱彝尊跋。从首叶看,该书用无格稿纸,半叶九行,行二十余字,分上下两栏抄,版心无书名、叶数,卷首钤有"朱遂翔印"白方、"杭州图书馆古籍藏书"朱长二印。卷首"易类",已经增补了朱彝尊本上第一次校勘所补入的撰人,且《周易新论传疏》十卷下注"阴弘道/阙",已调整"阙"之位置。因暂未得见原书,从著录与首叶信息来看,该本疑属从朱彝尊本而出的半叶九行本系统,附识于此。

3. 南京图书馆张蓉镜旧藏"明人旧钞"本

南京图书馆藏本《崇文总目》（书号：0120709），封面用隶书题"崇文总目明人旧钞"，正文首行题"宋崇文总目卷第一"，全本用无格稿纸，半叶九行，行二十余字，分上下两栏抄，版心无书名，亦无叶数。

正文首叶，依次钤"地山"朱方、"仲遵"朱方、"曾臧张蓉镜家"朱方、"清河世家"白方、"黎川万成公二十五世孙"白方、"莅圃收臧"朱方、"南京图书馆藏"朱方及"秘殿绅书"朱方印。书中卷二〇"岁时"下钤有"仲遵"朱方，卷五一"道书七"钤有"曾臧张蓉镜家"朱方，卷末有"莅圃收臧"朱方、"二亩田西是敝庐"朱方印，可知曾由陈塼、张蓉镜、张乃熊等递藏。藏印中虽无张钧衡印，因有张钧衡子张乃熊印，可知张钧衡《适园藏书志》卷五史部目录类著录的"《宋崇文总目》六十六卷，旧钞本，止存原目一卷"，当即指此本，不过，张乃熊的《莅圃善本书目》中，未著录此书。书末，有蒋因培跋：

> 道光丁酉秋七月，访芙川先生于味经书屋，清谈半日，出此展阅。知为旧钞足本，容当借录，谅必许我也。
> 中元后三日，辛峰蒋因培识。①

下钤盖"伯生"白方，可知道光十七年丁酉（1837）之前，此本已为张蓉镜（芙川）收藏，故下文称"张蓉镜本"。蒋因培鉴定该本为"旧钞足本"，当时外封是否已题写为"明人旧钞"，则不得而知。

张蓉镜本中，"弘"、"历（曆）"字不避讳，从行款、校勘来看，张蓉镜本亦半叶九行，全书虽不标叶数，实共一百一十一叶，换叶情况，与天一阁本、朱彝尊本如出一辙。卷尾末行之后，有"宋崇文总目终"字样，而无朱彝尊本最末的"壹百壹拾壹叶"，亦未移录朱彝尊跋。张蓉镜本中，已加入了天一阁本中无而朱彝尊第一次校勘中始有的撰人小注，部分从天一阁本至朱彝尊本移录的讹误，张蓉镜本亦袭之，但张蓉镜本并无朱彝尊本第二次校勘的反映。唯朱彝尊抄本中，两条撰人补写于"阙"字之后，而张蓉镜旧藏本中，撰人已据全书体例改在"阙"之前，作"阴弘道　阙"和"史证　阙"。卷次标目上，天一阁本、朱彝尊本的脱漏与讹误，该本亦多袭之。唯卷三五"医书二"前的"崇文总目卷第三十五"，天一阁本、朱彝尊本原脱，该本已校补，而"医书二"的类目名未换行另起，空二字后列于书名卷次之下；卷三六的"医书三（共×部计×卷）"，天一阁本、朱彝尊本，原脱去整行，而该本于"崇文总目卷第三十六"之下空二字，校

---

① 侯印国《钱大昕佚文〈清抄本崇文总目〉考叙——兼说南图藏清抄本〈崇文总目〉系〈崇文总目辑释〉底本》（《湖南人文科技学院学报》，2015年第5期）有录文，不过，录文中有未辨识字和误认。

补"医书三(共□□部计一/百四十三部)",部数当从该卷实际计数而出。在传抄之时,张蓉镜本亦出现不少独有的讹误,如"医书"类的"验",往往形近而误作"骚"等,①而这些异文,在其他各本中均未见,故可知传世的其他抄本,均非此本的子系统本。根据文字内容的比勘来说,张蓉镜藏本当为清代康熙至乾隆初年的抄本,为朱彝尊本的早期录副本,但并非"明人旧钞"。张蓉镜对自己收藏本往往夸大其词,增题"明人旧钞"肇于张蓉镜亦未可知。

4. 王闻远旧藏本(下落不明)

王闻远(1663—1741),字声宏,号莲泾,勤于校雠,所著《孝慈堂书目》"书目"类中,著录了"《崇文总目》六十六卷,一册钞,一百十一番"。② 王闻远书目中,多记录抄本的叶数,其中部分抄本,今完整流传,而《孝慈堂书目》中的叶数记载,与有王闻远递藏印的抄本相符合,③可知《孝慈堂书目》中记载的叶数,当即为王闻远旧藏本的实际叶数。

据叶昌炽光绪十三年丁亥(1887)八月十四日日记:

> 夜,阅孙元理《元音》微波榭旧抄本,前有传录王莲泾跋云:"康熙岁辛卯,是书借抄于竹垞朱先辈家中,多脱讹,不可成诵,每一检读,辄怏怏不乐。岁辛丑初秋,偶得洞庭山石君叶先生录本,遂力疾雠校,补写阙叶,于溽暑中日挥汗三斗,弗顾也。四阅月校毕,虽不敢信为善本,然谬误删十之八九矣。惜钞书人字画潦草率略,异日别得佣书友,再录一过,宁不快

---

① 其他讹误,如卷六五"别集七",他本作"共六十二部",张蓉镜本误作"共六十三部";卷五〇"道书六"的"龙虎乱日篇",张蓉镜本"日"误作"目";卷六三"别集五"的"王翃赋一卷(阙)",张蓉镜本"翃"误作"栩";卷六三"别集五"的"倪曙赋一卷(阙)",张蓉镜本脱"阙"字等。

② 〔清〕王闻远《孝慈堂书目》,观古堂刊本,叶 47b;又王闻远《孝慈堂书目》龙池山房抄本"簿录"类,有《崇文总目》,六十六卷,一册钞,百十一页",略同。按,《孝慈堂书目》今存清抄本多种及叶德辉观古堂刊本。其中一本用"龙池山房秘本"稿纸,此稿纸为王闻远自抄本所用,疑该本为王闻远未定稿本,部分类目名与其他抄本有所不同,有的类目下收录书籍的数量,也少于其他抄本。《孝慈堂书目》乾嘉时期即已流传,黄丕烈、顾广圻均曾经眼,顾广圻《思适斋集》卷一四《太常因革礼跋》言:"见郡城莲泾王氏家藏书目,云:《太常因革礼》一百卷,五册,失五十一至六十七,共缺十七卷,钞,白,五百七十六翻。"顾广圻所见王闻远书目著录叶数,而这一记载,与《孝慈堂书目》国图藏蒋凤跋清抄本"故事职官"类、观古堂刊本"政事职官"类著录的《太常因革礼》合;南京图书馆藏正文斋钞本,有《太常因常礼》,唯该本往往不记叶数,除叶数外,与他本大体相合。龙池山房抄本有"故事职官"类,但其中未见《太革因常礼》,且所收书籍远少于他本,故以下《孝慈堂书目》,用观古堂刊本。

③ 如〔元〕黄庚《月屋漫稿》,王闻远《孝慈堂书目》"诗文集"类著录作"一册抄,白,七十七番",今台北"中央图书馆"藏王闻远校并跋、黄丕烈跋本,虽改装为两册,而叶数上,正为七十七叶本;又,〔明〕胡翰《胡仲子集》,王闻远《孝慈堂书目》"诗文集"类著录作"宋濂序,二册钞,白,二百十八番",今台北"中央图书馆"藏有钤盖"东吴王莲泾藏书记记"、"华亭王闻远印"、"右军后人"、"拥书岂薄福所能"等王氏藏印的旧抄本,虽改装为四册,但序跋、叶数等与《孝慈堂书目》合。

甚。闻六月二十又九日,莲泾学人识于四美轩之西窗,时患痢未愈也。①

可知康熙五十年辛卯(1711),王闻远曾在朱彝尊家中借抄孙元理(今按,一作孙原理)《元音》,时朱彝尊已去世。据王闻远曾在朱彝尊家中借抄书籍和《孝慈堂书目》中著录的"一百一十一番"的叶数来看,王闻远藏本疑亦从朱彝尊本而出,且依照朱彝尊本的行款移录。张蓉镜旧藏本书中无叶数,亦未移录朱彝尊本的"壹百壹拾壹叶"的字样,且藏印中并无王氏印记,故张蓉镜旧藏本并非王闻远旧藏本,而王氏旧藏本,今下落不明。

5. 错叶重编本:南京图书馆藏钱大昕手跋本

南京图书馆藏钱大昕手跋本《崇文总目》(书号:110421),该本为丁丙善本书室旧藏。封面题"宋崇文总目",卷首有丁丙的题识浮签,丁丙《善本书室藏书志》卷一四的叙录,几同浮签。②

抄本用无格稿纸,版心无书名,有叶数,正文共计抄至97叶的叶a,半叶十行,行二十余字,③多分上下两栏抄。抄本正文首行作"宋崇文总目",次行空一字,有"卷一"字样,各卷卷首均仅作"卷×",而不作"宋崇文总目卷第×",较他本为略。抄本避"历(曆)"讳,往往改作"厤",亦有作"歷"者,偶见抄手避讳不严。

抄本正文首叶,钤有"钱塘丁氏修正堂藏书"朱方、"八千卷楼藏书之记"朱方、"江苏第一图书馆善本书之印记"朱方和"四库著录"白方。卷末跋为钱大昕的手跋,知该本为钱大昕旧藏。书中另有朱笔、黑笔校勘,其中部分校勘笔迹,亦为钱大昕手迹,集中在别集部分。

钱大昕卷末跋,分别书于卷末的叶 97 的 b 面空白处和书后加叶一张,共计三段,其中,叶 97b 有两段,其一为钱大昕移录陈振孙的解题,起首增"《直斋书录解题》云";其二为较陈振孙解题低一格题写的钱大昕自己的按语。书后加叶一段,为钱大昕移录朱彝尊《曝书亭集》中《崇文书目跋》,起首增"朱彝尊

---

① 〔清〕叶昌炽《缘督庐日记》第三册,南京:江苏古籍出版社,2002年,第1354页。按,叶昌炽《藏书纪事诗》卷四"王闻远声宏"条,亦有"莲泾孙元理《元音》跋"之述,而较《缘督庐日记》所引为略,仅言"是书借抄于竹垞朱先辈",无年月,亦无"家中"二字。

② 按,丁丙浮签,主要由摘录书末钱大昕手录《直斋书录解题》中《崇文总目》叙录、钱大昕手录朱彝尊《曝书亭集》跋和钱大昕手跋构成,最后增"馆臣从《永乐大典》中补辑,分编凡三万六百六十九卷,较此原录,更臻核备矣"一句。编纂刊刻《善本书室藏书志》时,在迻录钱大昕手跋题识时,据浮签整理而有脱文,作"盖南渡时馆阁所储",其中,"馆阁"二字下,脱"诸臣以《崇文目》校当时秘阁"十一字,见〔清〕丁丙《善本书室藏书志》卷一四,光绪刻本,叶 1a—1b。

③ 这一抄本虽用半叶十行的行款,但从行款、文字、分栏、换叶等看,不属于后文所述半叶十行本系统。

跋云"五字,唯"辞不费而每书之本末具见"之"辞",眷抄作"词"。其中,书于叶97b 的钱大昕按语,作:

> 按:陈伯玉所见,即是此本。盖南渡时馆阁诸臣以《崇文目》校当时秘阁所储,记其阙佚,以备采访者。标题"绍兴改定",疑当为"攷定",谓考其阙否,非有所更改也。秀水朱氏谓"因郑渔仲之言,去其序释",不知绍兴之初,渔仲名望未著,又未为馆职,此有目无说之本,取便检阅,本非完书,谓因夹漈一言而去之,失其实矣。钱大昕。

钱大昕的按语,在叶97b 陈振孙的解题后空处书写,而末行略挤。钱大昕按语的内容,实基于钱大昕移录的陈振孙解题、朱彝尊文集跋引发的考证与辩驳,从书写顺序上,三段跋尾的顺序,疑为钱大昕先抄录《直斋书录解题》与朱彝尊《曝书亭集》,随后再在叶97b 的空处作按语。

钱大昕《十驾斋养新录》卷一四,另有一段札记,交代了钱大昕得到《崇文总目》的来龙去脉,亦驳朱彝尊的看法,但内容上,与抄本手跋有较大差别:

> 《崇文总目》一册,予友汪炤少山游浙东,从范氏天一阁钞得之。其书有目而无叙释,每书之下,多注"阙"字。陈直斋所见,盖即此本,题云"绍兴改定",今不复见题字,或后人传钞去之耳。朱锡鬯跋是书,谓"因郑渔仲之言,绍兴中从而去其注释"。① 今考《续宋会要》载绍兴十二年十二月,权发遣盱眙军向子坚言:"乞下本省,以《唐艺文志》及《崇文总目》所阙之书,注'阙'字于其下,付诸州军照应搜访。"是今所传者,即绍兴中颁下诸州军搜访之本。有目无释,取其便于寻检耳。岂因渔仲之言而有意删之哉?且渔仲以荐入官,在绍兴之末,未登馆阁,旋即物故,名位卑下,未能倾动一时。若绍兴十二年,渔仲一闽中布衣耳,谁复传其言者?朱氏一时揣度,未及研究岁月,聊为辨正,以解后来之惑。②

据钱大昕言,钱大昕所得之本,实出自其友人汪炤(一作照,字少山,1731—1788)③在游历浙东时从天一阁移录。汪炤于乾隆五十三年去世,钱大昕得到该本当不晚于此。不过,从该抄本的笔迹来看,至少有两个以上抄手的字迹,可能是汪炤请人录副,故以下称此本为"钱大昕手跋本"。钱大昕手跋本的底本,实从有两次校勘的朱彝尊本传抄本而出。除吸收了朱彝尊本一校增补的

---

① 今按,"注",朱彝尊《曝书亭集》及钱大昕手跋中移录,均作"序",疑刊刻误作"注"。
② 〔清〕钱大昕撰,杨勇军整理《十驾斋养新录》卷一四,上海:上海书店,2011年,第288页。
③ 汪炤生卒年,参见陈鸿森《〈清史列传·儒林传〉续考》,《中国典籍与文化》,2012年1月。陈鸿森据王鸣韶《鹤溪文编》稿本中《少山汪先生哀词》,考得汪炤生于雍正九年(1731),卒于乾隆五十三年(1788)。

撰人外,朱彝尊本上二校的增补撰人和校改的《辨体补修加字切韵》《帝王历数歌》《唐年补录》诸条目,该本亦悉从。可能是因为朱彝尊本从天一阁本而出,而汪烜所得本题"天一阁本",故转述之后,钱大昕误以为汪烜抄本为直接从天一阁抄出。该本未见朱彝尊本手跋,钱大昕在自藏本上移录的、《十驾斋养新录》中立论的朱彝尊说,均从当时刊版而通行易得的朱彝尊《曝书亭集》出。书后钱大昕手跋与《十驾斋养新录》两段,均认同该本与陈振孙所见"六十六卷之目"为同本,并否定朱彝尊论定的删削序释源自郑樵之说。另外,手跋中疑"改"为"攺"之形讹,《十驾斋养新录》中无此说。同时,《十驾斋养新录》中,补充引用了《续宋会要》的材料以论定绍兴改定的过程。从史源看,钱大昕所引的《续宋会要》,出自乾隆六十年(1795)刊版的浙本《四库全书总目》,①故知《十驾斋养新录》的钱大昕说,不早于乾隆六十年。从手跋到《十驾斋养新录》的观点变化,反映了钱大昕对《崇文总目》认识的不断完善。②

  钱大昕手跋本《崇文总目》中,有两处排序与他本差别较大,当由错叶和人为调整排序共同造成。且细绎排序之故,可知钱大昕手跋本的祖本,先有错叶,后调整了书中后半的带"阙"条目的排序。一方面,在该本卷三六后半和卷三七起各卷中,"阙"的条目被集中于一类之末。其中,卷三六"医书三"前半,仍与天一阁本、朱彝尊本保持大致相同的顺序,至后半,在"《五脏鉴元》四卷"之前,先插入原先排在两条之后的"不阙"的"《万全方》三卷",复于"《五脏鉴元》四卷"下,注小注"以下俱阙",卷三六之后各条,天一阁本、朱彝尊本中原均注"阙",而钱大昕手跋本不复逐条加注。从卷三七"医书四"起至全书最末卷六六,各类均先列"不阙"之书,次列"阙"书,在首条"阙"书后注"以下俱阙"或"以下阙"。大体上,是将"阙"书从一类之中抽出。另一方面,有三十六条卷六〇

---

① 《宋会要》此段,今见《宋会要辑稿·崇儒四之二六》,作"(绍兴十三年十二月)二十五日,权发遣盱眙军向子固言:'比降旨,令秘书省以《唐艺文志》乃《崇文总目》,据所阙者,榜之检鼓院,许外路臣庶以所藏上项之书投献。尚恐远方不知所阙名籍,难于搜访抄本。望下本省,以《唐艺文志》及《崇文总目》应所阙之书,注阙字于其下,镂板降付诸州军,照应搜访。'从之。"按,徐松嘉庆十五年之后,利用《全唐文》馆从《永乐大典》辑出《宋会要辑稿》,时钱大昕已去世。翁方纲校阅札记中,曾抄此段,书名作"《中兴会要》",唯记为"绍兴十二年十二月二十五日"事(〔清〕翁方纲撰,吴格整理《翁方纲纂四库提要稿》,上海:上海科学技术文献出版社,2005年,第421页);翁方纲作分纂稿时,改题作"《宋续会要》",并有节引(见《翁方纲纂四库提要稿》,第419页);至《四库全书总目》,从翁方纲分纂稿删改而出,改题作"《续宋会要》",续有删节,钱大昕《十驾斋养新录》所记书名、异文等,全同《四库全书总目》,唯"向子固"误作"向子坚",而《十驾斋养新录》他处尚有引及《四库全书总目》,故钱大昕所引《续宋会要》,实从《四库全书总目》转引。

② 钱大昕《十驾斋养新录》书前自序署嘉庆四年,但其中所收条目,直至钱大昕嘉庆九年(1804)去世前仍在审定校样,并不断修订增补,至嘉庆十年方刊成,参见陈鸿森《钱大昕养新余录考辨》,《"中央研究院"历史语言所集刊》,1988年,五十九本第四分。

"别集二"中的条目,在其他各抄本中,载于卷五九"别集一"中。此三十六条,包括"别集二"不注阙部分"《范质文集》"之后至"《陶谷文集》十卷"之前的从"《吕温集》十卷"至"《笠泽丛书》三卷"二十九条,和注"阙"部分"《高锡集》一卷"之后至"《端揆集》四十五卷"之前的从"《柳冕文集》一卷"起至"《胥台集》七卷"七条。① 在天一阁本、朱彝尊本中,此三十六条,全为第 96 叶"别集一"的条目;而天一阁本、朱彝尊本的第 98 叶末条为"《高锡集》一卷(阙)",第 99 叶首条为"《端揆集》四十五卷(阙)",而第 98 叶的末条"不阙"条目为"《范质文集》三十卷",第 99 叶的首条"不阙"条目为"《陶谷文集》十卷",从错载条目的内容、排序来看,可知该本的祖本,依照朱彝尊本的行款录副,而误将原属卷五九"别集一"的叶 96,错入卷六○"别集二"的叶 98 与叶 99 之间,遂致卷五九的三十六条书名误载于卷六○;其后,在传抄时,复将卷三六后半起每类的"阙",抽至一类之末。除了上述二处较大的排序差别以外,钱大昕手跋本亦有部分条目排列次第与天一阁本、朱彝尊本有小别。这些情况,往往出现在天一阁本、朱彝尊本上栏字数不多而下栏空缺独占一行的条目中,钱大昕手跋本中,这些条目的下栏,往往从后文较短的条目抽取填补,导致出现排序的差异。那么,调整次第和抽出集中排列注"阙"条目,是汪炤在传录时的调整,还是传录前的底本便已调整? 从南图藏钱大昕手跋本同一类中前后各叶会因叶的变化而出现不同抄手的字迹来看,此本当为请不同的抄手依叶计工录副;若钱大昕手跋本为第一个调整本,抽换誊录当由一人完成,难免留下调整次第的痕迹。

  钱大昕手跋本的祖本,吸收了朱彝尊抄本上两次校勘的成果,另有部分条目,与其他《崇文总目》抄本不同,当经过校勘。如卷二六"墨家",天一阁本、朱彝尊本原抄作"共五部,计十卷",与类目下所载条目不合,而钱大昕手跋本作"共二部,计十六卷",与类目下部卷数相合。卷四○"天文占书"类,天一阁本、朱彝尊本作"共五十一部,百九十九卷",当在"百"前脱漏了"计一"二字,钱大昕手跋本原抄已校补。"医书三"之类目名及部、卷数,天一阁本、朱彝尊本均脱,钱大昕手跋本,则换行另起"医书三",但无卷数、部数。天一阁本、朱彝尊本卷三○作"书类上"而卷三一作"类书上",而钱大昕手跋本卷三○已改作"类书上"。但"兵家"前脱漏的"卷二十九",钱大昕手跋本仍未补。

  钱大昕手跋本更多的异文,当为传抄时出现了脱漏、讹误。较之天一阁

---

① 其中,"《冯宿文集》一卷",在各本中原作"阙",而钱大昕手跋本中,属"不阙",当为祖本漏抄"阙",而随后误调整入"别集二"的"不阙"条目中。

本、朱彝尊本,钱大昕手跋本总计脱漏了三十条书名。① 在类目上的讹误,如卷三五"医书二",各本作"计三百八十八卷",钱大昕手跋本"三"讹作"二";卷四一"历数"类,各本均作"计四十七卷",钱大昕手跋本"七"讹作"六";卷二六各本均作"小说上",而钱大昕手跋本脱"上"字。钱大昕手跋本中,部分撰人注语也从简,如卷九"正史"类的《新校史记》《新校(后)[前]汉书》《新校后汉书》三书,他本三条小注,均作"余靖等校正",而钱大昕手跋本仅第一条作"余靖等校正",其他两条,则均省作"余靖等",且屡屡省略小注中"某某撰"的"撰"字,②他本作"不著撰人名氏"的,亦间或省作"无名氏"。抄本中的形近讹误、条目传抄中的脱漏文字等,亦较夥。

---

① 从朱彝尊本至钱大昕手跋本脱漏的三十条,大致可分四类:1.《崇文总目》天一阁本、朱彝尊本原有重出,天一阁本书名重复而无撰人注人小注时,钱大昕手跋本删削条目致脱漏。包括卷四"乐类"中《广陵止息谱》一卷,卷一三"杂史下"中《陷蕃记》四卷(前有《晋朝陷蕃记》四卷)、《十二国史》四卷",卷一四"伪史"中《家王故事》一卷(阙),卷一七"刑法"中《法要》一卷(阙),卷二〇"岁时"中"《四时纂要》五卷,卷三〇"类书上"中《通典》二百卷"、《会要》四十卷,卷三三"医书一"中《本草》二十卷,卷三九"卜筮"中《灵棋经》一卷,卷四四《元灵子相法》一卷,卷四六"道书二"中《神仙可学论》一卷",卷五〇"道书六"中《灵砂受气用药诀》一卷(阙),卷五二"道书八"中《老子六甲秘符妙录》一卷(阙),卷五四"释书上"中《起信(言)论》二卷(依次第,天一阁本有《起言论》二卷与《起信论》二卷,钱大昕手跋本改在前的《起信论》二卷"作《起信论》二卷",并删后一条《起信论》二卷),卷五八"总集下"中《杂诗》一卷(阙),共计十六条。另外,钱大昕手跋本卷一九"氏族"中,天一阁本、朱彝尊本等有两条《唐氏谱略》一卷,前后相差五条,钱大昕手跋本仅出一条,而下注"又一部",但这一体例,在该本他处未见。2.移录时脱漏整行或临行的。包括卷二二"传记下"中《纪乙谭》一卷""《朝野佥载》二十卷",此二条原载一行,移录时整行脱漏;卷三五"医书二"中《王氏医门集》二十卷(阙)""《集验方》一卷(阙)",此二条原载一行,移录时整行脱漏;卷三七"医书四"中《食性本草》十卷(阙)""《食疗本草》三卷(阙)",此二条天一阁本原载前行下栏与次行上栏,当为移录时上下栏错行脱漏,二条均属"阙",不详是抽出"阙"前脱漏还是抽出"阙"后移录脱漏;此类情况,共计六条。3.散见脱漏。包括卷三九"卜筮"中《周易八仙经》一卷,卷四〇"天文占书"中《元象应验录》二十卷,卷四六"道书二"中《学道登真论》二卷,卷五八"总集下"《十哲僧诗》一卷(阙),卷六一"别集三"中《僧子兰诗》一卷",卷六三"别集五"中"丘光业诗一卷(阙)",共计六条,均出现在抽出"阙"排于类末的卷帙。4.朱彝尊本等有空字,而脱漏。卷六三"别集五"中《□鼎诗》一卷(阙)""《□□诗》一卷(阙)",共计两条。从天一阁本起,《崇文总目》抄本中就有较多的脱文、空字,部分脱文较多的条目,较难推测底本原为何书,而钱大昕手跋本中,仍保留了部分带阙文空字的条目,如卷三〇"类书上"的《○抄》十二卷(阙)""青□十卷",卷三九"卜筮"的《□术》一卷,卷五八"总集下"的《○风集》十卷,卷六〇"别集二"的《□□集》二十卷,卷六一"别集三"的《○○诗集》五卷"等,两处脱漏,或为移录时的偶脱。另外,钱大昕手跋本卷四五"道书上"的"以下俱阙"的条目中,叶59a第十行上栏有《无上秘要》卷(重出删)"一条,该叶第四行上下两栏分别为《一切道书音义序》一卷。《无上秘要》一卷。"他本《无上秘要》并未重出,从非乱序本注"阙"书籍的排序来看,第四行下栏当为正确的排序,而第十行上栏处原不当有此条。疑钱大昕手跋本的底本在调整"阙"与"不阙"时,第四行原单起一行,先漏抄下栏的《无上秘要》一卷,后在第九栏下栏("《三洞□□仪》一卷"条)后补抄,复又寻绎次第,将排序调回原位,而于第十栏上行补"重出删"小注。与钱大昕手跋本同源的《崇文总目辑释》未重出《无上秘要》,在《一切道书音义叙》(按,"叙"为《崇文总目辑释》刊刻时改动)后有《无上秘要》一条。

② 如卷三七"医书四"的两部《发背论》,他本分别注"僧智宣撰""白岑撰",而钱大昕手跋本均无"撰"字。

綜上，南京图书馆的善本书室旧藏清抄本为汪烜传录、钱大昕手跋本《崇文总目》，该本从朱彝尊本的半叶九行本系统而出。传录本的祖本卷五九、六〇存在错叶，卷三六后半起卷帙，又在错叶本的基础上，抽出注"阙"的条目，移至一卷之末，由此，打乱了原书的排序。打乱排序后，拆散了不少同一作者前后相连的条目，①而乱序之本，并非《崇文总目》旧貌的体现。②

从版本源流来看，钱东垣等编《崇文总目辑释》（以下简称"《辑释》"）所用的底本为钱侗家藏本，③与钱大昕手跋本在排序、异文、讹误等方面多有相似之处，《辑释》的底本，亦为有类似的错叶且重编"阙"与"不阙"之本，故钱侗家藏本与钱大昕手跋本同出一系。④ 此外，值得注意的是，《崇文总目辑释》的"补释撰人"的体例，使得《辑释》在撰人方面，与《崇文总目》旧抄本相去愈远。据钱侗《崇文总目辑释小引》，《辑释》在编纂时，"原释无从考见，乃为博稽史志，补释撰人"，换言之，《辑释》在辑考相关文献而未得确切的《崇文总目》记载的

---

① 如"别集一"，在天一阁本等中，前后相连的有《《王勃文集》三十卷》"王勃《雕虫集》一卷（阙）""《盈川集》二十卷"《《卢照邻集》十卷》《《幽忧子》三卷（阙）》"，其中，《幽忧子》，据《宋史·艺文志》，可知为卢照邻集，同一作者的别集，原前后顺序相连，而根据南图钱大昕手跋本的抄本体例，将王勃《雕虫集》、卢照邻《幽忧子》这两条标为"阙"的条目移至类末，而割裂了旧本的次第。

② 《玉海》中保留了《崇文总目》部分类目的书籍数量、卷数和各卷起讫书籍，可印证南图钱大昕手跋本打乱次第，如《玉海》卷三"天文·天文书下""唐十二家天文"条，注："《崇文总目》'天文占书'五十一部，百九十七卷。自'荆州刘石甘巫占'至'乾象新书'。"天一阁本等卷四〇"天文占书"类，正以注"阙"的"《荆州刘石甘巫占》一卷"为始，不注"阙"的"《景祐乾象新书》三十卷"为尾。南图钱大昕手跋本正将不"阙"的条目抽至一类之始，"阙"的条目抽至一类之末，而"天文占书"类的首尾条目，无法与《玉海》记载相合。

③ 钱侗嘉庆四年二月所撰《崇文总目辑释小引》，言底本为"侗家旧藏四明范氏天一阁钞本"，该本"止载卷数，时或标注撰人，然惟经部十有一二，其余不过因书名相仿，始加注以别之。此外别无所见，读者病焉"。（见〔宋〕王尧臣等撰，〔清〕钱东垣等辑释《崇文总目辑释》，汗筠斋丛书本）惟卷三"道家类"（原卷二五）的"阴符经小解"，"阙"下小注作"见汪氏钞本"，透露出《崇文总目辑释》底本与钱大昕所述的汪烜传录本有密切关系。

④ 此前的研究已关注到该本与钱东垣等《崇文总目辑释》关系密切，杨恒平《绍兴改定本〈崇文总目〉现存版本考论》一方面根据钱侗《〈崇文总目辑释〉小引》与《崇文总目辑释》注，以为《崇文总目辑释》的底本即为"汪氏（汪烜）抄本"，与钱大昕《十驾斋养新录》谈及的《崇文总目》汪烜抄本为"同本"，未鉴定出钱大昕跋为钱氏手跋，推断该本"是依据汪氏抄本的传抄之本"，而两本关系密切，以为该本反映了"钱辑本底本踪迹"。侯印国《钱大昕佚文〈清抄本崇文总目跋〉考叙——兼说南图藏清抄本〈崇文总目〉系〈崇文总目辑释〉底本》则通过笔迹鉴定，确定书后跋为钱大昕手书，由此论定"南京图书馆藏钱大昕跋本《崇文总目》，正是钱东垣等的工作底本"。不过，钱大昕手跋本为《辑释》的工作底本的说法，笔者并不认同。《辑释》的汗筠斋丛书有早印本、晚印本之别，晚印本约为嘉庆十年钱大昕《十驾斋养新录》刊行后，嘉庆二十年（1815）钱侗去世前完成《辑释·附录》部分的板片改刊。其后，粤雅堂丛书以晚印本为底本刊刻。光绪年间的后知不足斋丛书本，实以汗筠斋丛书板片剜改板心丛书名后刷印。从具体的校勘、异文、流源等来看，钱大昕手跋本实属从钱侗家藏本而出的分支版本，对钱大昕手跋本上的钱大昕手校情况，该本与《辑释》的源流先后问题，《辑释》刻本的印次关系等，参见董岑仕《〈崇文总目辑释〉编纂考——兼论南京图书馆钱大昕旧藏本〈崇文总目〉非〈崇文总目辑释〉底本》，《版本目录学研究》第十辑，北京，国家图书馆出版社，2019年。

情况下，会结合史志等，"补释撰人"，这一辑补，在《辑释》的刻本中，并无特别标出，实增补了大量《崇文总目》旧抄本所无的撰人。① 与此同时，《辑释》底本从朱彝尊本系统而出，旧抄本原有撰人小注，《辑释》若在相关文献中考得该条解题时，会以稽考而得的解题替代底本中的撰人注语，②故《辑释》亦泯灭了绍兴改定本的小注面貌；而钱侗等对庆历本解题中记录的"阙"卷与绍兴改定本的"阙"的含义区别亦未能理解。③《辑释》是清代中后期唯一的《崇文总目》刻本，这一系统本的错乙、条目的脱漏、文字的讹误等，都对后来引据《崇文总目》的研究，产生了深远影响。④

（二）半叶十行本系统

朱彝尊请张希良录副之本，依照半叶九行的天一阁本旧行款录副，行款、分栏、换叶等全同。同时，朱彝尊本上，有两次校勘的痕迹。从现存的抄本可以推测，约在乾隆时期，产生了一个半叶十行本的抄本，该本吸收了朱彝尊本上两次校勘的成果，在誊抄时，改变了原抄的行款，除了一叶从九行变为十行以外，对部分条目的上下栏亦有调整，天一阁本、朱彝尊本原抄中不少独占一行而字数不多的条目，从后递补改作一栏两条。这一半叶十行本，在乾隆中叶

---

① 《崇文总目辑释》的汗筠斋丛书本、粤雅堂丛书本等刊本，为清代以来流传最广的《崇文总目》刊本，但以往在未见旧钞的情况下，对于《崇文总目辑释》书下撰人为钱东垣等据史志等"补释撰人"往往缺乏认识，以至于误以为这些经钱东垣等补释的撰人代表了《崇文总目》的旧貌。对于这一点的发覆，最早见于张固也、唐黎明《〈崇文总目辑释〉"补释撰人"考》，《文献》2011年第3期。

② 在《辑释》所依底本有撰人小注的情况下，一般注"见天一阁钞本"，盖《辑释》以为其底本即"天一阁钞本"。若《辑释》据他书辑得解题，则仅注辑得的解题出处，如卷五七"总集上"，《文选》六十卷，天一阁本、钱大昕手跋本等有"唐李善注"小注，而《辑释》卷五（原卷五七）"总集上"中"《文选》六十卷"言："【原释】唐李善因五臣而自为注。（见《东观余论》）"虽然辑补得到了《崇文总目》中的旧有解题，但泯灭了旧抄本原有小注的面貌。有的旧抄本的小注，实与他书引文相同，而《辑释》亦不注"见天一阁钞本"，如卷一（原卷三）"礼类"的"《三礼图》九卷"，天一阁本、钱大昕手跋本等有小注："梁正撰。阙。"《辑释》则言："【原释】梁正撰。（见《玉海》艺文类，凡两引。）阙。（见天一阁钞本。）"未言《辑释》底本原有"梁正撰"小注的情形。

③ 钱侗等一方面将绍兴改定本之"阙"纳入"原释"，并未了解到"阙"字反映的实为南宋绍兴以后馆阁藏书面貌，而非《辑释》力图钩稽北宋庆历本的"原释"，另一方面，他们未理解庆历本解题中提及的卷帙"阙佚"与绍兴改定本注"阙"字有含义差别，以致出现了根据辑得的解题删削绍兴本对应条目所注"阙"字的情况。

④ 钱大昕手跋本，较其他《崇文总目》的脱、衍等讹误明显为多，《崇文总目辑释》的底本与钱大昕手跋本同源，因底本的先天不足，亦难免带来误考与误校。卷二七"小说上"的《续前定录》一卷"，在天一阁本、朱彝尊本等各本中，无"前"字，作《续定录》一卷"；后《□定命录》一卷"，在天一阁本、朱彝尊本等各本中，均作《感定命录》一卷"，无空字。《通志·艺文略》"传记·冥异"类，多从《崇文总目》此类前后条目编纂而成，据《通志·艺文略》等可知，前者当是"温畬《续定命录》一卷"而天一阁本等脱漏"命"字，《辑释》底本、钱大昕手跋本复又误衍；后者即《通志·艺文略》中不著撰人名氏的"《感定命录》一卷"，《辑释》底本、钱大昕手跋本有空字，《辑释》以为空字当作"续"，并补释撰人作"温畬撰"，两条校勘均有误，均因《辑释》据有脱、衍的底本进行考证而致误校。

以后得到传抄,产生了不少依照此本行款传抄的录副本。

　　今存的上海图书馆藏清抄本(以下简称"上图本")、湘图本,在誊抄行款上,均采用半叶十行的行款誊抄,两本的换叶、条目的上下栏等几同,且二本均严格避"历(曆)"字讳。湘图本卷尾有录副的朱彝尊本卷首的朱彝尊手跋,而上图本无。湘图本、上图本有不少与祖本朱彝尊本不同而两本全同的系统性异文,但湘图本与上图本上,又各有不同的讹误。① 故,在版本系统中,湘图本并非上图本的祖本,上图本亦非湘图本的祖本,两本之间并非父子关系,但来源于共同的系统祖本,即乾隆年间改变行款的半叶十行的朱彝尊本录副本。湘图本上,有朱笔校勘。南图藏有清代学者倪模旧藏的清代抄校本,该本实为乾嘉时期录副的湘图本,在录副时,将湘图本上的朱笔旁校、天头校勘等均以黑笔录抄于条目之下,故亦属此系统之子版本。

　　从半叶十行本的文字来看,各卷卷首的卷次、部数、卷数上,十行本大体沿袭朱彝尊本二校的面貌,又做了部分的校定。天一阁本、朱彝尊本从卷二六起,逐卷卷首的"宋崇文总目卷第×"的首字"宋"字无,而湘图本、上图本全书各卷均有"宋"字;天一阁本脱漏卷次而朱彝尊本二校校补的卷三、卷一六、卷三五及"医书二"的"二"字,均已校补,且校补后,湘图本、上图本补入的"宋崇文总目卷第×"均单独占行。朱彝尊本经两次校勘,"兵家"前仍脱漏"崇文总目卷第二十九"一行,而湘图本、上图本均有单独占行的"宋崇文总目卷第二十九"一行,但卷二八"小说下"类的最末一行,上栏作"《女孝经》一卷",下栏行款改作双行小注,作"《孝经》一卷/《酒孝经》一卷",在天一阁本、朱彝尊本中,"《酒孝经》一卷"均为换行另起,盖因湘图本、上图本的祖本从朱彝尊本抄出时,发现脱漏而临时补入"宋崇文总目卷第二十九"一行,只能将原来换行另起的"酒孝经"抄入前一行下栏而改作双行夹注,而湘图本、上图本正沿袭此行款。天一阁本、朱彝尊本卷三六脱漏"医书三(共×部计×卷)"的类目名和部卷的计数,湘图本、上图本则均有"医书三(共五十二部计/一百五十三卷)"一行,亦当出于校补。另外,湘图本、上图本卷三〇作"书类上",卷三一作"类书下",仍存有乙文,不过,"类书下",天一阁本等误题作"崇文总目卷第三十三",朱彝尊本改"三十三"为"三十乙",而湘图本、上图本均已更正为"三十一"。卷四五"道书上"当作"道书一",而湘图本、上图本未校正。此外,部分卷中,部卷的数量在誊抄时出现讹误,如卷一九"氏族",天一阁本等均作"计一百一十二部",而湘图本、上图本均误作"一百一十三部";卷二二"传记下",天一阁本等

---

① 如上图本卷四"乐类"的《降声引谱》,"声"字误作"圣",卷三二"算术"之"新术五曹要术",二"术(術)"均误作"述",而湘图本均不误;湘图本卷四"乐类""大唐正声新祉琴谱","祉"误作"征",而上图本不误。

均作"共七十六部",湘图本、上图本均误作"共七十三部";卷四四"五行下",天一阁本等均作"计一百四十九卷",湘图本、上图本均误作"计一百四十五卷";卷五〇"道书六",湘图本、上图本均脱"六"字;且朱彝尊本二校改"计四十七卷"的"四"为"七",但因字形上的校改较难辨认孰先孰后而湘图本、上图本仍抄作"四"。卷二六"墨家",天一阁本等作"共五部,计十卷",部、卷数均与实际情况不符,湘图本、上图本均作"共二部,计十卷",校改了部数,而卷数则袭旧貌。

在誊抄的行款上,卷二〇"岁时"下,湘图本、上图本有:

《四时纂要》五卷　《岁华纪丽》二卷　《四时总要》十二卷
　　　　　　　　《四时纂要》五卷

即"《四时纂要》"书名下,有以双行小注之形式的两条书名,其中"《四时纂要》五卷"的书名、卷数,注文与大字全同。今按,天一阁本、朱彝尊本等原有"《四时纂要》五卷《岁华纪丽》二卷"与"《四时纂要》五卷《四时总要》十二卷"两行,"《四时纂要》五卷"重出,均载上栏而无注,十行本的祖本,可能先漏抄前行,仅移录了后行,发现脱漏后,进行校补,而将前行下栏"《岁华纪丽》二卷"与次行上栏原有重出的"《四时纂要》五卷"改双行小注,补列于"《四时纂要》五卷"下。从校补后的面貌来看,四条条目次第与天一阁本、朱彝尊本等同,但双行小注的形式与恰好重出的书名,难免产生误解。在湘图本、上图本中,其他与天一阁本、朱彝尊本有异文而此二本全同的文字讹误、行款错乙亦夥,另有一条为祖本天一阁本、朱彝尊本所无而因误重造成的误衍。①

从誊抄习惯等来看,湘图本、上图本均为据他本誊录,抄手在誊抄时,往往会在誊抄时先抄上栏,后抄下栏,故出现上栏内或下栏内的错乙,导致前后条

---

① 文字讹误的,如卷一二"杂史上"的"《续正陵遗事》一卷"的"正"字,湘图本、上图本均脱。卷二一"传记上"中"《虬须(鬚)客传》一卷",湘图本、上图本"鬚"均误作"髯"。卷二六"法家"中"《管子》十八卷(刘向禄校)",湘图本、上图本均脱"禄校"二字。卷四二"明时总要历",湘图本、上图本"总要"均误作"要览"。卷三二"算术"中天一阁本、朱彝尊本"龙爱《算法》二卷",湘图本、上图本均作"龙爱《算法》二卷"(今按,据《新唐书·艺文志》,当作"龙受")。卷四四"五行下"的"《五音山岗诀》一卷",湘图本、上图本"岗"均误作"前"。卷六〇"别集二"中"《施肩吾集》十卷",湘图本、上图本"肩"均误作"局";"《沈光文集》五卷(阙)",湘图本、上图本"光"均误作"尧";"《雾居子》十卷",上图本、湘图本均误作"《露居集子》十卷","雾"有形讹,并衍"集"字。"《邮元集》一卷(阙)","邮"字,上图本、湘图本均误作"励"。天一阁抄本、朱彝尊本有"阙"而湘图本、上图本脱漏"阙"等的情况亦夥。行款错乙的,如卷一七"刑法"类,湘图本、上图本叶17b 的第五行下栏"《仪制赦书德音》十卷(阙)"与第六行下栏"《太平兴国编》十五卷(阙)",在下栏出现乙文,在天一阁本等中,此二条原分载叶18b 第一行下栏和叶18a 第九行下栏;又如卷四六"道书二"类,湘图本、上图本叶59a 第七行下栏"《五公子问无虚道经》一卷"与第八行下栏"《仙传拾遗》四十卷",在下栏出现乙文,在天一阁本等中,此二条原分载叶68a 的第六行下栏和第五行下栏。条目误衍的,为卷六六"文史"类第三条,上图本、湘图本的"《续古今诗人秀句》二卷(阙)"为衍文,而与此类第六条(天一阁本、朱彝尊本实载第五条)重出。

目次第的不同。湘图本叶 47b 卷三八"医书五"类,"《仙人冰鉴图诀》一卷（阙）"抄于第六行上栏,"《小儿药证》一卷（阙）"抄于第七行上栏,上栏条目误乙;叶 61b 卷四七"道书三"类,"《太和贞气诀》一卷"原当抄于第四行上栏,而误脱,抄于第七行上栏,第四行至第六行上栏则依次递补原当抄于第五行至第七行上栏的条目;叶 76b,卷五七"总集上"类,"《文粹》五十卷",原当抄于第四行上栏,而误脱,抄于第七行上栏,湘图本第四行至第六行上栏则依次递补原当抄于第五行至第七行上栏的条目。此三处,上图本均不误,湘图本的讹误,均为上栏誊抄有误乙,且三处上栏误乙,湘图本均以朱笔钩乙,而这些乙正符号,仅意味着上栏条目顺序的调整,而非上栏、下栏的全部调整。① 另外,湘图本叶 95b 卷六六"文史"类的"《赋诀》一卷"与"王瑜《文旨》一卷（阙）"在上栏误乙,因为为临行误乙,故天头处有"乀"表示乙正。在上图本叶 35a,卷二九"兵家"类,"《六甲攻城破敌法》"一行,据天一阁本等次第,此条原当载第七行上栏,誊抄时误脱,而上图本在第九行上栏补入,而该叶的下栏均无错讹,湘图本不误。由此可见,湘图本、上图本当均为据他本传抄,且抄录时抄手均先抄上栏十条,后抄下栏十条,造成经常出现栏内条目错乙。

1. 湖南图书馆本

湖南图书馆藏清抄本,今有改装,外封题"崇文总目""朱竹垞太史 翁覃溪阁学手校"两行,当为改装后的封面。外封内,先为叶启发手跋一篇,用无格稿纸书,共两叶,跋前有"华鄂堂"朱方印,跋后钤"叶启发"白方印。其后,为原装内封,上有隶书"崇文总目"与行书"天一阁抄本"两行。

内封衬叶背面,有朱笔:"《永乐大典》:王尧臣、欧阳修《崇文总目》六十六卷（下引《直斋》一条、《通考》一条/夹澋一条）"与"○者马《考》△者他书"两条,并贴有笺纸一叶,笺纸书:

> 吴碑留下,谢谢。阙井铭、孙诗尊蓦三件并缴《斜川集》后二本一并送上,乞检收,并候不一。

纸上钤盖"岁次己巳"印。

湘图本《崇文总目》正文共计九十五叶,用无格稿纸,半叶十行,行二十余字,版心无名,叶数用行书,与抄本原抄字迹不同。正文首行书"宋崇文总目卷第一",且逐卷卷首均有"宋崇文总目卷第×"字样。

湘图本书后,有移录朱彝尊书后手跋一篇一叶,录副的跋语并未依照原来

---

① 参见下文倪模藏清抄本的示意图。

手跋的行款移录。此后,另有佚名所书笔记一叶,作:

> 高似孙《纬略》云:"以《崇文总目》言之:李善注《文选》,固在五臣之前,此乃云'因五臣而为注',非也。《三茅君内传》曰:'唐李遵撰。'遵非唐人也。固有差舛如此者。"

其后,又有叶启勋以"拾经楼著录""定侯绌书"稿纸所书手跋一篇,共两叶。

书中钤印,主要为叶启勋、叶启发昆仲藏印,正文首叶有"叶启发东明寀定善本"朱方、"东明所藏"朱方、"石林后裔"白方、"定侯所藏"朱方、"叶启勋"白方、"中吴启瞢启勋启发兄弟珍藏书籍"朱方、"尹天祜"白方、"拾经楼"朱方、"湖南省文物管理委员会收藏"朱方、"湖南省中山图书馆珍藏"朱方。正文末叶有"叶启发家藏书"朱方、"定侯寀定"朱方、"拾经主人"白方。录副朱彝尊跋叶,有"叶氏启勋读过"朱方。"纬略"叶 b 面,有"拾经楼丁卯以后所得"朱方、"定侯流览所及"朱方。叶启勋、叶启发跋,又收入叶启勋《拾经楼绌书录》、叶启发《华鄂堂读书小识》,大致相同而仅有字词异文。①

湘图本上,朱校累累,在条目旁、条目下、天头等均有校记,部分条目上方,有"○""△"等符号,亦有部分条目下方,有朱笔竖抹线条,从校记的笔迹来看,有两人以上的字迹。湘图本原抄为半叶十行的行款,而校记内容,包括据《永乐大典》录出异文、据《永乐大典》之汇考而补题正史史志的撰人、卷数异文等,实与四库本系统关系密切,对该本的校勘性质之讨论,详见下文。

2. 上海图书馆本

上海图书馆藏清抄本,外封题"宋崇文总目",正文共计九十五叶,用无格稿纸,半叶十行,行二十余字,版心无书名、叶数。正文首行书"宋崇文总目卷第一"。如上文所述,逐卷卷首均有"宋崇文总目卷第×",并校补了天一阁本、朱彝尊本等中脱漏的卷次和类目名。正文首叶,钤有"华亭封氏篑进斋藏书印"白方、"上海图书馆藏"朱方。据藏印,当为封文权(1868—1943)旧藏,封文权《篑进斋书目》著录。② 抄本内有夹签一张,上书:

> 六一居士集目录有《崇文序目总释》一卷,此不载。《六一集》无孝经类总释,又目录类亦缺,自类书以下皆阙。(经类九,史类十五,子类廿

---

① 叶启勋《拾经楼绌书录》卷上"《崇文总目》一册(秀水朱氏传抄本)",收入叶启勋、叶启发撰,李军点校《二叶书录》,上海:上海古籍出版社,2014 年,第 56 页。叶启发《华鄂堂读书小识》卷二"《崇文总目》一册(秀水朱氏传抄天一阁抄本 朱彝尊、翁方纲批校)",收入叶启勋、叶启发撰,李军点校《二叶书录》,第 226 页。

② 封文权藏并编《篑进斋书目》"目录类"著录作:"《崇文总目》六十六卷。一册。宋翰林学士王尧臣同聂冠卿、郭缜、吕公绰、王洙、欧阳修等撰。钞本。"(上海图书馆藏稿本七十一册之第二十五册,叶 1。索书号:797134—204)

二,/集类十四。)

纸上钤盖"实樗居士"印。

上图本全书行款、分叶、文字等,基本与湘图本的原抄相同,故两本均以清代乾隆以后的某一十行本《崇文总目》为底本抄录,但该本未录副朱彝尊的书跋。上图本在誊抄讹误时,用粘贴纸张的方式校改。如卷一"易类"的"《周易口诀义》六卷(史证,阙)","史证"为朱彝尊校补,上图本原抄误作"央证",贴上"史"字。卷一七"刑法"类"《景德农田敕》五卷(阙)","德"字原涉上文"《建隆编敕》四卷(阙)"而误作"隆",后贴"德"字。卷二七"小说上"、"《感定命录》一卷(阙)","命"原误作"名",后贴"命"字。上图本贴纸的时代较久,糨糊失去黏性后,不少贴纸似已脱落。少量讹误,采用旁校形式,如卷三四"医书一"的"《本草韵略》五卷(阙)",原抄误作"本草略略",第一个"略"字右侧有旁校"韵"字。

3. 南京图书馆倪模旧藏本

南京图书馆藏清抄《崇文总目》(书号:118274),清代倪模旧藏。

该本外封无书名,正文用无格稿纸,半叶九行,行二十余字,多分上下栏抄。版心有"崇文总目"字样与叶数。正文首叶有"大雷经锄堂藏书"白方、"预抢"朱方、"倪模"白方;正文末叶,有"家在元沙之上"朱长、"臣倪文相"白方印,诸印均为倪模之印。倪模字迂存,号预抢,安徽望江人,居大雷岸,为乾嘉之际的学者,著有《古今钱略》等。

倪模旧藏本,当为清代乾嘉时期的今湘图本之录副抄本,在录副时,录副了原抄与正文中的校记,但湘图本书后的朱彝尊跋与题识均未录。正文首行书"宋崇文总目卷一",下有双行小注:"《永乐大典》:王尧臣、欧阳修《崇文总目》六十六/卷 下引 《直斋》一条 《通考》一条 夹漈一条"。双行小注,当移录自湘图本的卷首衬叶。

该本改用半叶九行的行款,并未依照底本行款录副。湘图本上的校勘,实包括据《永乐大典》录出书名异文,据《永乐大典》的汇考正史史志部分来补题撰人、旁注卷数异文等,这些校勘记,多为供四库馆臣进一步稽考比核之用,"校勘"并非"校正",倪模旧藏抄本在录副过程中,因不了解底本旁校等校记意义,将湘图本天头校记、旁校等,均改作条目下注文,另有不少条目,将旁校的撰人名,改作大字书于书名前,故该本的面貌,与其他清抄本《崇文总目》多有不同。不少湘图本上校记较长,故该本移录时常将有校记的条目改作独占一行,旧有的上下栏、换行等格式亦屡屡改变。湘图本卷首衬叶的"○者马《考》△者他书"一行和书中的"○""△"的校勘符号均未移录。改变行款后,正文共计一百零九叶,较原抄为多。

分卷上，倪模旧藏本也与旧本有所不同。从该抄本的分叶来说，抄本事实上分上、下两部分编次，第一部分，从卷一"易类"至卷四四"五行下"，共六十五叶。第一部分中，又可分为两部分，其中，抄至卷三四"医书一"末条，载叶47a，其后此叶下空，从"医书二"类换至叶48a另起，出"宋崇文总目卷第三十五"一行，而叶数未另起，仍书作"四十八"；至叶65a卷四四"五行下"末条，卷上结束。第二部分，从卷四五"道书上"（按，当作"道书一"）起，另起一叶，叶数从"一"开始计，至卷六六最末，共四十四叶。质之录副底本湘图本，可知湘图本卷三五"医书二"恰换叶另起，故倪模旧藏本换叶另起，但未另起叶码；而卷四五"道书上"前的天头，湘图本有一"△"，并纵画一条朱线以示另起，至倪模旧藏本，亦重新另起，叶数亦另计。

湘图本在四处有上栏内的誊抄误乙，其中三处有乙正号。湘图本的乙正号，实均指誊抄时同一栏内的条目次第的互乙，但录副时，因不了解乙文号仅指乙正上栏，在涉及多行错乙时，倪模旧藏本在乙正时仅将最末一条乙至对应位置，而其余各条，误依湘图本原有的上下栏次第移录，致有讹误，以"总集上"类的乙正作示意：

上图本叶76b　（正）					湘图本叶76b（乙文号）					倪模旧藏本下卷叶22b（误）				
七	六	五	四	三	七	六	五	四	三	五	四	三	二	一
唐旧制编录六卷阙	正元制敕书奏一卷阙	名臣杂文二卷阙	文粹五十卷	上清文苑四十卷	文粹五十卷	唐旧制编录六卷阙	正元制敕书奏一卷阙	名臣杂文二卷阙	上清文苑四十卷	唐旧制编录六卷阙	正元制敕书奏一卷阙	名臣杂文二卷阙	文粹五十卷	上清文苑四十卷
咸通后麻制一卷阙	元和制集十卷阙	杂碑文六卷阙	蜀国文英集八卷阙	文苑英华一千卷	咸通后麻制一卷阙	元和制集十卷阙	杂碑文六卷阙	蜀国文英集八卷阙	文苑英华一千卷	咸通后麻制一卷阙	元和制集十卷阙	杂碑文六卷阙	蜀国文英集八卷阙	文苑英华一千卷

《崇文总目》卷五七"总集上"类　乙文示意图

从该本有清代乾嘉时期倪模钤印来看，湘图本在乾嘉之际，当有传抄录副的过程；而在传抄时，又因不了解底本的部分校记含义，衍生而出部分讹误；另有少量讹误，则为誊抄时误讹。

（三）四库全书本系统

1. 四库阁本及录副本

四库全书本系统的《崇文总目》，包括四库馆校办的四库各阁本和从四库阁本而出的传抄录副本。四库本对《崇文总目》旧抄本进行辑补，从周必大编定的欧阳脩《欧阳文忠公文集》卷一二四《杂著述·崇文总目叙释》中辑补了《崇文总目》类叙，从《文献通考》《东观余论》等辑补《崇文总目》六十六卷本解题，加注按语，而辑定后的《崇文总目》每卷内容远远少于一般书籍的一卷容量，故重新改分为十二卷。

四库阁本的《崇文总目》中，文渊阁本、文津阁本今存全本，文溯阁本未见，文澜阁本仅卷七、卷八为原抄，余为丁丙、丁申补抄，且在补抄时，因未见四库本，而在《四库全书总目》与《四库全书简明目录》著录卷数不同的情况下，补抄为二十卷本。① 文溯阁本书前提要有排印本。文渊阁本、文津阁本均用四库馆红格稿纸，半叶八行，行二十一字。版心上单鱼尾，鱼尾上有"钦定四库全书"字样，鱼尾下 a 面书"崇文总目"，下有叶数，b 面书卷次。

国家图书馆另有无格稿纸的清抄本《崇文总目》十二卷（书号：目 305/534.3），共四册，半叶八行，行二十一字，版心有"崇文总目卷×"字样，从分卷、行款、文字内容来看，此本当为清代录副的四库阁本。正文逐卷卷首有"崇文总目卷×"字样，而无四库本的"钦定四库全书"字样，当为移录时不抄。书前有《钦定四库全书提要》一篇，校上时间书"乾隆五十一年九月恭校上"，较文渊阁本、文津阁本，惟少"提要"一行。书前提要上钤有"李氏/臧书"方印，"李氏"作朱文，"臧书"作白文；另有"国立北平图书馆珍藏"朱长印。正文首叶及各册首

---

① 《四库全书总目》中著录《崇文总目》为"十二卷"，而《四库全书简明目录》著录为"二十卷"。据《文澜阁四库全书版况一览表》："《崇文总目》二十卷，原抄七、八，补丁抄。"（《浙江图书馆古籍善本书目》，杭州：浙江教育出版社，2002 年，第 928 页。）近得北京大学图书馆吴冕老师协助，获见杭州出版社影印的文澜阁本《崇文总目》（史部第 687 册）。文澜阁本书前提要，从文本比勘来看，当据《四库全书总目》浙本誊录，提要卷数着作"十二卷"，而全书实抄作二十卷。原抄的卷七至八为一册，与存世的四库全书南三阁本形制同，首叶钤有"古稀天子之宝"印，末叶钤"乾隆御览之宝"印，所抄内容，相当于《崇文总目》旧抄本卷三四至四四的内容。经校勘，可以发现，《崇文总目》文澜阁本丁氏补抄之底本，即为今藏南京图书馆的有钱大昕手跋并递经丁丙善本书室收藏的《崇文总目》清抄本。盖补抄内容，符合"错叶重编"之排序，且该抄本卷一九"别集五"的"采（採）龙集"（按"採"当为"探"之形讹）下，注"伪唐徐寅撰"。今所存的《崇文总目》各清抄本、四库本上，此条无撰人，《崇文总目辑释》补释撰人作"徐寅撰"；唯钱大昕手跋本在书名下，有钱大昕据从黄丕烈处所阅也是园旧抄本《钓矶文集》校补的五字小注"伪唐徐寅撰"，且钱大昕另于天头手书："徐师仁《钓矶文集》序'引《崇文总目》云云，正字实未尝仕伪唐也。"由此，文澜阁补抄之底本可定谳。补抄部分，底本明确，且补抄的卷一至卷六，卷九至卷二〇，因未见四库阁本，对《崇文总目》之分卷与文渊阁本、文津阁本全异，亦无四库馆臣之考证、据欧阳脩集校补的类叙等内容。下文在讨论四库本时，文澜阁本的补抄部分概不阑入。

叶,有"冬涵阅过"朱方,为临清徐坊之印。国图清抄本中,有不少笔误,另有黑笔校勘,校勘者不详,校勘时代或晚于原抄,用以校勘的参校本,当为嘉庆以后的《崇文总目辑释》,①但国图清抄本上的校勘,并非通校全书,仅少数条目有校勘。

从各本书前提要的校上时间来看,文渊阁本题"乾隆四十六年十月恭校上",文津阁本题"乾隆四十九年十一月恭校上",文溯阁本题"乾隆四十七年五月恭校上",国图清抄本抄作"乾隆五十一年九月恭校上",时间较晚,故疑国图清抄本为南三阁的录副本。从提要内容来看,文渊阁本、文津阁本、文溯阁本、国图清抄本与《四库全书总目》的浙本、殿本中所载提要有异文,其中文溯阁本较短,删去一大段;国图清抄本亦略短,删去一小段;其他各本,则大同而小异②。

四库本的誊抄体例上,与《崇文总目》天一阁抄本等不同。类目上,四库本每类下先出类目名,下以"以下原卷×"的小注,标注六十六卷本中的卷次。若欧阳脩集中有类叙的,则在类目后抄入类叙;随后,以大字换行另起,出"共×部,计×卷"。在《崇文总目》绍兴改定本的旧抄本中,如"小学""杂史""传记"等分上下两卷,"五行""释书"等分上中下三卷,医书分五卷,道书分九卷,别集分七卷的,仍先出类目与"以下原卷×"小注,在类叙后,出"某类上/一,共×部,计×卷"大字;而该卷抄毕后,另出"某类中/下/×,共×部,计×卷"大字,下出小注,"以下原卷×"。正文誊写上,绍兴改定本的传抄本,作上下二栏,而四库本每条书名各占一行。绍兴改定本中的撰人小注,原作双行小注书于书名之下,在四库本中,撰人小注与从《文献通考》等辑得的解题,均改作大字,低一格抄于书名之后;同时,辑得的解题,不言文献出处。四库本中,还加入馆臣

----

① 《崇文总目》国图清抄本卷五(原卷二七)"小说上"的"《续定录》一卷(阙)",有黑笔校勘,在"续"下补入"前"字,"《感定命录》一卷(阙)"的"感",有黑笔校勘,点去"感",旁校作"续"字,此二条,均为钱东垣《崇文总目辑释》校补后形成的异文,这一异文,与《崇文总目辑释》底本及钱大昕手跋本亦不同,故可知参校本为《崇文总目辑释》。另外,如国图清抄本卷四(原卷二二)"传记下"的"《广考新书》","考"为误字,黑笔校勘,改作"孝",下有阙人号,未补字,实与《崇文总目辑释》、钱大昕手跋本此条的"《广孝□新书》"相合。

② 按,文渊阁本、文津阁本、《四库全书总目》浙本等,"托克托"下有注:"案托克托原作脱脱,今改正。"《四库全书总目》殿本无注。文溯阁本书前提要,较之文渊阁本、文津阁本等,无以下一段:"考《汉书·艺文志》本刘歆《七略》而作,班固已有自注,《隋书·经籍志》参考《七录》,互注存佚,亦沿其例。《唐书》于作者姓名不见纪传者,尚间有注文,以资考核。后来得略见古书之崖略,实缘于此,不可谓之繁文。郑樵作《通志》二十略,务欲凌跨前人,而《艺文》一略,非目睹其书,则不能详究原委。自揣海滨寒畯,不能窥中秘之全,无以驾乎其上,遂恶其害己而去之,此宋人忌刻之故智,非出公心。厥后托克托等(案,托克托原作脱脱,今改正)作《宋史·艺文志》,纰漏颠倒,瑕隙百出,于诸史志中最为丛脞,是即高宗误用樵言,删除序释之流弊也。"国图藏清抄本书前提要,较文溯阁本书前提要为多,唯上段中"郑樵作《通志》二十略"起至"删除序释之流弊也",亦无。

"谨按"的按语共七十九条。①

2. 从采进本到重编本——四库全书馆重编《崇文总目》过程考

四库全书本的文字面貌,与《崇文总目》的旧抄本有所区别,辑佚了相关文献,并重加董理,对《崇文总目》旧抄本中的文字有所更定,并形成了改变行款体例的新版本。那么,从采进本到四库馆重编本,究竟是如何校办完成的呢?结合四库馆工作流程和相关文献来看,四库馆重编的《崇文总目》十二卷本,当先以采进本为底本校勘《永乐大典》所引《崇文总目》,其后,稽考辑补相关提要、附加考证按语,再以四库馆专用红格稿纸誊录为四库稿本,最后,依据四库稿本誊抄为四库七阁本。翁方纲的校阅札记及湘图本,提供了考察四库馆重编十二卷本过程的重要材料。

（1）翁方纲之分纂稿与校阅札记

在四库馆中负责《崇文总目》校办工作的为翁方纲。在翁方纲《翁方纲纂四库提要稿》中,保留了乾隆四十二年翁方纲参与校阅《崇文总目》的分纂稿和校阅札记,也记录下了他在四库馆中翻阅《永乐大典目录》并调阅对应相关《永乐大典》卷帙以供校办《崇文总目》的过程。翁方纲的提要稿,现为改装粘贴后的经折装,在提要稿原稿中,与校阅《崇文总目》有关的提要稿、校阅札记分为三部分,第一部分为翁方纲移录《崇文总目》采进本目录札记和翁方纲所作《崇文总目》分纂稿,共七叶;第二部分为翁方纲调阅《永乐大典目录》及《永乐大典》中关于《崇文总目》的校阅札记,共十六叶;第三部分为校阅《崇文总目》的过程中,调阅相关《永乐大典》并随手所作札记,共两叶。②

翁方纲以《永乐大典》与校阅之本相核,而翁方纲所校底本,为"朱彝尊所

---

① 按,文渊阁本脱漏卷五六"释书下"的"《破胡集》"（国图清抄本作"《破释集》"）一条及其馆臣按语,故仅有七十八条。

② 第一部分,翁方纲移录采进本札记和分纂稿,见〔清〕翁方纲《翁方纲纂四库提要稿》（影印本）,上海:上海科学技术文献出版社,2000年,第六册,第430—436页;参翁方纲撰,吴格整理《翁方纲纂四库提要稿》"《崇文总目》"条,第415—420页。第二部分,翁方纲调阅《永乐大典》及《永乐大典》中《崇文总目》校阅札记,见翁方纲《翁方纲纂四库提要稿》（影印本）,第十三册,第1125—1140页;参翁方纲撰,吴格整理《翁方纲纂四库提要稿》"《崇文总目》"条、"《永乐大典》"条,第420—433页、第625页。第三部分,相关《永乐大典》札记,实为翻阅对应《永乐大典》随手所作札记,包括摘引《文献通考》"说文"条下引《容斋随笔》,摘引《文献通考》"唐余录"条下引《直斋书录解题》,提出《永乐大典》中《崇文总目》书名重出抵牾的按语,《四库阙书》札记一条和录施宿跋《石鼓音》,见翁方纲《翁方纲纂四库提要稿》（影印本）,第十二册,第1078—1079页,参翁方纲撰,吴格整理《翁方纲纂四库提要稿》"《容斋随笔》"等。（关于《永乐大典》）"条、"《石鼓音》"条,第628—629页、第151页。关于翁方纲校阅札记的具体性质、翁方纲在四库馆中调取《永乐大典》的前后始末、《永乐大典》中所收《崇文总目》《四库阙书》体例等,参见董岑仕《〈永乐大典〉之〈崇文总目〉〈四库阙书〉考——兼论〈永乐大典〉中的四十二卷书目汇编》（《古典文献研究》第二十一辑下卷,2018年）。

抄于天一阁之本"，①，从翁方纲第一部分札记中移录的《崇文总目》采进本的目录、分卷及六十六卷各自的部、卷数异文等及分纂稿中所引朱彝尊说，可知采进本出自录副有朱彝尊本手跋文字的半叶十行本系统之抄本。翁方纲所撰分纂稿，主体部分为后来的书前提要和《四库全书总目》所袭用，但不少分纂稿中的观点，已经过总纂官、总裁官的修订。

据翁方纲札记和徐松从《永乐大典》中辑出的《四库阙书》辑本等可知，《永乐大典》中，卷一七九五至卷一八三六这四十二卷"书"字韵中，汇编了《汉书·艺文志》《隋书·经籍志》《旧唐书·经籍志》《新唐书·艺文志》《宋史·艺文志》《崇文总目》《四库阙书》等目录。汇编时，此四十二卷并非原书的整书抄录，而是采用《文献通考·经籍考》的分类框架，分两层摘抄放入。一层为史志目录与《崇文总目》《四库阙书》的"汇考"，一层为以朱笔书"《崇文总目》""《四库阙书》"后，各自摘引"汇考"中未录的《崇文总目》《四库阙书》中的书名。翁方纲札记中的第二部分，实为《永乐大典》中汇编诸目的反映，其中所引《崇文总目》，为《永乐大典》中绍兴改定本《崇文总目》分层引文的反映，②而非《崇文总目》四库馆采进本的反映。翁方纲校阅札记，仅记录至《永乐大典》汇纂书目的"史部·地理类"，后皆无考。

翁方纲起初校办《崇文总目》时，关注《永乐大典》所引的《崇文总目》有无庆历六十六卷本之叙录、解题，然而，结果是遗憾的，如翁方纲所撰的《崇文总目》分纂稿所述："纂辑《永乐大典》时，亦已不见《崇文总目》叙录之全矣"，③而经过《永乐大典》的重新分类、分层摘引并比勘史志异同后，已打乱了《崇文总目》旧有的分类和排序，故《永乐大典》中摘采次第，"与朱抄多不合者"，但两者源出一流，"其即朱所抄之本无疑也"，④即与朱彝尊传抄本同属绍兴改定本。虽然《永乐大典》中所引并无解题，但《永乐大典》中的转引，为四库馆校勘采进

---

① 〔清〕翁方纲撰，吴格整理《翁方纲纂四库提要稿》"《崇文总目》"条，第432页。四库本《崇文总目》"书类"《尚书断章》及"卜筮类"《历数纬文轨辕》的"谨按"中，亦言及"天一阁抄本""朱彝尊抄本"，泄露该本底本实从朱彝尊传抄天一阁本而出。

② 翁方纲校阅《永乐大典》中《崇文总目》，在札记的有格稿纸部分中，用"△""○"分层记录，"△"为《永乐大典》第一层汇编诸目的体现，"○"为《永乐大典》第二层红字书"崇文总目"后的摘引，《四库阙书》的摘引，另书于天头。从札记的体例可证，翁方纲札记反映的实为《永乐大典》的汇编面貌，而非四库采进本面貌。

③ 〔清〕翁方纲撰，吴格整理《翁方纲纂四库提要稿》，第427页。

④ 翁方纲言："《永乐大典》所引《崇文总目》叙录各条，皆是从马氏《通考》摘出者。其所引《崇文总目》之书名，则即朱彝尊所抄于天一阁之本。而《大典》所摘采者有二层焉：其一则摘取其书名卷数，与《汉志》、《隋志》、新旧《唐志》、《宋志》诸所载之目，核其同异。一则以红字标"崇文总目"，而将前所未摘引者汇著于此，则是汉、隋、唐、宋诸志所无，而其为目亦不甚多。然以其摘采之所余，是以前后次第或有倒置参差，与朱抄多不合者。要之，其即朱所抄之本无疑也。"〔清〕翁方纲撰，吴格整理《翁方纲纂四库提要稿》，第433页。

本提供了重要的参考,有不少足资采录的异文。

(2) 湘图本校勘性质考

最早鉴定湘图本性质的,即为民国年间收得此书并作题跋的叶启勋、叶启发兄弟。在叶启勋、叶启发的跋文中,均关注到了除卷尾的朱彝尊跋语以外,朱彝尊《曝书亭集》另收一跋,并注意到抄本校语曾引《永乐大典》。叶启勋、叶启发均依卷尾朱彝尊跋等,认为该本中大量校记,包括众多参校《永乐大典》之校记,为朱彝尊检讨的手校,而朱彝尊如何能见《永乐大典》,叶启发以为"则检讨(今按,指朱彝尊)所据校之《永乐大典》本,即张氏为之从内府抄出者矣"。叶启发并未考得张氏为谁,仅承上文指黄冈张学使。同时,叶启勋、叶启发均认为,书前原装封面的"崇文总目"隶书与"天一阁抄本"行书,和书后引高似孙《纬略》的一叶笔迹,为翁方纲手笔,书中亦有一二翁方纲手校,而叶启发更指出,"书中叶次亦经校理(今按,指翁方纲)编定",即认定九十五叶的叶次,亦为翁方纲手笔。

对湖南图书馆藏抄校本的性质判断中,有几处疑问,尚待解决。首先,湘图本绝非朱彝尊旧藏,亦非康熙时抄本。以往研究,多忽视了皕宋楼旧藏而今藏日本静嘉堂的钤有朱彝尊印的手跋本,湘图本的朱彝尊跋,实为录副,而湘图本中,避清高宗讳,故实为乾隆以后抄本。同时,该本的校勘笔迹等,亦与朱彝尊字迹不合。且湘图本行款与清代早期传抄本作半叶九行不同,为乾隆时期半叶十行本系统的《崇文总目》抄本。作为乾隆以后抄本,朱彝尊得以用《永乐大典》手校该本的假设,不攻自破。

此前的研究,已关注到湘图本上的校勘、跋语与翁方纲在四库馆中校理《崇文总目》的分纂稿有密切关系,亦与四库全书本有密切关系,不少学者以为,湘图本为四库底本。① 然而,今所知的四库采进本,往往钤盖"翰林院印"满汉文大印或"翰林院典簿厅关防"满汉文长方印,② 而湘图本上,并无翰林院钤

---

① 杨恒平关注到了湘图本与四库全书本有密切关系,而相信叶启勋、叶启发的鉴定,以为此本即为朱彝尊、翁方纲批校的朱彝尊从天一阁传抄之本,并指出翁方纲《翁方纲纂四库提要稿》引"彝尊庚辰九月自跋于尾"的跋尾与此本相合,认定为湘图本为"库本底本"。侯印国亦据书后朱彝尊跋与翁方纲《翁方纲纂四库提要稿》以为,湘图本"即朱彝尊旧藏本和四库馆臣所用底本"。瞿新明以为"湖南图书馆所藏翁方纲批校本是据朱彝尊本与《永乐大典》批校,当为四库辑本之底本"。诚然,朱彝尊跋《崇文总目》,有文集本与书跋两种版本。文集本收入《曝书亭集》卷四〇《崇文书目跋》,湘图本的书跋与之不同,而翁方纲《翁方纲纂四库提要稿》中的分纂稿一篇,言"彝尊于康熙庚辰九月自跋于尾,谓欲从《六一居士集》暨《文献通考》所采抄以补之,而自谓老而未能办也,盖彝尊是时年七十有二矣",实据书跋立论,而非《曝书亭集》的文集本,而《四库全书目》和书前提要中,此段改作"彝尊《曝书亭集》有康熙庚辰九月作是书跋,谓欲从《六一居士集》暨《文献通考》所载别抄一本以补之,然是时彝尊年七十二矣,竟未能办也",误增《曝书亭集》四字,且文渊阁本、文津阁本均未抄录朱彝尊的书跋,致后人多有误解。但湘图本并非朱彝尊旧藏本,该本虽与四库本有密切关系,但并非"四库辑本之底本",辨详下。

② 参见刘蔷《"翰林院印"与四库进呈本真伪之判定》,《图书馆工作与研究》,2006 年第一期。

印,书中最早的钤印已是民国年间叶启勋、叶启发兄弟的藏印。清人的近时抄本,当时往往不视为珍品,故不钤藏印。但湘图本未见翰林院印,当非送入翰林院修书校办书籍,不属"四库底本"。翁方纲分纂稿所依的朱彝尊跋,出自《崇文总目》书跋的文本系统,但传抄中,可以移录或不录跋语,①今存的各清抄本,实均从朱彝尊增补撰人的《崇文总目》抄本而出,不能因湘图本所载朱彝尊跋文的文本系统与四库馆分纂稿提要的文本相合,便论证该本即为四库底本。

值得注意的是,湘图本的旁校中,同一条目出现过笔迹不同的两种校勘意见,换言之,该本经过两次以上的校勘。

湘图本的原抄字体,近乎馆阁体楷书。一校的校核,往往以欧体行楷,点去原字,校改誊抄时出现的讹误。质之上图本,可以发现,校改往往与上图本原抄相合,脱漏的"阙"字等,亦以行书校补于文字下。第二次校改的字迹,则是近似抄本底本的馆阁体楷书,且多旁校异文,未必点去原字。二校中,有不少校语,补充撰人、援引历代史志中卷数异同,并征引了《永乐大典》《四库阙书》等书。二校中,亦有校补"阙"字的,校补的"阙",间或省写作"缺",笔迹上,所用馆阁体"阙"字,与一校的行书"阙"差别较大,而且,二校校补的"阙"字,在与湘图本同出一源的上图本中,往往不见,甚至多有逾出天一阁本的朱笔"阙"或"缺"字。

湘图本条目中,有两次校改痕迹的,见于卷二二"传记下"类的"《宰辅名鉴》十卷(阙)"和卷三九"卜筮"类的"《灵綦经》一卷《灵碁经》一卷"二处。"《宰辅名鉴》"条,湘图本原抄作"《宰辅石鉴》十卷(阙)","石"字点去,右有行书"名","名"下楷书"明"。天一阁本、上图本均作"名"。据《翁方纲纂四库提要稿》,《永乐大典》卷一八〇五此条抄作"《宰辅明鉴》十卷(阙)",②故第一个"名"为校底本异同,第二个"明"为校勘《永乐大典》异文的校勘记。《通志》卷六五《艺文略》"职官下"有"《宰辅明鉴》十卷,伪吴张翼撰"。《宋史·艺文志》作"张辅《宰辅明鉴》十卷",撰人有异文,书名均作"明"字,《永乐大典》所引"明"当无误,而天一阁本有音讹。文渊阁本、文津阁本未据《永乐大典》校改而仍作"名"。"卜筮"类的"灵棋经",在天一阁本、上图本、湘图本中,原有两条,上下两栏各一,湘图本上栏的"棋",原抄作"碁",右侧行书校改作"綦","綦"下楷书"棋",有两次校改痕迹。下栏原抄"碁",右侧行书校改"綦",后整条圈去。上图本此二条,上栏原作"灵綦经一卷",其后"綦"字形改作"棊",下栏作"灵棊经一卷",无校改。湘图本的行书校改的字形,均与上图本原抄字形合,湘图本二校改"綦"为"棋",并删去下条,文渊阁本、文津阁本最后均仅见一条"《灵棋

---

① 如倪模旧藏《崇文总目》,分二卷,实为湘图本的乾嘉时期的录副本,而朱彝尊书跋未录副。
② 〔清〕翁方纲撰,吴格整理《翁方纲纂四库提要稿》,第430页。

经》"。

　　湘图本二校中部分校勘按语，与文渊阁本、文津阁本的"谨按"中所引《永乐大典》如出一辙，①亦有逾出文渊阁本、文津阁本的校记多处。部分二校未言校勘依据，实亦出《永乐大典》。如卷三九"卜筮"类"《历数纬文轨筓》三卷"，湘图本"筓"右侧有旁校"荓"，而文渊阁本、文津阁本，此条均有："谨按：朱彝尊本作'筓'，《永乐大典》作'荓'，《宋·艺文志》有《曡筓算经法》三卷，又有《周易荓荲璇玑轨革口诀》三卷。"湘图本仅字形旁校，由文渊阁本、文津阁本可证，旁校出自《永乐大典》。又如"小说下"中"《通幽记》三卷"，湘图本旁校："《新唐志》：陈邵《｜｜｜》一卷，《宋志》'一'作'三'卷，《崇文》：缺。"而文渊阁本、文津阁本有："谨按：《永乐大典》云：《新唐志》陈邵《通幽记》一卷，《宋志》'一'作'三'卷，《崇文总目》：阙。"湘图本的旁校中，"｜"为书名省写，"谨按"内容与湘图本几同而明言校记出自《永乐大典》。类似的，天一阁本中无"阙"，或天一阁本有而十行本系统中脱漏"阙"的，湘图本上以馆阁体楷书校补"阙"（或省写作"缺"），而在文渊阁本、文津阁本中亦多有袭取校补的，这些校补，实自《永乐大典》所引校补。从湘图本的二校校记来看，实多为《永乐大典》中引《崇文总目》的反映，另有《永乐大典》中《四库阙书》的记录，不少记录与徐松《永乐大典》辑本《四库阙书》及翁方纲校阅札记所见《永乐大典》之引文相合。湘图本中，有"○""△"的校勘符号，位于抄本中书名条目的上方，据卷首"○者，马《考》；△者，他书"所示，与四库馆校辑解题密切相关，故湘图本上的校勘，确与四库本有密切联系。

　　需要说明的是，湘图本《崇文总目》抄本中一校的欧体行楷校改笔迹、叶 35b 下栏第四行至第十行的欧体行楷原抄书名、抄本版心叶码及内封的隶书、行书题字，最末叶"《纬略》"札记一叶，均出翁方纲手笔。② 从笔迹、抄本属半叶十行本系统及翁方纲参与校办《崇文总目》来看，此本当为翁方纲在四库馆时请人将四库馆采进本《崇文总目》依原抄底本行款录副，③并亲自校勘底本一遍，校改了原抄录副中的误字、脱文。至于湘图本上的二校，当为四库馆校办完《崇

---

① 如《尚书》"十三卷"等文渊阁、文津阁本的"谨按"与湘图本校记几乎全同。"小学类"下《广雅音》一卷，湘图本校记："《大典》引此条云：《宋志》张揖《广雅音》三卷。《崇文总目》同。《隋志》四卷。"文渊阁本、文津阁本作："谨按：《永乐大典》云：《宋志》张揖《广雅音》三卷。《崇文总目》同。"文渊阁本、文津阁本几同湘图本，唯无"《隋志》四卷"。

② 叶启勋、叶启发对《崇文总目》抄校本中的不少抄、校性质有误判，但这些内封题签、书后"《纬略》"条、叶次等字迹为翁方纲手迹的鉴定当为无误。叶 35b 的情形，详后文。另外，书前所夹笺纸之"并缴《斜川集》后二本一并送上"，疑亦与四库馆中周永年从《永乐大典》辑过《斜川集》后诸人传抄此本有关，翁方纲曾有《斜川集》的《永乐大典》辑本，见《斜川集》乾隆五十三年刊本赵怀玉序。但该笺纸的字迹属谁，"岁次己巳"印为何人印，其背后的往还过程等，尚难以尽解，俟后考。

③ 按，翁方纲对录副抄本时，须依原书行款录副这一点十分在意，在翁方纲《复初斋文集》（影印手稿本，收入《清代稿本百种汇刊》，台北：文海出版社，1974 年）中多有出现。

文总目》采进本后，翁方纲又请人自四库馆《崇文总目》采进本上录副校语。①

湘图本的二校中，未见校核的痕迹，部分校记中，有笔误误字，亦证此本当为四库采进本的录副本。如卷一五"职官"中《梁循资格》一卷（阙）"，湘图本旁有撰人校补，作"郑殷象"，翁方纲札记有"郄殷象《梁循资格》一卷（缺）"，据《宋史·艺文志》，当作"郄"。卷一七"刑法"中《律音义》一卷"，湘图本有旁校："《宋志》孙爽《律音义》一卷"，"爽"为"奭"形误，翁方纲札记有《律音义》一卷（《宋志》孙奭《律音义》一卷）。"卷一八"地理"中《诸山记》一卷（阙）"，湘图本旁有撰人校补，作"元佶"，翁方纲札记中有"元结《诸山记》一卷（阙）"，据《宋史·艺文志》，当作"结"。卷二七"小说上"中《事始》三卷"，湘图本有旁校："《新唐志》：刘赓《续事始》三卷。《崇文总目》：阙。""赓"当为"睿"的形讹，《新唐书·艺文志》《宋史·艺文志》均有刘睿《续事始》，而文渊阁本、文津阁本在"《续事始》五卷（冯鉴撰）"下，有"谨按：《新唐书·艺文志》：刘睿《续事始》三卷，《崇文总目》：阙"。校语与湘图本同，而"睿"字不误，可知湘图本并非原始采进本，或为采进本的录副本。②

同时，湘图本最末加叶的"高似孙《纬略》"一条，出自《纬略》卷七"三本书"条，③针对的实为《崇文总目》绍兴改定本卷五三"道书九"的"《茅三君内传》一卷"和卷五七"总集上"的"《文选》李善注"二条，此二说，首见于黄伯思《东观余论》卷下"校正《崇文总目》十七条"，黄氏说："《三茅君内传》云：唐李遵撰。遵非唐人。""《文选》。按，李善注在五臣之前，此云'因五臣而自为注'，非是。"④在绍兴改定本的各抄本中，"三茅"均误乙作"茅三"，而《崇文总目》的文渊阁本、文津阁本中，仍作"《茅三君内传》"，未据《东观余论》或《纬略》乙正，亦未辑补解题；《文选》条，则有"谨按"而征引《东观余论》，但均未引用《纬略》。从四库本未用《纬略》校勘等来看，疑书末的摘录，晚于书中二校之录副采进本校语，是翁方纲后来读书中，遇《纬略》中涉及《崇文总目》的内容而移录于自藏本上。湘图本上的校记并未引用《东观余论》，而四库阁本曾用《东观余论》来校

---

① 关于四库馆中的私家抄校事宜、校阅时限等，参见杨洪升《四库馆私家抄校书考略》，《文献》2013年第1期。据翁方纲与尹嘉铨札，"非其本纂之人，则借不能多时"，"此书早晚要交武英殿抄，如本纂者要看，则尚可借留旬时云云"。（〔清〕翁方纲撰，沈津辑《翁方纲题跋手札集录》，桂林：广西师范大学出版社，2002年，第501页）因翁方纲担任《崇文总目》的分校工作，故可乘办书之便，反复请人抄、自校、再抄。

② 除此之外，不少条目，文渊阁本、文津阁本与《崇文总目》的旧抄本（天一阁本、半叶十行本系统等）有异文，据翁方纲札记引用的《永乐大典》中《崇文总目》绍兴改定本可知，文渊阁本、文津阁本实据《永乐大典》校改，而这些条目，湘图本无校记。此亦可证，湘图本上校记当为四库采进本上校记之录副，在录副过程中，校记有脱漏，此本仅为录副本，而非四库底本，例见后文。

③ 〔宋〕高似孙《纬略》，守山阁丛书本。

④ 〔宋〕黄伯思《东观余论》卷下，《中华再造善本》据嘉定三年刻本影印，北京：北京图书馆出版社，2004年，叶69a—69b。

正,可知湘图本上校记的阶段相对较早,参校的资料并不全面。

综上,湘图本《崇文总目》实为四库馆中分校官利用编纂《四库全书》的机会而录副抄书的体现,从该本的书写、校勘层次来看,当为翁方纲募人依采进本原抄十行本行款誊抄后亲自校勘,再请人录副四库馆采进本上的校语,故校勘层次较为复杂。其中,二校中录副的四库馆采进本上校语,多为据《永乐大典》汇编援引的《崇文总目》绍兴改定本出校异文。此本由翁方纲题写书名,原藏翁方纲处。在递藏源流上,叶启发跋中,言有"家藏检讨(今按,指朱彝尊)、阁学(今按,指翁方纲)二人批校抄本甚多,同为道州何氏东洲草堂旧藏者",即此本虽无何绍基藏印,但可知,翁方纲之后,此本入藏何绍基处,①再从何绍基后人何诒恺处入藏叶启勋、叶启发处。②

(3)四库本据《永乐大典》引《崇文总目》校改考

从今存的翁方纲校阅札记与湘图本校记来看,四库馆在校办《崇文总目》时,曾利用已分层汇编的《永乐大典》中的《崇文总目》之引文进行校勘,其中,部分校勘,以"谨按"的按语形式注出,而大部分校勘属不出校记的径改。据《永乐大典》等校改后形成的四库本,与祖本天一阁本、朱彝尊本及半叶十行本形成了新的异文。

一方面,翁方纲所作《崇文总目》的《永乐大典》校阅札记,可证四库本据《永乐大典》校改。卷一五"职官"下"《官职训》一卷",天一阁本、上图本、湘图本无"阙",湘图本无校记,而翁方纲札记载:"《官职训》一卷(缺)。"③文渊阁本、文津阁本有"阙",当据《永乐大典》校补。卷一七"刑法"下《律令手鉴》,天一阁本、上图本、湘图本均脱卷数,湘图本有旁校"王行先",但未见卷数等校补,翁方纲札记有"王行先《律令手鉴》二卷",属"以上《崇文总目》并缺"。④文渊阁本、文津阁本均作"《律令手鉴》二卷(阙)",当据《永乐大典》所引补卷数及"阙"字。卷二一"传记上",天一阁本、上图本、湘图本均作"《名贤姓字相同录》一卷(阙)",湘图本无校记,翁方纲札记有"《名贤姓氏相同录》一卷(阙)",可见《永乐大典》中作"姓氏"而文渊阁本、文津阁本亦作"姓氏",当为据《永乐大典》改,⑤卷二二"传记下","《吴相事迹录》一卷",天一阁本、上图本、湘图本作

---

① 翁方纲藏书、藏拓等,散落较多,部分入何绍基东洲草堂,何绍基道光二十八年作《五十岁初度日,题所藏翁题延年益寿瓦当拓本,用苏斋原韵四首》,即为藏有翁方纲题款的延年益寿瓦拓本之自述;叶启发《华鄂堂读书小识》卷三著录的"宝真斋法书赞"二十八卷(武英殿聚珍本,翁方纲、何绍基批校)"等,亦为翁方纲旧藏书籍入藏何绍基东洲草堂之证。

② 何氏藏书,经何诒恺入藏叶氏处,参见叶启勋"《玄牍纪》一卷《续纪》一卷《谢山田舍借书抄》一卷"书录,叶启勋、叶启发撰,李军点校《二叶书录》,第67页。

③ 〔清〕翁方纲撰,吴格整理《翁方纲纂四库提要稿》,第430页。

④ 〔清〕翁方纲撰,吴格整理《翁方纲纂四库提要稿》,第431页。

⑤ 今按,《宋史·艺文志》有"《名贤姓字相同录》一卷",或《永乐大典》所引有误抄,而不当校改。

"相",湘图本无校记,翁方纲札记有"《吴湘事迹录》一卷",文渊阁本、文津阁本改作"湘",亦本于《永乐大典》。① 上举诸例,均为翁方纲札记引《永乐大典》中异文与文渊阁本、文津阁本校改相合,而湘图本上无校记,此亦可证,湘图本上校记仅为采进本校记的录副,录副中出现脱漏。②

另一方面,今存的湘图本上的校记,可证四库本曾据《永乐大典》中所引《崇文总目》校改。

天一阁本、朱彝尊本中,卷三〇"〔书〕类〔书〕上"的下栏、卷三四"医书一"的上栏,各有连续八条在栏内首字脱文的情况,湘图本上,两处各八条中的部分内容,已据《永乐大典》中的相关引文校补,其中,"医书一"在抄录时,与天一阁本、朱彝尊本的上下分栏亦有变化。校补的情况,如下所示:

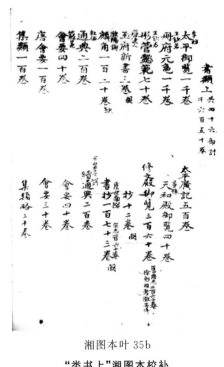

湘图本叶 35b

"类书上"湘图本校补

---

① 今按,《新唐书·艺文志》《宋史·艺文志》有"《吴湘事迹》一卷",此条校改无误。
② 此外,卷三"礼类"下"《谥法》十卷",天一阁本、朱彝尊本、钱大昕手跋本等作"四卷",十行本系统的上图本、湘图本,误抄作"十卷",湘图本无校记,翁方纲札记中有"《谥法》四卷",文渊阁本、文津阁本有按语:"按,《永乐大典》引此作《谥法》四卷,《文献通考》亦同。"卷四"乐类"下"《琴调谱》五卷(阙)",天一阁本、朱彝尊本、钱大昕手跋本等作"三卷(阙)",十行本系统的上图本、湘图本,误抄作"五卷(阙)",湘图本无校记,翁方纲札记中有"《琴调谱》三卷(缺)",文渊阁本、文津阁本有按语:"按,《永乐大典》引《宋志》作《琴谱调》三卷,《文献通考》同。"此二例亦为翁方纲札记有而湘图本无校记,四库本据《永乐大典》所引另出馆臣按语之例。

"(书)类[书]上"类中,下栏第三行"殿御览三百六十卷"起至本叶末的七条原抄似有脱文,为翁方纲手录,从校次来看,这些补录,当与湘图本上其他一校的校核底本同时进行。其后,此叶各书的书名旁,又有二校字迹。朱彝尊本的二校,已校补了"殿御览四十卷"前的"天和"二字,上图本、湘图本亦已增补入原抄,故下栏的阙文情况,与天一阁本有所不同。湘图本校记中,据《永乐大典》旁注撰人,并注《旧唐书》《新唐书》《宋史·艺文志》等史书艺文志的异文。湘图本下栏共三条有校补,补入了"《太平广记》五百卷"之"太平","《修文殿御览》三百六十卷"之"修文","《续通典》二百卷"的"续"字,其余各条,均未校补;而此三条校补,四库各本径抄入正文。"□抄十二卷",天一阁本原抄即有空字,湘图本无校记,后来文渊阁本、文津阁本,均径删此条。① 湘图本"书抄"前无校补,旁注"虞世南撰。《宋志》一百六十卷"。文渊阁本、文津阁本则校补了"北堂"二字。连续四条的"会要四十卷""会要四十卷""唐会要一百卷""会要三十卷",湘图本、四库本等均无校补,据天一阁本的行款、卷帙及《宋史·艺文志》《通志·艺文略》来看,下栏两条当有脱文,《崇文总目》此四条当作"《会要》四十卷""《[续]会要》四十卷""《唐会要》一百卷""《[五代]会要》三十卷"。

	湘图本叶41b							41a
八	七	六	五	四	三	二	一	十
……	药性要录一卷 缺	集诸要方一卷 缺	医显微论一卷	内台要术五卷 阙	问医疗诀一卷 阙	论证病源五卷 阙	金匮指微诀一卷	新集脉色要诀一卷
							象	
金匮录五卷 阙	金匮玉函要略三卷	太元新论一卷	五鉴论一卷	病源手鉴一卷	法家论语一卷 阙	巢氏诸病源候论五十卷		象经要集一卷南 阙 经要集一卷

"医书一"湘图本校补

---

① 《崇文总目辑释》则校补作"《[麟角]抄》十二卷",校补无误。

"医书一"的天一阁本中,阙文原均载上栏,其中,"巢氏诸病源候论五十卷"单独占一行,且"巢"字原为旁校补入。上图本、湘图本的祖本改变行款后,"经要集一卷""巢氏诸病源候论五十卷"载下栏,至"证病源五卷"起,有阙文的条目载上栏。另外,十行本中,此处多条脱漏"阙"字。① "经要集一卷(阙)",湘图本有旁校,作"《象经要集》一卷䦉　阙",②其中,先误抄作"同"字,后点去,改作"阙",但未在"经"字前补字,而文渊阁本、文津阁本、文澜阁本未补。"《巢氏诸病源候论》五十卷",朱彝尊本起,均已补"巢"字,湘图本在"巢"字旁,有朱校"象"字,"象"字当出自《永乐大典》的异文,而文渊阁本、文津阁本、文澜阁本均未从,仍作"巢"。"证病源五卷"前,湘图本朱校补"论"字;③"台要术五卷"前,湘图本朱校补"内"字;④"□□方一卷",湘图本朱校补"集诸要"三字;⑤"性要录一卷"前,湘图本朱校补"药"字⑥。这些校补,文渊阁本、文津阁本、文澜阁本均径补入。"问医疗诀",湘图本未校补,据《通志·艺文略》《宋史·艺文志》,此条首脱"素"字;"医显微论",湘图本未校补,据《通志·艺文略》《宋史·艺文志》,均有"石昌琏《明医显微论》一卷",此条首脱"明"字。

综上看来,湘图本、上图本改变行款誊抄后,递补了原空的下栏,湘图本部分条目有据《永乐大典》的旁校与校补,但在不了解脱文原先行款与脱文起讫的情况下,校补并不全面,而不少校补有误校。湘图本补书于条目前的朱校,四库本均从;旁校中的异文出校,则多未从。"《象经要集》一卷䦉　阙"的旁校中,提及该条在《永乐大典》当有"阙"字,而文渊阁本、文津阁本中未采纳。另外,文渊阁本、文津阁本校补了"《巢氏诸病源候论》五十卷"的"阙"字,在天一阁本和湘图本校记上,此条均未见"阙"字。

湘图本卷二二"传记下",叶 24a 贴签条一张,而湘图本的签条与后来四库

---

① 今按,此处所录,上图本、湘图本共计十条不带"阙",其中,"新集脉色要诀一卷""经要集一卷""金匮指微诀一卷""病源手鉴一卷""五鉴论一卷""太元新论一卷""□□方一卷""性要录一卷"八条,在天一阁本中均注"阙",仅"巢氏诸病源候论五十卷""金匮玉函要略三卷"两条,天一阁本原无"阙"字。湘图本的旁校中,仅两条据《永乐大典》以朱笔校补"缺"字,其余则无。

② 今按,《通志》卷六九《艺文略》"医方·脉经"则有"《自经要集》一卷",《宋史·艺文志》有"《身经要集》一卷",与《永乐大典》所引似均有异文。

③ 今按,《通志·艺文略》"医方·本草用药"另有"《药证病源》五卷(蒋淮撰)",《宋史·艺文志》则作"蒋淮《药证病源歌》五卷",疑当补作"药"而四库馆校补误。

④ 今按,《通志·艺文略》"医方·五藏"则有"《燕台要术》五卷(沙门应元撰)",疑四库馆校补误。

⑤ 今按,此条天一阁本即有脱文空字,湘图本校补作"《集诸要方》一卷"后,与《崇文总目》"医书二"的"《集诸要妙方》一卷(阙)",似有重出,且目记载中,未见他书引作"集诸要方"的,疑此处校补有误。

⑥ 今按,首字《崇文总目辑释》校补作"养"。《新唐书·艺文志》《通志·艺文略》《玉海·艺文》"唐本草·图"俱有"《药性要诀》五卷",王方庆撰,湘图本校补作"《药性要录》一卷",书名、卷数均有异文;《宋史·艺文志》另有"《养性要录》一卷",从书名、卷数来看,当以《崇文总目辑释》所补为是。

馆条目次第有关联。该叶湘图本、上图本等抄写顺序，与天一阁本同，而签条上，用朱笔书"《许国公勤王录》，一本在《瑞应图》后"。根据这一校记，后来四库稿本、文渊阁本、文津阁本对相应条目的次第进行了调整，而调整时，均仅调整该叶下栏条目。即，将下栏第四条"《许国公勤王录》三卷"抽出移至下栏第六条，原在下栏第五条、第六条的"《符瑞图》十卷"和"《瑞应图》十卷"前移至下栏第四、五条，而上栏次第不动。今日可考的《崇文总目》抄本中，均未见符合签条的"一本"情况的排序的。湘图本这一校勘记的来源为《永乐大典》，并直接影响了四库本的排列顺序。

《翁方纲纂四库提要稿》中据《永乐大典》校阅《崇文总目》的札记，所涉类目，仅至《永乐大典》汇校诸目的"史部·地理类"，其后则概无札记。湘图本上，据《永乐大典》出校的二校校记，遍布全书六十六卷，不少湘图本未见校记、翁方纲无《永乐大典》札记而文渊阁本、文津阁本出现的异文，或亦据《永乐大典》校改所致，但这些校改的来源，因《永乐大典》相关卷帙均已散佚而文献不足征。

与此同时，《永乐大典》摘引层次复杂，湘图本中的大量旁校，并非《崇文总目》旧有内容，而仅仅为《永乐大典》汇考诸目内容的反映。翁方纲校阅札记中最末，另有眉批：

> 其中所载卷数，或与隋、唐诸志不同，或与近今传本不同者，则第据当时所贮言之，今亦不复胪列诸志以辨其异同矣。①

这一眉注，应当是校办《崇文总目》时最终的处理意见。即，四库馆《崇文总目》并不保留《永乐大典》中汇考的史志异同。由于古书中同名书屡有出现，历代书目中的撰人信息，并不能确定与《崇文总目》相合，故四库本仅据《文献通考》《东观余论》等书中明确征引的条目，辑补文献来源可靠的《崇文总目》解题，湘图本旁校中大量的《永乐大典》所引撰人、卷数等，悉数未入四库本，唯不少四库本中的"谨按"，依稀能窥见从《永乐大典》汇考史目异同而出的痕迹。②

四库馆的采进本，出自十行本系统抄本，故与天一阁本尚有不少异文，在翁方纲札记、湘图本校记中，可知《永乐大典》所引《崇文总目》实与天一阁本暗合，盖《永乐大典》中《崇文总目》、天一阁抄本《崇文总目》，均源出南宋国子监改定本，然而，不少《永乐大典》中值得参校的异文，在四库本《崇文总目》中未予采纳。如《崇文总目》中所录卷数，均为实际庋藏的卷帙，卷一〇"编年"的

---

① 〔清〕翁方纲撰，吴格整理《翁方纲纂四库提要稿》，第433页。
② 如四库本原卷二一"传记上"的"《文士传》十卷"和卷二七"小说上"的"《续事始》五卷（冯鉴撰）"下的"谨按"。

"《三国典略》二十卷",天一阁本、翁方纲札记所见《永乐大典》本均作"二十卷",①朱彝尊本起,各本误作"三十卷",湘图本无校记,据《玉海·艺文》"唐三国典略"条:"《中兴书目》:二十卷。唐汾州司户参军丘悦撰。自元魏分而为东、西,西魏都关中,后周因之,东魏都邺,北齐因之。梁、陈则皆都江左。悦之书首标西魏元而叙宇文泰。按《崇文总目》云:'以关中、邺都、江左为三国,起西魏,终后周,而东包东魏、北齐,南总梁、陈,凡三十篇。今本二十一以下缺。'"②可知此书原为三十卷,而《崇文总目》起,宋代馆阁所藏,实仅存前二十卷本,③但四库各本未从《永乐大典》异文而仍作"三十卷"。又如卷二一"传记上"的《李靖行状》一卷(阙)",在十行本系统的湘图本、上图本,"状"均误作"述",湘图本"述"字旁校作"状",翁方纲的校阅札记有"《李靖行状》一卷(阙)"④,但文渊阁本、文津阁本仍作"述";"《两京新记》五卷",湘图本、上图本"两"均误作"西",湘图本有旁校,"西"字旁校作"两",翁方纲札记有"《两京新记》五卷",⑤但文渊阁本、文津阁本仍误作"西"。卷一四"伪史"下,天一阁本"效"字有疑误"×"号的"《南效纪国图》一卷",朱彝尊本以降,均误作"《南纪国图》一卷",而湘图本有校记:"阙。《大典》引《崇文总目》作'《南郊纪图》一卷。阙。'"文渊阁本、文津阁本补"阙"字,但仍作"《南纪国图》"。类似的,卷二八"小说下",天一阁本"深""源"二字有疑误的"《开元深平源》一卷",朱彝尊本以降,均误作"《开元平》一卷",湘图本旁校:"《开元升平源》一卷。"此条亦属《永乐大典》中异文出校,但文渊阁本、文津阁本均未从。又如卷五九"别集一",天一阁本有"《张元晏文集》三卷","元"实为"玄"之避讳,而朱彝尊本以降,"晏"均误作"安",而湘图本此条天头有校语:"《新唐志》:《张玄晏集》二卷。《张玄晏文集》五卷。"实据《永乐大典》中的汇考书目,校出"张元安"当为"张玄晏",但这一校勘,并未被后来四库本所采纳。另外,卷五九"别集一"最前,天头有两行,"《小许公集》三十卷、《刘元史歌诗》一卷",此条校记,实据《永乐大典》引《崇文总目》校核《崇文总目》四库采进本,在四库采进本的"别集"中,未见二书著录,故于"别集"类最前的天头出校记。事实上,《刘元史歌诗》即天一阁本卷六二"别集四"的"刘元史诗诗",而朱彝尊本讹作"《刘史诗》一卷";而"《小许公集》三十卷",亦当为《崇文总目》天一阁本的误脱,但原当载于何处,已难以覆

---

① 〔清〕翁方纲撰,吴格整理《翁方纲纂四库提要稿》,第427页。
② 〔宋〕王应麟撰,武秀成、赵庶洋校证《玉海艺文校证》,南京:凤凰出版社,2017年,第589—590页。
③ 著录书籍编纂成书时卷帙的《旧唐志·文苑传》《新唐志·艺文志》均作"三十卷",但《崇文总目》"二十一以下缺",故当作"二十卷"。《崇文总目》和《中兴馆阁书目》是宋代《国史艺文志》的史源,元代删修《国史艺文志》,编成《宋史·艺文志》,故《宋史·艺文志》中著录《三国典略》作"二十卷"。
④ 〔清〕翁方纲撰,吴格整理《翁方纲纂四库提要稿》,第429页。
⑤ 〔清〕翁方纲撰,吴格整理《翁方纲纂四库提要稿》,第429页。

考。上述诸例可知，在参校《永乐大典》的过程中，四库馆曾记录下了不少值得参校的异文，但《永乐大典》所引《崇文总目》层次复杂、次第变更，而这些校勘的异文，往往见诸四库采进本中移录的《永乐大典》汇校条目下，在无本可证的情况下，这些书于旁校的校记，并未尽行采录，而吸收最多的，为校补四库采进本所无之"阙"字。

（4）四库馆《崇文总目》誊清稿本考

《四库全书总目》中著录十二卷本《崇文总目》为"《永乐大典》本"，但抄入四库各阁的《崇文总目》，并非通常"《永乐大典》本"所指的四库馆从《永乐大典》中辑佚而得之本，"《永乐大典》本"的小注并不符合该本的底本面貌。

《四库全书总目》中误题《崇文总目》为"《永乐大典》本"的缘故，盖由《崇文总目》的四库采进本，经过了另行誊抄为四库稿本的过程。今传世的"《永乐大典》本"的誊抄底本，往往以半叶八行、行二十一字四库馆红格稿纸誊抄，书口或书"钦定四库全书"，或无"钦定四库全书"字样，而此类抄本，清代后期收贮于翰林院，往往钤盖翰林院印，故学界称此类版本为"翰林院四库稿本"①。四库稿本的行款与最后抄入阁中的四库各阁本行款大体一致，便于誊抄复核；而存世的四库稿本中，亦时见修订痕迹，有一校、二校的差别；四库各阁本，或依四库稿本的一校、二校为底本进行誊录，誊抄过程中，又间或讹误，由此，形成了四库各阁本间大同小异的面貌。《崇文总目》的采进本，恰恰经过了以采进本为底本重新编纂辑录的过程，以用纸特殊的四库馆红格稿纸另行誊抄；与此同时，《四库全书总目》注明版本，实为修纂过程中后加，②或因修纂《四库全书总目》时，见《崇文总目》誊抄底本在用纸、行款等与四库馆中《永乐大典》辑本十分相像，致《四库全书总目》误署《崇文总目》为"《永乐大典》本"③。

《崇文总目》的四库稿本今虽不存，但考察四库全书馆的流程和惯例，理当存在这一四库稿本，而该本为四库各阁本的直接誊抄底本。这一稿本，当已据四库馆采进本《崇文总目》校核《永乐大典》中引文，并补入类叙和逐书提要，加

---

① 关于翰林院四库稿本的版本特点，参见张升《〈四库全书〉的底本与稿本》，《图书馆情报工作》，2008年第11期。

② 从四库馆的分纂稿来看，一开始的校办过程中，均不注书籍来源与版本信息，伴随着乾隆三十九年七月二十五日颁布《谕内阁着四库全书处总裁等将藏书人姓名附载于各书提要末并另编〈简明书目〉》（中国第一历史档案馆编《纂修四库全书档案》，上海：上海古籍出版社，1997年，第228页），才开始在编纂《总目》时，加入书籍出处来源，少量分纂稿中，亦有补标版本的情况。然而，之后成稿的《四库全书初次进呈存目》中，共1878篇提要，仅五条标注了出处来源，余皆阙如。此后的《四库全书总目》各稿中，才陆续补全版本信息，而于《永乐大典》辑本则注"《永乐大典》本"。

③ 赵庶洋指出"永乐大典本"实属误题后，提出"由于受到分纂稿中提到《永乐大典》的影响，在当时又有《四库全书》所收辑佚书多是辑自《永乐大典》的印象，才标注作'《永乐大典》本'"。（赵庶洋《〈四库全书〉本〈崇文总目〉底本质疑》，《中国典籍与文化》，2010年第三期）笔者以为，这一理解有可解释性，但更重要的原因，可能还是在于另行誊抄、用纸特别的四库稿本。

入馆臣按语。《永乐大典》的大量异文出校,当亦在这次转抄为四库稿本时完成取舍判断。湘图本中,有"○""△"的校勘符号,位于《崇文总目》抄本中书名条目的上方。如同湘图本卷首扉叶的朱字"○者,马《考》;△者,他书"所示,实为四库馆校辑解题时,提示从马端临《文献通考》或他书中辑补解题。从"实录"类《建中实录》条起,部分有"○"或"△"的书名下,有红笔竖线若干道,也是提示抄出的解题在原书中所占行数。这些校勘符号,实即为转抄四库稿本时提供参考而为湘图本录副。同时,四库稿本在誊清时,当已改变原抄本上下两栏抄写书名的形式而逐书单行另起,且誊抄体例上,四库稿本基本奠定了后来四库阁本的誊录体例。

比勘今存的文渊阁本、文津阁本、文澜阁本(原抄部分)与国图清抄本,既有共通的面貌,也有各自独特的异文。其中一本有异而他本均同的条目,可以认为是从四库稿本到四库阁本的誊抄时,某本有异文或讹误;各本均同而与半叶十行本系统有异文,可以认为是四库稿本出现校改或讹误。

通过比勘,可以发现,在誊清为四库稿本时,部分天一阁本、湘图本、上图本有的条目,抄入四库稿本时有脱误与校删,也有据《文献通考》《永乐大典》校增的条目。校删的情况,包括同一类目下书名有重出时的六条校删①、底本原有空字无法补字时的五条校删②。排除这些,誊录至四库稿本的脱误,包括卷八"小学下"脱《图书会》,卷二二"传记下"脱类末一行"《秦传玉玺谱》一卷《玉玺杂记》一卷(阙)"两条,卷三○"(书)类[书]上"脱"《十经韵对》二十卷",卷四一"历数"脱"《应轮心照》三卷",卷四九"道书五"脱"《参同契合金丹行状十六变通真诀》一卷",卷五四"释书上"脱"《僧美》三卷(阙)",卷六○"别集二"脱"《积文集》十卷",共计八种。在四库稿本中校增的条目,包括卷二五"道家类"据《文献通考》增入的"《阴符经辨命论》一卷"③,而此类的后文中,天一阁本等原即有"《黄帝阴符经辨命论》一卷",校增反而导致重出;卷三九"卜筮类",据湘图本可知,四库稿本据《永乐大典》校增"《周易火窍》一卷(阙)"。另外,卷一六"仪注类",天一阁本、湘图本、上图本、翁方纲纂修稿札记移录采进本,均

---

① 因重出而校删的,包括卷一三"杂史下"中《十二国史》、卷一四"伪史"中《家王故事》、卷一七"刑法"中《法要》一卷(阙)、卷二○"岁时"中《四时纂要》五卷(按,此条书款,湘图本、上图本作小注)、卷三九"卜筮"中《灵棋经》一卷、卷六六"文史"中《续古今诗人秀句》二卷(阙)。其中,卷六六"文史"类中《续古今诗人秀句》二卷(阙)一条,仅十行本系统的湘图本、上图本误衍,而四库馆在校删时,删去的第二次出现的条目,核之天一阁本,误衍的实为第一条。

② 因底本存在空字而四库馆无法校补,选择校删的,包括卷三○"(书)类[书]上"之"《□抄》十二卷"、"《青□》十卷"两条;卷六○"别集二"中"《□□集》二十卷",卷六三"别集五"中"《鼎诗》一卷(阙)""《□□诗》一卷(阙)"两条,共计五条;其中,"《鼎诗》一卷(阙)",在天一阁本、南图张蓉镜旧藏本等中作"《□鼎诗》一卷(阙)",有空字。

③ 命,文渊阁本作"命",文津阁本、国图清抄本作"合"。

作"计一百一十卷",而文渊阁本、文津阁本、国图清抄本均作"计一百十一卷",当为四库稿本之讹误;卷二六"墨家",天一阁本作"共五部,计十卷",湘图本、上图本、翁方纲纂修稿札记移录采进本作"共二部,计十卷",有校改而卷数仍与该部内实际著录情况不合。文渊阁本、文津阁本、国图清抄本则作"共二部,计十六卷",当为四库稿本经过校改。

从《崇文总目》的十行本系统到四库稿本的誊清过程中,校改与讹误的情况亦夥。① 其中,文渊阁本、文津阁本、国图清抄本"小学类"有"《辨杂名》一卷",下均有按语:"谨按:《隋志》:韦昭有《辨释名》一卷。此'杂'字疑误。"事实上,天一阁本、湘图本、上图本等原均作"《辨释名》",此条当为四库采进本抄至四库稿本时讹误,转增馆臣按语。增加按语的情况,也意味着,从采进本至四库稿本,可能有过不止一次的誊录过程:第一次誊出时,从采进本抄为四库初稿本,出现了形近讹误,误"释"为"杂",从四库初稿本至四库定稿本时,根据初稿本的讹字情况,复又加入了馆臣的"谨按"的考订。

从四库稿本誊抄至四库阁本,抄本在抄写中,难免出现条目的脱漏、讹误等,造成各阁本中的异文。如卷四七"道书三",文津阁本误脱"《摄生经》一卷(阙)",卷五五"释书中",文津阁本误脱"《禅关入门》一卷(阙)",而文渊阁本、国图清抄本均有。天一阁本中,卷五六"释书下"末条作"《破明集》一卷(阙)","明"当为"胡"之形讹。文渊阁本误脱此条,而文津阁本有"《破胡集》",国图清抄本改"胡"字为"释"字,作"《破释集》",文津阁本、国图清抄本下均有馆臣据黄伯思《东观余论》所出按语,从有按语的情况来看,这三条书名,四库稿本原均有,而誊抄时部分抄本中有脱漏。

从具体比勘来看,文津阁本、国图藏清抄本的底本关系更近,而文渊阁本与之稍有异文,在一些"谨按"的校语的异文、行款等中,均可见文津阁本、国图藏清抄本同而与文渊阁本异的情况。如"道书三",天一阁本、湘图本、上图本、翁方纲纂修稿札记与文渊阁本均作"共五十八部,计八十一卷",文津阁本、国图藏清抄本则作"共五十九部,计八十二卷"。"小说"类的部数、卷次上,文渊阁本则与各本不同。天一阁本、湘图本、上图本、翁方纲纂修稿札记、文津阁本、国图清抄本,卷二七"小说上",均作"共七十一部,计二百九十九卷",卷二

---

① 如卷一八"地理类","《黠戛斯朝贡图传》一卷",各本均有"传"字,而文渊阁本、文津阁本无;"《四夷朝贡录》十卷",各本均有"十卷"二字,而文渊阁本、文津阁本无;"《冀州图》二卷(阙)",各本有"阙"字,文渊阁本、文津阁本无,应当是从四库采进本转抄至四库稿本时出现了脱漏。"《新集地理志》九卷","集"字各本同,文渊阁本、文津阁本均作"杂",当为四库采进本转抄至四库稿本出现了讹误。"《大唐西域记》十三卷",各本同,文渊阁本、文津阁本作"十二卷",或为四库采进本转抄至四库稿本,馆臣据《新唐书·艺文志》《宋史·艺文志》,传世本,或亦参考《永乐大典》中卷帙,校改卷数。又如卷三二"算术类",天一阁本、湘图本、上图本等,均有"《算法口诀》一卷(阙)",文渊阁本、文津阁本、国图清抄本此条均作"《算口诀》一卷(阙)",无"法"字,当为誊抄至四库稿本时,有误脱。

八"小说下",均作"共八十一部,计二百八十九卷",文渊阁本二类,则分别作"共七十部,计二百八十八卷","共七十九,计二百九十卷"。文澜阁本存原抄仅两卷,从文本异文等来看,亦与文津阁本关系较近,而与文渊阁本稍有异文。可能是四库定稿本经过修订,而文渊阁本誊抄时所用的稿本校次较文津阁本、文澜阁本、国图藏清抄本底本所用的稿本校次为早。① 整体来看,四库馆未用屡引《崇文总目》的《玉海·艺文》进行参校,不无遗憾。

钱侗《崇文总目辑释小引》中,曾言及作《崇文总目辑释》时,"雠校方半,又属友人于文渊阁中借钞四库馆新定之本,互勘异同",可见钱东垣等作《崇文总目辑释》时,曾得四库馆的录副本。不过,从《辑释》所引的异文等来看,钱侗等所得的四库馆录副本,并非文渊阁本的传抄本,当为其他阁的录副本,或因"文渊阁"在四库各阁中声名最著,而题作"文渊阁中借钞"②。从异文情况上来看,钱侗等所得的传抄本,与国图藏清抄本亦非同本,钱侗等所得的录副本,或已亡佚。

三、结语及余论

在钱东垣等《崇文总目辑释》付梓前,《崇文总目》久无刻本传世,通过对《崇文总目》明清抄本源流的考察,结合各抄本上校勘层次的分析,可以发现,天一阁本最早,而朱彝尊得到张希良之助,从天一阁本抄出而加以校改的抄本,事实上是众多清抄本的祖本。每一次辗转传抄,都有可能带来新的异文与讹误,对后来的抄本产生影响。

明清时期的不少学者,在无法得到更多参校本时,尽己所能地对《崇文总目》进行了本校和他校,并试图钩稽材料,从他书引文中,辑补《崇文总目》的叙释与解题,这些辑补与校勘,使抄本的文本层次变得愈发复杂,也使《崇文总目》的传抄本在文本继承上,各自呈现不同面貌。

天一阁本上的部分黑笔校勘,在康熙年间张希良为朱彝尊抄出时已有,并影响了朱彝尊本的面貌。朱彝尊在自藏抄本上,以小注的形式,校补经部三十

---

① 按,笔者曾比勘《永乐大典》辑本的《宣和北苑贡茶录·北苑别录》的翰林院四库稿本(今藏北京大学图书馆)、文渊阁本、文津阁本,知文渊阁本、文津阁本抄本的部分异文,与翰林院四库稿本上的校次密切相关。其中,该书翰林院四库稿本上有三次校勘的痕迹,朱笔校勘,黑笔一校,黑笔二校。朱笔校勘只涉及字形异体字的写法,而文渊阁本、文津阁本的写本字形上,与朱校均同;黑笔一校的文字,为文渊阁本所采纳,黑笔二校,为文津阁本所采纳。

② 按,尤为显证的为《辑释》原卷二九"兵家"下,在"《神机武略兵要望江南词》一卷"后,有"《□见管十卷余》"一条作大字书名,此句原为天一阁本、朱彝尊本小注,钱大昕手跋本与钱侗家藏旧抄本脱漏注文,而四库本中,小注以大字低一格书于书名后,钱侗等误以注文为首阙一字之书名,而校补作"《□见管十卷余》"。四库本中,文津阁本、国图藏清抄本小注作"见管十卷余",文渊阁本作"见管子十卷",由四库各本间的异文可知,钱侗等所得当非文渊阁本的传抄本。

部书籍的撰人,这些校补,间或与《文献通考》等所引《崇文总目》解题有抵牾。张蓉镜旧藏本,从这一次校补本录副而出;朱彝尊本上,后复有另一佚名校者,据《玉海·艺文》校勘,续补了三条撰人,并校改了不少有讹脱的书名,其后,经过二校的朱彝尊本,又衍生出不少传抄本。

从抄本面貌来看,早期的抄本,依天一阁本半叶九行的原行款录副,上下栏的空字、阙文等,亦多依原貌。钱大昕手跋本从依照朱彝尊二校本的行款录副的抄本而出,抄本底本有错叶,"医书三"之后,调整"阙"与"不阙"的改编,使该本渐失旧貌。钱东垣等编《崇文总目辑释》五卷刻本的底本,与钱大昕手跋本同源。在乾隆时期,从朱彝尊二校本而出,产生了改变行款的半叶十行本的抄本。《四库全书》的重校十二卷本,从十行本而出。在清代,不少曾经存在并成为他本底本的抄本,今已佚失。

今存抄本上的校勘,各有文献价值。湘图藏的十行本,是反映四库全书馆工作的重要抄本,其上先有翁方纲校核,后有从四库馆采进本上录副的校语,其中,二校内容,来自今已散佚的《永乐大典》。四库阁本厘为十二卷,在吸收《永乐大典》校勘成果时,也间有失校、误校。南图藏的错叶重编本为钱大昕旧藏,别集部分的钱大昕手校,是钱大昕熟稔史志别集的反映;卷末手跋,是钱大昕乾隆年间对于该抄本的认识,在后来嘉庆年间成稿的《十驾斋养新录》中,对手跋观点既有继承,也有更正。此外,钱东垣等编《崇文总目辑释》,在探索整理《崇文总目》体例和推动《崇文总目》的流传上,有着重要意义,但该书底本为错叶重编本,底本的先天不足,外加《辑释》校刊过程中的失当与讹误,使得该本的文献价值颇受局限。

梳理《崇文总目》的抄本、校本的源流及其性质,有助于今后进一步开展《崇文总目》的辑校工作。重新辑校时,当厘清绍兴改定本的体例,汇校诸本,吸收各本上的校勘记,以期更好地还原这部北宋时编写、南宋时改定的书目。本校以外,对《崇文总目》的校勘,亦当采用他校、理校等。他校的材料,需要对史源进行缜密的分析,来补辑可靠的《崇文总目》中著录的撰人与解题。[①] 翁方纲四库馆的纂修稿中校阅札记,能反映绍兴改定本《崇文总目》面貌。不过,这

---

① 这一方面,钱东垣等《崇文总目辑释》最先做出探索,随后,陈汉章《崇文总目辑释补正》(缀学堂丛稿初集)在未见《崇文总目》旧抄本的情况下,广征文献,进行了不少补正工作。近年来,赵庶洋《〈崇文总目辑释〉补正》(《古典文献研究》,第十三辑,2010 年)对《崇文总目辑释》作出了不少补充和更正。翟新明《〈崇文总目〉总集类校考》(《古典文献研究》,第二十辑下卷,2017 年)即突破以往研究往往参照《崇文总目辑释》刻本,改用天一阁本作为底本,并参校众本,探索《崇文总目》重新校理的义例。《辑释》"总集类"的底本,已重编"阙"与"不阙"次第,但"总集"类并非诸本中校勘层次较复杂的类目,"总集上"中,无朱彝尊增补的撰人小注,湘图本除一处乙正上栏以外,无校记;钱大昕手跋本此卷无批校,且湘图本、上图本、文津阁本亦均未被列入参校本,故如何更完善地汇校诸本,仍有继续探索的空间。

一部分材料中，所涉《永乐大典》中摘引《崇文总目》《四库阙书》的层次复杂，且翁方纲仅记录至《永乐大典》汇编部分的"史部·地理类"，而间或存在笔误，须谨慎复核。《秘书省续编到四库阙书》与《崇文总目》一起，在南宋绍兴年间改定，其中少量书籍和《崇文总目》重出，二书中著录书籍的卷帙、注"阙"的情况，值得复核。以往的校勘中，虽然采用了《新唐书·艺文志》《宋史·艺文志》与《通志·艺文略》等书，但对于各书的成书过程及校勘意义，并未充分认识。欧阳修等于嘉祐年间修纂《新唐书·艺文志》，对《旧唐书·经籍志》进行了修订（"著录"部分）与增补（"不著录"部分）。修订的"著录"部分，包括据《崇文总目》对《旧唐书·经籍志》进行更定，换言之，不少从《旧唐书·经籍志》至《新唐书·艺文志》的异文，源于《崇文总目》的著录；增补的"不著录"部分，包括据《崇文总目》著录的馆阁现藏书和史传记载添入，故《新唐书·艺文志》中撰人的简单生平小注等，实即摘引自《崇文总目》解题。这些修订增补，提供了稽考北宋六十六卷本《崇文总目》著录情况与解题的线索。① 《宋史·艺文志》据宋代四部《国史艺文志》删削而成，去《崇文总目》编纂已远，《新唐书·艺文志》《宋史·艺文志》记载的撰人有龃龉的，《宋史·艺文志》的可靠度，当低于《新唐书·艺文志》。《通志·艺文略》抄撮众目而成，郑樵所得，包括《崇文总目》《秘书省续编到四库阙书》等，故《通志·艺文略》中所引《崇文总目》条目及其异文，亦可作为《崇文总目》的重要参校本。

《崇文总目》的各抄本、校本的层次较为复杂，彼此间的源流关系较为错综，根据上文的考述，试绘《崇文总目》的抄校本源流图于后。

【附记】

本文撰写过程中，得到天一阁博物馆、静嘉堂文库的协助，并曾与北京师范大学文学院董婧宸老师切磋研讨，承蒙匿审专家指正，特此致谢。

---

① 马楠指出："《新唐志》在《旧唐志》基础上，在'著录'部分补入了《隋志》所载的贞观藏书，在'不著录'部分补入《崇文总目》等目所载的北宋见存的唐人著述，又根据史传文献补入了唐时当有的著述，结合了'记藏书'与'记著述'。""庆历时《崇文总目》著录崇文院见存唐人书，嘉祐时补入《新唐志》"不著录"，还有一个特殊作用：《崇文总目》解题多佚，正可用补入。"参见马楠《〈新唐书·艺文志〉增补修订〈旧唐书·经籍志〉的三种文献来源》，《中国典籍与文化》，2018年第1期，第4—21页。

二十八宿星宿名异称考

刘 瑛[*]

【内容提要】 完整的二十八宿名称见于《吕氏春秋·有始览》《吕氏春秋·圜道》《淮南子·天文训》《史记·天官书》等典籍。但在二十八宿最终定名之前,某些星宿名有不同的称谓,名称并不固定。这些名称的差异有些是由不同部族的观星历史和观星的地域差别造成的,有些是二十八宿中某些标识性星宿在古代观象授时中被赋予多种涵义造成的。二十八宿在后世逐渐脱离它的实际观测而抽象为有特定象征的符号,战国时期的占星家以之与分野、四时、方位、五行整合配伍,从而推测预知人事吉凶,二十八宿成为这一体系的核心因素。从《左传》等文献中可以窥见二十八宿体系整合完成之前的某些历史遗迹。本文以《左传》等先秦文献记录下来的原生态的二十八宿星宿的异称来分析二十八宿体系形成的历史轨迹。

【关键词】 先秦 《左传》 二十八宿 异称

二十八宿,中国古代用来划分星空区域。古人将黄道附近星空划分为二十八个区域,称二十八宿,以此为基础观测日月及五星在黄道附近天区的运行,度量它们的运动和位置。早期又称二十八舍,[①]典籍中完整的二十八宿名称见于《吕氏春秋·有始览》《吕氏春秋·圜道》《淮南子·天文训》《史记·天官书》等。曾侯乙墓出土的战国初期漆箱盖上记有二十八宿的名称,因此完整的二十八宿名称的形成可追溯到战国初期。[②]

二十八宿的起源很早,有的星名最早见于殷商甲骨文,武丁时代的甲骨文中曾见鸟、火、鹑等名称。《诗经》中已有织女、参、昴、火、牵牛、毕、斗、箕、定等名称。《左传》《国语》的星宿名称可归入二十八宿的有:心(火)、尾(龙、辰尾)、

---

[*] 本文作者为北京大学中文系、北京大学中国古文献研究中心副教授。

[①] 《史记·律书》"舍者,日月所舍",《集解》:"二十八宿七正所之所舍也。舍,止也;宿,次也。言日月五星运行或舍于二十八次之分也。"《史记·天官书》多数称二十八舍,偶称二十八宿。《汉书·天文志》称二十八宿者增多。《晋书·天文志》二者交替使用,以后二十八舍很少使用了。

[②] 王健民、梁柱、王胜利《曾侯乙墓出土的二十八宿青龙白虎图象》,《文物》1979年第7期,第40—45页。

虚、参、女(婺女)、室(营室、豕尾、天豕)、水(大水)、氐(本)、房(农祥、天驷)、亢、氐(天根)、柳(鹑、鹑火),这些星宿名,有些在现存的二十八宿中沿用下来,有些已经不再沿用。

可见在二十八宿最终定名之前,某些星宿名有不同的称谓,它们的名称并不固定。这些名称的差异有些是由不同部族的观星历史和观星的地域差别造成的,有些是二十八宿中某些标识性星宿在古代观象授时中被赋予多种涵义而造成的。二十八宿在后世逐渐脱离它的实际观测而抽象为有特定象征的符号,战国时期的占星家以之与分野、四时、方位、五行整合配伍,从而推测预知人事吉凶,二十八宿成为这一体系的核心因素。从《左传》等文献中可以窥见二十八宿体系整合完成之前的某些历史遗迹。我们以《左传》等先秦文献记录下来的原生态的二十八宿星宿的异称来分析二十八宿体系形成的历史轨迹。

一、不同部族不同地域的观星历史与二十八宿星宿异名的产生

二十八宿自角宿起,自西向东排列,与日月五星运动方向相同,依次为东方苍龙七宿:角、亢、氐、房、心、尾、箕;北方玄武七宿:斗、牛、女、虚、危、室、壁;西方白虎七宿:奎、娄、胃、昴、毕、觜、参;南方朱雀七宿:井、鬼、柳、星、张、翼、轸。

二十八宿星辰观测的起源,源自于不同时期的不同地域、不同部族的实际星象观测,正因为如此,早期星宿名称的记载,呈现出地域特征。以二十八宿中的标识性星宿,东方苍龙七宿第五宿心宿与西方白虎七宿的第七宿参宿为例来看,在二十八宿星辰系统中,参与心是最早出现并沿用的几个星宿名之一,但在二十八宿定名之前,二者的称谓可谓是多种多样。

《左传》昭公元年记载:

> 昔高辛氏有二子,伯曰阏伯,季曰实沈,居于旷林,不相能也,日寻干戈,以相征讨。后帝不臧,迁阏伯于商丘,主辰。商人是因,故辰为商星。迁实沈于大夏,主参,唐人是因,以服事夏、商。其季世曰唐叔虞。当武王邑姜方震大叔,梦帝谓己:"余命而子曰虞,将与之唐,属诸参,而蕃育其子孙。"及生,有文在其手曰虞,遂以命之。及成王灭唐,而封大叔焉,故参为晋星。由是观之,则实沈,参神也。

子产讲的是商人观测心宿,夏人观测参宿的来历。古昔高辛氏的长子阏伯与次子实沈不和,尧把他们分别迁居到商丘(今河南商丘附近)、大夏(今山

西翼城、隰县、吉县一带),①他们是传说中商人和夏人的始祖。商人都于商丘,观测的是辰星,亦称为商星,即是东方七宿中的第五宿心宿三星中的心宿二,属于天蝎座α星。② 这是一颗红色超巨星,在夜空中十分明亮,易于被观测到,因其星呈红色,颜色和亮度都与火星相似,因此又称为火或大火。商人以观测这颗恒星为主,并把它当作本族的族星祭祀,因此这颗星也称作商星。至今商丘还有阏伯庙,纪念商人始祖阏伯,所以心宿又被称为阏伯之星(《国语·晋语四》)。

阏伯被封为火正,负责观测火星(即心宿二)的隐伏出没,以授民时节。在商丘地区,春分前后,初昏时心星正在东方地平线上,商人就以此时心星的出现作为春耕的标识。火正的观测对象是火星,后来变为观测柳宿,《左传》也记录了这一变化,襄公九年记载:

> (士弱)对曰:"古之火正,或食于心,或食于咮,以出内火。是故咮为鹑火,心为大火。陶唐氏之火正阏伯居商丘,祀大火,而火纪时焉。相土因之,故商主大火。商人阅其祸败之衅,必始于火,是以日知其有天道也。"

柳宿形状似朱雀之口,故称咮,咮即朱雀之喙。火正为官名,职掌祭祀火星,行火政。祭祀时或以心宿陪祭,或以柳宿陪祭,观察火星的见与伏而出火或纳火。因为传说中阏伯被封为火正约是公元前二千二百年左右,春耕开始时大火初昏东升,但岁差的作用使得大火星升起越来越晚,到商代中期以后,春耕开始,初昏仍看不到大火星东升,而鹑火,即柳、星、张三宿,正在南中天,这三宿所占天空广阔,像一只展翅翱翔的大鸟,故称为鹑火,火正的观测任务由观测心宿改为观察鹑火了。观察恒星初昏,也改变为观察恒星昏中,定四时。③ 阏伯的后裔相土承袭了这个职位,相土是殷的先公。

而夏的古都是大夏,夏人观测的主要是参星,参宿也被当作夏人的族星,并享受祭祀。春分时候,大夏地区初昏时参星正在西方地平线上,因此夏人选

---

① 关于大夏的具体位置,《春秋左传诂》云:"服虔云:'(大夏)在汾、浍之间,主祀参星。'"《春秋左氏传贾服注辑述》卷一四云:"案顾氏炎武曰:'《左传》昭公元年,迁实沈于大夏。定公四年,命以《唐诰》而封于夏墟。'服虔曰:'大夏在汾、浍之间。'杜氏则以为太原晋阳县。按,晋之始见《春秋》,其都在翼。《括地志》:'故唐城在绛州,翼城西十二里,尧裔所封,成王灭之,而封太叔也。'北距晋七百余里,即后世迁都亦远不相及。《竹书纪年》:'康王元年,唐迁于晋,宣王十六年,晋迁于绛。'况霍山以北自悼公以后始开县邑,而此前不见于传。当以服氏之说为信。"则大夏在汾水、浍水之间,今山西翼城、隰县、吉县地区。

② 心宿有三颗星,心宿一(天蝎座σ)、心宿二(天蝎座α)、心宿三(天蝎座τ)。古人亦专称心宿二为心,又用于指心宿三星。

③ 郑文光《中国天文学源流》,北京:科学出版社,1979年,第60页。

择观测参星作为春耕来临的标志。夏为商所灭,其地改称为唐,周成王之弟叔虞始封于此,称唐叔虞,后其地又改称为晋,因此参星又称为晋星,晋人的先祖实沈称为"参神",参星也称作"实沈之星"(《国语·晋语四》)。除此之外,参星还被称为辰、大辰、参伐、伐星(此伐星指参宿七星,参宿下三颗小星亦称伐星)。①

《国语》也记录了参星属于晋星,大火属于商星的历史,《晋语四》:

> 董因逆公于河,公问焉曰:"吾其济乎?"对曰:"岁在大梁,将集天行,元年始受,实沈之星也。实沈之虚,晋人是居,所以兴也。今君当之,无不济矣。君之行也,岁在大火。大火,阏伯之星也,是谓大辰。辰以成善,后稷是相,唐叔以封。"

古人以岁星(即木星)所行之星次纪年,后因岁星纪年误差大而废止。董因说晋文公即位元年,岁星在实沈的星次。实沈所在之墟,居住着晋人,象征着晋国将要兴盛。晋文公出亡之年,岁星运行在大火,大火是阏伯之星,叫作大辰。辰代表农事吉祥,后稷主掌辰星。晋国的始祖唐叔虞也是在岁星运行于大火之年受封。董因意为晋文公出亡和复位之年岁星所在都代表吉兆。

心宿称为"商星",是由部族之名而来,代表东方部族的观星历史;称为"阏伯之星",是由部族祖先之名而来;称为"火""大火",是由红色亮星特征而来;称为"辰",是说心宿作为观象授时的标识性星辰,辰有标识、标准之意;称为"心",是由东方七宿苍龙之象而来,心即龙的心脏。其中"心"这一名称沿用为二十八宿之名。

参宿称为"晋星",是由晋人为夏人之后裔而来。参宿有七颗星,参宿一至参宿三,东西向一字排开,星距看似相等,像衡度之形,因此《史记·天官书》称这三颗星为衡石。参宿七星,都是二等以上的亮星,在夜空中十分引人瞩目,《诗经·召南·小星》:"嘒彼小星,维参与昴。"参,即是参星;昴,属于西方白虎七宿中的第四宿,为著名的昴星团中的七颗较亮的恒星。在北方广大地域的冬季和初春很容易识别。《礼记·月令》说,"孟春之月,昏参中",《淮南子·时则训》也记载"昏,参中",即在初春时,参星黄昏时出现在南中天。观测者根据它的升降和在天空中的位置确定季节的转化,从而对农业生产进行实际指导,代表西部部族的观星历史。这是夏族以参星为族星,商族以心星为族星的实际意义。②

心宿与参宿作为不同地域部族的实际观测重点,成为商人与夏人的族星。

---

① 《大戴记·夏小正》"五月,参则见",传曰:"参也者,伐星也。"
② 郑文光《中国天文学源流》,第31页。

二者分别为独立起源。参星与心星都有几种不同的称谓,原因一是早期的文献记载还不统一;二是它们有特殊的地位,因此有不同角度的命名方式。

商星、参星作为商族与夏族族星的传说,应该与居住于此的先民对这两组恒星长期固定的观测有关,反映的是东西方各族观测不同恒星的历史。在夏人和商人所居住的地区,当心星从东方升起时,参星就向西方沉落;参星从东方升起时,心星则没入西方地平线。二者永远不会同时在天空中出现。"人生不相见,动如参与商"(杜甫《赠卫八处士》)即源于此。古史传说中实沈与阏伯兄弟不和,互相征战,被分置于商与大夏,就像参商二星永不相见,象征着东西方部族间征战的历史。

心星与参星都曾被称为辰或大辰。这是因为它们都是标识季节的星辰,是古代观象授时的主要观测对象,《尔雅·释天》:"大火谓之大辰。"郭璞注:"大火,心也,在中最明,故时候主焉。"《公羊传》昭公十七年云:"大辰者何?大火也。大火为大辰,伐为大辰,北辰亦为大辰。"何休注云:"大火谓心,伐谓参伐也,大火与伐,天所以示民时早晚。"《尔雅》邢昺疏:"北极谓之北辰者,极,中也;辰,时也。居天之中,人望之在北,因名北极。斗杓所建,以正四时,故云北辰。"由此可见,在观象授时的时代,心宿、参星的起伏代表季节的转换。作为分辨季节的标识性星辰,都可以称为辰或大辰。

在天文星占中,心星与参星也是中国古代最早确立的分野之星,心星对应的分野是宋国,宋为商人的后裔;参星对应的分野是晋国,晋为夏人的后裔。分星与分野的配合是由阏伯和实沈的古史传说而来,有着实际观测历史为基础。二者在古代星官体系和天文星占中有特殊的地位。其他一些分星与列国分野的分配,只是占星家为追求形式上的完整而刻意整合。实沈后来又成为十二次的次名。

根据古史传说,夏商时期参宿、心宿的观测基本属于实际星象的观测,并没有更多的符号化色彩。从《左传》《国语》心星、参星有着几种不同的称谓可以看出,春秋时期二十八宿还没有完成它的固定化,称谓并未统一。其中心、参的名称在后世被沿用下来,但众多的其他称谓,在后世整齐划一的二十八宿名称中无法得以体现。

二、观象授时与二十八宿星宿异名的产生

二十八宿观测的起源在历法细密之前,古人以黄道带固定的恒星为目标,观测它们出没隐伏的规律,计算其运行周期,用来划分季节,确定"二分二至"及"四立"之日,指导生活和农业生产。观察二十八宿星辰的运行是观象授时的重要组成部分。

《尚书·尧典》记载了古人利用显著星象于黄昏出现在正南天空来预报季节的方法,就是"四仲中星",《尧典》:"日中星鸟,以殷仲春";"日永星火,以正仲夏";"宵中星虚,以殷仲秋";"日短星昴,以正仲冬"。即以观测鸟、火、虚、昴四星在黄昏时正处于南中天的日子确定春分、夏至、秋分、冬至。鸟即星宿,南方朱雀七宿第四宿,春分黄昏出现在南中天;火即心宿,东方苍龙七宿第五宿,夏至黄昏出现在南中天;虚即虚宿,北方玄武七宿第四宿,秋分黄昏出现在南中天;昴即昴宿,西方白虎七宿第四宿,冬至黄昏出现在南中天。

顾炎武《日知录》说:"三代以上,人人皆知天文,'七月流火',农夫之辞也;'三星在天',妇人之语也;'月离于毕',戍卒之作也;'龙尾伏辰',儿童之谣也。后世文人学士,有问之而茫然不知者矣。若历法,则古人不及近代之密。"(《日知录》卷三〇)。

顾氏是说在历法完备之前,一般的星象观测能力,普通人都能掌握。七月流火,见《诗·豳风·七月》;三星在天,见《诗·唐风·绸缪》;月离于毕,见《诗·小雅·渐渐之石》;龙尾伏辰,见《左传》僖公五年晋假虞灭虢。火(心宿二)、三星(即参宿)、毕、龙尾(即尾宿),都是二十八宿中的星宿,都用于观察天象,测定时节。其中四个星宿名称除了毕宿以外,都与流行的二十八宿名称有异,表明二十八宿中某些名称尚未固定,人们还在使用那个时代流行的星宿名称。

下面我们按二十八宿星宿的顺序对它们的异名进行考察。

1. 心,又名火、大火,东方七宿第五宿。

前述心宿为商族族星,心宿还称为火或大火,是以心宿二为赤色亮星而言。在实际应用中被作为时节转换的观测标识。

《左传》庄公二十九年:"凡土功……火见而致用,水昏正而栽,日至而毕。"

心为大火,火即心宿,夏正十月之初,次角、亢之后,晨出现于东方。致用,诸筑墙工具置于场地。即《周语中》所谓"火之初见,期于司里"。

《左传》昭公三年:"火中,寒暑乃退。"

心宿二夏末于黄昏时在天空中,暑气渐消;冬末在天将明时在天空中,寒气渐消。

《左传》昭公六年:"士文伯曰:'火见,郑其火乎!火未出,而作火以铸刑器,藏争辟焉。火如象之,不火何为?'"

火即心宿。五月心宿昏见。此时是周正三月,心宿未出,故曰"火未出"。士文伯预言五月心宿出现时,郑将有火灾。《周礼·夏官·司爟》郑玄注云:"郑人铸刑书,火星未出而出火,后有灾。"即据此而来。

《左传》昭公十七年:"冬,有星孛于大辰,西及汉。申须曰:'彗所以除旧布新也。天事恒象,今除于火,火出必布焉,诸侯其有火灾乎!'"

此年冬彗星出现于大辰之侧,大辰指心宿,下文"今除于火"的"火",也是指心宿。申须预言说,彗星象征着除旧布新,天象往往象征人事吉凶。现在彗星出现在大辰的地方,像要扫除大火星,等它再度出现的时候一定会散布火灾。

《左传》昭公十八年:"夏五月,火始昏见。丙子,风。梓慎曰:'是谓融风,火之始也;七日,其火作乎!'戊寅,风甚。壬午,大甚。宋、卫、陈、郑皆火。"

火即心宿。周正五月大火星出现于南方。杜预注:"从丙子至壬午七日。壬午,水火合之日,故知当火作。"

据上述记载,春秋时期,观测心宿的主要目的是授时于民,确定城建、陶冶的时节,以顺应天时。随着心宿(火星)的出没制定用火、止火的制度,进行城建冶炼等民事活动,其职掌者即所谓的火正。《汉书·五行志》:"古之火正,谓火官也,掌祭火星,行火政。季春昏,心星出东方,而咮、七星、鸟首正在南方,则用火;季秋,星入,则止火,以顺天时,救民疾。帝喾有祝融,尧时有阏伯,民赖其德,死则以为火祖,配祭火星。"具体说明了随着季节的转换所观测到的大火星的出没,以及相应的用火、止火情况。

同时我们也注意到,心宿还被占星家赋予了象征的意义,按照"天事恒象"的认知推理,天上火星(心宿)的出现,象征着人世间的举火用火和火灾灾情的出现。昭公六年"火见,郑其火乎",昭公九年"夏四月,火出而火陈",昭公十七年"火出必布焉,诸侯其有火灾乎",昭公十八年"火始昏见……火之始也;七日,其火作乎",几乎都是用火星作为预言火灾发生的征兆,把火星作为火灾的符号进行直接的联想,而不是实际的星象观测了。

2. 氐,又名本,东方七宿第三宿。

《国语·周语中》:"夫辰,角见而雨毕,天根见而水涸,本见而草木节解,驷见而陨霜,火见而清风戒寒。故先王之教曰:'雨毕而除道,水涸而成梁,草木节解而备藏,陨霜而冬裘具,清风至而修城郭宫室。'……其时儆曰:'收而场功,待而畚梮。营室之中,土功其始。火之初见,期于司里。'"

这里是说一年之中,标识性星辰次第出现,四季则随之流转,民事活动也要按照相应的顺序进行安排。角宿晨见,时至寒露,雨季结束;天根晨见,河水就要干涸了;氐宿晨见,草木就要凋谢;房宿晨见,霜降即至;心宿晨见,则冷风吹来,寒冬将要到来。室宿出现于中天,开始营建宫室;星宿初次出现,要到司里集中。

《说文》:"氐,至也,本也。"氐的本意是根本。天根,在亢、氐之间。《尔雅·释天》:"天根,氐也。"把天根当作氐的别称。《国语集解》引王引之云:"《尔雅》云:天根,氐也。无以天根为氐、亢之间者。"郭璞注:"角、亢下系于氐,若木之有根。"天根应指亢末、氐初现时的二宿。① 《国语集解》引项名达云:"夏初寒露前三日,日在房三度,亢末氐初均见,所谓天根也。若定王时,天根见当在霜降节,而后文'陨霜',须俟驷见。"则天根指亢、氐二宿,非专指氐宿。

3. 房,又名天驷、农祥,东方七宿第四宿。

《国语·周语下》:"昔武王伐殷,岁在鹑火,月在天驷。……岁之所在,则我有周之分野也。月之所在,辰马农祥也。"韦昭注:"天驷,房星也。"《尔雅·释天》:"天驷,房也。"郭璞注:"龙为天马,故房四星谓之天驷。"韦昭注:"辰马,谓房、心星也。所在大辰之次为天驷。驷,马也,故曰辰马。言月在房,合于农祥。祥,犹象也。房星晨正,而农事起焉,故谓之农祥。"天驷乃天马所居,因此又称为房。农祥是指房宿在清晨出现排列为一行时,可以进行农事活动,则房宿象征着农时。

《国语·周语上》:"古者太史顺时觇土,阳瘅愤盈,土气震发,农祥晨正。"韦昭注:"农祥,房星也……农事之候,故曰农祥。"立春时,房宿晨时现于中天,晨正指的是房宿四星排列为一正行,表明春耕可以开始了。

4. 尾,又名龙尾、辰尾,东方七宿第六宿。

《左传》僖公五年,晋大夫卜偃占卜进攻虢国的日期:

> 八月甲午,晋侯围上阳。问于卜偃曰:"吾其济乎?"对曰:"克之。"公曰:"何时?"对曰:"童谣云:'丙之晨,龙尾伏辰,均服振振,取虢之旗。鹑之贲贲,天策焞焞,火中成军,虢公其奔。'其九月、十月之交乎!丙子旦,日在尾,月在策,鹑火中,必是时也。"

杜预注:"龙尾,尾星也。日月之会曰辰。日在尾,故尾星伏不见。"丙即丙子,龙即尾宿,为苍龙七宿之第六宿。辰为日月交会处,尾宿伏于辰,即日行在尾宿,其光为日所夺,伏而不见。据《尔雅·释天》柳宿又名鹑火,为朱雀七宿之第三宿。天策即傅说星,孔疏:"傅说之星在尾之末,合朔在尾,故其星近日。"火中,即鹑火出现于南方。交,晦朔交会。丙子日,是夜日月合朔于尾星,而月行较快,故旦而过在天策。鹑火正当南方。孔疏:"十月朔,丙子之日,平旦时,日体在尾星,月在天策星,鹑火正中于南方,必是时克之。"是说十月丙子(晋用夏正,此周正十二月),会出现这样的天象,晋将灭虢。

《左传》昭公三十一年:"十二月辛亥朔,日有食之……(史墨)对曰:'六年及此月也,吴其入郢乎!终亦弗克。入郢必以庚辰,日月在辰尾。庚午之日,日始有谪。火胜金,故弗克。'"

杜预注:"辰尾,龙尾也。周十二月,今之十月,日月合朔于辰尾而食。"《礼

---

① 《国语集解》,北京:中华书局,2016年,第63页。

记·月令》:"孟冬之月(夏正十月)日在尾。"此次日食,日行黄道正在苍龙七宿之尾宿。尾宿亦可称为辰,《尔雅·释天》:"大辰,房、心、尾是也。"郭璞注:"龙星明者,以为时候,故曰大辰。"

龙尾以四象之苍龙七宿的尾宿而名。在上述记载中用于预测吉凶。

5. 女,又名婺女,须女,北方七宿之第三宿。

《左传》昭公十年:"春王正月,有星出于婺女。"婺女即女宿,谓有客星出于女宿。

《吕氏春秋·有始览》:"北方曰玄天,其星婺女、虚、危、营室。"

《淮南子·天文训》:"北方曰玄天,其星须女、虚危、营室。"须女即女宿。

6. 虚,又名北陆。北方七宿第四宿。

《尔雅·释天》:"玄枵,虚也。颛顼之虚,虚也。北陆,虚也。"玄枵是虚宿所在的次名。《尔雅·释天》郭璞注:"虚在正北,北方色黑,枵之言耗,耗亦虚意。颛顼水德,位在北方。虚星之名凡四。"则郭注把玄枵、颛顼之虚也当成虚宿的名称之一。

《左传》昭公十年:"今兹岁在颛顼之虚。"孔疏:"北方三次以玄枵为中。玄枵次有三宿,又虚在其中,以水位在北,颛顼居之,故谓玄枵虚星为颛顼之虚也。"颛顼之虚也是虚宿所在次名,应从孔疏。

7. 室,又名营室、定、豕韦、水、大水,北方七宿第六宿。

《尔雅·释天》:"营室谓之定,娵觜之口,营室、东壁也。"郭璞注:"营室、东壁,星四方似口,因名云。"最早包括室、壁二宿,后专指室宿。室、壁二宿各有两颗星,四星略似长方形。春秋战国时,当它们黄昏出现在南中天时,正是农事结束、营造房屋的季节,因而称为营室。营室像四方合围的室,东西两侧各有两星,为东壁、西壁,营室可包括东壁。娵觜,十二星次之名,室、壁在其中。《左传》襄公三十年:"及其亡也,岁在娵觜之口。"杜预注:"娵觜,营室、东壁。"孔疏引孙炎曰:"营室东壁四方似口,故因名云。"旧历十月,壁宿在东,故称东壁。

营室,亦名定。《诗·鄘风·定之方中》:"定之方中,作于楚宫。"是说营室中天之时,正是营建宫室之时。郑笺:"定星昏中而正,于是可以营制宫室,故谓之营室。定昏中而正,谓小雪时。"

《尔雅·释天》:"营室谓之定。"郭璞注:"定,正也。作宫室皆以营室中为正。"

《左传》昭公十一年:"蔡侯般弑其君之岁也,岁在豕韦。"《广雅》:"营室谓之豕韦。"豕韦,古部族名,彭姓,为商汤所灭。故地在今河南滑县。一说刘姓,御龙氏刘累之后,武丁封为豕韦氏。

《左传》庄公二十九年:"凡土功……火见而致用,水昏正而栽,日至而毕。"

水即营室。十月昏中,黄昏正见于南方。栽,筑墙立板。日至即冬至,冬至以后不再施工。可与《周语中》"营室之中,土功其始",《鄘风》"定之方中,作于楚宫"互参。

《左传》昭公十七年:"卫,颛顼之虚也,故为帝丘,其星为大水。"杜预注:"卫星,营室。营室,水也。"

在《左传》中,心宿和室宿的异称最多,说明当时各国都特别注意观察这两颗恒星。心宿象征火,室宿象征水。

8. 昴,又名西陆,西方七宿之第四宿。

《尔雅·释天》:"西陆,昴也。"此宿在西方白虎七宿居中,所以称西陆。郝懿行《尔雅义疏》:"二十八宿分列四方,当有四陆,《左传》《尔雅》独言北陆、西陆,又于二陆之中各举一星为识,故云'北陆,虚也','西陆,昴也'。是皆举一以包之耳。"

《左传》昭公四年:"日在北陆而藏冰,西陆朝觌而出之。"即太阳在虚宿的位置上就藏冰,昴宿在早晨出现就把冰取出来。

9. 毕,又名浊(濁),西方七宿第五宿。

《尔雅·释天》:"濁谓之毕。"郭璞注:"掩兔之毕,或呼为濁,因星形以名。"此宿的形状像捕兔之网,毕的本义是捕捉鸟兽之网,因此宿名称毕。濁,从水,从蜀,蜀亦声。蜀本义为带孔的网罩。

10. 参,又名三星,西方七宿第七宿。

参为夏人的族星,除上述异称外,《唐风·绸缪》一至三章有"三星在天""三星在隅""三星在户"。毛传云三星为参宿三星,郑笺云为心宿三星,朱文鑫《天文考古录》认为第一章指参宿三星,第二章指心宿三星,第三章指河鼓三星。

马瑞辰《毛诗传笺通释》云:"《传》:'三星,参也。'《笺》:'三星,心星也。'瑞辰按:《传》以秋冬嫁娶为正,故谓三星为参星。而以在天、在户、在隅为得时。《笺》以仲春嫁娶为正,故谓三星为心星。而以在天、在户、在隅为失时……《传》说是。"

古代秋冬之时嫁娶,此时心宿三星坠落不见,而参星三星升起。仲春,故三星为参星。仲春心宿三星升起,参宿三星坠落不见。而仲春非嫁娶正时。《荀子·大略篇》云霜降逆女,秋冬始嫁娶。因此三星当为参宿三星。且《唐风》是晋地诗歌。晋人继承夏以来观测参宿的习俗,歌颂三星,以纪念祖先。《毛传》较为可信。

11. 柳,又名咮,南方七宿第三宿。

《左传》襄公九年:"是故咮为鹑火,心为大火。"柳宿形状似朱雀之口,故称咮,像朱雀的鸟喙。鹑火,十二星次之一,柳、星、张三宿在其中。

《尔雅·释天》："咮谓之柳。柳，鹑火也。"郭璞注："咮，朱鸟之口；鹑，鸟名，火，属南方。"柳、咮在《左传》中并用。如上所述，商代中叶以后，因岁差累积之故，春耕时节初昏，此宿正值南中天，已由观测心宿改为以柳宿定农时。

由上所述，二十八宿的异称保留在《左传》《国语》等先秦典籍中。有些是因为观星起源的地域差别而产生的，如心宿称为商星、阏伯之星，参宿称为晋星、实沈之星，反映的是不同地域、不同部族的观星历史。有些是作为标识性星宿而名，如心宿、参宿都被称为辰或大辰。有些是由观象授时，契合农耕、陶冶和营建宫室而来，如氐宿称为本，室宿称为营室，共同的特点是通过观测星象的实际位置，适时安排农耕和土木工程的时节。有些是由所观星象的色度、形状而来，如心宿二为超级亮星，呈赤红色，似行星中的火星，故称火或大火；柳宿称为咮，是由形似朱雀鸟形之口而来的。可谓来历不一，命名方式不一，名称纷然杂呈。这些异称无论是哪一种原因产生的，都是基于星象的实际观测或对实际星象形状的描述。通过对这些异称的分析，我们可以窥见二十八宿名称统一之前的时代特征。

商周时期，以黄道、赤道附近恒星划分天区，观测日月五行所经行的轨迹、位置和周期，二十八宿完整的观测已经存在，这是在实际观星的基础上建立的。这一时期，古人把二十八宿分为四组，以它们的形象划分为苍龙、玄武、白虎、朱雀四象。可以说，二十八宿的基本因素已经具备。

二十八宿在商周时期的应用主要在观象授时，但由于二十八宿观测地点不一，不同部族重点观测对象不一；并因为岁差的原因，标识性星辰的观测也有改变，对二十八宿的记述并不统一，表现为称谓的多样性。说明二十八宿还没有完成它的体系化。这些都是研究二十八宿早期情况的珍贵资料。战国时期，天文家对二十八宿进行整合，有些星宿名称沿用下来，有些消失，有些被当作十二次的次名。在二十八宿星辰与分野配伍的系统中，参星与心星是最早出现并沿用的几个星名之一，并有悠久的观测历史，二宿对应的分野即由此而来。

后世还有以二十八宿配合十二次的做法。古人以为岁星十二年（实际是11.86年）行一周天，于是按岁星的视运动路径自西向东把周天划分为十二次，依次为星纪、玄枵、娵訾、降娄、大梁、实沈、鹑首、鹑火、鹑尾、寿星、大火、析木。每一次分别对应二十八宿中的星宿。十二次还分别对应十二星野。完整的十二次名称及其所配分野，最早见于《周礼·春官·保章氏》郑玄注引《堪舆》，云："星纪，吴越也；玄枵，齐也；娵訾，卫也；降娄，鲁也；大梁，赵也；实沈，晋也；鹑首，秦也；鹑火，周也；鹑尾，楚也；寿星，郑也；大火，宋也；析木，燕也。"春秋时期曾以岁星位于哪一次来纪年，如"岁在星纪"（《左传》襄公二十八年）、"岁在鹑火"（《左传》昭公八年、《国语·周语下》）、"岁在大火"（《国语·晋语四》）

等。岁星纪年的误差积累后,每86年会超出一次,称为"超辰",因误差较大,东汉以后不再使用岁星纪年法。

《左传》《国语》已经有析木、星纪、玄枵、鹑火、降娄、大梁、娵訾等次名。其中的"玄枵"又称"颛顼之虚"(《左传》昭公十年、《尔雅·释天》),又称"天鼋"(《国语·周语下》),说明十二次的名称在当时还没有固定。应早于《周礼》的十二次。十二次的全套名称固定下来,可能是战国以后。但其中一部分次名,最早可追溯到商代,如前面所说的"大火""实沈"。其他一些分星与列国分野的分配,并没有实际观测的基础,只是占星家为追求形式上的完整而刻意为之。

十二次与分野的对应,利用了早期的观星活动的记录而加以划分,其整合利用了前代的因素,如《周礼·保章氏》郑玄注引《堪舆》所云十二次,大火是宋国所在之次,宋国是殷商后裔,仍以大火为其次名;实沈原是晋国远祖,用以命名晋国所对应之次,明其不忘祖先之意。根据上述记载,大火、实沈至少可以追溯到商代。

我们也注意到,在春秋后期,二十八宿的观测逐渐脱离观象授时的实际应用,在天文星占中的应用越来越普遍。《左传》昭公以后,与心宿有关的记载,主要是根据天事恒象的原则,以心宿作为火的象征来预测列国祸福兴衰。二十八宿尤为后世星占家所重,"列宿二十八,是日月五星之所由,吉凶之所由兆也"。①战国以后,星占家以二十八宿配合十二次及分野,再加上十二辰,构成天地对照的系统,以天象预知人事,二十八宿是其中的核心。

天文占卜在春秋战国时的兴起,与连年征战,国破城屠,列国君臣忧患意识加剧,急于伺察星象、卜知吉凶预兆有关。《史记·天官书》说:"盖略以春秋二百四十二年之间,日蚀三十六,彗星三见,宋襄公时星殒如雨。天子微,诸侯力政,五伯代兴,更为主命。自是之后,众暴寡,大并小。秦、楚、吴、越,夷狄也,为强伯。田氏篡齐,三家分晋,并为战国。争于攻取,兵革更起,城邑数屠,因以饥馑疾疫焦苦,臣主共忧患,其察禨祥、候星气尤急。近世十二诸侯七国相王,言纵横者继踵,而皋、唐、甘、石因时务论其书传,故其占验凌杂米盐。"

战国时有尹皋、唐昧、甘公、石申夫,据时势以天象预测灾异,他们的占验凌乱庞杂,像米盐那样琐碎,占法并不齐备,不利于认识天运规律。所谓"所见天变,皆国殊窟穴",则"其文图籍禨祥不法",即各国所见到的天变,都是各国的特殊现象,没有代表性,古代流传下来的图籍所记的吉凶征兆,并不全都可以作为法则。

---

① 《开元占经》卷六〇《东方七宿占》引《春秋纬》,《景印文渊阁四库全书》第807册,台北:台湾商务印书馆,1986年,第602页。

正是因为有了调整一致的需求，此前杂乱的天文星占才有进行体系化统合的必要。统合主要依据的是天象与人事一一对应的天人观念，《史记·天官书》说："分中国为十有二州，仰则观象于天，俯则法类于地。天则有日月，地则有阴阳；天有五星，地有五行；天则有列宿，地则有州域。"列宿对应的州域则有"角、亢、氐，兖州。房、心，豫州。尾、箕，幽州。斗、江、湖。牵牛、婺女，扬州。虚、危，青州。营室至东壁，并州。奎、娄、胃，徐州。昴、毕，冀州。觜觿、参，益州。东井、舆鬼，雍州。柳、七星、张，三河。翼、轸，荆州"。

战国时期的占星家在整合时，利用了前代的材料，因此一些原始的二十八宿名称被沿用下来；一些因观象授时，指导农耕生产而产生的异称，如天驷、农祥、营室等，不再在这个体系中出现；源于古史传说人物的二十八宿名称，如实沈之星、阏伯之星、颛顼之虚、豕韦等，不再使用；与地域名称有关的商星、晋星不再使用；还有一些被当作十二次次名，如实沈、大火等。占星家在整合分星与分野时，把心宿、参星与宋国（商人后裔）、晋国对应，也是基于以往的应用。

除此之外，占星家还把二十八宿与五行、方位相配，这种配合方法在《左传》中已经存在，如虚宿别名水，五行属水，配合北方方位。后人把这种配合扩展为二十八宿与四时、方位、五行、分野、十二次的配伍体系。不同于前代的是，二十八宿不再作为实际观测的对象，而仅仅作为体系中的象征性的符号。

二十八宿名称的统一，是在这一背景下完成的。经战国时占星家的推动，此前具有诸多差异的名称，被整齐划一的体系中的名称所取代。部族差异、地域差异、功能性差异消失。整合统筹之迹明显。

《左传》中属于二十八宿的星名有的与后代通用的星名有异，这类原生态的星宿名称说明在春秋时二十八宿的名称还没有固定。它们的确定经历了漫长的历史时期，从商代到战国逐渐整合而成。二十八宿的星宿，有独立的观测历史，各自发生在异地，有地域化色彩。最终系统的确定，是在两大因素的影响下完成的，一是地域观念随着疆域的拓展而变化，文化的传播、交流造成的地理观念的趋同，战国时期的列国地理畛域概念被广泛接受，部族地域特征淡化。春秋时代的夏、商疆域部族东西对立的历史关系已不复存在，以周为中心的十二诸侯国的地理概念形成，促进了分星与分野的对应。二是二十八宿在星占学中的运用促成了它的一体化，配伍齐全的二十八宿系统随之流行。最终形成以二十八宿为核心，配合空间、时间的完整体系。

《锦绣万花谷后集》宋代版本新探

李新新[*]

【内容提要】 《锦绣万花谷》是一部南宋类书,在成书后不到百年的时间里即被书贾不断增补、续刊,从原本的四十卷增为四集一百五十卷,不仅从文人的个人编撰变成坊间书肆逐利的产物,书籍性质发生了巨大转变,甚至因不同的增续主体,而形成了同名异实的不同版本。本文以以往学术界关注不多的《锦绣万花谷后集》为研究对象,通过对顾氏过云楼本和国图本两种宋刊本在门类设置、条目取舍和文字内容等方面的比较分析,考察二者的关联与差异,揭示其实际上来自两个不同编纂主体的事实。

【关键词】 《锦绣万花谷后集》 过云楼本 国图本 宋本

南宋类书《锦绣万花谷》,不著撰人名氏。书前自序称:"晚益困,无以自娱,复留意于科举之外。凡古人文集、佛老异书,至于百家传记、医技稗官、齐谐小说、荒录怪志,闻必求,求必览焉。久之,浩浩如也。乃略有叙,又附之以唐人及国家诸公之诗。"[①]末题淳熙十五年(1188)十月一日,盖宋孝宗时人。此书面世后,因市场反响良好,坊肆书贾趋利,在原书四十卷基础上又续编后、续、别三集一百一十卷。历代目录著作对此书的评价并不甚高,陈振孙云"门类无伦理,序文亦拙",[②]但由于作者摘录了大量宋代及宋代以前文献,保留有大量珍贵资料,且一一标注出处,有资于考证,其价值仍然不容忽视。

有关该书《续集》的版本分歧,学术界讨论颇多,围绕单行本、跨行本和秦汴本三个版本系统,芳村弘道和李更都曾做过详细的考察研究,[③]而存在同类问题的《后集》却一直鲜少有人关注。相关研究中,或将过云楼旧藏《锦绣万花谷》前后集八十卷本(简称"过云楼本")与国家图书馆藏《锦绣万花谷》前后别

---

[*] 本文作者为北京师范大学文学院中国古典文献学专业硕士研究生。
① 《锦绣万花谷》卷首序,中国国家图书馆藏明秦汴绣石书堂刻《锦绣万花谷》150卷本。
② 〔宋〕陈振孙撰,徐小蛮、顾美华点校《直斋书录解题》,上海:上海古籍出版社,1987年,第432页。
③ 〔日〕芳村弘道《唐代の詩人と文獻研究》,日本中国艺文研究会,2007年,第638—641页。李更《渊源与流变——从〈锦绣万花谷续集〉看南宋坊贾之类书编刻》,《中国典籍与文化论丛》第十四辑,南京:凤凰出版社,2012年,第167—202页。

集六十九卷残本(简称"国图本")中的两种《后集》"划归为同一版本系统。或以明秦汴绣石书堂本配补国图本《后集》所缺失的四卷。过云楼本重现于世后,张丽娟曾依据部分书影,指出该本《后集》内容止于宋宁宗,编刻时间当早于包含理宗朝信息的国图本,并提出二者之间的差异,"显示《后集》在宋代已有卷次编排完全不同、文字内容差异极大的两种版本。两种版本之间,不仅条目有增删、卷次有异动,某些条目内容也经过了重新搜集资料、重新编写的过程"。① 惜未作全面梳理。这种差异的实际程度及对后世版本的影响,亦一直未见探讨。

基于上述情况,本文将在前人研究的基础上,围绕《后集》文本对过云楼本和国图本展开更细致的考察,从门类设置、条目取舍以及具体文字内容等方面进行对比分析,厘清两种版本间的关系。

一、宋本概况

参考芳村弘道的研究,《锦绣万花谷后集》现存宋本三种:日本东洋文库藏《锦绣万花谷》卷首跨行十三行本,存《前集》目录、卷三二、卷三三、卷三八,《后集》卷一〇至卷一五,共六册;中国国家图书馆藏《锦绣万花谷》前、后、别集残本六十九卷,四十四册,其中后集三十六卷;顾氏过云楼旧藏《锦绣万花谷》前集四十卷、后集四十卷,四十册。② 东洋文库藏本笔者未能寓目,过云楼本与国图本之间则存在较大差异,本文以此二本的影印本作为《锦绣万花谷后集》宋代刊本的考察样本。

过云楼是江南著名的私家藏书楼,位于今苏州市干将路,由清人顾文彬营建。顾文彬(1811—1889),字蔚如,号子山,晚号艮庵,元和(今江苏苏州)人,乃南北朝时期著名文学家、史学家顾野王的后裔。道光二十一年(1841)进士,官至浙江宁绍道台。著有《眉渌楼词》《过云楼书画记》《过云楼帖》等。顾氏喜收藏,过云楼传至第三代主人顾麟士,达到鼎盛,藏书众多,古籍善本、书画、碑帖皆丰。顾麟士(1865—1930),字鹤逸,号西津,是过云楼第二代主人顾承之子。他收藏有许多宋元旧椠及大量精抄、旧抄本,全部藏于过云楼,秘不示人。中华人民共和国成立之后,顾氏后人将过云楼所藏书画古籍陆续捐献给故宫博物院、上海博物馆、常熟博物馆、苏州博物馆、南京图书馆等机构收藏。③

顾氏过云楼曾经入藏一部宋刻《锦绣万花谷》,前集四十卷、后集四十卷,

---

① 张丽娟《关于过云楼旧藏〈锦绣万花谷〉》,《版本目录学研究》第四辑,2013年,第199—215页。
② [日]芳村弘道《唐代の詩人と文獻研究》,第622—635页。
③ 李军《苏州顾氏及过云楼收藏》,《中国书画》,2017年第2期,第6—14页。

共四十册。此本曾出现在 2005 年嘉德公司的春季拍卖会,后在 2012 年北京匡时国际拍卖有限公司举行的"过云楼藏书"拍卖会上再次亮相,最终被江苏凤凰出版集团和南京图书馆收得,并于 2015 年 12 月由凤凰出版社影印出版。

此本半叶十二行行十九字,白口,单鱼尾,左右双边,卷首有淳熙十五年编者原序,《前集》卷七、卷一四缺,以明代秦汴绣石书堂本补配。书内有少量朱笔校勘,"玄、朗、匡、恒、贞、祯、桢、徵、桓、完、慎、敦、殷"等字避讳,钤有"赵氏子善""周允元印""鲍如珍藏书籍私记""有竹庄图书印""宋本""季振宜印""季振宜藏书印""兆洛审定""顾鹤逸""顾鹤逸藏书印""万卷草堂顾氏藏书印"等印。《后集》每卷起始均标"锦绣万花谷后集卷第(之)×",卷一至卷九、卷一八至卷四〇,标为"锦绣万花谷后集卷第×",自卷一〇至卷一七则标为"锦绣万花谷后集卷之×"。(图1)

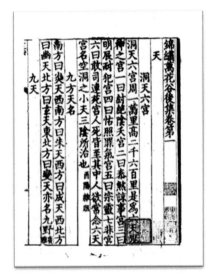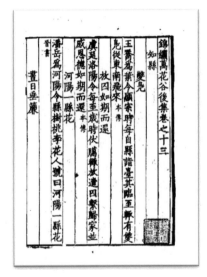

图 1 影印过云楼旧藏《锦绣万花谷后集》

过云楼旧藏《锦绣万花谷》前、后集八十卷本的行款版式与日本静嘉堂文库和龙潭寺藏《锦绣万花谷》前集残卷相同,字体也十分相近,但在具体文字上存在差异。① 三者应同出一源,但并非同一版本,皆为传世孤本。

国家图书馆藏《锦绣万花谷》前、后、别集残本六十九卷,四十四册,此三集行款版式不尽相同,或为收藏者拼配而成,有《中华再造善本》影印本。《前集》存三十二卷,缺卷九、卷一〇、卷二〇、卷二六至卷二八、卷三〇、卷三四以及部分目录,半叶十一行行十九字,细黑口,双鱼尾,四周双边,卷端单行,钤有"千里""文氏家藏""京师图书馆收藏之印""学部图书之印"等印。《后集》存三十

---

① 张丽娟《关于过云楼旧藏〈锦绣万花谷〉》,第 201 页。

六卷,缺卷一、卷三八至卷四〇,半叶十三行行二十三字,细黑口,双鱼尾,四周双边,卷端单行,钤印"京师图书馆收藏之印",门类上方偶有花鱼尾[①]。《别集》仅存卷二四一卷,半叶十三行行二十三字,细黑口,双鱼尾,左右双边,卷端跨行。三集书衣页皆签题"旧刊锦绣万花谷×册"。(图2)

图 2 影印国图藏《锦绣万花谷后集》

据芳村弘道、王岚、张丽娟研究,《锦绣万花谷》一书可能存在同源关系的各传本包括:国家图书馆藏《后集》,存卷二至卷三七,签题"旧刊锦绣万花谷四十三册"至"旧刊锦绣万花谷五十三册"。上海博古斋1998年秋季拍卖会《续集》,存目录上,签题"旧刊锦绣万花谷五十五册"。台湾省立台北图书馆藏《续集》,存卷一至卷四,未见签题,但从行款版式以及内容上看,当是国图本同书散出者,为第五十七册。日本东洋文库藏《续集》,存五至卷一〇,签题"旧刊锦绣万花谷五十八册"。日本御茶之水图书馆藏《续集》,存卷一四至卷一六,签题"旧刊锦绣万花谷六十一册"。日本立命馆大学西园寺文库藏《续集》,存卷一七至卷一九,未见签题,似为第六十二册。大东急记念文库藏《续集》,存卷二三至卷二六,签题"旧刊锦绣万花谷六十□册",从卷次内容上看,当为第六十四册。北京大学图书馆藏《续集》,存卷二七至卷四〇,共四册,后三册签

---

① 花鱼尾或为单鱼尾,或为圆圈"○",或两者叠加出现。

题分别为"旧刊锦绣万花谷六十六册""旧刊锦绣万花谷六十七册""旧刊锦绣万花谷六十八册",首册签题已失,当为第六十五册。北京大学图书馆藏《别集》,存卷一至卷二三、卷二七至卷三〇,总计十一册,每册书衣都贴有书签,题"旧刊锦绣万花谷"以及从"六十九册"至"八十册"的旧编册次。其中,第一册目录未标册次,当为第六十九册,第二册标"六十九册",实为第七十册,第三册标"七十一册";七十九册缺,止于八十册。王岚《〈锦绣万花谷·别集〉编刻考》推测,"今传诸册宋刻凡书签题为'旧刊锦绣万花谷'者原本总为一书,包括前集、后集、续集、别集四编,计八十册,后因某种变故,零落星散,分身为数"。①

过云楼本与国图本有很多共同之处,但在门类设置、条目和具体内容等若干方面存在明显差异,二者有同源关系,但各自做了不同的处理,因此形成了较多差异。后世刊刻中,明弘治五年(1492)华燧会通馆铜活字本《锦绣万花谷》(简称"会通馆本")与国图本高度一致,亦属于国图本一系。本文讨论中,国图本缺卷部分,即据此本补足。

二、门类设置的异同

过云楼本与国图本《后集》门类设置总体一致,但亦有一些出入,并直接导致两本在门类与卷次的对应上产生两次错位。卷一至卷一六,两本门类基本对应,卷次与门类保持一致。但从卷一七过云楼本出现了国图本所无的"类姓"开始,两本在卷次对应上产生第一次错位,并一直持续到卷二四。其后,在卷二六,国图本有"村""桥""舟航"三类,而过云楼本无,产生第二次错位,至卷二九方在卷次和门类上再次回归一致。详见下表(画线部分为两本之门类名称互异者,斜体部分为此有彼无者,加"＊"卷次据会通馆本补):

卷次	过云楼本	国图本
一	<u>天</u>、日、月、<u>星</u>、<u>雨</u>、祈雨	<u>天门</u>、日、月、<u>星门</u>、<u>雨门</u>、祈雨＊
二	雪、霜、风、云、雾、露、雷、电、虹、冰、霁	雪、霜、风、云、雾、露、雷、电、虹、冰、霁
三	<u>春</u>、夏、秋、冬	<u>春门</u>、夏、秋、冬
四	元日、立春、上元、社日、寒食、上巳、端午、七夕、中秋、重九、冬至、除夜	元日、立春、上元、社日、寒食、上巳、端午、七夕、中秋、重九、冬至、除夜
五	地、山岳、石、海、江、<u>河</u>、湖、<u>泉</u>	地、山岳、石、海、江、<u>河门</u>、湖、<u>泉门</u>

---

① 王岚《〈锦绣万花谷·别集〉编刻考》,《文史》,2009 年第三辑,第 164—165 页。

《锦绣万花谷后集》宋代版本新探 185

续表

卷次	过云楼本	国图本
六	临安府、镇江、湖州、常州、越州（绍兴府）、台州、婺州、宣州（宁国府）、徽州、饶州、楚州、寿州、庐州、严州、括州、江州、洪州（隆兴府）、吉州、虔州、抚州、袁州、鄂州、岳州、潭州、衡州、永州、澧州、郴州、朗州、辰州、邵州、巫州、涪州、牂州、扬州、和州、濠州、舒州、蕲州、光州、申州、安州、沔州、广州、连州、韶州、循州、潮州、泉州、建州、端州（肇庆府）、康州（德庆府）、冈州、梧州、贺州、交州、横州、峰州、爱州、驩州、崖州、儋州、高州、襄阳府、荆州、随州、复州、峡州、夔州、渝州、梁州、兴州、合州、利州、益州（成都府）、绵州、剑州、阆州、梓州（潼川府）、眉州、简州、果州、雅州、泸州、巂州、成州、秦州、渭州	临安、镇江、湖州、常州、越州（绍兴府）、台州、婺州、宣州（宁国府）、徽州、饶州、楚州、寿州、庐州、严州、处州、江州、隆兴府、吉州、赣州、抚州、袁州、鄂州、岳州、潭州、衡州、永州、澧州、郴州、常德府、江陵府、辰州、邵州、巫州、涪州、牂州、扬州、和州、濠州、舒州、蕲州、光州、申州、安州、沔州、广州、连州、韶州、循州、潮州、泉州、建州、肇庆府、德庆府、冈州、梧州、贺州、交州、横州、峰州、爱州、驩州、崖州、儋州、高州、襄阳府、荆州、随州、复州、峡州、夔州、渝州、梁州、兴州、合州、利州、益州（成都府）、绵州、剑州、阆州、梓州（潼川府）、眉州、简州、果州、雅州、泸州、成州、秦州、渭州
七	帝王符瑞、谶记（童谣附）、太子、亲王、宗室、皇戚	帝王符、谶记（童谣附）、太子、亲王、宗室、皇戚
八	皇后、公主、太子妃、妃嫔	皇后、公主、太子妃、妃嫔
九	宰相、参政、枢府、尚书、侍郎	宰相、参政、枢府、尚书、侍郎
一〇	御史、谏官、给事中、翰苑、中书舍人、知制诰	御史、谏官、给事中、翰苑、中书舍人、知制诰
一一	左右史、馆阁、郎官、卿监、史馆、东宫、学官	左右史、馆阁、郎官、卿监、史馆、东宫、学官
一二	京尹、留守、总师、监司、郡守、通判、幕职、曹官	京尹、留守、总师、监司、郡守、通判、幕职、曹官
一三	知县、县丞、主簿、县尉	知县、县丞、主簿、县尉
一四	将帅、儒将、老将、军旅、奇谋	将帅、儒将、老将、军旅、奇谋
一五	父子、母子、兄弟门、叔侄门、夫妇、妓妾门、美人门	父子、兄弟、叔侄、夫妇、妓妾、美人
一六	宗族门、舅甥门、师范门、宾客门、行旅门、朋友、奴婢	宗族、舅甥、师范、宾客、行旅、朋友、奴婢

续表

卷次	过云楼本	国图本
一七	婚姻、类姓	婚姻、祭祀、郊丘、宗庙、社稷、明堂
一八	祭祀、郊丘、宗庙、社稷、明堂	赦宥、赏赐、贡献、举荐
一九	赦宥、赏赐、贡献、举荐	经学、幼敏、诙谐、知人、文章、科举
二〇	经学、幼敏、文章、科举	清廉、贪浊、忠义、酷虐、滥官、鬻爵
二一	清廉、贪浊、忠义、酷虐、滥官、鬻爵	高洁、隐逸、弃官、致仕、遗爱
二二	高洁、隐逸、弃官、致仕、遗爱	死丧、葬、祭文、挽词
二三	死丧、葬、祭文、挽词	宫殿、第宅、家室、室
二四	宫殿、第宅、楼、阁、亭、台	楼、阁、亭、台
二五	<u>城</u>、库藏、苑囿、园圃、道路、市	<u>城郭</u>、苑囿、园圃、<u>路径</u>、市
二六	<u>观</u>、神仙、神仙名义、道士	村、桥、舟航字体？
二七	寺、佛祖、浮图名义、僧	<u>宫观</u>、神仙、神仙名义、道士
二八	奇怪、吉兆、凶兆	寺院、佛祖、浮图名义、僧
二九	六经、储书、笔、墨、砚、纸	奇怪、吉兆、凶兆、储书、笔、墨、砚、纸
三〇	旌旗、剑、刀、弓矢、甲胄、鞍辔	旌旗、剑、刀、弓矢、甲胄、鞍辔
三一	金银、珠玉、钱铜、锦绣、丝布	金银、珠玉、钱铜、锦绣、丝布
三二	雅乐、杂乐、琴、钟、鼓、笛、歌、舞	雅乐、杂乐、琴、钟、鼓、笛、歌、舞
三三	诗	诗
三四	医、卜、相、先知	医、卜、相、先知
三五	酒、茶、香、棋、食馔	酒、茶、香、棋、食馔
三六	冠冕、印、绶、笏、佩、带、裘、履	冠冕、印、绶、笏、佩、带、裘、履
三七	花、牡丹、芍药、海棠、桃、李、杏、梨花、樱桃、石榴、莲、桐	花、牡丹、芍药、海棠、桃、李、杏、梨花、樱桃、石榴、莲、桐
三八	桂、菊、芙蓉、梅、橘、松、竹	桂、菊、芙蓉、梅、橘、松、竹*
三九	师子、象、虎、麟、马、牛、鹿、兔、猴、猿、犬	师子、象、虎、麟、马、牛、鹿、兔、猴、猿、犬*
四〇	凤、鹤、孔雀、雁、燕、雀、鹦鹉、龙、鱼、龟、蝉、蝶、萤	凤、鹤、孔雀、雁、燕、雀、鹦鹉、龙、鱼、龟、蝉、蝶、萤*

两本在门类上的不同可分为三种情况：

（一）过云楼本有，国图本无

卷六"嶲州"、卷一七"类姓"、卷二五"库藏"、卷二九"六经"，以上四类过云楼本有而国图本无。① 具体情况不一，大体两类：

一是国图本存在移动整合。如卷一七"类姓"，李更曾提出《续集》单行本"类姓门"内容是据跨行本删削而成，"在'类姓门'全部内容中，目前发现（单行本）溢于跨行本之外的，仅有卷二五'周姓'首条"②。此条内容跨行本作：

> 绛侯少文
> 　　周勃，沛人。以织薄曲为生，为人吹箫给丧事。材官引强，从高帝攻战，赐爵号绛侯。勃木强敦厚，帝以为可属大事。不好文学，椎而少文。（《史记》）

单行本作：

> 安刘氏
> 　　高祖曰："周勃厚重少文，可令为太尉。然安刘氏，必勃也。"（出《汉纪》）

然而，过云楼本《后集》卷一七"类姓"类"周姓"的首条内容竟和《续集》单行本有重合：

> 安刘
> 　　高祖曰："周勃重厚少文，安刘氏，必勃也。"后以北军诛诸吕，立文帝，以太尉为右相，位第一。赞曰："周勃为汉伊周。"

前文已经提到，会通馆本《锦绣万花谷》与国图本《后集》属于同一版本系统，且其《续集》又属于单行本系统，如此一来，国图本《后集》和单行本《续集》当为一系。《续集》中溢于跨行本之外的单行本内容竟能在过云楼本找到对应，而《后集》"类姓"国图本全然未见，这表明编订者对"类姓"进行了调整，把原来在《后集》的"类姓"移动合并到了《续集》。

卷六"嶲州"与此相似。过云楼本"嶲州"门类下只有"曲池"一条，国图本虽无"嶲州"门类，却将"曲池"条收于"泸州"门类下，而在"曲池"下用小字标注"系嶲州"。

二是国图本有删减。过云楼本卷二五"库藏"，全部条目皆可在《初学记》找到对应，卷二九"六经"，除"五际"条外，亦然，与《后集》的资料采录总体规律相合，可知未做大的变动，而国图本这两类则全然删去。

---

① 卷一四"父子"末至卷一五"母子"初，这一部分内容国图本无，乃原书缺页。
② 李更《渊源与流变——从〈锦绣万花谷续集〉看南宋坊贾之类书编刻》。

(二) 过云楼本无,国图本有

国图本卷六"江陵府",卷一九"诙谐""知人",卷二三"家室""室",卷二六"村""桥""舟航",这八类皆不见于过云楼本。

其中,卷六"江陵府"情况较特殊:国图本"江陵府"之前的"常德府"仅"龙池"一条,"江陵府"亦只有"鹤泽"一条,过云楼本"朗州"(即国图本"常德府")同国图本一样也有"龙池"条,但其后紧接着又有"鹤泽"条,且前并无"江陵府"门类字样,是刊刻过程中不慎脱落,抑或有所合并,今未可知。

"诙谐"和"知人"的条目大多都能在《太平广记》里找到对应,但标目不同,且国图本在文字上有压缩删减,如《太平广记》卷二四六《诙谐二》:

> 张融
>
> 宋张融尝乞假还,帝问所居。答曰:"臣陆居非屋,舟居非水。"上未解,问张绪。绪曰:"融近东山,未有居止,权牵小船上岸,住在其间。"上大笑。太祖尝面许融为司徒长史,敕竟不出。融乘一马,甚瘦。太祖曰:"卿马何瘦?给粟多少?"融曰:"日给一石。"帝曰:"何瘦如此?"融曰:"臣许而不与。"明日,即除司徒长史。融与谢宝积俱谒太祖,融于御前放气,宝积起谢曰:"臣兄触忤宸扆。"上笑而不问。须臾食至,融排宝积,不与同食。上曰:"何不与贤弟同食?"融曰:"臣不能与谢气之口同盘。"上大笑。(出《谈薮》)①

国图本《后集》卷一九"诙谐":

> 马疲不给粟
>
> 宋太祖尝面许融为司徒长史,敕竟不出。融乘一马,甚疲。太祖曰:"卿马何疲?给粟多少?"融曰:"日给一石。"帝曰:"何疲如此?"融曰:"臣许而不与。"明日,而除司徒长史。(《谈薮》)

两本内容上对应很明显,但此本"瘦"字作"疲"字。又如《太平广记》卷一七〇《知人二》:

> 张九龄
>
> 开元二十一年,安禄山自范阳入奏,张九龄谓同列曰:"乱幽州者,是胡也。"其后从张守珪,失利。九龄判曰:"穰苴出军,必诛庄贾;孙武行令,犹戮宫嫔。守珪军令若行,禄山不宜免死,请斩之。"玄宗惜其勇,令白衣效命。九龄执谘请诛之。玄宗曰:"岂以王夷甫识石勒也。"后至蜀,追恨

---

① 〔宋〕李昉《太平广记》卷第二四六《诙谐二》,北京:中华书局,1961年,第1905页。

不从九龄言,命使醉于墓。(出《感定录》)①

国图本《后集》卷一九"知人":

请斩安禄山

  开元二十二年,安禄山自范阳入奏,九龄曰:"乱幽州者,是胡也。"后从张守珪,失利。九龄请斩之,玄宗惜其勇,曰:"岂以王夷甫识石勒也。"后至蜀,道恨不从九龄言。(《感②定录》)

虽然二者讲的是同一件事,但国图本对张九龄请求斩杀安禄山的事件描述上删减很多。产生这种文字内容上的删减压缩现象,原因可能有四种:一是过云楼本与国图本共同的祖本对《太平广记》进行了"借鉴"和缩减,过云楼本整个删除了这一部分内容,而国图本沿袭祖本,未作改动;二是祖本仅因袭《太平广记》,并未压缩删减,而国图本在祖本基础上进行删减;三是祖本亦无此,国图本这部分内容直接取自《太平广记》,编纂者仅取其所需并删减整饬;四是国图本取自他书资料,而这部书恰好对《太平广记》做了简化、承袭。

  卷二六"桥""舟航"的条目内容大部分都可以在《初学记》里找到对应,如《初学记》卷七《地部下》:

飞洛浮河

  成公《绥洛禊赋》曰:"飞桥浮济,造舟为梁。"《春秋后传》曰:"赧王三十八年,秦始作浮桥于河。"

举杯受履

  王隐《晋书》曰:"杜预启河桥于富平津,众论以为殷周所都,经圣贤而不作者,必不可故也。预曰:'造舟为梁,则河桥之谓也。'遂作桥成。上从百官临会,举杯劝杜预曰:'非君,此桥不立也。'预曰:'非陛下之明,臣亦不获奉成圣制。'"《史记》曰:"张良尝游下邳圯上,有一老父,衣褐,至良所,直堕其履圯下,顾谓良:'孺子,下取履。'良因长跪授之,父以足纳履,笑去,作期来,云:'孺子可教。'"徐广注曰:"圯,桥也。"③

国图本《后集》卷二六"桥":

浮桥

  《春秋后传》:"赧王五十八年,秦作浮桥于河。"
  ……(中略九条)

---

① 〔宋〕李昉《太平广记》卷第一七〇《知人二》,第1242页。
② 原作咸,当作感。据《宋史·艺文志五》:《感定录》一卷,晚唐钟辂撰。
③ 〔唐〕徐坚《初学记》卷七《地部下》桥第七,北京:中华书局,2004年,第20157页。

河桥

晋杜预启河桥于富平津,众论以为不可。预曰:"造舟为梁,则河桥之谓也。"桥成,上从百官临会,举杯劝预。

和《初学记》文字内容相比较,国图本"桥""舟航"相关条目虽有压缩删减现象,但可知与《初学记》之间的材料有着直接或间接的承袭关系。

卷二三"家室""室"和卷二六"村"目前还未发现与其有明确对应的书籍,可能是从其他资料中分散汇集而来。

(三) 两本皆有,门类名称有出入

在过云楼本和国图本都有的门类里,有一部分在名称上存在出入,而这些门类的变化又可分成三类:

1. "门"字有无

综览《后集》两种宋本的门类名称,均存在少量"门类名+门"的形式,虽然此种方式在古代类书中并不少见,但在此处明显与前后的内容体例格格不入。过云楼本有"门"字的门类集中在卷一五、卷一六:

> 卷一五:父子、母子、兄弟门、叔侄门、夫妇、妓妾门、美人门
>
> 卷一六:宗族门、舅甥门、师范门、宾客门、行旅门、朋友、奴婢

国图本有"门"的则出现在卷一、卷三、卷五:

> 卷一:天门、日、月、星门、雨门、祈雨
>
> 卷三:春门、夏、秋、冬
>
> 卷五:地、山岳、石、海、江、河门、湖、泉门

二者都有少量带"门"字的门类,但其间并不重叠。然而过云楼本卷一门类虽称"星""雨"而非"星门""雨门",卷二末"洗牛背泥"条称"事见雨门",似为遗迹。因此,"门"字在其祖本可能留存更多。过云楼本和国图本各自删减,但仍有孑遗。①

2. 地名变化

过云楼本和国图本在门类名称上的出入还集中出现在卷六,"临安府"与"临安","括州"与"处州","洪州(隆兴府)"与"隆兴府","虔州"与"赣州","朗州"与"常德府","端州(肇庆府)"与"肇庆府","康州(德庆府)"与"德庆府",皆属一地域而二本所用名称不同。过云楼本之"洪州""虔州""朗州""端州""康

---

① 国图本《后集》书前目录缺,情况不详,但从会通馆本对国图本摆印出版的忠实度看,疑国图本《后集》的书前目录与会通馆本一样,没有"门"字。

州"在《初学记》卷八"州郡"都能找到对应,是唐代的地名。国图本所用"隆兴府""赣州""常德府""肇庆府""德庆府"等则是宋代的行政建置。即过云楼本保留了来源文献的旧地名,又以小字标注出新地名,国图本则删去了部分旧地名,只留下在宋代的名称。过云楼本所保留的地名特征直接呈现了对《初学记》的因袭,国图本在地名上的变动则似乎向我们透露出编纂者所做过的调整。

3. 其他

除去以上两类,过云楼本和国图本还有几处门类存在差异。① 过云楼本卷二五"城",国图本作"城郭";卷二六"观",国图本在卷二七作"宫观";卷二七"寺",国图本在卷二八则作"寺院",似乎国图本有意将门类名称统一为双音节词。

此外,过云楼本卷二五"道路",国图本作"路径"。后者有六条未见于过云楼本,详见下表(画线部分为仅见于国图本者):

卷次	过云楼本	国图本
卷二五·道路(路径)	龟背、羊肠、鹿蹊、马径、多歧、隐金树松、推石布土、藩竹、树槐、桂道兰街、七陌九阡、诗	多歧、鹿蹊、羊肠、马径、藩竹、树槐、隐金树松、推石布土、桂道兰街、七陌九阡、<u>三径</u>、<u>蒋径</u>、<u>仕官捷径</u>、<u>不由径</u>、<u>草径</u>、<u>以钱甃花径</u>、诗

二本相同条目可在《初学记》找到对应,仅见于国图本的"三径""蒋径""仕官捷径""不由径""草径""以钱甃花径"未能找到其明确来源,盖国图本据其他零散资料增补。似乎正因为其后增内容皆与"径"相关,国图本遂将"道路"改为"路径",以合主题。

三、条目出入

过云楼本和国图本,虽然完全相同的条目占大半,但其存在出入的部分所反映出的问题非常值得注意。主要有:过云楼本的某些条目,不见于国图本;国图本某些条目,不见于过云楼本;两本均有的条目,标目及文字有所不同。

(一)两本互异的条目

两本之条目,互有不见于对方者,且数目不在少数。择其中部分条目为例

---

① 卷七"帝王符瑞",国图本作"帝王符",盖脱"瑞"字。

（左栏画横线的条目不见于国图本，右栏画波浪线的条目不见于过云楼本）：

卷次	过云楼本	国图本
卷四·元日	三微、放生雀、胶牙饧、却鬼丸、造粉荔枝、诗	首祚、端月、传生酒、放生雀、胶牙饧、却鬼丸、造粉荔枝、诗
卷七·帝王符（瑞）	金牛玉马、凤集梧桐、得玉历、天帝赐宝文、神鱼舞、飞雉集宫中、祝石不落、二龙之符、火精起翼轸、河龙吐珠、丰山突出、石马负图、天宝符、延喜玉、银瓮、瑞应山柴有文、木入南斗、遂宁佛现	凤集梧桐、得玉、天帝赐宝文、神鱼舞、赤光照室、祝石不落、二龙之符、黄旗紫盖、玉册见长安、丰山突出、石马负图、天宝符、延喜玉、瑞应山柴有文、木入南斗、愿早生圣人、遂宁佛现
卷一八／一七·社稷①	五社、探金、取剑、禹社、冒黄土、歌、颂	五社、探金、冒黄土
卷二三／二二·祭文	祭柳子厚文、独孤申叔哀辞、祭韩忠献公文、祭司马公文、祭欧阳文忠公文、祭范文正公文、代祭张魏公文、祭范蜀公文、祭舅氏李公择文、祭朱时发亲家文、祭姑父李提举文、祭妹夫祝天惠文、祭史丞相母夫人文、祭周国太夫人文、祭刘枢密母夫人卓氏文、祭吕望之母郡太文	祭柳子厚文、祭韩忠献公文、祭司马公文、祭欧阳文忠公文、祭范蜀公文、祭史丞相母夫人文、祭周国太夫人文、祭吕望之母郡太文
卷二三／二二·挽词	嘉祐天子挽词、元丰天子挽词、绍兴天子挽词、韩忠献公挽词、司马文正公挽词、韩献肃公挽词、贾魏公挽词、何郡王挽词、宪肃皇后挽词、钦慈皇后挽词、太皇太后挽词	嘉祐天子挽词、元丰天子挽词、绍兴天子挽词、韩忠献公挽词、司马文正公挽词、韩献肃公挽词、贾魏公挽词、宪肃皇后挽词、钦慈皇后挽词、太皇太后挽词
卷二六／二七·（宫）观	玉虚紫观、金洞、丹室、五城十二楼、明霞、三阴、西华、紫府、金篆玉局、层台累土、秘宇灵宅、舍宅为观、诗	蕊珠殿、蓝天琼室、坛级、紫台、太微宫、仙游馆、银宫、灵宫秘宇、丹室、葛仙观、仙都观、玄都观、邦都观、玉真观、舍宅为观、诗

---

① "/"前为过云楼本在书中的位置，"/"后为国图本在书中的位置，下同。

续表

卷次	过云楼本	国图本
卷二八/二九·奇怪	妻母嫁外孙女魂、妻与魂合体、梦中到东平决狱、书生寄鹅笼中、僧走入壁角、白项鸦、水银精、白玉猪子、崔子玉座右铭、银人、古杉为魅、亡女买镜、冢中续诗、李积化为虎、人道鱼身、进士吕口、独眠孤馆、威汗蠮、女留青花毡履、猫名白老、妇人出波中、鸲鹆化为人头、木杓变小儿、上清童子、老公狐逭、废宅三怪、虎脱皮为女子、马皮卷女、虹化为女子	冢中续诗、李积化为虎、独眠孤馆、上清童子、废宅三怪
卷三四·先知	五般馄饨、两盘糕糜、五十年天子、麻衣和尚、术士诗、与他为相一年、自算死日时、俎中蒸独厨中荔枝、大书台字	五十年天子、六十日三品、五般馄饨、两盘糕糜、城下三天子、元宗用张嘉贞、名字亦前定、垣下生善筮、顾少连下及第、蒸独荔枝、大书台字

其中最简单的，是国图本对某些条目做了删减。如卷一八（一七）"社稷"，"取剑""禹社""歌""颂"都能在《初学记》中找到对应，国图本未见，当是做了删削。

在部分门类，二本条目互有参差，如卷七"帝王符（瑞）"，过云楼本"金牛玉马""飞雉集宫中""火精起翼轸""河龙吐珠""银瓮"五条不见于国图本，而国图本"赤光照室""黄旗紫盖""玉册见长安""愿早生圣人"四条亦不见于过云楼本。其中，过云楼本中的"金牛玉马""火精起翼轸""河龙吐珠"三条内容都能在《初学记》找到对应，"飞雉集宫中"和"银瓮"两条则与《海录碎事》合。而二者共有的条目，"凤集梧桐""得玉（历）""天帝赐宝文""神鱼舞""石马负图"与《初学记》合，"祝石不落""二龙之符""丰山突出"与《白孔六帖》合，"天宝符""延喜玉""瑞应山柴有文""木入南斗""遂宁佛现"则与《海录碎事》合。过云楼本多出的条目均能在二者的共同来源中找到对应，但国图本多出的四条则不然。又如卷二六（二七）"（宫）观"，过云楼本的条目几乎均出自《初学记》或者《白孔六帖》，而仅见于国图本的"蕊珠殿""蓝天琼室""坛级""紫台""太微宫""仙游馆""银宫""灵宫秘宇""葛仙观""仙都观""玄都观""邦都观""玉真观"诸条则来源分散。可见，国图本对底本内容进行大量删减之后又增入许多他书资料。盖过云楼本更好地保存了其祖本因袭自其他类书的痕迹，而国图本在编纂者不断地删减、增益中形成了自己独有的面貌。

卷四"元日",二本的条目同样大部分出自《初学记》《白孔六帖》和《海录碎事》,仅见于国图本的"首祚""端月"可在《初学记》和《白孔六帖》中找到对应,"传生酒"则与《白孔六帖》合,而过云楼本多出的"三微"条亦与《初学记》合。卷二八(二九)"奇怪",过云楼本"李积化为虎"之前的条目几乎都可在《太平广记》中找到对应,仅部分内容有节略;而国图本卷三四"先知"类之"六十日三品""元宗用张嘉贞""名字亦前定""顾少连下及第"四条,与《太平广记》存在对应,但此四条不见于过云楼本中,这与国图本独有的"诙谐""知人"两类有相通之处。综合上述三种情况来看,二者条目虽有出入,但在来源上却有相同规律,因此,过云楼本很可能亦存在对祖本的删减,国图本多出的条目未必皆为后增。

卷二三(二二)"祭文""挽词"两类,除"祭柳子厚文""独孤申叔哀辞"两条外,过云楼本其他条目均可见于南宋人叶棻、魏齐贤所编《五百家播芳大全文粹》一书,内容亦基本相同。[①] 过云楼本"祭文"和"挽词"中的条目数量同《五百家播芳大全文粹》相同类目下的条目数量相比,所占比重很小,而国图本与过云楼本相比,则又少了不少条目,其所做删削不可谓不大。

(二) 两本皆有,标目不同

部分过云楼本与国图本均有之条目,又存在标目上的差异。试举几类为例:

卷次	过云楼本	国图本
卷九·宰相	真宰相之言	真宰相言
	八柱承天四时成岁	八柱承天
	不亲小事知大体	知大体
卷一四·将帅	佩四将印上平戎十八策	上平戎十八策
	上马击贼下马作露布	下马作露布
	红抹额	八战八克

---

① 《五百家播芳大全文粹》编订时间当在南宋光宗绍熙元年(1190),而《锦绣万花谷》作者自序称"淳熙十五年",即南宋孝宗年间成书,但后集此处的内容却明显沿袭借鉴了面市时间晚于《锦绣万花谷》的《五百家播芳大全文粹》,这说明《锦绣万花谷后集》是由不早于光宗绍熙元年的后人所编纂刊刻的,此发现亦再次佐证了杨守敬和芳村弘道关于"《锦绣万花谷》后、续、别集皆为南宋后世书肆所续增"之论断的正确性。

续表

卷次	过云楼本	国图本
卷三二·雅乐	九奏万舞	九奏
	承云六莹九招晨露	承云
	一变致羽三变致鳞	三变
	日出无钟鼓声则金吾以闻	日闻钟鼓声
卷三三·诗	诗体如官府甲第厅堂房室各有定处	文章必谨布置
	文与释并见一句中	风人诗
	以三百篇辞为主	三百篇为主
	得句必燃烛具纸笔	得句必燃烛
	虬龙片甲凤凰一毛	龙甲凤毛
	五言如四十个贤人	如四十个贤人
	喑哑日尝默诵	默诵岘山诗
	杜牧之诗用老杜	诗意用老杜
	刘义酷似玉川子	酷似玉川子
	韦应物诗拟陶渊明	拟陶渊明
	押韵要出处	押韵要有出处
	上一句莫是未有所得	上一句无所得
	通字未尝有人道	通字未有人道

《锦绣万花谷》的标目乃摘取条目中关键词句而成。上表所列，二本内容一致，大多仅有繁简详略之别。如卷九"宰相"类，过云楼本之"不亲小事知大体"，国图本作"知大体"；卷三二"雅乐"类，过云楼本"一变致羽三变致鳞"，国图本直接省作"三变"；卷三三"诗"类，过云楼本之"诗体如官府甲第厅堂房室各有定处"，选取形象易懂的譬喻文字，而国图本另择概括之语"文章必谨布置"。还有少量提取角度完全不同的情况，如卷一四"将帅"类，过云楼本之"红抹额"，国图本作"八战八克"；卷三三"诗"类，过云楼本"文与释并见一句中"，国图本为"风人诗"。

总体上，国图本对于标目字数有明显的整饬简化，这也是它对《后集》"再加工"的表现之一。这些或大或小的不同，可说明过云楼本《后集》和国图本《后集》曾经不同编纂者之手增删改订的事实。

四、文字内容之别

(一) 内容剪裁

在具体的文字上,过云楼本的部分条目中可见国图本所没有的内容,同样,国图本也有一些过云楼本所没有的片段。多者可达几十甚至上百字,少则一字到十几字不等。位置也不固定,或开端或中间或末尾。其极端者,甚至在同一个条目里同时出现了二本此有彼无的内容,如卷一五"奇谋"类"雪夜入蔡城"条,过云楼本:

> 张柴,歼其戍。敕士少休,益治鞍铠,发刃彀弓。会大雨雪,<u>天晦,凛风偃旗裂肤,马皆缩栗,士抱戈冻死于道。张柴之东,坡泽阻奥,众未尝蹈也,皆谓投不测。始发,吏请所向,愬曰:"入蔡州取吴元济!"士失色,监军使者泣曰:"果落祐计。"然业从愬,人人不敢自为计。愬道分轻兵断桥以绝洄曲道,又以兵绝朗山道。</u>行七十里,夜半至悬瓠城,雪甚,城旁皆鹅鹜池,愬令击之,以乱军声。贼恃吴房、朗山戍,晏然无知者。祐等坎墉先登,众从之。杀门者,发关,留持柝传夜自如。黎明,雪止,愬入驻元济外宅。(《六帖》)

国图本:

> <u>李愬遣史用诚擒李祐,遂定袭蔡之谋。</u>师夜起,祐以突骑为前锋,袭张柴,歼其戍。敕士少休,益治鞍铠,发刃彀弓。会大雨雪,行七十里,夜半至悬瓠城,雪甚,城旁皆鹅鹜池,愬令击之,以乱军声。贼恃吴房、朗山戍,晏然无知者。祐等坎墉先登,众从之。杀门者,发关,留持柝传夜自如。黎明,雪止,愬入驻元济外宇,<u>元济请罪,槛送京师</u>。(《六帖》)

过云楼本中间部分"天晦,……又以兵绝朗山道"近百字不见于国图本,而国图本的开头、结尾部分亦不见于过云楼本。二本出处标注皆为《六帖》,检《白孔六帖》,其卷五二《谋略》作:

李愬入蔡州

> 张柴,歼其戍。敕士少休,益治鞍铠,发刃彀弓。会大雨雪,天晦,凛风偃旗裂肤,马皆缩栗,士抱戈冻死于道。张柴之东,坡泽阻奥,众未尝蹈也,皆谓投不测。始发,吏请所向,愬曰:"入蔡州取吴元济!"士失色,监军使者泣曰:"果落祐计。"然业从愬,人人不敢自为计。愬道分轻兵断桥以绝洄曲道,又以兵绝朗山道。行七十里,夜半至悬瓠城,雪甚,城旁皆鹅鹜

池，愬令击之，以乱军声。贼恃吴房、朗山戍，晏然无知者。祐等坎墉先登，众从之。杀门者，发关，留持柝传夜自如。黎明，雪止，愬入驻元济外宅。①

过云楼本的内容与之几乎完全相同，但此二者上下文义显有缺失。而《新唐书·李晟传》下附其子李愬之事迹为：

> ……祐果轻出，用诚禽而还。诸将素苦祐，请杀之，愬不听，以为客……祐捧檄呜咽，诸将乃不敢言，<u>由是始定袭蔡之谋矣</u>……于时元和十一年十月己卯，<u>师夜起</u>，祐以突将三千为前锋，李忠义副之，愬率中军三千，田进诚以下军殿。出文城栅，令曰："引而东。"六十里止，袭张柴，歼其戍。敕士少休，益治鞍铠，发刃彀弓。会大雨雪，天晦，凛风偃旗裂肤，马皆缩栗，士抱戈冻死于道十一二。张柴之东，陂泽阻奥，众未尝蹈也，皆谓投不测。始发，吏请所向，愬曰："入蔡州取吴元济！"士失色，监军使者泣曰："果落祐计。"然业从愬，人人不敢自为计。愬道分轻兵断桥以绝洄曲道，又以兵绝朗山道。行七十里，夜半至悬瓠城，雪甚，城旁皆鹅鹜池，愬令击之，以乱军声。贼恃吴房、朗山戍，晏然无知者。祐等坎墉先登，众从之。杀门者，发关，留持柝传夜自如。黎明，雪止，愬入驻元济外宅……元济请罪，梯而下，槛送京师……②

或许正因原文文义有缺失，国图本再依据《新唐书》或其他记载做了简略概括，并对中间部分细节进行删减处理，叙述了事件始末。

国图本多出过云楼本者，如卷一四"将帅"类"一身都是胆"条，过云楼本：

> 蜀赵云字子龙，军中号云为"一身都是胆"。

国图本：

> 蜀赵云字子龙，<u>先主视其战处</u>，曰："子龙，军中号云为'一身都是胆'。"

后者比前者多"先主视其战处曰子龙"九字，而"子龙，军中号云为'一身都是胆'"一句，"子龙"和"云"人名相重复，略显怪异。查检《三国志·蜀书六》有相似内容，作：

> <u>赵云字子龙</u>，……公军追至围，此时沔阳长张翼在云围内，翼欲闭门拒守，而云入营，更大开门，偃旗息鼓。公军疑云有伏兵，引去。云雷鼓震天，惟以戎弩于后射公军，公军惊骇，自相蹂践，堕汉水中死者甚多。<u>先主</u>

---

① 〔唐〕白居易撰，〔宋〕孔传续撰《白孔六帖》卷五二《谋略》，影印文渊阁《四库全书》本。
② 《新唐书》卷一五四《李晟传》，北京：中华书局，1975年，第4876—4877页。

明旦自来至云营围视昨战处,曰:"子龙一身都是胆也。"作乐饮宴至暝,军中号云为虎威将军。①

或《后集》根据《三国志》内容进行了剪裁、糅合,导致文字衔接上产生龃龉,过云楼本或因此而有删减。

过云楼本多出国图本者,如卷七"宗室"类"帝宗千里驹"条,过云楼本:

> 唐宗室嵩始为枝江丞,荆州长史张柬之曰:"帝宗千里驹,<u>吾得其人</u>。"

国图本:

> 唐宗室嵩始为枝江丞,荆州长史张柬之曰:"帝宗千里驹。"

《新唐书》卷七八《宗室列传》:

> ……嵩少孤,事母孝,始为枝江丞,荆州长史张柬之曰:"帝宗千里驹,吾得其人。"②

过云楼本在末尾位置比国图本多"吾得其人"四字,国图本脱文或删削。

以上三例,表明过云楼本和国图本有共同的祖本,所以内容上重合颇多,但或与《后集》早期版本承用他书资料时处理粗糙、生硬相关,它们对文字内容又分别做了取舍,因此形成了各自不同的面貌。

(二) 参差频见的"诗"

《后集》每类末附唐宋诗人"诗",诗句下方以小字标注诗人、出处等信息。过云楼本和国图本形式大体相同,但细节上存在许多差异。首先,两本所录之诗句互有不见于对方者,位置或在开头,或在中间,或在末尾,并无规律。以卷三"夏·诗"、卷一五"妓妾·诗"以及卷二五"市·诗"为例(画线部分为不见于另一本者):

卷次	过云楼本	国图本
卷三·夏·诗	夏景多烦蒸,山水暂追凉。桐枝覆玉槛,荷叶漏银塘。壶盛仙客酒,瓶贮帝台浆。才人下铜雀,侍妓出明光。共欣陪宴赏,千秋乐未央。(李德林)<u>轻纱一幅巾,小簟六尺床。无客尽日静,</u>	四顾山光接水光,凭栏十里芰荷香。清风明月无人管,并作南来一味凉。 风生高竹凉,雨送新荷气。 紫燕将雏语夏深,绿槐庭院不多阴。西窗一夜无人问,展尽芭蕉数尺心。(荆

---

① 〔晋〕陈寿撰,〔南朝宋〕裴松之注《三国志》卷三六《蜀书六》,北京:中华书局,1982年,第948—950页。

② 《新唐书》卷七八《宗室列传》,第3531页。按:李嵩,两本均作"李蒿"。

续表

卷次	过云楼本	国图本
卷三·夏·诗	<u>有风终夜凉</u>。四顾山光接水光，凭栏十里芰荷香。清风明月无人管，并作南来一味凉。 风生高竹凉，雨送新荷气。 紫燕将雏语夏深，绿槐庭院不多阴。西窗一夜无人问，展尽芭蕉数尺心。（荆公）炎宫驾日照人低，燕处征行总不宜。商略人间可人处，蕲州笛竹卷琉璃。（王三松）避暑恨无双羽翰，银河亦恐浪花干。坐来已倦还临水，卧去无眠复倚栏。拟截白云铺玉簟，好收明月贮金盘。如何一见张公子，清论如冰洒座寒。（郑獬）绿竿初长笋，红颗未开莲。蔽日高高树，迎人小小船。清风长入座，夏月似秋天。（戎昱）麦秋桑叶大，梅雨稻田新。篱落栽山果，池塘养锦鳞。（戴叔伦）汗浃衣巾诗癖减，茶盈杯碗睡魔降。绿树阴浓夏日长，雏莺上下弄新簧。水晶帘动微风起，一架荼蘼满院香。（高骈）<u>沙草放茵深护砌</u>，海榴喷火巧横墙。纹鳞引子跳银海，紫燕呼雏语画梁。（彦成）毕竟西湖六月中，风光不与四时同。接天莲叶无穷碧，映日荷花别样红。（东坡）野花成子落，江燕引雏飞。暗草熏苔径，晴杨拂石矶。（潘阆）百花过尽绿阴成，漠漠炉香睡晚晴。病起兼旬疏把酒，山深四月始闻莺。（陆务观）	<u>公)夏景多烦蒸</u>，山水暂追凉。桐枝覆玉槛，荷叶漏银塘。壶盛仙客酒，瓶贮帝台浆。才人下铜雀，侍妓出明光。共欣陪宴赏，千秋乐未央。（李德林）毕竟西湖六月中，风光不与四时同。接天莲叶无穷碧，映日荷花别样红。（东坡）野花成子落，江燕引雏飞。暗草熏苔径，晴杨拂石矶。（潘逍遥）百花过尽绿阴成，漠漠炉香睡晚晴。病起兼旬疏把酒，山深四月始闻莺。（陆务观）炎宫驾日照人低，燕处征行总不宜。商略人间可人处，蕲州笛竹卷琉璃。（王三松）避暑恨无双羽翰，银河亦恐浪花干。坐来已倦还临水，卧去无眠复倚栏。拟截白云铺玉簟，好收明月贮金盘。如何一见张公子，清论如冰洒座寒。（郑獬）汗浃衣巾诗癖减，茶盈杯碗睡魔降。绿树阴浓夏日长，雏莺上下弄新簧。水晶帘动微风起，一架荼蘼满院香。（高骈）<u>莎草放茵深护砌</u>，海榴喷火巧横墙。纹鳞引子跳银海，紫燕呼雏语画梁。（彦成）绿竿初长笋，红颗未开莲。蔽日高高树，迎人小小船。清风长入座，夏月似秋天。（戎昱）麦秋桑叶大，梅雨稻田新。篱落栽山果，池塘养锦鳞。（戴叔伦）
卷二五·市·诗	旗亭出御道，游目暂回车。既非随舞鹤，聊思索枯鱼。因龟识季主，傍酒见相如。日中人已合，黄昏故未疏。（梁庾肩吾）云阁绮霞生，旗亭丽日明。尘飞三市路，盖入九重城。竹叶当杯满，桃花带绶轻。唯见争名利，安知太隐情。（陈张正见）	乱山围古郡，市易带群蛮。瘦岭春耕少，孤城夜漏闲。（东坡）市人与鸦鹊，浩浩同一声。潘子久不调（潘邠老)<u>沽酒江南村</u>。郭生本将种，卖药市西垣。插旗蒲柳市，伐鼓水云乡。居民萧条杂麋鹿，小市冷落无鸡豚。<u>岂意残年踏朝市，有如瘦马畏陵坡</u>。

续表

卷次	过云楼本	国图本
卷二五·市·诗		（并东坡）孤城返照红将敛，近市浮烟翠且重。小市当争米，孤城早闭门。（并杜甫）绣户也攒红烛市，舞衣暗曳碧天霞。（韦庄）岂能缠隐都无事，不作溪行安有诗。（翁定）废井通邻汲，深墙隔市声。（潜夫）林光断处吹青旗，行人往来如蚁移。农家卖薪不买米，满篮博得鱼虾归。（山市施逵）一番笋蕨远趁市，无数草花生绕门（江西诗）旗亭出御道，游目暂回车。既非随舞鹤，聊思索枯鱼。因龟识季主，傍酒见相如。日中人已合，黄昏故未疏。（梁庾肩吾）云阁绮霞生，旗亭丽日明。尘飞三市路，盖入九重城。竹叶当杯满，桃花带绶轻。唯见争名利，安知太隐情。（陈张正见）

　　卷三"夏·诗"，过云楼本"轻纱一幅巾，小簟六尺床。无客尽日静，有风终夜凉"两句未见于国图本；卷二五"市·诗"，国图本三分之二的诗句皆不见于过云楼本。尤其值得注意的是，卷三"夏·诗"条，"毕竟西湖六月中，风光不与四时同。接天莲叶无穷碧，映日荷花别样红"一诗的作者其实是杨万里，但两本皆注为"东坡"；卷一五"妓妾·诗"条，"当年不嫁惜娉婷，傅白施朱作后生。说与傍人须早计，随宜梳洗莫倾城"后两本出处都作"无已"，"无已"是陈师道的字。两本相同的错误或简称，正可说明它们有着相同的来源，而二者间的出入又表明存在各自的后续处理。

　　其次，两本"诗"所录的诗人诗句有前后顺序不相同的情况。据统计，《后集》有"诗"的门类在一百以上，而诗句顺序不一致者至少有二十类，相当于总量的五分之一。以卷二三（四）"第宅·诗"为例，过云楼本：

　　　　扬雄未有宅，王粲且登楼。（东坡）恨无扬子一区宅，懒卧元龙百尺楼。（同上）访古因知彭祖宅，得仙何必葛洪乡。（皇甫湜）宅成天下借图看，始笑平生眼力悭。地占百湾多是水，楼无一面不当山。荷深似入茗溪路，石怪疑行雁荡间。只恐中原方鼎沸，天心未遣主人闲。（南岳）一生不蓄买田钱，华屋何心亦偶然。客至多逢僧在坐，钓归惟许鹤随船。（同上）五湖三亩宅，万里一归人。（戴叔和）思之不可见，破宅余修竹。四邻戒莫

犯,十亩森似束。(东坡)

国图本:

> 恨无扬子一区宅,懒卧元龙百尺楼。扬雄未有宅,王粲且登楼。思之不可见,破宅余修竹。四邻戒莫犯,十亩森似束。(东坡)访古因知彭祖宅,得仙何必葛洪乡。(皇甫湜)宅成天下借图看,始笑平生眼力悭。地占百湾多是水,楼无一面不当山。荷深似入苕溪路,石怪疑行雁荡间。只恐中原方鼎沸,天心未遣主人闲。 一生不蓄买田钱,华屋何卢亦偶然。客至多逢僧在坐,钓归惟许鹤随船。(南岳)五湖三亩宅,万里一归人。(戴叔和)

对比可知,国图本对"东坡"之诗做了顺序调整,将它们集中编排。前表所列卷一五"妓妾·诗"亦有这种情况,戎昱的两首诗在过云楼本里是分散收录的,国图本则放在一起。把同一诗人的诗句调整在一处,这是国图本对《后集》做过有意识处理的证据之一。

过云楼本与国图本"诗"还存在文字内容完全不同的现象,卷八"妃嫔·诗"即是如此,过云楼本:

> 四时闺怨春 东风昨夜来南国,垂柳梢头染金色。天涯芳草又逢春,墙角桑柔已堪摘。玉颜凋尽愁如织,对看菱花不相识。倚楼无语望征人,落井金沙断消息。夏晚来天气人新浴,香汗微微湿红玉。莺雏点破柳梢青,蚱蜢分开池面绿。采莲女伴相催促,折得荷花淡如肉。归来窗下理琵琶,暗写相思三两曲。秋寒蝉落日鸣高树,双叶翻空已无数。酒侵腮角艳蕊红,愁入眉头远山聚。檎砧塞外几经年,一夜征袍手亲絮。明年若更未还家,愿作飞云逐君去。冬鸣机轧轧重门闭,挑尽孤灯不成寐。屏帏惨淡簟色寒,轩砌萧条雪花坠。朔风吹断征鸿字,衣袖斓班染红泪。折梅欲寄陇头人,尽日开门无驿使。

国图本:

> 寥落古行宫,宫花寂寞红。白头宫女在,闲坐说元(玄)宗。(元微之)凉殿初生露满天,木犀花发月初圆。君王少御珊瑚枕,多就宫人玉臂眠。(南岳)巧画峨眉独出群,当时人道便承恩。经年不见君王面,落日黄昏空掩门。(罗隐)自是三千第一名,内家丛里独分明。芙蓉殿上中元日,水拍冰盘弄化生。(薛能)内人晓起怯春寒,轻揭珠帘看牡丹。一把柳丝收不尽,和风搭在玉栏干。(徐仲雅)雨入珠帘满殿凉,避风新出石盆汤。内人恐要秋衣看,不住熏笼换好香。(王建)

过云楼本收录了一组四季闺怨诗,与国图本汇录散篇全然不同;闺怨诗本身的内容似乎也与妃嫔的宫中生活相差甚远。不仅如此,过云楼本此处录诗的格式体例与他处不同,未标注作者或者出处,亦不知其材料来源。是其祖本已有,国图本因此而不取,还是过云楼本又做增补,暂不可考。

(三) 异文

过云楼本和国图本存在相当数量的异文,其中既有手民之误,也存在行文用词之异。

1. 同文异辞

如:卷五"泉(门)"类"温泉"条,过云楼本:

> 凡水源有石硫黄,其泉则温。或曰神人所暖,主疗人疾。(《博物志》)

国图本:

> 凡水源有石硫黄,其泉则温。或云神人所暖,主疗人疾。(《博物志》)

两本一作"曰",一作"云"。检《博物志》作"云",《海录碎事》亦作"云",过云楼本之异或缘自编订者不同的语言习惯。

又如:卷二六(二七)"(宫)观"类"舍宅为观"条,过云楼本:

> 天宝九年,李林甫等皆请舍宅为观以祝圣,帝悦。

国图本:

> 天宝九载,李林甫等皆请舍宅为观以祝圣,帝悦。

《资治通鉴》卷二一六《唐纪三十二》:

> 九载……太白山人王玄翼上言见玄元皇帝,言宝仙洞有妙宝真符。命刑部尚书张均等往求,得之。时上尊道教,慕长生,故所在争言符瑞,群臣表贺无虚月。李林甫等皆请舍宅为观以祝圣寿,上悦。①

比核《资治通鉴》,可知过云楼本和国图本均脱"寿"字,当有同源关系,此字当在二者的祖本即已丢失。而"天宝九"下一字,《资治通鉴》与国图本均作"载",过云楼本作"年"。二者意思相同,或许与上文"云""曰"类似,都是不同编纂者之间不一样的表述习惯所致。

2. 各自校改

如:卷一二"曹官"类"尹佛子"条,过云楼本:

> 尹正义为泽州都督司法,百姓歌之曰"前时尹佛子"。

---

① 〔宋〕司马光《资治通鉴》卷二一六《唐纪三十二》,北京:中华书局,1956年,第6900页。

国图本:

> 尹正义为泽州都督府法,百姓歌之曰"前时尹佛子"。

过云楼本作"都督司法",国图本作"都督府法"。按,当作"都督府法曹",二本皆脱"曹"字,或二者的祖本已出现脱漏,而"司"字,盖过云楼本所改。

又如:卷二〇(二一)"滥官"类"献瓜"条,过云楼本:

> 德宗幸梁,有献瓜者,帝嘉其意,欲授以官,陆贽曰:"爵禄者,天下公器,不可轻也。今献瓜一器、果一盛则受之,彼忘躯者有以相谓矣,曰:'吾之躯命乃同瓜果。'草木也。若草木然,人何劝焉。"(《本传》)

国图本:

> 陆贽幸梁,有献瓜者,帝嘉其意,欲授以试官,贽曰:"爵禄者,天下公器,不可轻也。今献瓜一器、果一盛则受之,彼忘躯者有以相谓矣,人何劝焉。"(《本传》)

两本出处皆为"《本传》",检《新唐书·陆贽传》:

> ……行在震惊,遂徙幸梁。道有献瓜果者,帝嘉其意,欲授以试官,贽曰:"爵位,天下公器,不可轻也。"帝曰:"试官虚名,且已与宰相议矣,卿其无嫌。"贽奏:"信赏必罚,霸王之资也。轻爵亵刑,衰乱之渐也……今员外、试官与勋、散、爵号同,然而突铦锋、排祸难者以是酬之可谓重矣。今献瓜一器、果一盛则受之,彼忘躯命者有以相谓矣,曰:'吾之躯命乃同瓜果。'瓜果,草木也。若草木然,人何劝哉?夫田父野人必欲得其欢心,厚赐之可也。"①

将两本内容和《新唐书》作对比,发现它们对文本都进行过删减,国图本比过云楼本删减更多。至于主体究竟是"德宗"或"陆贽",《新唐书》"行在震惊,遂徙幸梁"一句足以解惑,"行在"指天子所在之处,陆贽也绝对不可用"幸"字,那么主体当然是"德宗"。除这一差异,国图本内容并无溢出过云楼本之外者,当是来自同源,再作删减,同时将"德宗"臆改为"陆贽"。

又如:卷三二"琴"类"神女舞于台(落霞)"条,过云楼本:

> 武帝夕望,东边有青云仿佛,俄而,见双白鹤集于台上,倏忽化为二神女舞于台上,握凤管之箫,拊落霞之琴,歌清吴春波之曲。(《洞冥记》)

国图本:

---

① 《新唐书》卷一五七《陆贽传》,第 4921—4922 页。

> 恒山夕望，东边有青云仿佛，俄而，见双白鹤集于台上，倏忽化为二神女舞于台上，握凤管之箫，拊落霞之琴，歌清吴春波之曲。（《洞冥记》）

两本首句句式结构不同，过云楼本"武帝夕望"是主谓结构，"武帝"是"夕望"的主语，国图本"恒山夕望"，状中结构，"恒山"是"夕望"的发生场所。《初学记》作：

> 郭子横《洞冥记》曰："恒山夕望，东边有青云仿佛，俄而，见双白鹤集于台上，倏忽化为二神女舞于台上，握凤管之箫，拊落霞之琴，歌清吴春波之曲。"①

《初学记》与国图本同作"恒山夕望"，其余内容亦与两宋本同，则二者来源应即《初学记》。过云楼本作"武帝夕望"，或因《洞冥记》主人公为汉武帝，未有涉及恒山的内容，编纂者意识到此处存在问题，因此臆改。

可知，过云楼本与国图本在异文方面各有正误，它们有共同的来源，又按照自己的语言习惯和内容取舍做了改动，因而形成了不同的文本面貌。

综上，《锦绣万花谷》之《后集》有着与《续集》相同的经历，过云楼本、国图本《后集》，与《续集》的跨行本和单行本一样，都是在不同时期内出于不同编纂者之手的坊贾续书之"典范"。尽管过云楼本与国图本在《后集》的卷次门类上未形成如《续集》的跨行本与单行本那般大的差异，但二者的不同依然不容忽视：不互相重叠的"门类名+门"，卷次门类对应上的错位，不见于国图本的"类姓""库藏""六经"以及不见于过云楼本的"诙谐""知人""家室""室""村""桥""舟航"等门类，条目上的出入，文字内容上的增删有无、异文等等，都表明其间虽有渊源，但又经不同删改整理。其间关系大体如下图所示：

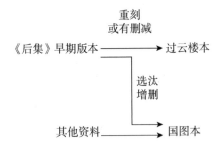

它们的材料来源有交叉重叠的部分，也有各自独有的部分，编纂者对于材料的取舍亦不尽相同，造就了它们在门类、条目和文字上的诸多差异，也正是这些异同，才让我们有迹可循，从而厘清其间的关系。

---

① 〔唐〕徐坚《初学记》卷一六《乐部下》琴第一，第387页。

相较于二者共同的来源(即《后集》的更早版本),过云楼本虽略有整饬及文字讹变,但似乎增删较少,面貌亦更接近《初学记》等被"借鉴"过的类书。国图本形成时间略晚,不仅整饬程度较过云楼本高,其编纂者可谓在原本基础上再做选汰,又依据其他资料做了一定增补。经过上述操作,其面貌已与过云楼本大相径庭。

与此相关,后世的明嘉靖十五年(1536)秦汴绣石书堂本《锦绣万花谷》则是整合杂糅两种宋本,构建了一种新的版本系统。①

厘清上述问题,可以更准确地把握《锦绣万花谷》一书的传世面貌与实际价值,对认识南宋时期的社会文化,亦不无裨益。今不揣谫陋,谨就正于方家。

---

① 关于明嘉靖十五年秦汴绣石书堂本《锦绣万花谷》,笔者另有专文探讨。

说"簪笔"

林 嵩[*]

【内容提要】 簪笔指的是古人把笔插在头上,以便随时记事;由这一行为出发,魏晋南北朝时期,簪笔演变为史官的朝服冠饰。史官簪笔执简,源自左右史受言记事的传统。中古时期,史官成为清流美职,其监督职能越来越沦为形式,本义为尊崇史官的簪笔,日益成为一种可有可无的装饰。

【关键词】 簪笔 插笔 服饰

(一)"簪笔"之意涵

簪笔,又叫插笔、立笔或珥笔,意为把笔插在头上,随时准备记录。《汉书·赵充国传》载:"(张)安世本持橐簪笔,事孝武帝数十年。"颜师古注云:"橐,所以盛书也,有底曰囊,无底曰橐。簪笔者,插笔于首。"[①]在山东沂南北寨东汉墓出土的画像砖上,画着一名官吏跪坐于地,手捧竹简,头戴进贤冠,右耳簪戴毛笔,左腰间佩戴书刀(图1)。传为唐代阎立本所绘的《北齐校书图》中有一使侍者着靴而欲逃酒者,其发髻上也插着毛笔。[②] 这些画作都提供了关于簪笔的图像资料。

把笔插在头上,除了便于随时记录之外,还有一些特定的职能与意涵。

其一,在某些特殊场合,簪笔可以产生广告效应。相传东汉时,琅琊王吉"家贫不得仕,乃挟竹简插笔,于洛阳市佣书。美于形貌,又多文辞;来倩其书者,丈夫赠其衣冠,妇人遗其珠玉。一日之中,衣宝盈车而归。积粟于廪,九族宗亲,莫不仰其衣食,洛阳称为善笔而得富"。[③] 王吉在家贫之际,靠佣书度日。他耳簪毛笔、手执竹简,立于洛阳市头,可以使人一望而知,这人是以卖字为生的。加上他本人相貌出众,所以雇他的人特别多。对钞手而言,簪笔的形象本身就是最好的广告。这个故事见于苻秦道士王嘉所著的杂史《拾遗记》,说的

---

[*] 本文作者为北京大学中文系、北京大学中国古文献研究中心副教授。
[①] 《汉书》卷六九《赵充国传》,北京:中华书局,1962年,第2993—2994页。
[②] 原画今藏美国波士顿美术馆,又见沈从文《中国古代服饰研究》,上海:上海书店出版社,2011年,第235页。
[③] 《王子年拾遗记》卷六,济南:山东人民出版社,2018年,第95页。

虽然是西汉的事,但更多的还是反映了魏晋南北朝时期的实际生活。

图 1　山东沂南北寨东汉墓出土画像砖①

其二,对读书人而言,簪笔还是一种气质与身份的体现。笔是最重要的文具;随身携带笔和剑,寓意着文修武备。故《中华古今注》有云:"簪白笔:古珥笔之遗象也。腰带剑、珥笔,示君子有文武之备焉。"②这其中的用意,就和老派知识分子把钢笔别在上衣口袋里一样,是一种有学问的表现。

其三,由插笔这一行为发展出的特定官员所戴的冠饰,即所谓"簪白笔",是有其象征意义的。《宋书·礼志》载:

> 古者贵贱皆执笏,其有事则搢之于腰带。所谓搢绅之士者,搢笏而垂绅带也。绅垂三尺。笏者有事则书之,故常簪笔,今之白笔,是其遗象。三台五省二品文官簪之。王公侯伯子男卿尹及武官不簪。加内侍位者,乃簪之。手板,则古笏矣。尚书令、仆射尚书手板头复有白笔,以紫皮裹之,名笏。朝服肩上有紫生袷囊,缀之朝服外,俗呼曰紫荷。或云汉代以盛奏事,负荷以行,未详也。③

笏是古代用来记事的手板。在刘宋时期,只有二品以上的台省官员才执笏;笏上缀着白笔,裹以紫皮,这叫作"簪白笔"。一般的王公贵族与武职是不簪笔的;但如果另加了内侍的头衔,就可以簪笔。可见簪笔与否,主要取决于该官员是否出入禁中、有无载笔的工作需要。

---

① 图见《中国历代服饰大观》,台北:百龄出版社,1984年,第37页;又见《中国古代服饰研究》,第170页。
② 《中华古今注》卷上,沈阳:辽宁教育出版社,1998年,第13页。
③ 《宋书》卷一八《礼志》,北京:中华书局,1974年,第519页。

配合簪笔,高级官员的朝服肩上另有紫色的袷囊,俗称"紫荷"(去声,读为负荷之荷)。根据《宋书·礼志》的说法,这个袷囊就是用来盛笔和笏的。《隋书·礼仪志》则认为是"昔周公负成王,制此衣,至今以为朝服"①。《洛阳伽蓝记》里写北魏的临淮王元彧"金蝉曜首,宝玉鸣腰,负荷执笏,逶迤复道。观者忘疲,莫不叹服"②。所谓的"负荷执笏",就是肩着"紫荷"、手执笏板的意思。魏晋时期纸张虽然开始普及,但在相当一段时期内,简牍也仍在使用。由于简牍比较重,又占地方,就需要用袷囊来盛装奏牍。因此相较而言,《宋志》把紫袷囊的功用理解为盛笔与笏,理据更为充分。

魏晋南北朝时期,簪笔作为一种朝服冠饰,主要是为御史、尚书等台省官员所用。

《汉书·百官表》载:御史大夫"有两丞,秩千石。一曰中丞,在殿中兰台,掌图籍秘书,外督部刺史,内领侍御史员十五人,受公卿奏事,举劾按章"③。御史的职能主要是监察百官,但御史自来也兼有史官的部分职能。渑池之会上,秦王使赵王鼓瑟,蔺相如反逼秦王击缶,双方各令御史记下;④说明御史在朝会之时,要随侍君主左右,并负责记录。同时御史的属官还负责管理秘阁图书。按《隋书·礼仪志》:

> 治书侍御史、侍御史:朝服、腰剑、法冠。治书侍御史则有铜印环钮、墨绶。陈又有殿中、兰台侍御史,朝服、法冠、腰剑、簪笔。⑤

陈朝时殿中、兰台侍御史"朝服、法冠、腰剑、簪笔",这一身衣饰从侧面体现了御史兼有监察百官与受言记事这双重职责。

尚书本来是中央秘书机构,其主要职能是"掌图书秘记章奏之事"⑥。梁代袁准的《袁子正书》谓:"尚书佩契刀囊,执版,加簪笔焉。"⑦《洛阳伽蓝记》里"负荷执笏"的元彧,其官职就是侍中尚书令。曹魏时置秘书令"典尚书奏事"。西晋时又在秘书省下设著作郎与著作佐郎,执掌国史,史称:"周世左史记事,右史记言,即其任也。"⑧中央秘书机构的官员既要处理公文,又要充当记言记事的左右史,当然就需要簪笔。

---

① 《隋书》卷一一《礼仪志》,北京:中华书局,1973年,第236页。
② 〔北魏〕杨衒之著,范祥雍校注《洛阳伽蓝记校注》卷四《城西》,上海:上海古籍出版社,1978年,第201页。
③ 《汉书》卷一九《百官公卿表》,第725页。
④ 《史记》卷八一《廉颇蔺相如列传》,北京:中华书局,1959年,第2442页。
⑤ 《隋书》卷一一《礼仪志》,第223—224页。
⑥ 《晋书》卷二四《职官志》,北京:中华书局,1974年,第730页。
⑦ 《唐六典》卷二《尚书吏部》引,北京:中华书局,1992年,第26页。
⑧ 《宋书》卷四〇《百官志》,第1246页。

以上所说的簪笔的三种情况,如果进一步概括起来,其实都是起一种"广而告之"的作用,即为了传递某种信息而采取的特殊的宣传手段。例如特定的官员配以特定的冠饰,这是为了强调其职务的特殊性。簪笔恰好可以突出台省官员载笔记事的职能,同时这一冠饰也寄托了对其职业精神的期许。

(二)"簪笔"消亡之实质

《史记·滑稽列传》:"西门豹簪笔磬折,向河立待良久。"张守节《正义》云:"簪笔,谓以毛装簪头,长五寸,插在冠前,谓之为笔,言插笔备礼也。"① 明代的方以智认为,这是注家从其当下的生活出发,对古人衣冠制度进行的揣度:

> 《索隐》注《史记》簪笔,乃以目击本朝之制揣摩古人耳,其实安世、西门豹之簪笔,犹之载笔、带笔,岂必插笔于首乎?晋有此制。宋绍兴中,礼官言:皇子七梁额花冠金镀银立笔。金元志亦有貂蝉立笔、金立笔、银立笔之分,以昭官阶。今无此制,即起居注不过袖笔而已。②

按方以智的说法:《史记》《汉书》里讲的簪笔,未必真要把笔插在头上;簪笔作为一种朝服冠饰,主要盛行于魏晋南北朝到唐宋时期;明代以后,这一制度就彻底消亡了,方氏的论断大体符合史实。

在魏晋南北朝时期,已有一些人开始对簪笔的意涵缺乏清晰的了解。《魏略》记载:三国时,魏明帝在朝会时曾见御史"簪白笔侧阶而坐",明帝问左右:"此为何官何主?"辛毗对曰:"谓御史。旧时簪笔,以奏不法,今者直备官,但耽笔耳。"③ 由于御史兼有载笔记事与监察百官的职责,所以在朝会上,御史有特殊的座次。"侧阶而坐",既接近皇帝,又便于观察百官是否有失仪之举;簪白笔之后,其特殊性更为突显,因此引人瞩目。虽然魏明帝对御史簪笔的情况并不是很了解,但由此也可以看出,簪笔在服饰上所起的这种"广而告之"的效果是明显的。

齐永明年间,有舞人"冠帻并簪笔"。齐武帝曰:"笔笏盖以记事受言,舞不受言,何事簪笔?岂有身服朝衣,而足綦宴履?"于是去掉了舞人冠上的笔。④

---

① 《史记》卷一二六《滑稽列传》,第3212页。
② 《通雅》卷三七《衣服》,北京:中国书店影康熙浮山此藏轩刻本,1990年,第447—448页。按:周晓薇也认为张守节的解释"显然是结合了唐代的簪笔制度和意义而言的,'毛装簪头',说明已脱离实用,'插笔备礼',说明已成为礼仪的象征"。她推测"很可能因为汉朝的御史及地方的执法官员在奏事承旨等情况下多要簪笔,遂以西门豹簪笔来表示他正是以法官的身份来奉命公正执法,为其处置巫妪、三老张扬一种威严不可抗拒的氛围"。周晓薇《古代簪笔制度探微》,《中国典籍与文化》,2001年第3期,第106、110页。
③ 《初学记》卷一二下《职官部下》引,北京:中华书局,1962年,第292—293页。
④ 《隋书》卷一三《音乐志》,第291页。

比较起来,齐武帝对簪笔的内涵有比较准确的理解与把握。因此他看见跳舞的人簪笔,觉得不伦不类。这也说明对当时的大多数人而言,簪笔几乎只剩下装饰的功能了。

"左史记言,右史记事",这是史官的传统。史官簪笔执简,随时记录君主的言行。这既是存史的需要,同时还起到监督君主的作用。但是这种来自史官的监督是非常有限的。东晋的桓玄在兵败之际曾越过史官,"自作起居注"①。唐太宗曾对褚遂良说:"卿犹知起居注,所书可得观乎?"褚遂良回答说:"史官书人君言动,备记善恶,庶几人君不敢为非,未闻自取而观之也。"②但像褚遂良这样敢于拒绝皇帝的史官毕竟是少数,就像萧梁时崔祖思所说:

> 古者左史记言,右史记事,故君举必书,尽直笔而不污;上无妄动,知如丝之成纶。今者著作之官,起居而已;述事之徒,褒讳为体。世无董狐,书法必隐;时阙南史,直笔未闻。③

敢于秉笔直书的史官越来越少,阿谀奉承的人却越来越多。在辛毗的眼里,御史的职责就是在朝会上"簪笔奏不法";但就这么一点监督权,也不一定能落到实处。"但眊笔耳"这句话,确实是一语中的,道出了簪笔之所以消亡的根由。《隋书·经籍志》里曾这样描述史官:

> 夫史官者,必求博闻强识、疏通知远之士,使居其位,百官众职,咸所贰焉……自史官废绝久矣,汉氏颇循其旧,班、马因之。魏、晋已来,其道逾替。南、董之位,以禄贵游;政、骏之司,罕因才授。故梁世谚曰:"上车不落则著作,体中何如则秘书。"④

"百官众职,咸所贰焉",这并不是说史官真有多大权力,而应该理解为由于史官的职能特殊,出任史官者应具备特别的素质。中古时期,史官成了"职闲禀重,贵势多争之,不暇求其才"的清流美职。⑤尽管声望很高,但多数史官出于主观或客观上的原因,并不能发挥应有的作用。虽然在朝会上,他们的冠饰显眼,班次特殊,但在时人看来,不过是备员充数、装点门面而已。其簪笔执简、侧阶而坐的形象,也成了苗而不秀的银样镴枪头了。

---

① 《魏书》卷九七《桓玄传》,北京:中华书局,1974年,第2124页。
② 《通鉴》卷一九六"贞观十六年",北京:中华书局,1956年,第6175页。
③ 《南齐书》卷二八《崔祖思传》,北京:中华书局,1972年,第520页。
④ 《隋书》卷三三《经籍志》,第992页。
⑤ 《晋书》卷四八《阎缵传》,第1350页。

宁波方志所录曾巩诗考辨

陈晓兰*

【内容提要】 宋元以来宁波方志共载录三首题署为曾巩所作之诗:《送丰稷》、《寿圣院昌山主静轩》和《千丈岩瀑布》。本文分别从诗作的时间、地点与真伪的角度对这三首诗进行考辨,并梳理其在宁波历代方志中的收录情况,希冀以此为例一窥地方志所录曾巩诗作的情况,指出其价值和缺陷,为曾巩诗的辑佚和研究提供参考。

【关键词】 宁波 方志 曾巩 诗

曾巩(1019—1083),字子固,宋建昌军南丰县(今属江西)人。仁宗嘉祐二年(1057)进士,为太平州司法参军,历馆阁校勘、集贤校理、英宗实录检讨官。神宗熙宁二年(1069)出通判越州,历知齐、襄、洪、福、明、亳州。元丰三年(1080)留判三班院,迁史馆修撰、管勾编修院,兼判太常丞。五年拜中书舍人。六年卒,年六十五。曾巩极负文名,为唐宋八大家之一,文集有《元丰类稿》五十卷传世,《续元丰类稿》四十卷、《外集》十卷已佚。《宋史》卷三一九有传。

《元丰类稿》与金刻本《南丰曾子固先生集》中,收录了曾巩在外任职时所作大量诗作,或是吟咏当地山川风物,或是与当地官员士人互相唱酬。令人略感疑惑的是,其中没有任何一首可以确考为其知明州(今浙江宁波)时所作的与当地相关的诗作。自元丰二年(1079)正月二十五日到任,[①]至五月三十日奉敕移知亳州,曾巩以"江汉星斗之望"[②]知明州,对当地的教化礼俗有"表率薰陶"[③]之功。四个多月的任职期间内,曾巩主持完成了明州城墙的修缮,其弟曾肇所撰《行状》详细记载了他为修缮城墙所耗费的心力:"明州有诏完城,既程

---

* 本文作者为北京大学中文系、北京大学中国古文献研究中心副教授。

① 〔清〕万经等《(雍正)宁波府志》卷一八"名宦"曾巩小传称其"熙宁中以度支员外郎知州事","浚西湖,作《广德湖记》。后通判越州,作《鉴湖图》",明显有误,《中国方志丛书》影印清雍正十一年(1733)刻、乾隆六年(1741)补刻本,台北:成文出版社,1974年。曾巩元丰二年到明州任,据《广德湖记》(《元丰类稿》卷一九),此记乃熙宁二年曾巩通判越州时为鄞县县令张峋浚广德湖(即西湖)而作。

② 〔元〕袁桷《延祐四明志》卷一王应麟《四明七观》,《宋元方志丛刊》本,北京:中华书局,1990年。

③ 《延祐四明志》卷一三王应麟《重建学记》(王应麟《四明文献集》卷一题作"庆元路重建儒学记",《四明丛书》本)称"南丰曾公、忠肃陈公继为守贰,表率薰陶,东诸侯莫逮焉"。

工费,而会公至,初度城周二千五百余丈,为门楼十,故甓可用者收十之四,公为再计,城减七十余丈,门当高丽使客出入者,为楼二,收故甓十之六,募人简弃甓可用者,量酬以钱,又得十之二,凡省工费甚众,而力出于役兵佣夫,不以及民。城成,总役者皆进官,而公不自言也。"① 而明州作为宋代重要港口还涉及外交、贸易等事务,曾巩则撰有《明州拟辞高丽送遗状》《存恤外国人请著为令札子不曾上》。② 曾巩在明州任职时间不长且政务繁忙,或是他鲜有在当地游观、唱和之作传世的重要原因。

宋元以来各种宁波州县方志,共载录三首题署为曾巩所作之诗:《送丰稷》、《寿圣院昌山主静轩》和《千丈岩瀑布》,其中前两首分别见于《元丰类稿》卷五和卷八。本文分别从诗作的时间、地点与真伪的角度对这三首诗进行考辨,并梳理其在宁波历代方志中的收录情况,希冀以此为例一窥地方志所录曾巩诗作的情况,指出其价值和缺陷,为曾巩诗的辑佚和研究提供参考。

一、《送丰稷》为曾巩知襄州时所作

送丰稷

桃花染破南山青,汉江此时春水生。客舟相语人夜起,劲橹乱江群雁声。之君飘泊动归思,告我举装千里行。闶材壮思风雨发,绿鬓少年冰雪清。读书一见若经诵,下笔千言能立成。精微自得有天质,操行秀出存乡评。嗟从薄禄困流滞,能诱鄙俗销纷争。弦歌躬劝士强学,田里堵安人力耕。嗟予据案但画诺,遇事缩手方蒙成。虽知璞玉难强献,欲挂尘榻空含情。岁寒不变乃知确,物理先否终当亨。维舟且尽今夕语,明日帆随白鸟轻。③

《(万历)襄阳府志》卷四六收录此诗,诗题下注"时为谷城尹"④。曾巩于熙宁六年(1073)九月至八年冬知襄州,故《曾巩年谱》将此诗系于熙宁八年春。⑤ 丰稷(1033—1108),字相之,明州鄞县(今浙江宁波)人。仁宗嘉祐四年(1059)进士。初任亳州蒙城县主簿,为宋庠所器重。历真州六合主簿、襄州谷城县令,以善政公平著称。韩维、曾巩相继守襄,皆深奇公,与为笔砚友,不以诸吏待之。当时叶康直为光化县令,亦有能名,襄阳人歌之曰:"叶光化,丰谷城。

---

① 〔宋〕曾巩撰,陈杏珍、晁继周点校《曾巩集》附录,北京:中华书局,1984年,第794页。
② 《曾巩集》卷三五《明州拟辞高丽送遗状》、卷三二《存恤外国人请著为令札子不曾上》。
③ 《曾巩集》卷五,第71页。
④ 〔明〕吴道迩《(万历)襄阳府志》,明万历十二年(1584)刻本。
⑤ 李震《曾巩年谱》,苏州:苏州大学出版社,1997年,第322页。

清如水,平如衡。"韩维曰:"丰、叶二令,他日必皆清近。"后丰稷三任言责,尽言守正,累典大藩,仕至礼部尚书。入元祐党籍,被贬。大观元年卒,年七十五。事见李朴《丰清敏公遗事》、陈瓘《宋礼部尚书叙复朝请郎提举亳州太清宫丰公墓志》,①《宋史》卷三二一有传。据《续资治通鉴长编》卷二三五,韩维于熙宁五年(1072)七月知襄州,②可知在其任上丰稷已为谷城县令。曾巩在诗中对丰稷的才学、操行和治政多加称许,可见相知颇深。首联所述"桃花染破南山青,汉江此时春水生"之景,当非熙宁七年春襄州大旱之时,故《曾巩年谱》系于次年春为是。

丰稷为当地名贤,故此诗虽非曾巩知明州时所作,亦多见录于南宋以来的各种宁波方志。《乾道四明图经》卷八③、《延祐四明志》卷二〇"集古考"以及《(成化)宁波郡志》卷一〇"集古考"④,皆将此诗收录于诗文卷中。《(嘉靖)宁波府志》始于丰稷宅第的条目下收录,并简介诗作本事,其卷一六"杂志·第宅·丰清敏公宅"条:"县西南五里董母墓北。公名稷,仕至工部尚书。致仕归,由小溪镇之蕙江徙居于此。先是,稷之归,曾巩有诗送之曰(诗略)。"⑤《(康熙)鄞县志》卷二四"杂纪考·第宅·丰清敏公第"条沿袭之。⑥ 清《(雍正)浙江通志》卷四三"古迹·丰稷宅"条记载:"《(嘉靖)宁波府志》:在鄞县西南五十里董母墓北。稷仕至工部尚书,致仕归,由小溪镇之蕙江徙居于此。曾巩送丰稷归故里诗(诗略)。"⑦虽然引录嘉靖府志内容,但将"五里"误作"五十里";且删去之前二志中"先是"二字,模糊了此诗的写作时间与背景;诗中"之君"作"夫君",不同于传世本《元丰类稿》以及此前宁波方志所录,而与何焯《义门读书记》卷一⑧出校文字相同。

二、《寿圣院昌山主静轩》所咏并非明州鄞县寿圣院

寿圣院昌山主静轩

一峰潇洒背成阴,碧瓦新堂地布金。花落禅衣松砌冷,日临经帙纸窗

---

① 〔宋〕丰稷《丰清敏公遗书》附录,《四明丛书》本。
② 〔宋〕李焘《续资治通鉴长编》,北京:中华书局,2004年,第5719页。
③ 〔宋〕张津《乾道四明图经》,《宋元方志丛刊》本。
④ 〔明〕杨寔《(成化)宁波郡志》,《北京图书馆古籍珍本丛刊》影印明成化四年(1468)刻本,北京:书目文献出版社,1988年。
⑤ 〔明〕张时彻等《(嘉靖)宁波府志》,明嘉靖三十九年(1560)刊本。
⑥ 〔清〕闻性道《(康熙)鄞县志》,清康熙二十五年(1686)刻本。
⑦ 〔清〕沈翼机等《(雍正)浙江通志》,影印清文渊阁《四库全书》本(简称四库本)。
⑧ 〔清〕何焯《义门读书记》,清乾隆刻本。

深。幽栖鸟得林中乐，燕坐人存世外心。应似白莲香火社，不妨篮舁客追寻。①

《曾巩年谱》据《(雍正)宁波府志》卷三五载此诗，故将其系于熙宁八年曾巩知明州期间。诚如李震先生所发现的，《元丰类稿》的"篇目编排有一定规律可循"，"在分体内部，大抵为某一时期作品编在一起，且按时间顺序"。②《元丰类稿》卷八收录律诗八十首，《寿圣院昌山主静轩》之前六题是《寄赵宫保》《和酬赵宫保致政言怀二首》《和赵宫保别杭州》《过零壁张氏园三首》《雪亳州》《送元厚之资政致仕归苏州》。根据《曾巩年谱》的系年，前三题作于元丰二年正月己丑（十九日）知杭州赵抃为太子少保致仕之时；③《过零壁张氏园三首》，作于同年七月赴亳州任途中；《雪亳州》作于知亳州时；《送元厚之资政致仕归苏州》作于四年六月元绛为太子少保资殿学士致仕之时。④故从其诗作的编排情况来看，无从判断《寿圣院昌山主静轩》是否作于曾巩知明州之时。其实此诗所咏是否为明州鄞县寿圣院，存在很大疑问。

宁波方志中，此诗始见于明末鄞县地方志《敬止录》卷二六"湖心寺"条下："县治西南月湖中。宝庆志列于十方律院之首，旧号水陆冥道院。宋治平中建，熙宁改寿圣院。绍兴末以犯太上皇尊号改赐广福水陆院……"录"曾巩游寿圣院诗"，"成"作"城"，"地布"作"布地"。⑤核诸《宝庆四明志》，卷一一"叙祠·寺院·十方律院六"下首列"广福水陆院"："子城西南三里半，旧号水陆冥道院，俗谓之湖心寺。皇朝治平中建，熙宁改寿圣院，绍兴三十二年以犯太上皇帝尊号改赐今额。系十方传律讲去处，被旨充祝圣寿放生池道场。乾道初守赵伯圭建广生堂，待制朱翌记之……"⑥《延祐四明志》卷一六"湖心广福寺"条称其"在西南隅西湖之心"，沿宝庆志之说。宝庆、延祐二志均不载此诗。《(康熙)鄞县志》卷六"月湖"条下载"宋郡守曾巩寿圣院诗"，诗末注"即湖心寺"；《(雍正)宁波府志》卷三五"艺文志"录"曾巩《寿圣院》"诗；《(咸丰)鄞县志》卷二七⑦、《(同治)鄞县志》卷六六⑧"湖心广福寺"条亦录曾巩此诗。诗作文字皆与《敬止录》同。《(乾隆)鄞县志》卷二五"湖心广福寺"条虽引录延祐

---

① 《曾巩集》卷八，第136页。
② 《曾巩年谱》"前言"，第6—7页。
③ 《续资治通鉴长编》卷二九六，第7199页。
④ 《续资治通鉴长编》卷三一三，第7593页。
⑤ 〔明〕高宇泰《敬止录》，《北京图书馆古籍珍本丛刊》影印清烟屿楼抄本，北京：书目文献出版社，1998年。
⑥ 〔宋〕罗濬《宝庆四明志》，《宋元方志丛刊》本。
⑦ 〔清〕周道遵《(咸丰)鄞县志》，咸丰六年（1856）刻本。
⑧ 〔清〕张恕等《(同治)鄞县志》，光绪三年（1877）刻本。

志、成化志和康熙县志内容,但不录诗。① 此寺位于宋代明州子城西南三里半的月湖之中,与此诗诗题"寿圣院昌山主静轩"以及描述的"一峰潇洒背成阴"之景明显不符。

《(光绪)慈溪县志》卷四二"吉祥寺"条下亦收录此诗:"县东一十里。唐文德二年置,名吉祥。宋治平二年八月改赐吉祥广福院额。成化府志:治平二年改寿圣院。绍兴三十二年改赐吉祥广福寺。天启志:文德二年建,名寿圣院。绍兴三十二年赐吉祥广福寺额……"下录"宋曾巩寿圣院诗",文字与《敬止录》同。② 而此前的《(成化)宁波郡志》卷八、《(天启)慈溪县志》卷四③、《(康熙)宁波府志》卷二八④以及《(雍正)慈溪县志》卷一二⑤虽记载此吉祥寺,但未录此诗。

此诗还载录于明清时期嘉兴的地方志和诗歌总集。最早见于《(万历)秀水县志》卷八"艺文志",诗题误作"题圣寿院","成"作"城","布"作"步","砌"作"径","存"作"忘","似"作"是"。⑥ 此志卷二记载"天宁万寿禅寺",称"熙宁初赐'圣寿'额",⑦盖因此改曾巩此诗诗题加以牵合。此后又见录于当地各种明清方志,如《(万历)嘉兴府志》卷二五"艺文志"⑧、《(崇祯)嘉兴县志》卷八"建置志·寺观下·天宁禅寺"⑨、《(康熙)嘉兴府志》卷一八"诗文志"⑩、《(雍正)浙江通志》卷二二八"嘉兴府·天宁禅寺"等,正文除"步"作"布"之外余皆与万历县志相同。清代《檇李诗系》卷三七收录此诗,诗题改作"题寿圣院",正文则与万历府志等相同。⑪

《隆平集》卷一"寺观"记载:"治平三年诏,一应无额寺院,屋宇及三十间以上者,并赐'寿圣'为额因寿圣节。"⑫宋英宗生日正月三日,为寿圣节。根据《宝庆四明志》统计,这一时期明州境内有十七处寺院曾加赐、改赐"寿圣"之额,绍兴三十二年(1162)又因犯太上皇帝赵构尊号"光尧寿圣"而改赐"广福"。由此可知,治平、熙宁年间,各地有大批寺院赐额"寿圣",曾巩所咏即为其中一处寺

---

① 〔清〕钱大昕等《(乾隆)鄞县志》,《续修四库全书》影印清乾隆五十三年(1788)刻本。
② 〔清〕冯可镛《(光绪)慈溪县志》,《中国方志丛书》影印清光绪二十五年(1899)刻本。
③ 〔明〕姚宗文等《(天启)慈溪县志》,《中国方志丛书》影印明天启四年(1624)刻本。
④ 〔清〕左臣黄等《(康熙)宁波府志》,康熙二十二年(1683)修,抄本。
⑤ 〔清〕冯鸿模等《(雍正)慈溪县志》,《中国方志丛书》影印清雍正八年(1730)刻本。
⑥ 〔明〕黄洪宪《(万历)秀水县志》,《中国方志丛书》影印明万历二十四年(1596)修、民国十四年(1925)铅字重印本。
⑦ "圣寿",据元徐硕《至元嘉禾志》(《宋元方志丛刊》本)卷一〇"报恩光孝禅院"条所记"至熙宁元年赐名寿圣院",当作"寿圣"。
⑧ 〔明〕沈尧中《(万历)嘉兴府志》,明万历二十八年(1600)刻本。
⑨ 〔明〕黄承昊等《(崇祯)嘉兴县志》,明崇祯十年(1637)刻本。
⑩ 〔清〕袁國梓等《(康熙)嘉兴府志》,清康熙二十一年(1682)年刻本。
⑪ 〔清〕沈季友《檇李诗系》,四库本。
⑫ 〔宋〕曾巩撰,王瑞来校证《隆平集校证》,北京:中华书局,2012年,第59页。王瑞来认为记在"治平三年"不确,当作"治平四年",详见第61—62页。

院,究竟何地已难以确定。明清时期编纂宁波方志时,并无确切的文献和史实依据,仅因本地有寺院曾以"寿圣"为额,便加以附会而滥收曾巩此诗。至于明代嘉兴方志的编纂者为牵合本地寺院甚至错改曾巩诗题,为后志所沿袭,则更为无稽。

三、《千丈岩瀑布》并非曾巩诗

《全宋诗》收录曾巩佚诗①:

千丈岩瀑布

玉虹垂处雪花翻,四季雷声六月寒。凭槛未穷千丈势,请从岩下举头看。

清黄宗羲《四明山志》卷一

《全宋诗》曾焕名下亦收录此诗,题作《题飞雪亭》,"季"作"序","从"作"君",出于元袁桷《延祐四明志》卷一七。②《延祐四明志》卷一七"释道考中·奉化州寺院·雪窦山资圣禅寺"记载:"曾少卿《题飞雪亭》云:玉虹垂处雪飞③翻,四序雷声六月寒。凭槛未穷千丈势,请君岩下举头看。楼攻媿和云:惊见银河空外翻,溅飞千丈有余寒。下流不用长劳望,只向银河顶上看。"楼钥(1137—1213),自号攻媿主人,明州鄞县(今浙江宁波)人。孝宗隆兴元年(1163)进士,仕至签书枢密院事、参知政事。嘉定六年卒,年七十七。有《攻媿集》一百卷等传世。曾巩字号、官职皆不涉"少卿",且与楼钥并非同时代人,故此诗作者曾少卿另有其人而非曾巩明矣。

明《(成化)宁波府简要志》和《(成化)宁波郡志》并未收录此诗。传世文献中,最早将此诗作者误作曾巩的是《(嘉靖)奉化县图志》,卷一"千丈岩"条:"在雪窦山。有瀑布泉,又名飞雪岩,有亭曰飞雪亭。宋曾巩诗云:玉虹垂处雪花翻,四序雷声六月寒。凭槛未穷千丈势,请从岩下举头看。"④与延祐志相校,"飞"作"花","君"作"从"。又见于稍后修纂的《(嘉靖)宁波府志》卷六"千丈岩"条:"此雪窦之盛,悬崖飞瀑,又名飞雪岩,有亭曰飞雪亭。宋曾巩诗曰(诗略)。"清代《(顺治)奉化县志》卷一四"艺文志"⑤、《(康熙)宁波府志》卷三"千丈岩"条以及《(雍正)浙江通志》卷四三"飞雪亭"条收录"曾巩"此诗,文字皆与嘉

---

① 北京大学古文献研究所编《全宋诗》册八卷四六二,北京:北京大学出版社,1992年,第5611页。
② 《全宋诗》册五三卷二七七五,第32845页。
③ "飞",四库本作"花"。
④ 〔明〕倪复等《(嘉靖)奉化县图志》,《上海图书馆藏稀见方志丛刊》影印明嘉靖十四年(1535)刻本,北京:国家图书馆出版社,2011年。
⑤ 〔清〕项斯勤《(顺治)奉化县志》卷一四"艺文志"收录"曾巩《千丈岩》",顺治十八年(1661)年刻本。

靖二志同。康熙、乾隆《奉化县志》①与《(雍正)宁波府志》未载录此诗。至于《(康熙)四明山志》卷一"雪窦山·千丈岩瀑布"下所录"曾巩诗",与明清前志相校,唯"四序"作"四季"。②《(光绪)奉化县志》卷四"雪窦山"条所录"曾巩《千丈岩》诗"③,文字与《四明山志》同。由此可见,嘉靖时期修纂的奉化县志、宁波府志已将此误作曾巩诗,且诗作文字与延祐志有异,清人修志时亦多承袭前志之误,以致时至今日《千丈岩瀑布》仍多被误认为曾巩之诗。

此诗作者曾少卿与楼钥同时,但究竟为何人,今已无法确定。《全宋诗》又在曾焕名下收录此诗。曾焕,字文卿,吉州吉水(今属江西)人。光宗绍熙元年(1190)进士,宁宗嘉泰元年(1201)为太常少卿,④嘉定七年(1214)为秘书郎,八年为著作佐郎,九年出为广西运判,十六年为大理少卿,⑤十七年除秘书少监。⑥曾焕有诗名,杨万里《送曾文卿入京》称"如君大似陆云龙,一歕词场万马空。文透退之关挟子,骚传正则祖家风",⑦对其多有赞誉。宋代"少卿"为职官省称,曾焕先后任太常寺少卿、大理寺少卿,魏了翁有《大理曾少卿焕欲见余近作录数篇寄之以诗为谢且云连日疮疡作读余文而愈因次其韵九月二十六日》⑧、《曾少卿焕约饮即席赋》⑨等诗。《全宋诗》曾焕小传所谓"一字少卿"有误。

作者曾少卿亦有可能是曾几之孙曾槼⑩。曾槼,字德宽,庆元五年(1199)为淮西总领,六年除太府少卿,后改除福建转运副使。⑪嘉泰二年(1202)知婺州,⑫三年以荆湖南路计度转运副使除平江府提点刑狱,当年除太府少卿。⑬曾槼知婺州时,姜特立与其多有唱和,⑭《赠曾少卿》称:"我诵茶山诗,不识茶山面。今朝逢嫡孙,论诗得关键。李杜不再传,苏黄才一见。茶山子有孙,夜光

---

① 〔清〕孙懋赏等《(康熙)奉化县志》,康熙二十五年(1686)刻本;〔清〕陈琦等《(乾隆)奉化县志》,乾隆三十八年(1773)刻本。
② 〔清〕黄宗羲《四明山志》,清康熙四十年(1701)刻本。
③ 〔清〕张美翊等《(光绪)奉化县志》,清光绪三十四年(1908)刻本。
④ 〔清〕徐松辑《宋会要辑稿》选举二一之八,北京:中华书局影印本,1957年。
⑤ 《宋会要辑稿》选举二一之八。
⑥ 事见〔宋〕佚名《南宋馆阁续录》卷七、卷八,《南宋馆阁录 续录》,北京:中华书局点校本,1998年。
⑦ 〔宋〕杨万里《诚斋集》卷三九,《四部丛刊》景宋钞本。
⑧ 〔宋〕魏了翁《重校鹤山先生大全文集》卷四,《四部丛刊》景宋本。
⑨ 《重校鹤山先生大全文集》卷一〇。
⑩ 夏汉宁等《宋代江西文学家考录》以为此诗作者为曾几嫡孙曾焕,广州:中山大学出版社,2011年,第361页。据陆游《渭南文集》卷三二《曾文清公墓志铭》,曾几有孙男七人,名为槩、槼、梁、棐、概、枼、棠,皆从木旁,并无曾焕,此说显误。
⑪ 〔宋〕周应合《景定建康志》卷二六,《宋元方志丛刊》本。
⑫ 〔明〕陆凤仪《(万历)金华府志》卷一〇,明万历六年(1578)刻本。
⑬ 〔宋〕范成大《绍定吴郡志》卷七,《宋元方志丛刊》本。
⑭ 杨俊才《南宋诗人姜特立研究》,延吉:延边大学出版社,2009年,第97—98页。

同一串。故家妙人物,笔底波澜健。何当直两锋,看取空中箭。"①又有《喜雨寄曾少卿》②、《和曾少卿婺学建稽古阁三贤堂》③。曾几号茶山,赣州(今属江西)人,是江西诗派的重要诗人,从姜特立诗中可知其孙曾槩亦工于诗。

　　曾焕、曾槩二人虽与楼钥同时,且皆有诗名,但在楼钥的《攻媿集》中并无记载。与楼钥多有交往且曾任少卿的是曾三复。曾三复(？—1197),字无玷,临江峡江(今属江西)人。绍兴三十年(1160)进士。④淳熙末任太府丞,绍熙初出知池州,改常州。后拜监察御史,持论正平,转太常少卿,官至起居郎兼权刑部侍郎。庆元三年卒。⑤《宋史》卷四一五有传。楼钥《送曾无玷寺丞守池阳》曰:"我朝衣冠盛,名家数三曾。南丰暨赣川,后起参温陵。迩来螺川族,骎骎著簪缨。春风雁塔中,参差见姓名。君才素颖出,健笔随纵横。江右两壮县,谈笑政已成。河阳桃李花,武城弦歌声。入朝八九载,去拥池阳旌。年家有旧好,一见意气倾。更因刘御史,为君写先铭。去年叨省郎,君亦转为丞。中都但交谒,名纸空毛生。惟因候宾庑,接膝倾交情。分阴尤可惜,翻恐倒屣迎。阿连幸为寮,庶几多合并。宁知成勇退,拂袖寻归程。秋浦素简静,不足烦公行。要当试盘错,才刃新发硎。似闻有剧部,或已荐长卿。君其少停骖,有诏来皇扃。"⑥从中可见二人交谊深厚。绍熙三年(1192)楼钥为中书舍人,撰《监察御史曾三复太常少卿制》⑦。故此诗作者亦可能是曾三复。

　　《千丈岩瀑布》的作者并非曾巩,有可能是曾焕、曾槩、曾三复或是其他有少卿之任的曾姓官员,今已难以确考。至于楼钥和曾少卿之诗,未见载于《攻媿集》中。《(嘉靖)奉化县图志》卷九"艺文志"收录楼钥此诗,题作"千丈岩",与延祐志相校,"湍飞"作"湍流",末句"银河"作"悬崖"。《(顺治)奉化县志》卷一四所录楼钥《千丈岩用曾子固韵》和《四明山志》卷一"曾巩诗"后所录"楼钥次曾子固韵"文字相同,与嘉靖县志相校,"湍流"作"奔湍"。值得注意的是,《(嘉靖)奉化县图志》中在楼钥《千丈岩》诗后,录有明代奉化知县徐绍先的同题同韵诗:"万丈悬崖玉练飞,天风隐隐逼人寒。不因巡牧来幽寺,那得乘间一度看。"《(顺治)奉化县志》卷一五中,此诗诗题作"千丈岩用曾子固韵","崖"作"岩","练"作"雪"。徐绍先,明蕲水(今湖北浠水)人,弘治二年(1489)知奉化,五年修成《奉化县志》十卷(已佚)。从中推测,弘治时人或已将曾少卿《题飞雪

---

① 〔宋〕姜特立《梅山续稿》卷一六,四库本。
② 《梅山续稿》卷一六。
③ 《梅山续稿》卷一七。
④ 〔明〕周广嘉靖《江西通志》卷二三,明嘉靖四年(1525)刻本。《宋史》本传谓"乾道六年进士"有误,钱大昕《廿二史考异·宋史》卷一四"曾三复传"有辨正,乾隆四十五年(1780)刻本。
⑤ 〔宋〕周必大《周益公文集》卷三九《祭曾无玷侍郎文》,明澹生堂抄本。
⑥ 〔宋〕楼钥《攻媿先生文集》卷二,宋四明楼氏家刻本。
⑦ 《攻媿先生文集》卷三七。

亭》误认为曾巩之诗。

以上对历代宁波方志中所载录的三首曾巩诗加以考辨,可知《送丰稷》为曾巩知襄州时所作,《寿圣院昌山主静轩》所咏并非明州鄞县寿圣院,《千丈岩瀑布》并非曾巩之诗。如今在曾巩文集以及宁波方志中虽然已难觅他在明州吟咏山水之作,但留存下来的宁波罗城城墙遗迹则永远铭刻着近千年前他知明州时的功绩。

而通过对宁波方志收录曾巩诗作情况的梳理和辨析,亦能见出不少明清方志修纂时或因附会攀缘名人,或因沿袭前志之误而未能对相关史实和文献加以深考,以致不同程度地存在滥收、误收名人诗作的现象。地方志的编纂,如同城墙的修建,也是经过历代层累、前后相因而成的。一方面,地方志作为"一方全史"备受学界重视,其中历代积累的乡邦文献可为古代诗文辑佚和研究提供重要资料。如明代《(弘治)抚州府志》①收录了大量曾巩诗作,其中卷三《石门》《清风阁诗》、卷四《疏山》和卷二八《疏山寺》四首不见于《元丰类稿》和《南丰曾子固先生集》,前三首已据《(康熙)抚州府志》卷三五辑入《曾巩集》和《全宋诗》,《疏山寺》可作补辑:"素楹丹槛势凌空,一亩萧然四望通。幽事每寻佳客共,高情还与古人同。满山钟磬苍烟下,绕壑松篁晚照中。会了功名须到此,便衣荷芰向秋风。元题长老草堂"目前学界对于曾巩的《续元丰类稿》《外集》的内容和流传情况尚无定论,②《(弘治)抚州府志》所录的这四首集外佚诗,也许正是出于《续元丰类稿》《外集》,修志者或尚及见之。另一方面,由于修纂者的附会和疏误,地方志所录诗文或有滥收、误收之失。而后志往往沿袭前志之失不加考辨,或是采录前志时新增讹误,尤不可轻易采信。文中所考方志所录《寿圣院昌山主静轩》与《千丈岩瀑布》即为例证。又如《(雍正)抚州府志》卷四五收录题署"宋曾巩"的《疏山寺》"江海相忘二十年"与《抚橙》"黄团日映色敷腴"两首诗作,③《(光绪)抚州府志》沿袭之。④ 核诸《(弘治)抚州府志》卷二八、卷一二,二诗皆录于曾巩诗后,作者分别署"曾空青纡"和"曾景建",可知为曾纡和曾极之诗。或因二诗置于曾巩诗后,故雍正府志采录时作者题署有误。《疏山寺》,《全宋诗》在曾纡名下已据《宋诗拾遗》卷一二收录,题作"疏山";⑤ 又

---

① 〔明〕杨渊《(弘治)抚州府志》,《天一阁藏明代方志选刊续编》影印弘治十六年(1503)刻本,上海:上海书店,1990年。
② 于晓川《曾巩〈续元丰类稿〉、〈外集〉考》认为二者初编本在嘉靖年间尚存于世,《四川师范大学学报(社会科学版)》2016年第5期,第121—129页。
③ 〔清〕李茹旻等《(雍正)抚州府志》,《中国方志丛书》影印清雍正七年(1729)刻本。
④ 〔清〕谢煌等《(光绪)抚州府志》卷二一、卷八一分别收录二诗,署"曾巩",《中国方志丛书》影印清光绪二年(1876)刊本。
⑤ 《全宋诗》册二四卷一三六九,第15726页。

见于清人所修三种《金溪县志》,作者皆署"曾纡"。①《抚橙》,《全宋诗》曾极名下失收,可据补。由于雍正、光绪二志将弘治府志中曾纡、曾极的二诗误署"曾巩",以致今人亦多误作为曾巩佚诗。②

---

① 清《(康熙)金溪县志》卷一二、《(乾隆)金溪县志》卷三、《(同治)金溪县志》卷三三之七。
② 涂木水《曾巩佚诗两首》(《争鸣》1987年第1期,第50页)据光绪《抚州府志》误辑二诗;邹陈惠仪《曾巩诗文版本概况与辑佚》(《古籍整理研究学刊》2003年第2期,第61—65页)转引涂木水文而误辑,其所辑曾巩佚诗六首中仅《金陵初食河豚戏书》确为佚诗。

《诚斋集》校读札记

吕东超

【内容提要】 中华书局2007年出版的《杨万里集笺校》是第一部从校点、笺证、辑佚等方面对《诚斋集》进行全面整理的著作,嘉惠学林不少,但也存在一些问题。本文通过对《诚斋集》的重新校读,指出:一、《笺校》认为《诚斋集》自宋端平合刻以来尚有"淳祐本",甚至更存在其他全集本的说法不能成立,学界旧说并不能被推翻。二、《笺校》因为对《诚斋集》各版本的优劣情况及杨万里的诗文特色认识不足,导致不少误校,更存在底本文本与校本文本大量混同的情况,笺证部分亦有因文本讹误而误考者,所辑佚文亦有误辑、漏辑等问题。

【关键词】 《诚斋集》 《杨万里集笺校》 校勘 辑佚

杨万里(1127—1206)字廷秀,号诚斋,吉州吉水(今属江西)人。绍兴二十四年(1154)进士,官至秘书监,进宝谟阁直学士,卒谥文节。诚斋为南宋政坛、文坛重要人物,其诗歌与陆游、范成大、尤袤并称为南宋四大家,影响深远。《诚斋集》卷帙浩繁,长期以来,未见有完整整理本。2006年、2007年,王琦珍先生整理的《杨万里诗文集》与辛更儒先生整理的《杨万里集笺校》(以下简称《笺校》)先后出版,①对《诚斋集》进行了全面整理,②为读者提供了极大的便利。尤其是《笺校》一书,在校点整理的基础之上,又对诚斋诗文进行笺证,并辑佚、附录了大量资料,嘉惠学林不少。笔者近来重校此集,发现两整理本均不乏疑误之处。今以《笺校》为例,略举所见,以供读者参考。

---

* 本文系教育部人文社会科学研究青年基金西部和边疆地区项目"北宋士大夫的自我认识与诗歌书写研究"(项目批准号:19XJC751006)的相关成果。

** 本文作者为陕西师范大学历史文化学院讲师。

① 〔宋〕杨万里撰,王琦珍整理《杨万里诗文集》,南昌:江西人民出版社,2006年。辛更儒《杨万里集笺校》,北京:中华书局,2007年。

② 此前仅有《全宋诗》《全宋文》的校点整理及选注本数种,如夏敬观选注《杨诚斋诗》(上海:商务印书馆,1940年)、周汝昌选注《杨万里选集》(北京:中华书局,1962年)、于北山选注《杨万里诗文选注》(上海:上海古籍出版社,1988年)、刘斯翰《杨万里诗选》(台北:远流出版公司,1991年)等。

一、所谓"淳祐本"《诚斋集》

关于杨万里集的版本情况,前人已有颇为清楚的论述。① 大体而言,其版本系统有二:(1)诚斋生前曾自编诗集为八,曰《江湖集》《荆溪集》《西归集》《南海集》《朝天集》《江西道院集》《朝天续集》《江东集》。② 另有《退休集》,无序,或成集于身后。这些诗集分别刊刻于淳熙、绍熙年间,学界一般称之为"宋淳熙绍熙间递刻本"或"宋刻诗集本"。今国家图书馆藏有残本一部,存《江湖集》十四卷、《荆溪集》十卷、《西归集》四卷、《南海集》八卷、《江西道院集》五卷、《朝天续集》八卷、《退休集》七卷,凡七集,且损泐严重,偶有补叶;③日本宫内厅书陵部藏有一部宋淳熙本《南海集》八卷。④ (2)嘉定年间,诚斋长子长孺将宋淳熙、绍熙间递刻本诗集及未曾刊刻的文章重新编定为一百三十三卷,题曰《诚斋集》。端平初,由刘炜叔刊刻于江西,每卷卷末有"嘉定元年春三月男长孺编定端平元年夏五月门人罗茂良校正"字样。可称为"宋端平本"。今仅知日本宫内厅书陵部藏有一部,⑤为海内孤本。此本虽曾遭火厄,⑥但保存较为完好,亦有残阙和补叶。

今国内外所藏诸明清抄本及清刻本,均属宋端平本系统。需补充说明的是,这些明清抄本、清刻本又可分为两类:(1)汲古阁抄本、文渊阁四库全书本(以下简称"四库本")、丁丙八千卷楼藏抄本、康熙石门吕氏刊本、乾隆吉水杨氏带经轩刊本等,由于辗转传抄传刻,不仅舛误较多,且每每于难通之处主观改字,形成似是而非的文本。⑦ (2)《四部丛刊初编》影印缪荃孙藏日本影写宋本(以下简称"丛刊本")、⑧日本内阁文库藏江户旧抄本(以下简称"文库本"),

---

① 参祝尚书《宋人别集叙录》卷第二十"诚斋集"条(北京:中华书局,1999 年,第 991—995 页)、陈新《我们应该如何整理古籍——由读宋杨万里〈诚斋集〉稿想到的》(《中国典籍与文化论丛》,2000 年第五辑,第 198—211 页)等。
② 《诚斋集》中提及个人诗集处不少,如卷三六《东园幽步偶见东山》:"何曾一日不思归,请看诚斋八集诗。"卷一〇四《答晋州李大著君亮》:"私居无以为报,建本诚斋诗八集,凡三千五百余首,聊供击辕拊缶之一莞。"卷一〇九《答虞知府》:"建本诗集一部,木锦两端,聊伴空函,匪报也。"
③ 已收入《中华再造善本·唐宋编·集部》,北京:北京图书馆出版社,2004 年。
④ 已收入《日本宫内厅书陵部藏宋元版汉籍选刊》,上海:上海古籍出版社,2013 年。日本"宫内厅书陵部收藏汉籍集览"(http://db.sido.keio.ac.jp/kanseki/T_bib_line_2.php,2020 年 3 月 27 日)有全文影像。
⑤ 已收入《日本宫内厅书陵部藏宋元版汉籍选刊》,上海:上海古籍出版社,2013 年。日本"宫内厅书陵部收藏汉籍集览"有全文影像。
⑥ 参日本"宫内厅书陵部收藏汉籍集览"《诚斋集》书志。
⑦ 陈新《我们应该如何整理古籍》,第 199 页。
⑧ 祝尚书先生云:"所谓'影写'实际上就是辗转传抄。"(《宋人别集叙录》,第 995 页)今与宋端平本对勘,行款、字体均不相同,可见确非版本学意义上的"影写"。

虽未必直接据宋端平本抄写,但其文本特征与宋端平本有直接关联,几乎没有主观改字的情况,较为接近宋端平本原貌。如宋端平本卷三〇《和沈子寿还朝天集之韵》中的"城"字残阙,仅留下"戈"形,而丛刊本、文库本皆作"戈";宋端平本卷五六《答庐陵黄宰》"句法亲传"至下一篇《答江西提刑俞大卿启》"蓬扫花"全阙,而丛刊本、文库本将"句法亲传"与"蓬扫花"连抄在一起;宋端平本卷一三二《刘隐君墓志铭》等由于错缀,导致文本不接续,而丛刊本、文库本此处亦完全错乱,如出一辙。可见,丛刊本、文库本在抄写时并未考虑文本的正确与否,而是完全照抄,这是日藏抄本得以最接近宋端平本的原因。而国内所藏诸本,因在流传过程中的主观臆改,文本歧异愈来愈多,反而距宋端平本原貌愈来愈远。

在元明两朝,无论是宋刻诗集本,还是宋端平本,均未见有重刊本及相关记载,因此学界一般认为《诚斋集》在元明两朝未有刊本。但辛更儒先生在《笺校》中提出了新的看法,他认为:

> 《四库全书》本所收《诚斋集》和国家图书馆所藏毛氏汲古阁抄本,于卷三七之末补《李厚之主簿投赠长篇谢以唐律》诗,其后附李茂山跋,称季父蒙诚斋赠诗,未载集中,因附刻于此卷之末。跋署淳祐七年(一二四七)八月。知是年李茂山又曾重刻端平本,且稍有增订,惜原本不存于世。今以此二本与《四部丛刊》本比对,则篇卷之分合多有不同,文字亦时有异同,知确为另一系列传本。①

又云:

> 以至在《四库全书》本《诚斋集》第三十七卷之后又续补了《李厚之主簿投赠长篇谢以唐律》诗,为宋刻本及《四部丛刊》本所无,且于诗后附了李茂山的一段跋语:
>
>> 庆元丁巳八月二十六日,季父初筮,执贽文节公之门,辱报以诗。集中偶未登载,辄附刻于此卷之末。淳祐丁未八月,后学豫章李茂山谨识。
>
> 这一淳祐七年(一二四七)刻本,虽然原刻本今已无考,……但是,毕竟是端平刻本印行之后十三年的重刻本……

对淳祐刻本的考证,推翻了学术界"《诚斋集》自端平合刻以来,尚无全集重刻本"的不恰当结论(见线装书局《宋集珍本丛刊》所收明汲古阁本《诚斋集》卷首吴洪泽的说明)。而端平本和淳祐本之外的诚斋佚作不断

---

① 辛更儒《杨万里集笺校·凡例》,第1页。

被披露,则有力地说明,在淳祐本之后,必然还有所收诚斋著作更全的全集本出现,只是未见传本,亦未见目录书著录而已。①

其实,关于李茂山的跋语,陈新先生曾指出:

> 淳祐亦为理宗年号,丁未是淳祐七年(1247),后于端平十余年。在此短暂时间,《诚斋集》重刻的可能性不大,跋中"附刻"二字,汲本、吕本均作"循剩",亦足说明实为端平刻本的抄本。凡抄本不仅多舛误,且多字迹模糊,转辗抄刻时必多歧异。②

可见,四库本等所载李氏跋语中的"附刻"二字,汲古阁本、吕本(康熙石门吕氏刊本)却作"循剩"。上引《笺校》称国图所藏汲古阁本作"附刻",恐非。国内藏汲古阁抄本《诚斋集》数部,陈新先生所谓"汲本"亦不知具体指哪一部。笔者尚未暇遍查汲古阁本,今检《宋集珍本丛刊》影印清顾氏校跋明汲古阁抄本作"循剩",天头有"附刻"二字,③则此处确有异文。在未见"淳祐本"的任何传本与目录记载的情况下,仅仅根据存在异文的李氏跋语及"诚斋佚作不断被披露",尚不能得出宋端平本以后还存在一个"淳祐本",甚至"在淳祐本之后,必然还有所收诚斋著作更全的全集本出现"的结论,学界旧说尚不能被推翻。

二、校勘问题

《笺校·凡例》云:"今流行者有《四部丛刊》影印缪氏艺风堂抄宋本,该本一仍宋端平本旧貌,在国内诸抄本中最为完善。今将此本前四十二卷与宋本校核,知此本最接近宋本原貌。""《四部丛刊》本虽相对错误较少,但仍有相当一些笔误。"④这种认识是十分准确的。上文亦曾提及,丛刊本、文库本都是最接近宋端平本的本子,虽然亦有讹误,但文本的纯净度,要比国内外所藏的其他抄本高得多。在未见宋端平本的前提下,以丛刊本为底本,以宋刻诗集本为诗集校本,并从其他抄本中选出两三种如汲古阁本、四库本等作为参校本,是正确的选择。但校勘时除改正底本的明显讹误外,尽量不要据参校本改字。只要遵循此一原则,当能整理出较为接近宋端平本原貌的本子。笔者近来重校此集,发现《笺校》在校勘方面问题不少。首先,《笺校》存在底本文本与校本混同等情况;其次,由于未能贯彻上述原则,《笺校》往往根据他本改动丛刊本

---

① 辛更儒《杨万里集笺校》,第5313—5314页。
② 陈新《我们应该如何整理古籍》,第199页。
③ 〔宋〕杨万里撰《诚斋集》,《宋集珍本丛刊》影印清顾氏校跋明汲古阁抄本,北京:线装书局,2004年,第442页。
④ 辛更儒《杨万里集笺校·凡例》,第1—2页。

的文本。而这些改动中,除部分为底本讹误需要改正外,多数属于误改。① 今以诗集部分为例,②分述如下:

(一) 底本文本与校本文本大量混同

《笺校·凡例》称"今次整理杨万里诗文,以《四部丛刊》影宋本为底本,以汲古阁明抄本、文渊阁《四库全书》本为校本。"③但通过《笺校》与丛刊本的比较,却发现《笺校》有大量与丛刊本不合之处,如:

1. 卷一《送王监簿民瞻南归庭珪》:"路旁莫作两疏看,老儒不用囊中金。"校记:"'囊',宋刻诗集本、汲古阁本作'橐'。"(p. 95④)

按:"囊",四库本同,丛刊本作"橐"。底本明明作"橐",而校记出文却作"囊"。

2. 卷二《春晚往永和》:"景好还翻恶,人嬉我独悲。"(p. 134)

按:"还",四库本同,丛刊本作"怀"。当作"怀",宋刻诗集本、宋端平本亦作"怀"。⑤

3. 卷四《过双陂》:"闲来也有穷忙事,问讯梅花开未曾?"校记:"'来',宋刻诗集本作'行'。"(p. 249)

按:"来",四库本同,丛刊本、宋端平本作"行"。

4. 卷四《和罗巨济山居十咏》:"世方争造化,渠独请真祠。"校记:"'造化',宋刻诗集本作'速化'。"(p. 251、p. 253)

按:"造化",四库本同,丛刊本、宋端平本作"速化"。"速化"谓快速入仕。

5. 卷一二《遣人探梅瞿园,云尚未开》:"传语瞿园千树梅,不应蘁苴索时催。"校记:"'蘁苴',原作'嵩苴',据汲古阁本、《四库》本改。按《类编》谓蘁苴为泥不熟貌。"(p. 607)

按:"时",四库本同,丛刊本、宋刻诗集本、宋端平本作"诗"。蘁苴犹邋遢,⑥谓梅花开放不够利落(及时),并非"泥不熟貌"。此句大意谓:传语瞿园的

---

① 陈新先生指出:"对勘宋刻本和库本诗集部分,库本除空缺和脱漏外,异文以千计。其中百分之九十九为库本明显妄改。"(《我们应该如何整理古籍》,第 203 页)所言绝非夸大。笔者曾将宋端平本《诚斋集》校读一过,不仅诗集部分如此,文集亦如此。

② 《诚斋集》共一百三十三卷,相关例证极多,不胜枚举。由于文字讹误对诗歌的影响远较文章为巨,故仅以诗集部分为例。

③ 《杨万里集笺校·凡例》,第 1 页。

④ 为避免烦琐,所引《笺校》页码均随文注出。

⑤ 本文所据宋刻诗集本为《中华再造善本》影印国家图书馆藏本;论述中所引《诚斋集》,如未注明版本,则均据日本"宫内厅书陵部收藏汉籍集览"所公布的宋端平本。

⑥ 相关研究可参雷汉卿《禅籍方俗词研究》(成都:巴蜀书社,2010 年,第 191—192 页)、萧旭"'垃圾'考"(收入氏著《群书校补》,扬州:广陵书社,2011 年,第 1383—1393 页)、蒋宗福《四川方言词语续考》(成都:巴蜀书社,2014 年,第 506—515 页)等,《汉语大字典》《汉语大词典》等亦皆有释义。

千树梅花,不要迟迟不开放,等着诗人写诗去催促它们开放。

6. 卷一三《富春登舟待潮,回文》:"寒潮晚到风无定,船泊小湾春已残。"(p. 664)

按:"已",四库本同,丛刊本、宋端平本作"日"。此诗为回文诗,作"已"不通。王琦珍先生亦谓作"已"则回读牵强。①

7. 卷一四《山居雪后》:"青松根上兰根下,犹得三朝两日看。"(p. 735)

按:上"根"字,四库本同,丛刊本、宋端平本作"梢"。兰花积雪在根下,松树积雪在梢上,当以"梢"字为是。

8. 卷一五《读天宝事》:"问知鱼子炊香日,正是梨花带雨初。"(p. 777)

按:"鱼",四库本同,丛刊本、宋刻诗集本、宋端平本作"云"。"云子"谓米饭。

9. 卷一七《揭阳道中》:"厌穿山径石嵌嵚,喜见山原路坦夷。更着两行围树子,引人行远不教知。"(p. 890)

按:(1)下"山"字,四库本同,丛刊本、宋刻诗集本、宋端平本作"川"。诗人谓厌行山路,故而喜见川原,若作"山原",则文又扞格。(2)"围",四库本同,丛刊本、宋刻诗集本、宋端平本作"团"。"两行围树子"不辞,当作"两行团树子"。"团"即"团团""团圞"之意。《诚斋集》卷三六《东园新种桃李结子成阴喜而赋之》"妙简团圞树子匀"、卷四一《山茶》"树子团团映碧岑"。

10. 卷一八《登南州奇观,前临大江浮桥,江心起三石台,皆有亭子》:"海边楼阁海边山。"校记:"'海',宋刻诗集本、汲古阁本作'梅',《四库》本同原本。"(p. 896)

按:上"海"字,四库本同,丛刊本、宋端平本作"梅"。

11. 卷一八《南海东庙浴日亭》:"南海端为四海魁,扶桑绝境信奇哉!日从若木梢头转,潮到占城国里回。"(p. 918)

按:"桑",四库本同,丛刊本、宋刻诗集本、宋端平本作"胥"。扶胥在广东番禺县东南,离占城国(今越南中南部)较近,故有"潮到占城国里回"之句。且诚斋当时便在广东,所咏即当时事,自当以"扶胥"为是。陈新先生亦有考辨。②《笺校》引《方舆胜览》等指出浴日亭在扶胥镇,但仍未认识到扶桑一词与诗意不合。

12. 卷一九《送乡僧德璘监寺缘化结夏归天童山》:"问侬收得曹溪水,云下春风吹已干。"(p. 962)

按:"云(雲)",四库本同,丛刊本、宋端平本作"雩"。此句用《论语》"风乎

---

① 〔宋〕杨万里撰,王琦珍整理《杨万里诗文集》,第 225 页。
② 陈新《我们应该如何整理古籍》,第 204 页。

舞雩"之典,当以"雩"字为是。

13. 卷二〇《贺皇太子九月四日生辰》:"日日龙楼问寝时,鸡人未动漏声迟。""愿陈万国元良句,不用金梧玉粹篇。"(p.1046、1047)

按:(1)"声",四库本同,丛刊本、宋端平本作"花"。"漏花"指"莲花漏",当以"花"字为是。(2)"梧",四库本同,丛刊本、宋端平本作"昭"。《文选》载颜延年《应诏燕曲水作诗》:"君彼东朝,金昭玉粹。"李善注云:"东朝,东宫也。"李周翰注云:"东朝,太子朝也,言太子德如金玉之明美也。昭,明;粹,美也。"①诚斋此诗为皇太子庆生,故用"金昭玉粹"一词,十分切题,当以"昭"字为是。

14. 卷二二《跋忠敏任公遗帖》首句云:"市中货鸨作参苓。"末句小注云:"公帖中谓曾布为参政,首句云云。"(p.1139)

按:"政",四库本同,丛刊本、宋端平本作"故"。此注用来解释首句"参苓"所本,若作"政"字,则殊失小注本义。

15. 卷二八《遣骑迎家,久稽来讯》:"始我离高安,述知朝天街。"(p.1437)

按:"知",四库本同,丛刊本、宋端平本作"职"。

16. 卷二八《题浩然李致政义概堂》:"仁心义概经纶语,长挂巴山月半轮。"(p.1453)

按:"经",四库本同,丛刊本、宋端平本作"丝"。"经纶"似是而非。"丝纶"出《礼记·缁衣》"王言如丝,其出如纶",②亦可参《杨万里诗文集》。③

17. 卷二九《过奔牛闸》:"众船遇水水不去,船底怒涛跳出来。下河半篙水欲满,上河雨平势差缓。"(p.1501)

按:"雨",四库本同,丛刊本、宋刻诗集本、宋端平本作"两"。此诗殆谓开闸时由于船只众多,水势落差较大,激起怒涛。开闸后水势渐渐相近,故云"两平"。

18. 卷三一《跋澹庵先生缴张钦夫赐章服答诏》:"平生师友两相知,苦为君臣惜一时。今古争来争不得,青蝇犹傍太阳飞。"(p.1623)

按:"臣",四库本同,丛刊本、宋端平本作"王"。"时",四库本同,丛刊本、宋端平本作"衣"。"今古",四库本同,丛刊本、宋端平本作"刺口"。此诗咏"缴张钦夫赐章服"事,故有"苦为君王惜一衣"之句。"刺口争来争不得"谓胡澹庵答诏苦苦相争不得。

19. 卷三九《送周起宗经干赴桂林帅幕》:"乃翁昔梦飞入月,栋宇分明篆银阙。明朝占梦占者云,一甲八人更何说?"(p.2026)

---

① 〔唐〕李善等《六臣注文选》卷二〇,北京:中华书局影印《四部丛刊》本,1987年,第378页。
② 〔唐〕孔颖达《礼记正义》卷五五,北京:中华书局影印清嘉庆刊本,2009年,第3576页。下文所引诸经注疏,皆据此本。
③ 〔宋〕杨万里撰,王琦珍整理《杨万里诗文集》,第500页。

按:"栋宇",四库本同,丛刊本、宋刻诗集本、宋端平本作"东字"。《杨万里诗文集》校记云:"'东'字,四库本、荟要本改作'栋宇',误。'东'拆字,可分为'一甲八'几个部分。"①所言极是。

20. 卷四二《送戴良辅药者归城郛》:"封剸备百毒,便以虐焰烹。"(p.2244)

按:"封",四库本同,丛刊本、宋端平本作"刲"。"便",四库本同,丛刊本、宋端平本作"更"。此句谓治疗过程,自当以丛刊本为是。

对于上述这种情况,我们似乎可以理解为校点者据四库本改字而未出校。如果是这种情况,就不应该或较少出现明明底本正确,却仍旧据四库本错改的情况。尤其在四库本的错误一目了然的情况下,仍然采纳四库本的文本(如例2、6、7),且还出现了以四库本的文本作为出文进行出校的情况(如例1、3、10)。那么,这种情况是怎么产生的呢?疑《笺校》实以四库本为工作本,由于处理未当,导致丛刊本与四库本文本错杂,最终形成一个既不是以丛刊本为底本,也不是以四库本为底本的整理本,而是一个文字错乱的新版本。此外,四库本《诚斋集》尺牍部分多将同一封尺牍以"又"字分为多封,丛刊本、宋端平本并不如此,而《笺校》却与四库本相同,这也是《笺校》以四库本为工作本改而未尽的证据。

(二) 误校、误植等

陈新先生曾从"人名""地名""成语专词""前人成句""典章故实""音韵""制造歧义""舛乱不通"等方面指出四库本的不足,并具体指出:"古代诗人大多有其习惯的用词、用字,杨万里就喜用'却''在''斩''杀''了''劣''闹''忺''酽''匹如''恰则''至竟''不晚'等等,都有其独特涵义。可宋刻本中这些字样,大多为后出各本校者肆意改动。"②《笺校》由于对四库本的性质认识不足,往往据四库本改字,因此误校之处不少。而对诚斋诗文的用典用词理解不够,是产生误校的另一原因。如:

1. 卷二《中秋前两日别刘彦纯彭仲庄于白马山下》:"莫道对床容易老,试思分手几何年。"校记:"'老',原作'着',据《四库》本改。"(p.69)

按:"着"为唐宋诗词所常用,诚斋诗中用此字处甚夥。"对床"喻相聚之乐,此句乃相聚不易之意。若改作"老",则不知所云矣。宋刻诗集本、宋端平本亦皆作"着"。

2. 卷二《见澹庵胡先生舍人》:"黄帽朱崖饱烟雨,白头紫禁叛莺花。"校记云:"'崖',原作'耶',据《四库》本改。"(p.89)

---

① 〔宋〕杨万里撰,王琦珍整理《杨万里诗文集》,第715页。
② 陈新《我们应该如何整理古籍》,第206页。

按：唐五代时，西突厥沙陀部姓朱耶，此泛指胡澹庵被流谪的极远之地。①宋刻诗集本、宋端平本亦作"耶"。

3. 卷二《送卢山人二首》："有穴牛眠子为寻，剩将朽骴换华簪。家阡只免牛羊到，此外穷通得上心。"校记："'穴'，原作'欠'，据《四库》本改。"(p.125)

按：作者自叹年老，只欠牛眠之所，故托卢山人寻访，因此有"家阡只免牛羊到，此外穷通得上心"句，并非已有"穴"也。宋刻诗集本、宋端平本亦作"欠"。《杨万里诗文集》亦误改。②

4. 卷三《三月三日雨作遣闷十绝句》其二："出门着雨不能归，借得青蓑着片时。春染万花知未了，云偷千嶂忽何之？"校记："'未了'，原作'了未'，据《四库》本改。余本俱同原本。"其六："花余只怪不愁声，好语烦君细细听。秧早不由田父懒，蚕迟端待柘阴成。"校记："'花'，原作'荒'，据汲古阁本、《四库》本改。宋刻本同原本。"(pp.175—177)

按：此诗其二谓春天万花不知绽放净尽否，而天却作雨，败此春兴。其六"荒余"谓荒年之后，若改作"花余"，则不知所云矣。宋端平本亦作"了未""荒"。

5. 卷三《贺澹庵先生胡侍郎新居落成二首》："眼高不肯住清都，梦绕江南水竹居。却入青原更青处，饱看黄本硬黄书。翦裁风月聊堪醉，拆洗乾坤正要渠。赐宅不应公得免，未知此第似林庐。"校记："'此'，原作'北'，据《四库》本改。汲古阁本同原本。"(p.179)

按："北第"者，功臣宅第也。《汉书·夏侯婴传》："乃赐婴北第第一。"当师古曰："北第者，近北阙之第，婴最第一也。故张衡《西京赋》云'北阙甲第，当道直启'。"③此诗首联、颔联谓胡澹庵辞别清都，隐居青原；颈联诗意一转，谓拆洗乾坤正需胡氏，故尾联谓胡氏不当隐居，因为北第亦与林庐相似。宋端平本亦作"北第"。

6. 卷六《醉笔呈尚长道》："晚风一雨生新涨，直送仙槎到天上。……此行青琐更黄阁，拭目孤鸿径寥廓。"校记："'直'，原本及诸本均作'只'，据《四库》本改。""'琐'，原作'规'，据汲古阁本、《四库》本改。"(p.383、p.384)

按：(1)"只"者，但也。不烦改字。(2)《杨万里诗文集》亦据他本改"规"为"琐"，且注云："青琐，代指宫门。"④诗中"青规"指进谏奏议之所，与"黄阁"（宰相）相对，乃诚斋称赞尚长道之语。宋刻诗集本、宋端平本亦作"只""规"。

7. 卷一三《舟中小雨》："漠漠轻寒粟脱肤，酴醿半落牡丹初。"校记：

---

① 周汝昌选注《杨万里选集》，上海：上海古籍出版社，2012年，第30页。
② 〔宋〕杨万里撰，王琦珍整理《杨万里诗文集》，第35页。
③ 《汉书》卷四一，北京：中华书局，1962年，第2079页。
④ 〔宋〕杨万里撰，王琦珍整理《杨万里诗文集》，第115页。

"'脱',原作'晓',据汲古阁本、《四库》本改。"(p. 653)

按:"脱",宋端平本亦作"晓"。"粟"即小疙瘩之义。"粟晓肤"者,谓清晨天寒,皮肤起小疙瘩。《诚斋集》卷一六《连天观望春忆毗陵翟园》:"弄水不冰携扇手,登台犹粟向风肌。"卷三八《初秋戏作山居杂兴俳体十二解》:"月色如霜不粟肌,月光如水不沾衣。"

8. 卷一三《过石磨岭,岭皆创为田,直至其顶》:"翠带千条束翠峦,青梯万级搭青天。"校记:"'千条束翠峦','条'原作'镮',据汲古阁本改,《四库》本作'根'。"(p. 687)

按:"条",宋刻诗集本、宋端平本作"镮"。此谓梯田绕山如镮也,不烦据汲古阁本改字。

9. 卷一七《题瘦牛岭》:"天田春风牵犁耜。"校记:"'犁',原作'黛',据汲古阁本、《四库》本改。"(p. 888)

按:"犁",宋刻诗集本、宋端平本作"黛"。"黛耜"即青黑色的耒耜,为帝王籍田用的礼器。陈新先生已指出四库本此处为不明典故而误改。①

10. 卷一八《回望峡山》其二:"浪喜出峡来,山亦何曾屈?两岸只无山,依旧江头出。"校记:"'山亦何曾屈',原作'峡亦何曾出',据汲古阁本、《四库》本改。""'头出',原作'刻屈',据汲古阁本改,《四库》本作'到峡'。"(p. 930)

按:"刻屈",屈曲貌。韩愈《山南郑相公樊员外酬答为诗其末咸有见及语樊封以示愈依赋十四韵以献》:"梁维西南屏,山厉水刻屈。"②诚斋此诗谓诗人出峡后颇觉欣喜,然转念一思,又何曾出峡呢,只是两岸没有了山,但江流依旧曲折难行。诗意明白晓畅,改之则不知所云矣。宋刻诗集本、宋端平本亦作"刻屈"。

11. 卷二〇《初夏清晓赴东宫讲堂,行经和宁门外卖花市》:"芍药截留春去路,鹿葱浓抹夏初天。"校记:"'浓抹',原作'礼上',据汲古阁本改。《四库》本作'礼上'。按鹿葱即萱草之别名。"(p. 1019)

按:"礼上"指照官员礼节上任。此处用拟人手法,谓鹿葱于夏初盛开,如官员之上任,与"截留"对文。宋端平本亦作"礼上"。

12. 卷二二《李仁甫侍讲阁学挽诗》第二首"高议春江壮"下有校记云:"此首,汲古阁本、《四库》本俱阙。"第三首"家谱忠仍孝"下有校记云:"此首《四部丛刊》本原阙,据汲古阁本、《四库》本补。"(p. 1147)

按:(1)"高议春江壮"一诗,又见于《笺校》卷二二《洪丞相挽辞》第二首

---

① 陈新《我们应该如何整理古籍》,第 205 页。
② 〔清〕方世举撰,郝润华、丁俊丽整理《韩昌黎诗集编年笺注》卷八,北京:中华书局,2012 年,第 454 页。

(p.1153),重出。丛刊本、宋端平本《洪丞相挽辞》均无此诗。(2)"家谱忠仍孝"一诗,丛刊本、宋端平本皆为《洪丞相挽辞》之第二首。可见,并非"此首《四部丛刊》本原阙",而是《李仁甫侍讲阁学挽诗》中本来就没有这首诗。《杨万里诗文集·洪丞相挽辞》下有校记云:"四库本、荟要本误将此诗之第二首与同卷《李仁甫侍讲阁学挽诗》之第二首对换,错刻。"① 是矣。《笺校》重出之诗,文本亦不相同,首出于《李仁甫侍讲阁学挽诗》中者作"生涯五杯酒,行李五车书",误植于《洪丞相挽辞》中者上"五"字作"一"。宋端平本亦作"一",当以作"一"者为是。

13. 卷二三《除夜张功父惠诗,索荆溪集,次韵送之》:"早往《荆溪集》。"校记:"'之',原作'往',据《四库》本改,汲古阁本作'泩'。"(p.1202)

按:"之",丛刊本、宋端平本作"泩"。"泩"即"往"字,为诚斋习用,即"送"意也。

14. 卷二八《记张定叟煮笋经》:"先生别得煮笋法,丁宁勿用醯与盐。"校记:"'笋',原作'簀',据汲古阁本、《四库》本改。"(pp.1456—1457)

按:"煮簀"指煮笋,苏轼《甘蔗》:"笑人煮簀何时熟,生啖青青竹一排。"② 叶廷珪《海录碎事》"煮簀"条:"《六云笑林》云:'汉人适吴,吴人设笋,问何物,曰竹也。归煮其簀,不熟,曰:"吴人欺我哉。"《谈助》。"③ 殆用此典。《杨万里诗文集》亦误改。④

15. 卷二九《高邮野望》:"更遣野田无远树,郭熙画巧若为传?"校记:"'画',原作'尽',据汲古阁本、《四库》本改。"(p.1503)

按:"尽"者,任也,随也。此诗谓虽有野田,却无野树。任郭熙画功巧妙,如此风景又将如何传写呢?宋端平本亦作"尽"。

16. 卷三五《阻风乡口一日,诘朝船进,雨作,再小泊雷江》:"幸自无多雨,其如不晓晴?"校记:"'晓',原作'酽',据汲古阁本改。《四库》本作'肯'。"(pp.1819—1820)

按:"酽晴"谓天气晴好,《诚斋集》卷三八《己未春日山居杂兴十二解》:"今日酽晴天气好,杖藜看水更看山。"陈新先生已指出诚斋喜用"酽"字。⑤

17. 卷三五《送丘宗卿帅蜀》:"蜀人说蜀不能休,花作江山锦作州。"校记:"'说',原作'诧',据汲古阁本、《四库》本改。"(p.1833)

按:"诧"乃夸赞之意,若改作"说",则意味全无。

---

① 〔宋〕杨万里撰,王琦珍整理《杨万里诗文集》,第400页。
② 〔宋〕苏轼撰,孔凡礼校点《苏轼诗集·增补》,北京:中华书局,1982年版,第2786页。
③ 〔宋〕叶廷珪编《海录碎事》卷二二下,明万历二十六年刘凤刻本。
④ 〔宋〕杨万里撰,王琦珍整理《杨万里诗文集》,第501页。
⑤ 陈新《我们应该如何整理古籍》,第208页。

18. 卷三六《跋萧彦毓梅坡诗集》:"若画江西旧宗派,不愁禽贼不禽王。"校记:"'旧',原作'后',据汲古阁本、《四库》本改。"(p.1877)

按:此句是诚斋对萧氏的赞誉。萧氏学江西诗派,为后起之辈,故谓之"后宗派"。宋刻诗集本(此叶为钞配)、宋端平本亦作"后"。

19. 卷三六《诣斋》:"儿郎少读书,圣处底难至。"校记:"'少',原作'但',据汲古阁本、《四库》本改。"(pp. 1886—1887)

按:但,只也。此句为反问句,意为儿郎只要肯读书,优入圣域又有何难。宋端平本亦作"但"。

20. 卷四一《十月久雨妨农收,二十八日得霜遂晴,喜而赋之》:"逗晓双栖鹊,巡檐叫数声。"校记:"'叫数声',原作'数喜声',据汲古阁本、《四库》本改。"(p. 2188)

按:"喜声"指喜鹊的叫声。《诚斋集》卷一六《春晴怀故园海棠》:"无数新禽有喜声。"宋刻诗集本、宋端平本亦作"数喜声"。

此外,《笺校》部分校勘,或误识文字,或不知所据,如:

1. 卷一《自音声岩泛小舟下高溪》,校记云:"'音声',原本、宋刻诗集本不误,而宋刻诗集本目录、汲古阁本、《四库》本均作'声音'。"(p. 20)

按:宋刻诗集本此叶实缺,不知《笺校》所谓"宋刻诗集本不误"依据何在。

2. 卷一〇《谢丁端叔直阁惠永嘉鲧研、句容香鬲》:"染云作句本天巧。"校记:"'染云作句',宋刻诗集本作'摩云缘月'。"(p. 526)

按:"作",宋刻诗集本作"琢"。

3. 卷一〇《豫章王集大成惠"我思古人,实获我心"八诗,谢以五字》:"良瓌彼何憎?"校记:"'瓌',原作'環',据宋刻诗集本及诸本改。"(P557)

按:"瓌",宋刻诗集本作"瑰(瓌)"。

4. 卷一二《郡中上元灯减旧例三之二,而又迎送使客》第一首校记云:"'红锦'四句,《四库》本作'政是微开半吐时,得幸东风无与对。主张春色更还谁?海棠秾丽梅花淡',宋刻诗集本、汲古阁本俱同原本。"(p. 628)

按:检四库本,正作"红锦"四句,而非校记所谓"政是微开半吐时"四句,且此四句乃下一首《郡圃杏花》第一首中的句子。

5. 卷三〇《过杨子桥》:"野火谁怜寂寞人?"校记:"'火',宋刻诗集本及诸本并作'次'。"(p. 1533)

按:"火",丛刊本、四库本、汲古阁本、宋端平本皆作"次",不知此处"火"字依据何在?

《笺校》的误植之处亦不少,如:

1. 卷六《过白沙渡得长句,呈澹庵先生》:"尚忆向来侍樽俎,微言斜飞小梅吐。"(p. 313)

按:"言",丛刊本、四库本、宋刻诗集本、宋端平本皆作"雪",并无作"言"字者。

2. 卷六《浅夏独行奉新县圃》:"不知屋角栋(楝)花飞。"(p.317)

按:"栋",丛刊本、宋刻诗集本、宋端平本作"练",四库本作"楝"。

3. 卷一七《汤田早行,见李花甚盛》(p.886)误将两首排为一首。

4. 卷二二《上巳同沈虞卿、尤延之、王顺伯、林景思游湖上,得十绝句,呈同社》:"天色□松未肯收。"(p.1110)

按:"□",丛刊本、四库本、宋端平本皆作"鬖",并无作"□"字者。

5. 卷二六《送颜几圣龙学尚书出守泉州》(p.1370—1371)第二首标题"右二用近体"的"二"字为"一"字之讹,丛刊本不误。同卷《寓仙林寺侍班,戏题,用进退格》(p.1372),题中"用进退格"四字为衍文,丛刊本、四库本、宋端平本均无此四字。"进退格"为律诗用韵的一种方式,此诗为绝句,自然不会"用进退格"。

据宋刻诗集本过录内容亦多讹误,如:

1. 卷三九《萧照邻参政大资挽诗》,校记:"此题下,宋刻诗集本所载,与原本全异,但已残缺,具载如下:'公如月欠一分圆,生死应同昼与昏。鼎萧□□□□□,□□露□留好□。'"(p.2049、p.2051)

按:所录有误,据宋刻诗集本行款,知末两句当为:鼎□(疑为"萧"字)□□□□露,□(疑为"要"字)留好□□□□。

2. 书末附录三《旧本诚斋集序跋》所录刘炜叔跋"毕工于次年乙未六月之既望"下有"(以下阙)"字样。(p.5325)宋端平本刘跋的确于此处残阙,但丛刊本仍十分完整。《笺校》既以丛刊本为底本,何以不过录完整跋文?

三、笺证问题

笺证部分并非本文的主要探讨对象,但由于《笺校》文本的讹误,导致部分笺证误考,附识于此,以供参考:

1. 卷一九《追和尤延之检讨入紫宸殿贺雪》,笺证:"检讨,即实录院检讨官。《南宋馆阁录》卷八《实录院检讨官乾道以后》:'尤袤,七年十二月以丞兼,八年五月为著作郎,亦兼。'按:右诗为追次尤氏乾道八年正月紫宸殿贺雪之作,为淳熙十一月底作于行在。尤氏原诗今已无存。"(pp.949—950)

按:(1)题中"检讨入"三字,四库本同,丛刊本、宋端平本皆作"检详",后世误钞为"检讨入",① 故笺证云云皆不可信。且诗云:"锡山诗老立层霄,黄竹赓

---

① 此诗宋端平本、丛刊本皆于"紫"字提行,疑他本于传抄过程中将"详"字误抄(或误改)为"讨",又于提行空白处补入"入"字。

歌宴在瑶。有客梦中闻雪作,曲躬篷底信船摇。雪时余方解舟三衢。"锡山诗老即尤袤,所谓"雪时"云云,则所咏当为同一场雪。据笺证,尤诗作于乾道八年,杨诗追和于淳熙十一年,则所咏并非同一场雪矣。赵维平《尤袤年谱》引《中兴东宫官僚题名》云:"尤袤,淳熙十一年八月除检详,仍兼(太子侍讲)。"①《(咸淳)临安志》载"检详尤袤记郎名题名"云:"淳熙十一年,……属袤记其事,且曰:'视其名而考其岁月,则其人之功行善最皆可枚数,庶后之居于斯者有所警而不敢忽也。'乃述其大略,且使知刑部之有题名自二公始云。九月望。'"②可见淳熙十一年八月以后,尤袤已除密院检详,与诚斋诗正合。(2)此诗编辑不精,正文与笺注均标有两个"[一]"符,且笺注中的"淳熙十一月底"云云亦不知所据,或为"淳熙十一年底"之讹。

2. 卷三〇《送李制干季允擢第归蜀》小序:"名壾,仁甫之季子也。其兄通判壁,同登庚戌第。壁除将作监簿,赴蜀任。"(p.1549)

按:"赴"上,丛刊本、四库本、汲古阁本、宋刻诗集本、宋端平本皆有"壾"字,可见赴蜀任的是李壾,而非李壁。笺证所谓"其(李壁)除将作监归蜀任事"并不存在。

3. 卷三三《宿池州齐山寺,即杜牧之九日登高处》诗末小注云:"齐山五洞,其一曰妙峰,峰下有山谷题名于蕉笔岩,李白书堂在化城寺。"笺证:"李白书堂,嘉靖《池州府志》卷三:'青阳李白书堂,旧在九华山仙人峰下,宋嘉熙初知县蔡元龙作草堂于化城寺东。'"(p.1677—1678)

按:小注"化成寺"下,丛刊本、宋端平本皆有"西六里"三字,《笺校》漏排。诚斋似亲至其地,不容有误,则笺证所引《(嘉靖)池州府志》所云"在化城寺东"未必可信。

4. 卷三九《新安德安牡丹透根生孙枝……喜而赋之》,笺证:"新安、德安,新安县,宋属河南府。德安县,属江州。"(p.2079)

按:新安、德安,一在河南,一在江州,风马牛不相及,诚斋何以知道两地牡丹"透根生孙枝"呢?实际上此处有异文:上"安"字,四库本同,丛刊本、宋刻诗集本、宋端平本作"栽"。《笺校》与四库本同,却未出校,正是因为以四库本为工作本改而未尽所致,此处当以丛刊本为是。

5. 卷八三《递钟小序》,笺证:"题,《递钟》,不知为琴曲否。"(p.3357)

按:此文原文为:"刘敏叔得一古琴,携来示予。是夕,霜月入帘,寒欲堕指。为予作《流水高山》,申之以《易水》,终之以《醉翁吟》。其声清激,若出金

---

① 赵维平《尤袤年谱》,上海:上海三联书店,2012年,第128页。
② 〔宋〕潜说友《(咸淳)临安志》卷五,《中华再造善本》影印南京图书馆藏宋咸淳刻本,北京:北京图书馆出版社,2006年。

石,听者耸毛酸骨。予命之曰递钟云。"很显然是把刘氏所得古琴称为"递钟"。实则"递钟"即古琴名,《汉书》:"虽伯牙操递钟,逢门子弯乌号,犹未足以喻其意也。"师古曰:"琴名是也。"诚斋正是用递钟这一古琴名命名刘氏所得古琴。《笺校》此文以四库本为据,文中的"吟"字误作"咏",断作"终之以《醉翁》,咏其声清激……",故有"不知为琴曲否"的说法。

此外,亦有漏考之处,如:

卷四〇《送金元度教授任满赴部改秩》引《陈亮集》卷三六《金元卿墓志铭》,"疑元度为元卿之兄弟行",且谓"至其名实,皆不可考矣"。(pp. 2133—2134)

按:金元度并非不可考。《宋元学案·说斋学案》引《(嘉靖)金华志》,谓金元度及进士第,且有简单行实介绍,薛瑞生《诚斋诗集笺证》已考及。①

四、辑佚问题

辛先生在《笺校》附录二《补遗·书后》中专门讨论了《诚斋集》的辑佚问题,并指出:"由于记载诚斋佚著的情况颇为复杂,有些书籍所载诚斋诗文中混入很多伪赝之作,这使辑佚工作不能不加倍小心,以免以伪乱真。"②"辑佚一事,似易而实难。历来从事于此鲜有不误者。然编者若能精加考证,审慎对待,并非不能杜绝失误。"③并考出《永乐大典》、相关方志、《翰苑新书》中的误收诗文,颇有价值。但其所辑诗文,仍有一些不足。首先,部分诗文误辑,如:

1.《烟雨楼》

按:此诗据《宋元方志丛刊》影印清道光十九年刻本《(至元)嘉禾志》卷三一辑入。检此本《(至元)嘉禾志》录《烟雨楼》诗两首,第一首(即此首)确实署名为杨万里,第二首署"方回";但清袁氏贞节堂抄本④、文渊阁四库全书本《(至元)嘉禾志》第一首却署名为方万里,⑤第二首以"又"为题,未署名。方回字万里,疑此诗本署"方万里",后人误改为"杨万里",亦有学者认为方万里或别为一人。⑥但无论如何,此处有异文,不便遽然归入杨万里名下。

2.《理蔬》二首

按:此二诗据《永乐大典》辑入。第一首又见《晦庵集》,题《挽蔬园》。⑦第

---

① 薛瑞生笺证《诚斋诗集笺证》,西安:三秦出版社,2011年,第2806页。
② 辛更儒《杨万里集笺校》附录二《补遗·书后》,第5316页。
③ 辛更儒《杨万里集笺校》附录二《补遗·书后》,第5323页。
④ 〔元〕徐硕《(至元)嘉禾志》卷三一,《中国方志丛书》,台北:成文出版社有限公司1984年影印清袁氏贞节堂抄本,第7595页。
⑤ 〔元〕徐硕《(至元)嘉禾志》卷三一,台湾商务印书馆影印文渊阁四库全书本,第259—260页。
⑥ 汤华泉辑撰《全宋诗辑补》,合肥:黄山书社,2016年,第2364页。
⑦ 〔宋〕朱熹撰,郭齐、尹波校点《朱熹集》卷三,成都:四川教育出版社,1996年,第140页。

二首又见《中州集》,①为滕茂实所作,题《雨后蔬盘可喜偶成》。

3.《登韩文公亭》

按:《笺证》卷一七《题韩亭韩木》诗后附录云:"《永乐大典》卷五三四《潮阳府志》引《三阳图志》所载宋杨万里《登韩文公亭》诗:侍郎亭上草离离,春色相逢万事非。今日江山当日景,多情直拟问斜晖。按:《大典》所载此诗,《诚斋集》不存,未知出处。同卷引诚斋诗后,又载诚斋有关潮州凡九诗,其《宿潮州海阳驿》等七诗已见《诚斋集》,另有两首亦不见《诚斋集》,而诗风亦颇不类诚斋体,见本书附录。"(p.894)实则此二诗均为陈尧佐所作。②

4.《木芙蓉》

按:此诗据《永乐大典》辑入,实为朱熹所作,见《朱熹集》。李小龙已有考辨。③

5.《山茶》

按:此诗据《西湖游览志余》辑入。《后村千家诗》④《全芳备祖》⑤《两宋名贤小集》⑥等载此诗为陶弼所作,李壁《王荆文公诗笺注》引此诗为王逢原所作,⑦《山堂肆考》载此诗为朱熹所作,⑧今人整理本《朱熹集》据《朱子文集大全类编》辑为朱熹所作。⑨ 束景南《朱熹佚文辑考》据此诗"却是北人偏爱惜"句认为"应是朱熹北归新安婺源时所作","或亦为是年其在婺源所作之'少年翰墨'",并系此诗于绍兴二十年。⑩ 但此诗是否为朱熹所作,并无充分证据,是杨万里所作的可能性也不大。《朱子全书·朱子佚文辨伪考录》已有考辨。⑪

---

① 〔金〕元好问编《中州集》卷一〇,北京:中华书局,1959年,第502页。
② 参汤华泉《〈永乐大典〉新见宋佚诗辑录(上)》,《古籍研究》,2006年第50期,第159—160页;陈永正《岭南诗歌研究》,广州:中山大学出版社,2008年,第541—542页;李小龙《杨万里佚诗考辨》,《中国典籍与文化》,2008年总第65期,第25—26页。
③ 李小龙《杨万里佚诗考辨》,第24页。
④ 〔宋〕刘克庄编,胡问侬、王皓叟校注《后村千家诗校注》,贵阳:贵州人民出版社,1986年,第295页。
⑤ 〔宋〕陈景沂编,程杰、王三毛校点《全芳备祖·前集》卷一九,杭州:浙江古籍出版社,2014年,第428页。
⑥ 旧题〔明〕陈世隆《两宋名贤小集》卷九六,《宋集珍本从刊》影印清抄本,北京:线装书局,2004年,第584页。按:此书虽伪(参王嫒先生《陈世隆著作辨伪》,《文学遗产》,2016年第2期,第101—107页),但仍能说明《山茶》一诗的归属存在异议。
⑦ 〔宋〕李壁笺注《王荆文公诗笺注》卷四七,北京:中华书局,1958年,第657页。
⑧ 〔明〕彭大翼编《山堂肆考·花品》第八卷,明万历二十三年刻本。
⑨ 〔宋〕朱熹撰,郭齐、尹波校点《朱熹集》,第5704—5705页。
⑩ 束景南撰《朱熹佚文辑考》,南京:江苏古籍出版社,1991年,第12页。
⑪ 〔宋〕朱熹撰,朱杰人、严佐之、刘永翔主编《朱子全书》(修订本),上海:上海古籍出版社,合肥:安徽教育出版社,2010年,第26册第805页。

6.《送束纸》

按:此诗据《山堂肆考》辑入。陆心源《宋诗纪事补遗》据《截江网》系此诗为杨炎正所作,①且"大阮才高正要渠"后仍有四句云:挥洒雅宜供五凤,缄题更可寄双鱼。春来触物皆诗料,从此赓酬莫见疏。

7.《酒》

按:此诗据《诗渊》辑入,然《诗渊》又列此诗于陈石山名下,题《谢宪使惠酒》,②且《笺校》所录仅为陈诗下半首,文辞小有异同。

8.《送古壶与人》

按:此诗据《诗渊》辑入,实则为赵师秀所作,见《清苑斋集》。③

9.《寿陈右司》

按:此诗据《诗渊》辑入,实则又见韩驹《陵阳集》④、强至《祠部集》卷二⑤,《圣宋名贤五百家播芳大全文粹》亦列为韩驹所作。⑥

10.《太守到任谢邻守启》

按:此文据《五百家播芳大全文粹》辑入,实则又见《太仓稊米集》卷五四⑦,为周紫芝所作。

其次,部分诗文已收入《诚斋集》中,如:

1.《醉归》

按:此诗据《玉林诗话》辑入,实则已收入《诚斋集》卷一五,题《宴客夜归》,文字小异。

2.《贺张魏公叛建康启》

按:此文据《翰苑新书》辑入,实则已收入《诚斋集》卷四九。

3.《吉水崇元观试剑石》

按:此诗据《(嘉靖)吉安府志》卷九辑入,实则已收入《诚斋集》卷三六,题《题玄潭观雪浪阁》。

---

① 〔清〕陆心源撰,徐旭、李建国校点《宋诗纪事补遗》卷五八,太原:山西古籍出版社,1997年,第1344页。
② 佚名《诗渊》,北京:书目文献出版社,1984年,第134页。
③ 〔宋〕赵师秀撰,陈增杰校点《清苑斋诗集》,收入《永嘉四灵诗集》,杭州:浙江古籍出版社,1985年,第262页。
④ 〔宋〕韩驹《陵阳先生诗集》卷一,《宋集珍本丛刊》影印清宣统二年沈曾植刊本,北京:线装书局,2004年,第471页。
⑤ 〔宋〕强至《祠部集》卷二,清武英殿聚珍版丛书本。
⑥ 〔宋〕魏齐贤、叶棻编《圣宋名贤五百家播芳大全文粹》卷七七,《中华再造善本》影印国家图书馆藏宋刻本,北京:北京图书馆出版社,2006年。
⑦ 〔宋〕周紫芝《太仓稊米集》卷五四,台北:台湾商务印书馆影印文渊阁四库全书本,第386—387页。

4.《赠罗椿下第归永丰》

按：此诗据《(同治)永丰县志》卷三八辑入，实则已收入《诚斋集》卷八，题《送罗永年西归》。

再次，所辑内容实有更好的文献依据，如：

1.《自赞》

按：此则据明人《逸老堂诗话》辑入，不如据《鹤林玉露》"诚斋退休"条，且《鹤林玉露》此条另有一则自赞云：江风索我吟，山月唤我饮，醉倒落花前，天地为衾枕。①

2.《题浯溪摩崖》

按：此诗据《(光绪)湖南通志》卷一八辑入，实则《湖南通志》所引不全，此诗后尚有数句，今据周寅宾《杨万里佚诗〈浯溪磨崖怀古〉考辨》所引胪列如下②：三千宫女为谁妆，空遗两鬓愁秋霜。千载父子堪悲伤，修身齐家肇明皇。后来历历事愈彰，源流有自咎谁当。岂惟当时留锦囊，至今人说马嵬坡下尘土香。

3.《寿朱侍郎》

按：此诗据《诗渊》辑入，诗云："彩胜随柏叶，铭初颁凤历。玉堰春首称，岳降生贤佐。指数虹流遇圣人……"(p.5290)《〈全宋诗〉订补》据《后村千家诗》后集卷四辑入此诗，诗云：彩胜相随柏叶铭，初颁凤历玉堰春。首称岳降生贤佐，指数虹流遇圣人……③

4.《谢山刘长者讳堂》

按：此诗据2004年8月2日《宜春日报》辑入。《(正德)袁州府志》亦载此诗，题《刘长者读书堂》，于"雾雨养豹知几年"下尚有两句云：文章笑拍班马肩，书堂看来咫尺天。④

最后，有少量诗文漏辑，如：

1.《翰苑新书》有《贺雷参政》，⑤亦署名杨诚斋，不见《诚斋集》。

2.秦寰明《日本抄本〈诚斋先生吟稿〉读札》辑有诚斋诗四首，⑥此四诗在所有诚斋佚诗中最为可靠。

---

① 〔宋〕罗大经撰，王瑞来校点《鹤林玉露》卷四甲编，北京：中华书局，1983年，第63页。
② 周寅宾《杨万里佚诗〈浯溪磨崖怀古〉考辨》，收入刘庆云、杜方智主编《映日荷花别样红——首届全国杨万里学术讨论会论文集》，长沙：岳麓书社，1993年，第176—177页。按：此诗又见《王士禛全集》六《杂著》之十三《浯溪考》卷下，济南：齐鲁书社，2007年，第4440—4441页。
③ 陈新、张如安、叶石健、吴宗海等补正《〈全宋诗〉订补》，郑州：大象出版社，2005年，第423页。
④ 〔明〕严嵩编《(正德)袁州府志》卷一二，明正德刻本。
⑤ 佚名《新编翰苑新书·续集》卷二，《北京图书馆古籍珍本丛刊》，北京：书目文献出版社，1988年，第854—855页。
⑥ 秦寰明《日本抄本〈诚斋先生吟稿〉读札》，《古籍整理出版情况简报》，2004年第9期。

3. 薛瑞生《诚斋诗集笺证》所附《诚斋诗拾遗》另辑有《寄题西昌彭孝求求志堂》《三潭图》(三首)《清水亭》五首及残句若干。①

五、结语

古籍整理允许在特殊情况下将工作本改为底本以后再进行校勘,但前提是"无法取得选定的善本作为底本",②且必须认真过录异文,以尽量减少讹误。根据《笺校》的文本情况,可知整理者在校勘时曾以四库本为工作本。由于处理不当,导致底本文本与校本混同,已远远失去底本面貌。

《笺校》之所以存不少误校,其原因在于:(1)未能认清丛刊本与四库本等有本质区别,以至往往用四库本改动底本致误;(2)未能认真研读诚斋诗文,导致对诗意文意理解有误,尤其对诚斋诗文的用典及习惯性用词措意不够。其实,陈新先生早已指出《诚斋集》的习惯用词及版本问题,前者上文曾引及,至于后者,陈先生云:"如《诚斋集》,在获见宋刻本以前,确实莫衷一是,既见宋刻本,源流已明,后来各本异文虽纷纭,基本上全无作为校本的价值。"③"如果把校本妄改的文字,阑入出校或校改,只能增加混乱,无助于校本质量。"④所言极是。陈先生的文章早在 2000 年即已见刊,或许由于发表于集刊,流布不广,《笺校》未能利用,殊为遗憾。

总之,《诚斋集》卷帙浩繁,《笺校》作为第一部从校点、笺证、辑佚等方面对《诚斋集》进行整理研究的著作,功不可没,但由于过录失误、误校等,《笺校》的文本已不甚可靠;由于文本的错误,导致笺证部分亦有误考者;辑佚部分亦存在误辑、漏辑等问题。读者利用此书时,需特别加以注意。⑤《笺校》虽然存在诸多问题,但其笺证、辑佚部分不乏新见、新材料,仍有一定的参考价值。

最后需要指出的是,古籍整理和所有的学术研究一样,都应该尽可能地参考既有成果。《笺校》如果能深入参考《全宋诗·杨万里卷》⑥、诚斋诗各选注本及相关论文,那么在整理时便能避免更多的失误。另外,陈新先生的文章对《诚斋集》诸版本的源流、优劣及如何整理古籍作出了十分精辟的论述,发人深省,但长期以来,湮没不彰,知之者鲜,希望能引起古籍整理者的重视。

---

① 薛瑞生《诚斋诗集笺证》,西安:三秦出版社,2011 年,第 2983—3011 页。
② 程毅中《古籍校勘释例》,收入许逸民《古籍整理释例》,北京:中华书局,2011 年,第 40 页。
③ 陈新《我们应该如何整理古籍》,第 209 页。
④ 陈新《我们应该如何整理古籍》,第 210 页。
⑤ 对于研究者而言,直接利用宋端平本是最好的选择。
⑥ 《全宋诗·杨万里卷》虽然也存在误校、误植、出校不当等问题,但由于较好地利用了宋刻诗集本、宋端平本,迄今仍是最接近诚斋诗歌原貌的本子。

江湖派诗人小集的编刊(续)
——以赵汝鐩、许棐为中心

王 岚[*]

【内容提要】 本论文为《江湖派诗人小集的编刊(一)》之续篇,主要考察江湖派成员诗歌作品编刊流传情况中的 B 类——除小集本外,尚有其他清抄本、刻本等传世者,以赵汝鐩、许棐两家为例。

【关键词】 江湖派诗人小集　编刊　赵汝鐩　许棐

南宋江湖派诗人,张宏生《江湖派研究》[①]考证出有 138 人。不过以"永嘉四灵"著称的徐照、徐玑、翁卷、赵师秀理应除外,这样剩余 134 人。对这一群体的诗人诗集编纂刊刻情况进行全面考察,我们可以将其归纳为六种情况:A 仅有小集传世;B 除小集本外,尚有其他清抄本、刻本等传世;C 有全集传世;D 有诗集但已失传;E 也许有诗集,今仅《江湖后集》存诗若干;F 无诗集可考。

对其中数量最多的第一类——A 仅有小集传世的 67 家诗集,笔者已撰文分类梳析,可以参看。[②]

今则接续前文进行考察,以第二类——B 除小集本外,尚有其他清抄本、刻本等传世者为研究对象,包括敖陶孙、周文璞、赵汝鐩、薛师石、周弼、严粲、李龏、许棐、释绍嵩、叶茵、施枢、俞桂、释斯植、张至龙、林同、薛嵎等 16 家。

这一批诗人,与 A 类相仿,有关材料一般见于小集的小传、序跋以及传今的诗歌作品当中,并不丰富;而与 A 类的不同之处在于,除了小集本外,还有其他清代的抄本、刻本见于著录。故必须调查这些抄本、刻本,并与小集本比较,方能分析判断这些本子与小集本的异同与渊源。

在《江湖派诗人小集的编刊(一)》中已经指出,《南宋群贤小集》《汲古阁影

---

[*] 本文作者为北京大学中文系、北京大学中国古文献研究中心教授。
① 张宏生《江湖诗派研究》,北京:中华书局,1995 年,第 296 页。
② 王岚《江湖派诗人小集的编刊(一)》,《北京大学中国古文献研究中心集刊》第十五辑,北京大学出版社,2016 年,第 234—252 页(按:参赵昱《新见〈永乐大典〉(卷二二七二至二二七四)中的宋佚诗辑存》,《版本目录学研究》第十辑,2019 年,第 32 页脚注,其中 D、E 类的数量应分别修改为 14 家和 11 家)。

抄南宋六十家小集》《两宋名贤小集》《江湖小集》《江湖后集》等总集中诸种小集的收录情况多寡不一。故引用小集中序跋、诗人小传、诗歌收录情况，主要以保留材料较全的《南宋群贤小集》为版本依据；调查所及其他版本，亦均以此作为参照，来展开比对分析。

限于篇幅，本文以赵汝鐩、许棐两家为中心进行考察。

（一）赵汝鐩

赵汝鐩(1172—1246)(《全宋诗》[①]册55卷2864—2869页34199—34259)，字明翁，号野谷，袁州（今江西宜春）人。太宗八世孙、濮安懿王七世孙。宁宗嘉泰二年(1202)进士，为东阳主簿。开禧三年(1207)被劾去官。嘉定中监镇江府榷货务。理宗绍定二年(1229)知郴州（明万历《郴州志》卷二）。历荆湖南路转运使，移广南东路。后以刑部郎中召。淳祐中知温州。六年卒，年七十五。有《野谷集》。事见《后村先生大全集》卷一五二《刑部赵郎中墓志铭》，《两宋名贤小集》卷二二八有传。

关于赵汝鐩的籍贯，《刑部赵郎中墓志铭》称"永嘉太守赵公以疾卒于州治，丧归袁之里第。戊申三月己酉，葬于宜春县修仁乡长丰山之原"，显然赵汝鐩的家乡在袁州宜春县。《江湖后集》卷四小传亦谓袁州人。不过，《两宋名贤小集》作汴都（今河南开封）人，《南宋群贤小集》卷首题名亦作"汴都赵汝鐩明翁"。刘克庄与赵汝鐩为四十年故交，当赵汝鐩去世下葬之后，其诸子派人登刘克庄家门传达赵汝鐩遗命"必以后村铭我"，刘克庄虽大病初愈，亦觉当仁不让，"铭公非予而谁？"他的记述当为可信。盖因汝鐩乃太宗八世孙、濮安懿王七世孙，故称以祖籍。

《两宋名贤小集》小传谓汝鐩"尝蓄东坡书少陵《夏夜叹》、蜀人赵子云画李杜像及古琴一张，命曰'三珍'，出入每携以自随"。出处当为《野谷诗稿》卷二末首《三珍行》诗序，"聂西清遗以东坡书工部《夏夜叹》、蜀人赵云子画李杜及素琴一张，作《三珍行》"，[②]则此"三珍"实乃友人聂西清所馈赠之物。

刘克庄既为赵汝鐩撰写《墓志铭》，还为赵汝鐩的文集撰写序文、题跋。

赵汝鐩"博记工文，尤深于诗"（《刑部赵郎中墓志铭》），但自加珍秘不轻出示人。刘克庄曾几次主动向其"挑战"，汝鐩始终不予回应。直到刘克庄五十来岁归莆田（今属福建）后村，汝鐩竟抄新旧稿自番禺（今广东广州）见寄。刘克庄感叹与赵汝鐩自幼交往，至白首始见其诗，说明汝鐩修养深厚不自炫耀，

[①] 北京大学古文献研究所编，傅璇琮、孙钦善等主编《全宋诗》1—72册，北京：北京大学出版社，1998年。

[②] 见《南宋群贤小集》本《野谷诗稿》，《两宋名贤小集》本《野谷诗集》未收此诗。

他以前自认为了解赵汝𫘧,至此方知不然。刘克庄读罢赵汝𫘧寄来的这一卷佳作,评价其"诗兼众体",称汝𫘧"遍行吴楚百粤之地,眼力既高,笔力益放。卷中歌行,跌宕顿挫,剚蛟缚虎手也。及敛为五七言,则又妥帖丽密,若唐人锻炼之作。订其品,自元和、大历,溯于建安、黄初①者也"。即将赵汝𫘧的诗品定位在学习中唐、上溯汉魏,并认为卷末《寄园丁》四十韵尤高妙"(《野谷集序》)。②

刘克庄为赵汝𫘧寄来的这一卷诗写序,时间是理宗嘉熙戊戌(二年,1238),时年五十二。四年后,当为淳祐二年(1242),赵汝𫘧又将近作示之。刘克庄仿《摘句图》,为其录警句于后,③赞其五言似杜甫、孟郊、张祐、刘禹锡、林逋,七言似许浑、张籍、王建。谓赵汝𫘧"失台郎而归,其诗愈奇",显露出高标卓识,检讨自己衰、惫、俗,不足与赵汝𫘧论上下(《赵明翁诗稿跋》)。④

显然,赵汝𫘧《野谷集》是其自选手稿,嘉熙二年(1238)寄送世交刘克庄品题撰序。此后四年积攒的新作诗稿,仍旧请刘克庄过目,刘克庄为其题跋并摘录警句。

不过今《南宋群贤小集》《两宋名贤小集》《江湖后集》所收赵汝𫘧《野谷诗集》,并无《寄园丁》四十韵,则已非刘克庄曾撰序的赵汝𫘧《野谷集》原貌。

《刑部赵郎中墓志铭》称"有《野谷集》行于世"。从刘克庄撰《野谷集序》的嘉熙二年(1238),至赵汝𫘧去世的淳祐六年(1246),有八九年时间,可能《野谷集》已经以抄本或刻本的形式在社会上流传渐广。

《野谷诗稿》今传本多为六卷本,亦有一卷本。

1. 六卷本

①《南宋群贤小集》本⑤

该本书名页题作"野谷集",六卷正文则题"野谷诗稿卷第一"等,每卷皆署"汴都赵汝𫘧明翁"。

卷一《广寒游》等28首(七古)、卷二《仰山行》等21首(七古)、卷三《泛洞庭》等38首(五古等)、卷四《金山》等60首(五律)、卷五《送曹深叟之越》等67

---

① 元和(806—820),唐宪宗年号;大历(766—779),唐代宗年号;建安(196—220),汉献帝年号;黄初(220—226),魏文帝年号。
② 〔宋〕刘克庄《野谷集序》,《后村先生大全集》卷九四,《四部丛刊初编》影印赐砚堂抄本。
③ 按:诸诗句皆已见收《全宋诗》赵汝𫘧名下。
④ 〔宋〕刘克庄《赵明翁诗稿跋》,《后村先生大全集》卷一〇〇,《四部丛刊初编》影印赐砚堂抄本。
⑤ 《南宋群贤小集》,有清嘉庆六年(1801)顾修重辑的读画斋刊本;1972年台北艺文印书馆影印台北"中央图书馆"藏南宋刻本,称《宋椠南宋群贤小集》;1997年台湾新文丰出版公司《丛书集成三编》又据艺文印书馆本再次影印,但目录却误作"清嘉庆六年石门顾氏读画斋刊本"(此据日本早稻田大学内山精也教授邮件告知。三本所收小集数量不一,一些小集的序跋位于卷首或卷末亦有差异,文字也偶有不同。此处《野谷诗稿》,据顾氏读画斋刊本。

首(五律、五绝)、卷六收《多景楼》等 67 首(七律),总计 281 首。前后无序跋。

② 《汲古阁影抄南宋六十家小集》本①

该本六卷,分上中下三册,每册两卷。卷端题"野谷诗稿卷第一",下署"汴都赵汝鐩明翁"(每卷皆有)。

半页 10 行行 18 字,左右双边,白口,单黑鱼尾。版心题书名简称、卷、页,如"野谷一 一",钤有"毛晋"及"宋本"椭圆印等。

卷二止于《三珍行》,卷尾题"野谷诗稿卷第二"(以下各卷皆有尾题),钤"毛氏子晋""毛晋之印"(又见卷四、卷六)。

所收录内容全同《南宋群贤小集》本。

③ 《四库全书》本②

《四库全书》所收《野谷诗稿》六卷,为两淮马裕家藏本。《提要》引王士禛《池北偶谈》,谓士禛手抄姜夔、周弼、邓林三家,余摘录佳句者十九家,以汝鐩为首。所录凡五言二十联、七言一联,称其五言律时有佳句,七言俚俗,歌行漫无音节顿挫。而谓刘克庄序推其跌宕顿挫,真刺蛟搏虎手,又许以建安、黄初,皆失之妄。

前面已经提到刘克庄《野谷集序》称赵汝鐩"诗兼众体",对其歌行及五七言律诗评价很高,但王士禛却不以为然,反而批评刘克庄"妄矣"。③

《四库全书》本前后无序记,卷首题"野谷诗稿卷一",下署"宋赵汝鐩撰"(每卷皆有)。凡六卷,收《广寒宫》至《久客写怀》,内容序次皆与《南宋群贤小集》本同。

《提要》按"此本不载刘克庄序,盖传写佚之"。其实《南宋群贤小集》本、《汲古阁影抄南宋六十家小集》本并无刘克庄序,故未必是"传写佚之"。

④ 其他清抄本

《野谷诗稿》现存清抄本有十余部,分藏北京、南京、上海、湖北、重庆、江西、黑龙江等地。今见两部。

(1) 清抄本,鲍以文校补

清抄本《野谷诗稿》六卷,鲍以文校补,藏北京大学图书馆。鲍以文即鲍廷博(1728—1814),字以文,号渌饮,知不足斋主人,清代著名藏书家。

该本卷前抄补两页,第一页"陆钟辉选本无《野谷集》,当从《诗存》勘"。次录赵汝鐩小传、刘后村跋。

第二页系补诗,《送伯虎梦英除国子监丞赴阙》……天头有批注:"补第三

---

① 《汲古阁影抄南宋六十家小集》,民国十年(1921)上海古书流通处据明汲古阁影抄宋本影印。
② 〔宋〕赵汝鐩《野谷诗稿》,影印文渊阁《四库全书》本。
③ 〔清〕王士禛《池北偶谈》卷二,影印文渊阁《四库全书》本。

卷八页"。半页13行行24字,无边栏界行。字体同第一页,当出自鲍廷博校补。

其后为正文,"野谷诗稿卷第一",每卷皆有署名"汴都赵汝鐩明翁",半页10行行18字,无格,书口不标页码,字体纤弱。钤"廖嘉馆印"。

止于卷六《久客写怀》。亦有"廖嘉馆印"。

抄补叶鲍廷博题记谓"当从《诗存》勘",系指清曹廷栋《宋百家诗存》,其卷二五收《野谷诗集》一卷,诗161首(详后),鲍氏用以对勘。

鲍廷博天头批注"补第三卷八叶",共3首。核《汲古阁影抄南宋六十家小集》本《野谷诗稿》卷三第八页,确实是《送林伯虎梦英除国子监丞赴阙》(二首)①及《送絜斋仓使袁都官归班》。此抄本行款与《汲古阁影抄南宋六十家小集》同,所录六卷诗作序次亦与《南宋群贤小集》同,当从影抄宋本或宋椠本出。后归李盛铎收藏。

(2) 清抄本

清抄本六卷,藏中国国家图书馆,善本书号03782。

前后无序跋,卷首"野谷诗稿卷第一",下署"汴都赵汝鐩明翁",每卷皆有。半页9行行19字,无格,正楷端秀,书口中间题写书名及页码,如"野谷诗稿一"。从卷一第一首《广寒游》至卷六末诗《久客写怀》,六卷页码从"一"至"八六"连贯而下。所收诗与《南宋群贤小集》完全相同。

卷首钤有"璜川吴氏收藏图书""汪士钟藏""铁琴铜剑楼"等,则此抄本经过吴铨、汪士钟、瞿镛递藏。

2. 一卷本

①《两宋名贤小集》本②

《两宋名贤小集》卷二二八《野谷诗集》一卷,前有赵汝鐩小传,谓:"尝蓄东坡书少陵《夏夜叹》、蜀人赵子云画李杜像及古琴一张,命曰《三珍》,出入每携以自随。有《野谷诗集》六卷。"但实际收录只有《荆渚书怀》《小山寺》……《梦回》《倚阑》,计63首,按照五古、七古、五律、七律、五绝、七绝各体排列。

此本乃是选集,但与《野谷诗稿》六卷本序次不同,也与《江湖后集》选目有异。

卷前小传提到赵汝鐩每携"三珍"自随,显然是据《三珍行》而言,但诗卷当中却并没有选录此诗。

---

① 诗题《送林伯虎梦英除国子监丞赴阙》在第七页,第八页起首为诗正文"山房高千仞,上与青云齐"。

② (旧题)〔宋〕陈思、元陈世隆《两宋名贤小集》,影印文渊阁《四库全书》本。

② 《江湖后集》本①

《江湖后集》卷四《野谷诗集》一卷,前有赵汝鐩小传,引刘克庄跋云"明翁诗兼众体"。

收录《征妇叹》《访隐者不遇》……《三珍行》……《溪上》《倚栏》等各体诗,以五古、七古、五律、七律、五绝、七绝为次,总计 104 首。

此亦是选集,与六卷本序次不同,与《两宋名贤小集》本选目也相异。

③ 《宋百家诗存》本②

《野谷诗集》一卷,见清曹廷栋《宋百家诗存》卷二五。

前有小传,袭自《两宋名贤小集》本;新加评论,对赵汝鐩古体诗、今体诗评价甚高,"其古体诗气雄笔健,远追太白,近接坡公;今体诗造境奇而命意新,与四灵分坛树帜,直欲更出一头地也"。

选录《广寒游》至《题戴洪甫爱竹轩》等各体诗,大致以七古、七绝、七律、五律、五绝、七律编次,计 161 首。

综之,赵汝鐩擅诗,且兼众体,但长期以来犹自珍秘。他曾自选自编《野谷集》《(赵明翁)诗稿》各一卷,寄给多年好友刘克庄,刘克庄极为欣赏,分别于嘉熙二年(1238)、淳祐二年(1242)撰写序文、题跋各一,给予褒扬。

今传《野谷诗稿》六卷,既有《南宋群贤小集》本及《汲古阁影抄南宋六十家小集》本,保留了宋刻之旧,又有《四库全书》等众多清抄本。不过,它们收诗数量俱为 281 首,编次亦同。

而《两宋名贤小集》《江湖后集》《宋百家诗存》这些总集所收的《野谷诗集》一卷,由于编选者各异,选诗数量为 63、104、161 不等,但均未超出六卷本的范围,且多为分体编排。

(二) 许棐

许棐(《全宋诗》册 59 卷 3089—3090 页 36842—36869),字忱夫,海盐(今属浙江)人。理宗嘉熙间隐居秦溪,种梅数十树,构屋读书,自号梅屋。著《梅屋集》。《两宋名贤小集》卷二九〇有传。

1. 自编诗文词集

许棐有数种诗文词集。《梅屋诗稿》《融春小缀》《梅屋第三稿》《梅屋第四稿》《梅屋诗余》,各一卷,皆手自编订,次第成书,留有自序题记,生前已交陈起刊刻行世。

关于上述小集最初的编刻情况,以及许棐与陈起之间的交往情谊,内山精

---

① 〔宋〕陈起《江湖后集》,影印文渊阁《四库全书》本。
② 〔清〕曹廷栋《宋百家诗存》,影印文渊阁《四库全书》本。

也教授已撰文详为考订，①可以参考。今略加辩证补充。

①《梅屋诗稿》

《梅屋诗稿》一卷，当是最初编订的诗集，录诗104题112首。

②《融春小缀》

《融春小缀》一卷。许棐整理藏书时翻得理宗端平元年（1234）至嘉熙三年（1239）此五年间旧稿，有诗作近30首，整理成编，"并缀数文"，称为《融春小编》（即《融春小缀》）。

那么，《融春小缀》到底是纯粹诗集，还是诗文合集？

影印文渊阁《四库全书》收录《梅屋集》五卷，《提要》云："首为《梅屋诗稿》一卷，次《融春小缀》一卷，次为《第三稿》一卷，次为《第四稿》一卷，次为《杂著》一卷。盖《梅屋诗稿》其初集，《融春小缀》其二集，故以下称《第三》《第四稿》。"正文由《梅屋诗稿》《融春小缀》《梅屋第三稿》《梅屋第四稿》《梅屋杂著》五种各一卷组成，《融春小缀》与《诗稿》《第三稿》《第四稿》一样，也是诗集，只有《梅屋杂著》是文集。

不过，《南宋群贤小集》②所收《融春小缀》一卷，录《乐府》至《题雪林画卷》，计诗作23题、26首，止于页5。然后另起一页，题《梅屋杂著》，收录《送旦上人序》至《砚志》10篇文，但版心题写书名简称却仍为"融春"，页码为6，接续前者，止于页8b，且卷尾题曰"融春小缀终"。则《融春小缀》一卷应当包括两部分内容：26首诗以及序、说、跋、赞、书后、志10篇"杂著"，实乃诗文合集。许棐序中称"并缀数文，为《融春小编》"，应该就是因为诗作数量不满30，故再加上10篇杂文，汇为《融春》一编，庶几可以成卷。

台北"中央图书馆"藏宋刻书棚本《南宋群贤小集》，即为当年陈起所刊，自是最早的许棐诗文集原貌。而《四库全书》据"编修汪如藻家藏本"抄录，已经加以改编，先诗集后文集，将《梅屋杂著》从《融春小缀》裁出，移至《梅屋第四稿》之后，为第五卷。

③《梅屋第三稿》

《梅屋第三稿》一卷，卷前有自序，许棐于嘉熙三年（1239）至淳祐三年（1243），这四年当中创作的诗歌不满20首，编成《梅屋第三稿》。

《南宋群贤小集》本卷末亦有自注曰："右己亥至癸卯诗。"所收《兰花》至《谢施云溪寄诗》，计15题（首）。

---

① 内山精也、王岚《江湖詩人の詩集ができるまで——許棐と戴復古を例として》，内山精也编《南宋江湖の詩人たち——中国近世文学の夜明け》，日本东京：勉成出版株式会社，2015年3月，第140—153页。

② 《南宋群贤小集》本《梅屋诗稿》系列，今据通行的《丛书集成三编》影印本。

④《梅屋第四稿》

淳祐四年(1244)仅一春,许棐就又写作了 40 多篇诗,遂编为《梅屋第四稿》一卷。

《南宋群贤小集》本卷末有自注:"右甲辰一春诗,诗共四五十篇,录求芸居吟友印可。棐皇恐"。核此卷所收《饯梅》至《赠僧虚中》诗,计 33 题、37 首,当是许棐又做过删选,然后誊写一过,希望诗友陈起能予以刊刻。

《第三稿》与《第四稿》应为同时编订,仅按时间先后分为两编。

以上四集,皆次第成书。

⑤《献丑集》

《献丑集》一卷,乃许棐自选文集,卷首有许棐撰于"嘉熙丁酉(元年,1237)中秋日"的自序。许棐尝罹患重疴,养病之余,唯嗜笔砚,每每自得。但及示人,人传以为笑。许棐遂自嘲:"予以诗文献丑者也……与其藏丑而人窥笑,禁笑而人愈笑,孰若献丑之笑之为快也!故氏其集曰《献丑》。"①则集名亦自定。

该集收录《梅屋记》等记、文、说,各体文 12 篇,其中数文可借以了解许棐其人。

如《梅屋记》曰:"予小庄在秦溪极北,屋庳地狭。水南别筑数椽,为读书所,四檐植梅,因扁梅屋。丁亥震凌,屋仆梅压,移扁故庐。"知"梅屋"乃许棐读书室,环屋植梅而名之,丁亥年(当为理宗宝庆三年,1227)摇坠倾覆。

《梅屋书目序》记:"予贫,喜书,旧积千余卷,今倍之未足也。肆有新刊,知无不市;人有奇编,见无不录,故环室皆书也。……书目未有序,童子志之。"可见许棐是嗜书之人,或购买新刊,或抄录秘本,积书达两千余卷,并编有《梅屋书目》。

《融春室记》谓"予多病畏寒,未冬为缩壳蜗矣。陋室第三桁下分立四楯,中垂一帘,对悬乐天、东坡二先生像。当窗晴日暖,肌骨畅柔,炉温火深,神气和浃,未信天地间别有春也。"许棐室名"融春",中悬白居易、苏轼二像事之。遂知其诗集《融春小编》(或名《融春小缀》)得名由来。

此文集于嘉熙元年(1237)编成,则当在《融春小缀》(嘉熙三年,1239)、《梅屋第三稿》(淳祐三年,1243)、《梅屋第四稿》(淳祐四年,1244)之前。可能许棐在编《梅屋诗稿》的同时,另将文稿汇为《献丑集》。

⑥《梅屋诗余》

许棐亦有词集传世,《梅屋诗余》一卷,录《谒金门》等词 18 阕。

2. 现存诸本

上述许棐诗、文、词集,量不大,皆为一卷小集,今皆有传本。除《南宋群贤

---

① 许棐《献丑集》卷首《自序》,中国国家图书馆藏汪氏裘杼楼抄本。

小集》《汲古阁影抄南宋六十家集》《两宋名贤小集》《四库全书》《百川学海》等总集本、丛书本外，尚有数种清抄本单独流传。

A.《梅屋诗稿》系列小集

①《南宋群贤小集》本[①]

首题"梅屋诗稿"，下署"壶山许棐忱父"（仅见此卷），正文半页10行行18字，左右双边。单黑鱼尾，版心上方有刻字字数，中题书名简称及页码，如"梅屋诗稿 一"，但页6—9，12—17的版心仅题"梅屋"二字。卷末为墨丁，无尾题。

次为《融春小缀》，有"开炉十日，并当融春小室为六藏计。乱书中得旧稿数纸，稿自甲午至己亥，诗不满三十，更散失不得传，则与日月俱弃矣。并缀数文，为《融春小编》。非千金敝帚，誓尺璧余阴也。梅屋许棐题"。版心题"融春"及页码。页5末诗《题雪林画卷》之后为墨丁。

页6另起，题"梅屋杂著"，版心仍题"融春"；页8末篇《砚志》之后题"融春小缀终"。

又次为《梅屋第三稿》，卷首有自序："己亥至癸卯，诗不满二十首。甲辰一春，却得四十余篇。疑诗之多寡迟速似有数也。天或寿予，予诗之数固不止此，然当以贪多务速为戒。梅屋许棐题。"

末首《谢施云溪寄诗》，后有一行注语："右己亥至癸卯诗。"

次《梅屋第四稿》。末诗《赠僧虚中》后有一行自注："右甲辰一春诗，诗共四五十篇，录求芸居吟友印可。棐皇恐。"

《南宋群贤小集》，亦见清嘉庆六年（1801）顾修重辑的读画斋刊本，流传甚广。

②《汲古阁影抄南宋六十家小集》本[②]

此本半页10行行18字，左右双边，单黑鱼尾，行款格式与台北"中央图书馆"所藏宋椠宋印《南宋群贤小集》本《梅屋集》相同。不过版心题字"梅屋诗稿"，在页6—18，页20、21简写成"梅屋"二字，而《南宋群贤小集》本是页6—9，12—17的版心仅题"梅屋"二字，稍有不同。

所收《梅屋诗稿》《融春小缀》《梅屋第三稿》《梅屋第四稿》，各一卷。其中《梅屋诗稿》题下署名"壶山许棐忱父"，《融春小缀》有自序、包含《梅屋杂著》，《第三稿》有自序、卷末有自注，《第四稿》卷末自注。这些内容特征全同宋椠《南宋群贤小集》。

[①] 《南宋群贤小集》，台北"中央图书馆"藏"宋椠宋印"自是最早最善之本；此所据《丛书集成三编》辗转影印，通行易得，参前脚注。

[②] 《汲古阁影抄南宋六十家小集》，民国十年（1921）上海古书流通处据明汲古阁影抄宋本影印。

但《梅屋第四稿》之后的《梅屋诗余》一卷,是《南宋群贤小集》本所未收的,大题之下,与《梅屋诗稿》一样,署"壶山许棐忱父"。

汲古阁所影写的底本当为宋刻本,极可能就是台北"中央图书馆"所藏宋椠宋印《南宋群贤小集》中的《梅屋集》。版心题写书名简称的页码不完全一致,当是个别地方影写时未完全忠实于原刻的缘故,不过影抄本的字迹更为秀丽。

推测毛晋汲古阁影写之时,一种可能性,底本宋刊《梅屋集》是完本,包括《梅屋诗余》一卷,只是后来流传过程中最末一卷佚去了;另一种可能性,底本宋刊《梅屋集》不包括《梅屋诗余》,是毛晋根据其他宋刊本《梅屋诗余》补抄的。

③《两宋名贤小集》本①

《两宋名贤小集》卷二九〇收《梅屋诗稿》,诗前没有"壶山许棐忱父"的署名,而是一则许棐小传;《梅屋诗稿》之后接排《融春小缀》,保留许棐自序,诗作止于《题雪林画卷》,其后并无《梅屋杂著》的 10 篇文。接排《梅屋第三稿》,有许棐自序,末诗《谢施云溪寄诗》后无自注。接排《梅屋第四稿》,末首《赠僧虚中》后无自注。

即《两宋名贤小集》本将许棐《梅屋诗稿》《融春小缀》《梅屋第三稿》《梅屋第四稿》合为一卷。只收诗,不收文,故将原本诗文合编的《融春小缀》删去属于《梅屋杂著》的 10 篇文。另外还删去了《第三稿》《第四稿》卷末提示诗作编年信息的两条重要自注。

④《四库全书》本②

《四库全书》本《梅屋集》五卷,每卷皆署"宋许棐撰"。其"梅屋集卷一"实为《梅屋诗稿》;"梅屋集卷二"收《融春小缀》;"梅屋集卷三"收《梅屋第三稿》;"梅屋集卷四"收《梅屋第四稿》;"梅屋集卷五"收《梅屋杂著》。

"梅屋集卷二"保留《融春小缀》自序,有诗无文,诗作止于《题雪林画卷》;"梅屋集卷三"保留《梅屋第三稿》自序,末诗《谢施云溪寄诗》后无自注;"梅屋集卷四",末首《赠僧虚中》后却保留了自注;"梅屋集卷五"《梅屋杂著》文 10 篇,原本是《融春小缀》编在第一部分诗作之后的,四库本则将其裁出别编为一卷。

即《梅屋集》五卷,是将许棐的数种诗文小集,一种编为一卷而成,较宋椠宋印《南宋群贤小集》本《梅屋诗稿》总体上更为整饬,但对原本自注的取舍不一。而《四库全书》是据"编修汪如藻家藏本"抄录,故这种改编或许是底本如此,但更有可能是出自四库馆臣之手。

---

① (旧题)〔宋〕陈思、元陈世隆《两宋名贤小集》,影印文渊阁《四库全书》本。
② 〔宋〕许棐《梅屋集》,影印文渊阁《四库全书》本。

⑤ 其他清抄本

《梅屋诗稿》有清抄本传世,今见一本,《梅屋诗稿》一卷、《融春小缀》一卷、《梅屋第三稿》一卷、《梅屋第四稿》一卷、《杂著》一卷,藏中国国家图书馆,善本书号 18542。

书衣手书三行"集部别集类总目卷一百六十四著录/宋许棐撰/梅屋诗稿四卷"。

正文半页 10 行行 18 字,无格。钤"叶印廷芳""汉阳叶氏珍藏"阴文印记。

卷端《梅屋诗稿》下署名"壶山许棐忱父"仅出现一次,无尾题。《融春小缀》有许棐自序,无尾题。《梅屋第三稿》有许棐自序,末首《谢施云溪寄诗》后无自注,有尾题。《梅屋第四稿》,末诗《赠僧虚中》后有自注。《梅屋杂著》有尾题,却作"融春小缀终"。

抄本书口处只题页码,且各集接续而下,如页一起《梅屋诗稿》,页"廿三"起《融春小缀》,页"廿八"起《梅屋第三稿》,页"卅一"起《梅屋第四稿》,页"卅八"《梅屋杂著》,止于页"四十"。

此本五卷,其《融春小缀》只收诗,《梅屋杂著》次于《梅屋第四稿》后,单独为一卷,两篇自序保留,《第三稿》末诗无自注,《第四稿》末诗有自注,皆与《四库全书》本同,且书衣有"集部别集类总目卷一百六十四著录"题记,是参考过《四库全书》本的明证。不过,抄本不作《梅屋集》,行款同宋本《南宋群贤小集》与《汲古阁影抄南宋六十家小集》,卷端署名"壶山许棐忱父"亦同,似是源于宋本系统;其卷末《梅屋杂著》尾题"融春小缀终",亦是据宋本系统之本抄录而遗留的明显痕迹。

故判断此本当属于宋本小集系统,但又据《四库全书》本的编卷作了相应的调整改动。

此本经叶廷芳收藏。叶氏为汉阳(今湖北武汉)人,清乾隆时期藏书家。

B. 《献丑集》

《献丑集》一卷,是许棐另一单行文集。

中国国家图书馆藏清汪氏裘杼楼抄本,许棐《献丑集》与高似孙《骚略》、胡铸《耕禄集》、《文房四友除授集》①合为一册,皆为文集。

《献丑集》卷首有"嘉熙丁酉(元年,1237)中秋日,梅屋许棐自序"。收《梅屋记》等 12 篇文,半页 9 行行 20 字,左右双边,白口,单黑鱼尾。书口不题页码,下方有"裘杼楼"三字。钤"碧巢秘笈定本"(阴文)"休阳汪氏裘杼楼藏书印""嘉荫簃藏书印"等。

---

① 《文房四友除授集》一卷,原不题作者,据文中内容,为宋郑清之、林希逸、刘克庄、胡谦厚制诰表启等合编。

清汪森(1653—1726)，字晋贤，号碧巢，浙江桐乡人，原籍安徽休宁，有藏书楼名"裘杼楼"。刘喜海，字吉甫，号燕庭，山东诸城人，室名嘉荫簃，清代道光、咸丰间藏书家。故此本当是清康熙时裘杼楼抄写，道光以后为刘喜海所收藏。

《献丑集》最早见收宋左圭《百川学海》（咸淳本庚集）。后民国南城李氏《宋人集丁编》、上海商务印书馆《丛书集成初编》，皆据《百川学海》本刊刻或排印。

C.《梅屋诗余》

许棐词集《梅屋诗余》一卷。所见为《汲古阁影抄南宋六十家小集》本，附在《梅屋诗稿》之后，收词18阕。

《四印斋所刻词》《四印斋汇刻宋元三十一家词》《影刊宋金元明本词四十种》（据宋本影刊）等亦收《梅屋诗余》；《宋元人词》改题《梅屋词》。①

3. 小结

许棐每过一段时间，便会将自己的诗文作品选编成一卷小集，共有《梅屋诗稿》《献丑集》《融春小缀》《梅屋第三稿》《梅屋第四稿》《梅屋诗余》等6种，且多撰自序、题记，交由陈起书籍铺刊刻行世。

今传众本基本未出宋刻本范围，稍有差异之处在于有的本子将原本包含在《融春小缀》内的《梅屋杂著》删落，或裁出以独立成卷，自注保留亦不完全。

2018年8月28日草于杭州
2019年12月7日改定于北京

---

① 四川大学古籍整理研究所编：《现存宋人别集版本目录》，成都：巴蜀书社，1989年，第307页。

《全宋诗》杂考(七)*

《〈全宋诗〉补正》项目组
李佳媛、邱明、刘扬、任子珂、刘雨晴、王萧依等**

【内容提要】 本文为有关《全宋诗》系列杂考之(七),主要考辨宋人事迹及诗作归属,对《全宋诗》错漏之失进行补正。

【关键词】 《全宋诗》 人物考 诗作归属考

《全宋诗》所收诗人,①有的同人异名,比如僧人有法号、师号之别;有的形音相近而误,人名偏旁不一,同音异字;有的称名,有的称字;有的事迹可作订补,等等,情形各异。明清方志所录宋诗,在作者归属上又有误读石刻、版本异文等问题,不可不察;失收宋诗,失收宋人,宜予补录。以上诸种,皆举例详考。

一、人物考

1. 释真净、释克文考

《全宋诗》册一一卷六一九页七三六八至七三六九收释克文诗七首,册五三卷二七八五页三二九八一至三二九八二收释真净诗四首。经考,除"先师昔住金轮日"与"今年七十八"两偈仅见于宋释惠洪《林间录》卷下与《石门文字禅》卷三〇,其余九首均见于北宋真净克文禅师之《宝峰云庵真净禅师语录·偈颂》,①此释真净与释克文实为真净克文一人。②

---

* 本论文为教育部高校人文社会科学重点研究基地北京大学中国古文献研究中心重大项目《〈全宋诗〉补正》(原名《全宋诗》补编下,批号 06JJD870002)及《〈全宋诗〉失收诗人诗作及专卷汇编》(批号 16JJD750004)研究成果。

** 本文作者为北京大学中文系古典文献专业及文学专业博士生、硕士生。

① 北京大学古文献研究所编,傅璇琮、孙钦善主编《全宋诗》1—72册,北京:北京大学出版社,1998年。

① 〔宋〕释克文《宝峰云庵真净禅师语录》卷下,宋刻本,藏国家图书馆。亦见《古尊宿语录》与《嘉兴大藏经》。

② 朱刚、陈珏已指出《全宋诗》册五三释真净据《宋元诗会》录诗四首全为克文诗,且误"云庵"为"雪庵",误认为南宋人。见《宋代禅僧诗辑考》卷五,复旦大学出版社,2012年,第256页。今详辨之。

真净克文事迹具于其门徒惠洪所撰《石门文字禅》卷三〇之《云庵真净和尚行状》与《僧宝传》卷二三之《泐潭真净文禅师》。《僧宝传》云：

> 至复州北塔，闻耆宿广公说法感泣，裂缝掖而师事之，故北塔以克文名之……舒王以师道行闻神考，诏赐号真净。①

可见"克文"是其出家时所获法号，"真净"是王安石为其请赐的师号，是以通称"真净克文禅师"，则《全宋诗》应依例称其为"释克文"而非"释真净"。

关于真净克文之字号，《全宋诗》册五三释真净小传据《宋元诗会》称其"号雪庵"，册一一释克文小传称其"字云庵"，两相龃龉。关涉真净克文的文献无一提及"雪庵"，核《宋元诗会》亦记为"云庵"，②则"雪"应为"雲（云）"形讹致误。称呼宋僧时常冠其所住山、寺等地名于法号前，称真净克文为"云庵真净和尚"是因其晚年"退居云庵"③，清前文献亦无真净克文字云庵或号云庵的明确记载，④故将"云庵"视为字号或有不妥，真净克文之字号宜阙如。

《全宋诗》册五三释真净小传据《北磵集》称其于"宁宗嘉定五年（一二一二），住会稽戒珠寺，重修卧佛殿"，然真净克文已于徽宗崇宁元年（1102）圆寂，⑤早于重修佛殿事110年。核《北磵集》原文云：

> 嘉定五年，真净则颙感杨宾梦像求浴六十年矣，又欲承通义师师觉先志，尽发所有而新之。⑥

则重修卧佛殿之僧人为真净则颙，而非真净克文。

《全宋诗》释克文小传称其"为南岳下十三世"，但真净克文实为南岳下十二世。据《五灯会元》，南岳怀让禅师一脉以"南岳"记世次，其下一世为马祖道一，而克文所承世系为马祖道一、百丈怀海、黄檗希运、临济义玄、兴化存奖、南院慧颙、风穴延沼、首山省念、汾阳善昭、石霜楚圆至黄龙慧南，故应为南岳下十二世，亦即南岳第十三世。

此外，《全宋诗》另有释真净，见册一一卷六一九页七三六五，"住杭州净住院，称居说真净禅师，南岳下十一世，金山颖禅师法嗣（《五灯会元》卷一二）"，并录诗一首。此为居说真净禅师，与真净克文无涉，《全宋诗》称其为释真净，无误。

（李佳媛考证）

---

① 〔宋〕释惠洪《僧宝传》卷三〇，影印文渊阁《四库全书》本，台北：台湾商务印书馆，1986年。
② 〔清〕陈焯《宋元诗会》卷五九，影印文渊阁《四库全书》本。
③ 《僧宝传》卷二三。
④ 〔清〕《宋元诗会》《宋诗纪事补遗》《六艺之一录》《佩文斋书画谱》等始称真净克文"号云庵"，唯《宋诗纪事》称其"字云庵"。
⑤ 《僧宝传》卷二三。
⑥ 〔宋〕释居简《北磵集》卷二，影印文渊阁《四库全书》本。

2. 黄通考

《全宋诗》册一一卷六二六页七四八〇收黄通：

> 黄通，字介夫，邵武（今属福建）人，仁宗嘉祐二年（一〇五七）进士。除大理寺丞，事见《邵阳扶雅诗集》卷一。
>
> 元夕灯火
>
> 秦楼十二玉梯横，紫府千门夜不扃。疑是嫦娥弄春色，彩云移下一天星。　　清周揆源《邵阳扶雅诗集》卷一

今核原书，《邵阳扶雅诗集》当作《昭阳扶雅集》。此诗已见元祝诚《莲堂诗话》卷上"元夕灯诗"条：

> 宋黄通，邵武人，嘉祐初进士。韩琦、范仲淹荐其才，除大理丞。每浩歌长啸，众目以为异。人有为《元夕灯诗》云："谁将万斛金莲子，撒向皇都一夜开。"通以词语未壮，自作云云（按："嫦娥"作"姮娥"），其雄俊如此。

出处更早。

黄通事迹仍有可补充之处。宋潘自牧《记纂渊海》卷三七"漕举·锁厅附"条：

> 黄通累举不第，作官数任，年将耳顺，锁厅应举，或嘲曰："老妓舞柘枝，剩员呈武艺。"

如果黄通是此次锁厅试登第，则其仁宗嘉祐二年（1057）近六十岁，其生年当为真宗咸平元年（998）前后。

又宋李焘《续资治通鉴长编》卷一四四：

> （仁宗庆历三年十一月）辛未，以试方略人，黄通为试大理评事。

庆历三年（1043）八月，范仲淹拜参知政事，庆历新政开始。此与《莲堂诗话》所谓"韩琦、范仲淹荐其才，除大理丞"相合，不过除授官职为从八品下的试大理评事，并非从六品上的大理丞。

宋晁公武《郡斋读书志》（衢本）卷三〇：

> 《圣宋文粹》三十卷。右不题撰人，辑庆历间群公诗文，刘牧、黄通之徒皆在其选。

庆历间群公当指范仲淹、韩琦、富弼等领导庆历新政的人物。检范仲淹（989—1052）《范文正公文集》卷二有《送郧乡尉黄通》，韩琦（1008—1075）《安阳集》卷五有《黄通尉郧乡》，欧阳修（1007—1072）《欧阳文忠公集》外集卷六有《送黄通之郧乡》，苏舜钦（1008—1048）《苏学士集》卷八有《送黄通》。郧乡县，

今湖北十堰市郧阳区。宋时,郧乡县属均州武当郡,隶京西南路。新政在庆历五年(1045)即宣告失败,被范、韩等人引进试大理评事的黄通遭贬斥在情理之中。范、韩、欧、苏四公与黄通有交,也可证其生年在998年前后是可信的。

又明李侃修、胡谧纂《(成化)山西通志》卷一三有黄通《安民堂记》,撰于至和元年(1054),且小注曰"宋武宁军节度推官"。卷一六收黄通《马侍中祠》诗一首,小注曰:"宋安邑尹"。清言如泗修、莫溥等纂《(乾隆)解州芮城县志》卷一五有《陕府芮城县群贤凉轩诗》,录有与诗碑石刻的相关情况:

> ……按石刻……大理寺丞、知夏县事、兼兵马监押黄通……凡十九人,后书皇宋嘉祐六年辛丑八月二十日……

所谓安邑,正是夏县(今属山西)的古称。可知黄通为大理寺丞在嘉祐六年,并非在范韩诸公引荐之时。

此外,《宋史》卷二〇八《艺文志七》载"《黄通集》三卷"。

综上,黄通小传可订补为:

> 黄通(九九八?—?),字介夫,邵武(今属福建)人。仁宗庆历三年(一〇四三)试大理评事(《续资治通鉴长编》卷一四四),后出为郧乡县尉(《范文正公文集》卷二《送郧乡尉黄通》)。至和元年(一〇五四)为武宁军节度推官(明成化《山西通志》卷一三)。嘉祐二年(一〇五七)进士(元祝诚《莲堂诗话》卷上),六年,知夏县(清乾隆《解州芮城县志》卷一五)。有集三卷(《宋史》卷二〇八《艺文志七》),已佚。事见《昭阳扶雅集》卷一。

(邱明考证)

3. 徐畴考

(1) 徐璹、徐畴辨

《全宋诗》册一二卷六八九页八〇五六,收徐璹二诗一句;册一六卷九〇九页一〇六九六,收徐畴诗一首。据二人小传,徐璹,字全夫,为仁宗嘉祐六年(1061)进士;徐畴,字元用,神宗熙宁间苏轼为杭州通判时为仁和令,哲宗元符三年(1100)知藤州。可以发现二人不仅姓名相近,且时代相仿,唯字不同。

据宋方勺《泊宅编》卷上:

> 东坡帅杭,一日,与徐璹坐双桧堂,指二桧吟曰:"二疏辞汉去。"时以兄弟皆补外喻也。璹应声曰:"大老入周来。"对偶既亲切,又善迎合,公大喜。

可知苏轼与徐璹交于杭州知州时,而与徐畴交于杭州通判时,皆在杭州,是为两人又一共同点。

宋何薳《春渚纪闻》卷七"徐氏父子俊伟"条,前半段与《泊宅编》基本相同,后半段则记载了徐璹之子徐端崇的逸闻：

> 璹之子端崇，字崇之，少时俊伟，落笔千字……政和间，余过御儿，访其隐居。

《苏轼诗集》卷四四《徐元用使君与其子端常邀仆与小儿过同游东山浮金堂戏作此诗》：

> 昔与徐使君，共赏钱塘春……使君有令子，真是石麒麟。

比较两段文字可发现：徐璹的儿子叫"端崇"，以文采出众闻名；徐畴（元用）的儿子叫"端常"，被称为"石麒麟"，文采自不凡，而"崇"与"常"亦形似。父亲的姓名、事迹相似，儿子的姓名、特征也相似，可推断两者即同一人。因《春渚纪闻》为何薳亲历，且云"端崇，字崇之"，则"常"为"崇"之讹。

《苏轼诗集》卷九《寒食未明至湖上太守未来两县令先在》，查慎行注："徐为仁和令。《咸淳临安志》：仁和县令，北宋时有徐璹。"王文诰按："徐璹，据合注，当作徐畴。"核宋潜说友《咸淳临安志》卷五一，"璹"字实作"畴"，可知二字之混由来已久。又清边其晋《(同治)藤县志》卷二〇节引《鐔津考古录》："苏轼北归，与藤州徐璹游浮金堂。"此"徐璹"即"徐畴"。

关于徐璹与苏轼的交游时间，可作进一步考证。《泊宅编》以"二疏辞汉去"喻"兄弟皆补外"，考苏轼兄弟仕履，元祐四年(1089)三月苏轼知杭州，六年二月以翰林学士承旨、知制诰召还，在此期间苏辙始终为中央官，则"皆补外"之说不成立。反之，苏轼通判杭州时，苏辙任陈州教授诸职，二人皆因与新法不合外补，与"二疏辞汉去"之意更为贴合。① 如是，《泊宅编》之"帅"杭，并非实指，二者与苏轼交游时间，实未抵牾。

既然为同一人，"畴""璹"何者为正字，"全夫""元用"又是什么关系？《春渚纪闻》卷七载徐璹字"全父"，"父""夫"作字后缀时用法盖同，"甫"又与"父"通，故"用"疑为"甫"之形讹；加之"元""全"音近，可推测"元用"为"全甫"之讹。比如北宋有一张璹，字全翁(清李廷锡《(道光)安陆县志》卷二七)，与徐璹同时(《苏轼诗集》卷三二《连日与王忠玉、张全翁游西湖……》)，类比可推知"璹"与"全"概为固定名、字搭配，则知此人当字"全父"。至于"璹""畴"二字何者为是，可以从古人名、字意思多对应的角度考虑。"畴"有种类的意思，种类可以对应"全"，则"全父"名"畴"更佳。后文引到的《续资治通鉴长编》即作"徐畴"，亦可佐证这一判断。

综上，徐璹、徐畴实为一人，册一二徐璹人并诗当删，归入册一六徐畴。

---

① 编年参考孔凡礼《三苏年谱》，北京古籍出版社，2004年。

(2) 徐畴事迹补

清林扬祖《(道光)莆田县志稿》(不分卷)载徐畴曾于元祐三年(1088)任兴化军司户参军。宋李焘《续资治通鉴长编》卷四六八：

> (哲宗元祐六年十二月丁巳)右宣德郎、权发遣两浙路提刑马城状："……城今契勘得系右通直郎、新差权知连州徐畴,有父师民,任中散大夫致仕,见在本路苏州居住,其徐畴已于今年八月内起离前去连州赴任。"诏徐畴令吏部指挥罢任侍养,令进奏官遍牒施行。

可知元祐六年徐畴曾权知连州,然十二月即被勒令罢职,归养其父。熙宁间任县令,元祐三年任军州司户参军,六年授知州,从时间上看基本可信。

又徐畴元祐三年在兴化军(今福建莆田),元祐六年八月就近移连州(今广东连县),十二月罢归;而苏轼于元祐四年三月至六年二月知杭州,则二人交游必不在此时,可反证《泊宅编》"帅杭"之误。

此外,徐畴元祐六年虽被罢职,然元符三年(1100)已知藤州,疑《泊宅编》"疏纵不事事,晚益流落,终于武义县主簿"之说不确。时代稍晚之《春渚纪闻》亦未载"终于武义县主簿"之事,何薳曾亲会畴子端崇,就文献来源而言当更可靠。

综上,徐畴小传可增补为：

> 徐畴,字全父(《春渚纪闻》卷七),建州建安(今福建建瓯)人,仁宗嘉祐六年(一〇六一)进士(明嘉靖《建宁府志》卷一五)。神宗熙宁间为仁和令(《咸淳临安志》卷五一)。哲宗元祐三年(一〇八八)任兴化军司户参军(清道光《莆田县志稿》)。六年(一〇九一),权知连州,十二月罢职养亲(《续资治通鉴长编》卷四六八)。元符三年(一一〇〇),知藤州(《苏轼诗集》卷四四《徐元用使君与其子端常邀仆与小儿过同游东山浮金堂戏作此诗》施元之、查慎行、王文诰注)。事见《泊宅编》卷上。

(3) 徐畴佚诗 2 首

清鲁铨《(嘉庆)宁国府志》卷二四有一首《桃花潭》：

> 红英狼藉拂渔舟,仙客当年到此游。今日踏歌人不见,碧波无语自东流。

此诗作者,《宁国府志》作"徐璹",明王廷幹《(嘉靖)泾县志》卷一〇署"徐俦",清李德淦《(嘉庆)泾县志》卷三一作"徐畴"。

关于"徐俦",宋潜说友《咸淳临安志》卷五一载"徐俦"曾为临安令,与同卷仁和令"徐畴"当为二人。清李卫《(雍正)浙江通志》卷一二四载"徐俦,开化人";明朱朝藩《(崇祯)开化县志》卷四"选举制"载"徐俦,宣和三年何涣榜";清郑沄《(乾隆)杭州府志》卷六五载,徐俦徽钦时任临安县令,与科第情况基本相符。此为北宋之"徐俦"。

《(嘉庆)泾县志》载作者"徐畴","淳熙时为泾令"。考南宋庆元间又有一"徐畴/璹/俦"。清徐松《宋会要辑稿》职官七五之三六:"庆元元年九月四日……朝请郎、通判绍兴府'徐畴',各特降一官";明严嵩正德《袁州府志》卷六载"徐璹"庆元初任县尉,卷一四钱文子《袁州贡院记》作"宜春尉三衢'徐俦'"。以上三处文献记载的应是同一人,此人最有可能在淳熙间知泾县。且该例也证明畴、璹、俦讹混是一种普遍现象。

考以上二人皆无诗名,而前言徐畴以文采俊伟名世;且时代较早的《(嘉靖)泾县志》将此诗排在唐李白《桃花潭赠汪伦》与北宋叶清臣的和诗之间,知其当为北宋作品,《(嘉庆)泾县志》记载或误。今姑从《(嘉庆)宁国府志》补入此诗。

又明汪砢玉《珊瑚网》卷一二"法书题跋"有一首署名为"徐畴"的诗:

  公家种竹十万个,已喜此中堪结茅。珊瑚戛玉天籁动,翡翠蔽空云气交。呼童去寻化龙杖,留客坐看栖凤巢。何当开径延益友,共论大易明羲爻。剑江徐畴。

清顾嗣立、席世臣《元诗选癸集》癸之辛上收入,以剑江为徐畴籍贯,并拟题为《竹深处诗》。《全元诗》册五二承之,并以剑江为今福建南平。考"闽江上游曰剑江,自延平府南平县东北流入界,经古田县东南为建江"(清刘启端《大清会典图》卷一八三),知《全元诗》确有依据。然古称剑江者非一处一地,宋王象之《舆地纪胜》卷一〇九《广南西路·藤州》"州沿革"载"今领县二,治镡津",同卷"景物上"载"剑江在镡津县",是藤州亦有一剑江。已知元符三年苏轼北归时,徐畴知藤州,而所谓福建南平徐畴并无其他文献依据,则落款之"剑江",或非籍贯而为写作地点或作者知藤州之身份,则此诗宜系入本文所考之徐畴名下,而非元诗。

(刘扬考证)

4. 曾逮仕履考

《全宋诗》册三八卷二一四九页二四二一六曾逮小传曰:

  孝宗乾道元年(一一六五),为浙西提刑(《宋会要辑稿》食货八之八)。四年,为户部郎官(同上书刑法一之四八)。七年,知温州府,除直秘阁(同上书选举三四之二六)。九年,除直显谟阁、知荆南府(同上书选举三四之二九)。淳熙八年(一一八一),知镇江府(同上书食货六八之七七)。十年,为户部侍郎(同上书食货五一之一一一)。十一年,为刑部侍郎兼权兵部侍郎(同上书选举一八之六)。官终知湖州。

然宋释净善《禅林宝训》卷四载：

> 或庵迁焦山之三载,实淳熙六年八月四日也。先示微恙,即手书并砚一只,别郡守侍郎曾公逮,至中夜化去。公以偈悼之曰:翩翩只履逐西风,一物浑无布袋中。留下陶泓将底用,老夫无笔判虚空。

焦山属润州镇江府,则淳熙六年时曾逮已守润州,而非八年始知。

查考小传中《宋会要辑稿》的诸条,仅选举三四之二九记其"除直显谟阁、知荆南府"。食货八之八为"诏浙西提刑曾逮"泄水,刑法一之四八为署名"户部郎官曾逮"的上书,选举三四之二六为诏"知温州曾逮除直秘阁",食货六八之七七为"以守臣曾逮言本州岛旱甚故也",食货五一之一一一为"户部侍郎曾逮言乞",选举一八之六为"诏刑部侍郎兼权兵部侍郎试武举及弓马",以上皆只能说明彼时曾逮已为某官某职,而不当记为于其年为某官某职。

考地方志,有记载更为详尽者。宋史能之《咸淳毗陵志》卷一〇"绍兴二十九年八月,右通直郎"。宋范成大《吴郡志》卷七"(浙西提刑)曾逮,右承议郎,隆兴二年闰十一月初六日到任,乾道二年五月二十六日丁父忧",当是曾逮于隆兴二年(1164)为浙西提刑,至乾道二年因丁忧去官,正好与《辑稿》乾道元年前后时间相符。《咸淳临安志》卷五〇"曾逮,乾道八年运判"。元佚名《宋史全文》卷二六上又记淳熙二年行新制,出知各州不再贴职,故"曾逮以权工侍出知秀州,不带职,用新制也"。宋谈钥《嘉泰吴兴志》卷一四"朝请郎集英殿修撰,淳熙五年五月到,转朝奉大夫,六年三月改除知镇江府",宋卢宪《嘉定镇江志》卷一五"(宋润州太守)曾逮,朝奉大夫充集英殿修撰,淳熙六年四月到,八年十一月,宫观总领宇文子震暂权",二者相合,正可见淳熙五年至八年曾逮的仕履变迁。

故据上述材料,曾逮仕履可订补为:孝宗隆兴二年(一一六四)任浙西提刑(《吴郡志》卷七)。乾道四年,时为户部郎官(《宋会要辑稿》刑法一之四八)。七年,知温州,除直秘阁(同上书选举三四之二六)。八年,任两浙转运判官(《咸淳临安志》卷五〇)。九年,除直显谟阁、知荆南府(《宋会要辑稿》选举三四之二九)。淳熙二年(一一七五),以权工部侍郎出知秀州(《宋史全文》卷二六上)。五年,知湖州。六年,改知镇江府(以上嘉泰《吴兴志》卷一四)。十年,时为户部侍郎(《宋会要辑稿》食货五一之一一一)。十一年,时为刑部侍郎兼权兵部侍郎(同上书选举一八之六)。

(任子珂考证)

5. 朱晞颜、朱睎颜、朱希言考

《全宋诗》收有朱晞颜(册四六卷二五〇一页二八九二七)、朱睎颜(册五三卷二七八七页三二九九五)及朱希言(册七二卷三七六九页四五四五九),姓名相近,诗作归属当加考辨。

(1) 朱晞颜

《全宋诗》小传:

> 朱晞颜,字子渊,休宁(今属安徽)人。孝宗隆兴元年(一一六三)进士,调当阳尉。历知永平、广济县,通判阆州,知兴国军、吉州,广南西路、京西路转运判官。光宗绍熙四年(一一九三),除知静江府。宁宗庆元二年(一一九六)除太府少卿,总领淮东军马钱粮,迁权工部侍郎,俄兼实录院同修撰。五年,兼知临安府。六年卒,年六十六。著作已佚,仅《两宋名贤小集》卷二一七存《桂岩吟稿》一卷。事见《新安文献志》卷八二宋谈钥《朱公行状》。今录诗十五首。

按:《全宋诗》所录前11首诗,皆出自《桂岩吟稿》。今桂林市文物管理委员会编过两部《桂林石刻》,1997年版只录文字;另有一内部选编本兼收拓片与文字,并标明原碑地址,据此二书可补充其中6诗小序:

《迭彩岩登越亭》:新安朱晞颜携家访迭彩岩,登越亭,下临江流,清风时至,忘其夏日之畏云,因书以记岁月,实绍熙甲寅重午后二十日也。

《伏波岩》:还珠洞下临漓江,无一点尘俗气,上有真人迹在焉,盖神仙窟宅也。携家来游,抵莫而归。绍熙五年重午后廿日,新安朱晞颜。

《弹丸山》:两入湘南,五见秋序。连雨新霁,万象清澄。携累游弹子岩,时已上祠请束儋,待报可而归。庆元改元中秋后八日,新安朱希颜。

《洞底石间得枯木一株花叶咸无焉而枝干峭拔因成鄙句》:□底石间得枯木一株,花叶咸无焉,而枝干峭拔,如岘山晋柏,盖石之精英凝结而成,光泽莹洁,不减冰玉,扣之其声铿然,珊瑚不足道,以是知海物惟错其中,亦何所不有,但世人未之见耳。因成鄙句,刻之八桂堂下岩石间,以识岁月云。庆元改元小春吉日,新安朱希颜。

《龙隐岩》:桂林岩洞,龙隐其最也。下有潭,泓澄紫纡,贯于岩腹,世传昔有龙蟠伏其间,因以名焉。公余同庐陵曾天若、婺女吕祖平、新淦董世仪、建安刘源来游,得二十八字。绍熙改元十月吉日,新安朱晞颜。

《韶音洞》:绍熙甲寅重午后二十日,携家游韶音洞。新安朱晞颜子囷。

据碑文自题,"晞"亦作"希"。

(2) 朱晞颜

《全宋诗》小传:

> 朱晞颜,字景渊,吴县(今江苏苏州)人。光宗绍熙元年(一一九〇)进士,调上元尉。历扬州教授,知归安县,福建转运司主管文字。官湖州通判时,因灾年擅减民户税额,罢。宁宗嘉定十四年卒,年五十九。事见《漫

堂文集》卷二九《故湖州通判朱朝奉墓志铭》。今录诗二首。

按：《全宋诗》所录《钱吕子敬赴漕堂》《吴兴杂咏》，出自《永乐大典》卷二六○六、卷七九六二引《瓢泉吟稿》，而该书为元代朱晞颜的文集。清沈叔埏《颐彩堂文集》卷一〇《书瓢泉吟稿后》云：

> 元长兴朱晞颜，字景渊。少隐市，有诗名。寻以习国字被选，仕为浙东长林丞，司煮盐赋，即稿中所称平阳州蒙古掾是也。平阳乃永嘉属县，元升为州。

可知朱晞颜初次入仕即在入元后。《全宋诗》所收之朱晞颜，宁宗嘉定十四年即过世，显非一人。《钱吕子敬赴漕堂》《吴兴杂咏》二诗作者是元代朱晞颜，《全元诗》已收。故《全宋诗》所收朱晞颜，人并诗皆当删却。

此外，元代另有一朱晞颜，国珍子，著《鲸背吟》，见清顾嗣立《元诗选》初集卷三六。

(3) 朱希言

《全宋诗》无传，仅录《大涤洞天留题》二首，出《诗渊》册三页二二一八。其人不见于现存其他文献。《诗渊》成书于明初，时代较晚。前已提及朱晞颜于碑文中亦自题"朱希颜"，"颜"或再讹为"言"。大涤山位于杭州余杭区，朱晞颜于庆元五年知临安，或曾至大涤山游览，时年六十五，与诗中"一任星星两鬓秋"之语亦合。《大涤洞山留题》或即为朱晞颜诗，则朱希言当删，诗归并于朱晞颜名下。

(刘雨晴考证)

6. 家揔、家演、家横考

(1) 家揔

《全宋诗》册五九卷三一二五页三七三七三收有"家揔"：

> 家(揔)，字本仲，眉山(今属四川)人。宁宗嘉定十六年(一二二三)进士。理宗端平元年(一二三四)召试馆职，除秘书省正字。二年，除校书郎兼景献府教授(《鹤林集》卷七)，改秘书郎。三年，除著作佐郎，出知绍兴府。事见《南宋馆阁续录》卷八、九。
>
> 大节群公倡。哭黄少府　宋绍嵩《亚愚江浙纪行集句诗》卷三

考察《宋代登科总录》可知，嘉定时期有一眉州进士家揔：

> 【家揔】字本仲。眉州眉山人。柳弟。嘉定十六年四川类省试第一名，登进士第。历馆职，出知绍兴府。

宋魏了翁《鹤山先生大全集》卷二四《荐三省元奏小贴子》："又见四川类元，久例鲜有不立朝者。今姑以十数年言之，如赵大全……家揔悉蒙

召用。"

宋佚名《南宋馆阁续录》卷八《官联》二:"校书郎,端平以后五人:家摈,二年四月除,九月为秘书郎。""秘书郎,端平以后:家(摈),二年九月除,三年二月除著作佐郎。""著作佐郎,端平以后:家摈,三年二月除,当月知绍兴府。"

宋佚名《南宋馆阁续录》卷九《官联》三:"正字,端平以后七人:家摈,字本仲,眉州眉山县人,嘉定十六年蒋重珍榜进士出身,治《礼记》。元年三月召试馆职除,二年四月为校书郎。"①

经核,《四部丛刊》本《鹤山先生大全文集》与《南宋馆阁续录》确实都作"摈"。

(2)家演

家摈残句又见于《全宋诗》册六一卷三二三五页三八六二五释绍嵩集句《哭黄少府》首句,小字注作者为"家演",亦出《亚愚江浙纪行集句诗》卷三。经核,国家图书馆藏《亚愚江浙纪行集句诗》汲古阁影宋抄本和石门顾氏读画斋嘉庆六年刊《南宋群贤小集》本都作"家演",《江湖小集》卷五作"演",《鹤林集》卷七有《家演授校书郎兼景献府教授制》。"演"与"摈"形近易误。

(3)家横

宋袁甫《蒙斋集》卷九《家横除秘书郎制》云:

> 尔天赋英资,自为太学诸生,已不肯碌碌,洎归蜀,又冠春闱,才刃恢然有余矣。②

据此可知"家横"做过太学生,返回四川老家中省试第一,后除秘书郎,其经历与前文眉州进士"家摈"一致。

又,明凌迪知撰《万姓统谱》卷三六:

> 家横,字仲本,西蜀名士也,宋朝以明经冠上庠,兄柳以廷对中甲科,棣萼相辉为盛。③

这位"家横"还有一兄长名"柳",则其名当从木。

(4)家本仲

黄榦(1152—1221)《勉斋集》卷三《与李敬子司直书》:

> 昨得李武伯在此讲切。武伯去,蜀人家本仲来,又得一月相聚,多读

---

① 龚延明、祖慧编著《宋代登科总录》,桂林:广西师范大学出版社,第10册第5060页。又见傅璇琮主编《宋登科记考》,南京:江苏教育出版社,2009年,第1451页。
② 〔宋〕袁甫《蒙斋集》,北京:中华书局,1985年,第二册第121—122页。
③ 〔明〕凌迪知《万姓统谱》,上海:上海古籍出版社,1994年,第563页。

书,尚气节,立志甚笃,赵季仁以为其人异日所到当不在李贯之之下,亦各有所长,然亦真不凡也。

……去冬有蜀人家字本仲者来访,与之语涉月,极不易得。多读书,持身甚介,玩理甚精,务学甚实,于贯之伯仲耳。近来诸生伏阙之书,虽是次名,实则首谋,故书中言蜀事最详,且切已试中优等。近闻其丁家难而归,与黎郎中名伯巽者同舟而归,渠亦甚欲一见,契兄可使人于九江探问,若留之一相见亦佳。①

又,陈淳(1159—1223)《北溪大全集》卷一〇《送家本仲序》:

眉阳家本仲,访道闽山,中都诸贤饯于吾山之隅,清漳北溪野人与焉。……今本仲于世味甚薄,而狷介有守,可谓粹然有近道之资矣。而又不肯随波逐流,甘于自弃,为凡陋之归,乃且不远千里从师亲友以讲明,夫渊源之所自来,又可谓卓然有求道之志矣。……或者曰:"唯唯,敢请以为送行序。"野人为谁?陈某安卿也。戊寅立冬后八日书。②

又,叶绍翁《四朝闻见录》卷一"请斩乔相":

文忠真公奉使金庭,道梗不得进,止于盱眙。奉币反命,力陈奏疏,谓敌既据吾汴,则币可以绝。……乔公行简为淮西漕,上书庙堂云云,谓"……宜姑与币,使得拒敌。"史相以为行简之为虑甚深,欲予币,犹未遣。太学诸生黄自然、黄洪、周大同、家撰、徐士龙等同伏丽正门,请斩行简以谢天下。③

可以确定,这些材料中的家氏"本仲"都是同一人,籍贯眉山,其生平事迹也大致可以梳理:

嘉定七年,真德秀上书言不宜与金岁币,遭乔行简阻,太学生伏阙上书,"本仲"参与其中。

嘉定九年,真德秀除右文殿修撰知泉州。同年秋,黄榦归三山旧居,十一月寓居城南法云僧舍,十二月即除权发遣安庆府事,力辞不许。"本仲"创作《古风》、离开临安、从学黄榦应该都在此年。

嘉定十年四月黄榦赴安庆任,随后遭遇战事,第二年六月召赴行在。同年"本仲"归家丁忧,后又于嘉定十六年登进士第。

---

① 〔宋〕黄榦《勉斋先生黄文肃公文集》,《北京图书馆古籍珍本丛刊》,北京:书目文献出版社,1988年,第349—350页。
② 〔宋〕陈淳《北溪大全集》,《四库全书珍本四集》,台北:台湾商务印书馆,1969年第四册卷一〇第9—11页。
③ 〔宋〕叶绍翁《四朝闻见录》,北京:中华书局,1989年,第23页。

不过,陈淳《送家本仲序》作于戊寅年,即嘉定十一年,本仲已赴黄榦处求学,似不当有临安诸生饯行且请陈淳作序之事,或许是陈淳后来补作。

(5)诗作归属

《全宋诗》册五九所收家摭残句"大节群公倡"尚有全诗,见宋赵与虤《娱书堂诗话》:

> 真西山,嘉定间以论边事与时相不合,出知泉南,家仲本横饯以《古风》云:"班行朝遣白羽书,江头夜鸣青竹舆。海边太守归闽客,底事何用惊皇都。北门挥扫窗云雾,南国驱驰树风雨。秋深羽扇掷天外,水满桔槔贱如土。长淮中断天悠悠,龙卧不起令人愁。橐驼满都麇不休,盗贼失喜苍生忧。中兴人物自人物,黄鹄高飞白鸥没。万里相思百里别,明年与公共秋月。"仲本有《题钓台》云:"掉臂辞汉爵,公乎岂不情。为嫌张禹佞,故学伯夷清。大节群公倡,高风百世倾。阿瞒窥鼎意,终老愧先生。"皆人所脍炙。仲本方駸駸要路,立朝大节,必可观矣。①

从"大节群公倡"诗句作者署名亦可证家摭与家横是同一人,然《娱书堂诗话》作"家仲本横",《万姓统谱》卷三六作"家横,字仲本",则其字又有异文。

综合以上考证,《全宋诗》册五九"家摭"小传可订为"原作家摭,当作家横;字本仲,一作仲本。师从黄榦。宋宁宗嘉定中为太学生,嘉定七年(1214),真德秀上书请绝与金岁币遭乔行简阻,与太学诸生伏丽正门,请斩行简(《四朝闻见录》卷一)"。《哭黄少府》残句当删,补入《古风》《题钓台》二诗,出处为《娱书堂诗话》。

(王萧依考证)

二、诗作归属考

1.《广胜寺》诗作者考

清觉罗石麟修、储大文纂《(雍正)山西通志》卷二二三载录多位宋人所作《广胜寺》诗:

> 新若通
> 吾党登临兴,亭高眼更明。云深山断续,川阔路纵横。突兀娲皇冢,荒芜简子城。古来那可问,林外晚风生。

---

① 〔宋〕赵与虤《娱书堂诗话》,影印文渊阁《四库全书》本。按:《历代诗话续编》和《丛书集成初编》本《娱书堂诗话》中无此内容,参陈宇《〈娱书堂诗话〉版本源流考述》(《华中师范大学研究生学报》,2015年02期,第84—88页)。

王渊亭

春岭碧嵯峨,公余载酒过。红尘随地少,野意近山多。泉溜寒鸣玉,杨花碎剪罗。归衫未能着,斜日上松坡。

王荀

重游萧寺十年过,四望风烟景若何。东北岭高明月绕,西南川远夕阳多。地饶胜概连灵岳,民足丰年借绿波。却笑山僧无忌惮,一生安处在巍峨。

蓝谏矶

一上危亭倚翠微,旷然怀抱失尘机。天遥流水分明去,野阔轻云自在飞。岁景又看梅已落,乡心还见雁将归。纷纷战国无穷事,今日谁能说是非。

张傅

亭险高登畏力微,放怀堪此养天机。下窥平野遥无际,仰视危檐势欲飞。常日群猿偎槛戏,有时晴霭拂窗归。旌轩暂驻聊凝睇,应笑尘中万事非。

以上五首,《全宋诗》据以收录在册七二卷三七七七页四五五七八、册二二卷一二八八页一四六二六(王筍〈笋〉误作王荀)、册七二卷三七七七页四五五八〇、册三卷一五二页一七一九。

检各种史料,新若通、王渊亭、蓝谏矶三人及诗作最早见于清世祖顺治十六年(1659)安锡祚修、刘复鼎纂《赵城县志》卷七。赵城,在山西洪洞,今已废县设镇。广胜寺在原赵城县治内,今仍存有多方宋代诗刻,被收入 2009 年三晋出版社《三晋石刻大全·临汾市洪洞县卷·上》(以下简称《石刻》)。笔者发现,"新若通"实源于"新差通判"之署衔,"王渊亭"为"玉渊亭"诗题之讹,蓝谏矶亦自署衔"监炼矾务"讹变而来,皆非宋人名字;"亭险高登畏力微"诗作者张傅并非《全宋诗》册三所收之张傅;王筍当为王荀龙。详述如下。

(1) 新若通

新若通《广胜寺》诗与《石刻》第 31 页所载《望川亭》诗雷同,原文作:

广胜寺　寺嚣郭汾阳得名,时大历四年。

浚仪刘季孙

当年金布地,壮观自汾阳。地发灵泉远,碑传宝塔详。雪频丛竹健,风急片云忙。时事休回首,登山兴最长。

望川亭

吾富登临兴,亭高眼更明。云深山断续,川阔路纵横。突兀娲皇冢,荒芜筒子城。古来那可问,归来晚风生。

熙宁庚戌十二月初三日书

诗题《望川亭》与首联之"登临兴""亭高"、颔联之"川阔"更为契合,作者亦当为刘季孙。《赵城县志》中该诗承前题为《题广胜寺》,署"新若通",小注"宋人、太学博士"。而在《石刻》第 23 页载王筍《留题广胜寺》诗石刻,诗题下即署衔"太学博士、新差通判"。显然,《赵城县志》新若通"太学博士"的署衔讹自这方石刻,不仅弄错了诗题,首联"富"讹"党",尾联"归"讹"林",还生造了一位宋人,将诗作归属张冠李戴。《全宋诗》册一二卷七二三页八三六四收刘季孙诗 35 首,此二首诗失收,可据《石刻》补。

(2) 王渊亭

王渊亭《广胜寺》诗亦见《石刻》第 32 页,原文作:

广胜寺诗二首
试校书郎、守县令李曼上

广胜寺

寺稳藏山腹,山高绝杳冥。浓风春拨黛,岑塔晓开屏。岭上雪无着,松根茯有灵。访求必武迹,不复见丹青。

寺本郭汾阳所建,今遗迹泯然。

玉渊亭

春岭碧嵯峨,公余载酒过。红尘随地少,野意近山多。泉溜寒鸣玉,杨花碎剪罗。归衫未能着,斜日上松坡。

熙宁癸丑岁仲夏初吉立石。

显然,王渊亭《广胜寺》与《玉渊亭》是同一首诗。按《赵城县志》所收《题广胜寺》同题诗,既有署"李曼"、小注"宋人、试校书郎"的"寺稳藏山腹",也有署"王渊亭"、小注"宋人"的"春岭碧嵯峨"。显然,李曼所作两首不同题诗歌,被当成不同作者的两首同题之诗,诗题"玉渊亭"更被讹为作者"王渊亭"。《全宋诗》册一二卷六七八页七八九五李曼名下已收《广胜寺》"寺稳藏山腹",可补《玉渊亭》诗一首。

(3) 蓝谏矾

蓝谏矾《广胜寺》诗,又见《石刻》第 33 页,题作《登望川亭》,署"河阳节度推官监炼矾□□"(按:矾字后已无法辨识),后有"都官郎中权知州事王说""山南东道节度推官知县事张傅"次韵诗,石刻最后署"元丰戊午十二月十三日,平阳常德镌"。该诗首联"危亭",与次韵二诗之"山亭""亭险",都说明诗题以《登望川亭》为是。《赵城县志》中三诗均承前题为《广胜寺》,第一首署"监谏矾",小注"宋人、河阳节度推官";次署"王说",小注"宋人、都官郎中";末署"张傅","宋人、节度推官"。这一方面可以印证《山西通志》及《赵城县志》所谓"蓝谏矾""监谏矾",正是从"监炼矾"讹变而来;另一方面,三位作者的署衔,以及三首诗的连续排列,说明《赵城县志》的编纂者应当是直接从石刻辑录诗作。王说诗见《全宋诗》册一一卷六三一页七五五〇,依《(雍正)山西通志》题作"广胜寺",当据《石刻》改为《登望川亭》。张傅详后所考。

其实,清陆心源就已对"蓝谏矾"一名有过辨正:"蓝谏矾,按宋河东路平阳府有炼矾务,此蓝谏矾疑蓝姓为炼矾务官者。炼矾是地名,如称乌程令为某乌程。"(见《宋诗纪事补遗》卷九八)由石刻可知,蓝乃监之讹,谏乃炼之讹也。今石刻在"监炼矾"后亦漫漶,或许在顺治年间就已经如此。

虽然《赵城县志》所载非其人,石刻亦不可辨,但"一上危亭倚翠微"诗之作者依然可考。按石刻后署"元丰戊午"(元年,1078),元丰改制要到元丰三年置详定官制所制定《寄禄格》后才开始,所谓河阳节度推官,当为职事官,其差遣为"监炼矾(务)"。按《宋会要辑稿》食货三四之一:"白矾,晋州。炼矾,庆历元年置;临汾县矾场务,旧置。"又刘挚《忠肃集》卷一四《仁寿赵夫人墓志铭》云:"知恩州事尚书比部郎中王君讳荀龙之夫人仁寿县君赵氏……元丰二年十一月三日以疾卒于其夫官舍……生三男子,长岩叟,河阳节度推官、监晋州炼矾务。"则元丰元年登赵城望川亭题诗之人当即王岩叟。石刻中"河阳节度推官监炼矾"下并非仅阙一字,应至少补四字成"河阳节度推官监炼矾(务王岩叟)"方近原貌。《全宋诗》册一六卷九一〇页一〇七一二已收王岩叟诗七首,可补此《登望川亭》诗。

(4)张傅

《全宋诗》张傅小传曰:

> 张傅,字岩卿,亳州(今安徽亳县)人。进士及第,稍迁秘书省著作佐郎,知奉符县、楚州,徙江东转运使。仁宗天圣元年(一〇二三)入权三司盐铁判官(《宋会要辑稿》职官四一之八八),进三司度支副使(同上书职官六四之三五)。以疾请外,迁知应天府、青州、郓州。以工部侍郎致仕。《宋史》卷三〇〇有传。

按前文,张傅次韵王岩叟《登望川亭》诗当作于神宗元丰元年十二月十三日以前,张傅时为从八品上的"山南东道节度推官、知县事"。据宋李焘《续资治通鉴长编》卷三〇三"(元丰三年)庚辰,复置晋州赵城县。初,熙宁中,废入洪洞县为镇",则张傅乃洪洞县令。而《宋史》卷三〇〇之张傅在天圣元年已权三司盐铁判官,时隔55年,二者断非一人。《全宋诗》张傅名下仅据《(雍正)山西通志》录《广胜寺》诗一首,则此张傅小传当改写为:

> 张傅,神宗元丰初为山南东道节度推官、知洪洞县,与王岩叟、王说有唱和(《三晋石刻大全·临汾市洪洞县卷·上》页三三,二〇〇九年三晋出

版社)。

仍录"亭险高登畏力微"诗一首,诗题改作《登望川亭》,出处为《石刻》。

(5) 王筍(笋)

王筍诗"重游萧寺十年过"最早见于明《(成化)山西通志》卷一六,题作《题广胜寺》,署"王旬龙",小注"宋太学博士"。《赵城县志》题同,署"王筍",小注"宋人、太学博士",《石刻》第23页载此诗石刻,题作《留题广胜寺》,署"太学博士、新差通判王筍"。又《赵城县志》还收另一首《题广胜寺》诗"奉祀行春湛渥新",署"王旬龙"(按:清李升阶纂修《(乾隆)赵城县志》作"王荀龙"),小注"博士"。

无论"重游萧寺十年过"的作者是明《(成化)山西通志》的"王旬龙",还是现存石刻以及清《(顺治)赵城县志》之后地方志一贯沿袭的"王筍",都应非《全宋诗》所谓的"王荀"。石刻落款"嘉祐庚子季冬吉日",即仁宗嘉祐五年(1060),而《全宋诗》王荀小传曰:

王荀(? ～一一二六),海宁(今属浙江)人。钦宗靖康元年(一一二六),随父禀官太原(清雍正《山西通志》卷八四)。金兵攻太原,城陷,父子俱赴汾水死。事见清雍正《浙江通志》卷一六三《王禀传》。

按石刻,王筍于仁宗嘉祐五年为新差通判,绝无可能于钦宗靖康元年随父官太原并殉节,此王荀并非"重游萧寺十年过"诗作者无疑。

《题广胜寺》"重游萧寺十年过"后三联又见于宋潘自牧《记纂渊海》(四库本)卷二四"解州"条,署"王荀龙":

本朝 东北岭高明月晓,西南川远夕阳多。地饶胜概连灵岳,民足丰年籍绿波。却笑山僧无忌惮,一生安处在巍峨。王荀龙。

中条山下王官谷,草木烟霞景物幽。坐中爽气长飘洒,天际浮云任去留。同上。

《记纂渊海》有前、后编之分,四库本之底本万历本经明人重新编排,但此三句前标明唐朝,并录唐玄宗、韩愈、杜牧诗,其中的"本朝"为宋无疑,署名"王荀龙"者当即北宋之王荀龙。王荀龙,字仲贤,大名清平(今山东高塘)人,与韩琦、邵雍等人有交,事见宋邵伯温《闻见前录》卷一六等。石刻中所谓"太学博士新差通判王筍","筍"当为"荀"之形变,其后还需再补一"龙"字方为石刻原貌。

故《全宋诗》当删去"王荀",另立"王荀龙"为小家,收录《留题广胜寺》"重游萧寺十年过"、《题广胜寺》"奉祀行春湛渥新"诗二首。《记纂渊海》所收"中条山下王官谷"诗,因又见明薛瑄《敬轩文集》卷一〇,当再考。

(邱明考证)

2. 黄定佚诗考

《全宋诗》册四八卷二六一二页三〇三四六至三〇三四七收黄定诗六首,其小传曰:

> 黄定,字泰之,永福(今属福州)人。孝宗乾道八年(一一七二)进士第一,补签书州节度判官(《宋会要辑稿》选举二之二一)。淳熙三年(一一七六)为校书郎,四年迁秘书郎(《南宋馆阁录》卷九)。累迁国子司业,十年,出知温州(《宋会要辑稿》职官六二之二四)。移知潮州。官终国子祭酒。

今清《(光绪)海阳县志》卷三〇有黄泰之《西湖诗蒙斋留题》一首:

> 淳熙庚子首春,建安谢景□、黄泰之、荆溪李寿翁同游,二公命记前因,同泰之作□。

> 自我来古瀛,访幽得蒙泉。款陪谢东山,况有李谪仙。举杯笑谈适,扪萝步武□。何妨卜再游,及此春事前。

黄定所作《参政谢公挽词》二首、《侍郎李公挽词》二首收入《全宋诗》,与黄泰之《西湖诗蒙斋留题》诗序中谢景□及李寿翁相合。故此黄泰之当是黄定。

据《宋史·宰辅表四》,孝宗朝参政谢氏唯谢克家一人[①]。《(嘉定)赤城志》卷三四曰:"谢克家……绍圣四年中第,建炎四年参知政事……谢伋,字景思,参知政事克家之子。"故此谢景□应为谢克家之子谢伋,阙字疑当为思。考黄定生平,为孝宗乾道八年(1172)进士第一,而《毗陵集》卷一〇《祭谢参政文》记谢克家卒于"绍兴四年岁次甲寅",则黄定与谢克家直接相识可能性较低,可能是与谢伋相熟,故撰《参政谢公挽词》。

宋王象之《舆地纪胜》卷一二三《广南西路·贺州》:"李椿,字寿翁……绍兴间以文林郎待宣城推幕,以漕檄摄宰富川,年余乃之宣城,后受知而言者为吏侍。"宋杨万里《诚斋集》卷一一六有《李侍郎传》,记其:"抵鄂,会岁大侵,官强配民备米赈籴。民争于籴,而官下其估,商舟不至,米益踊贵。椿损强配之数,弛裁抑其直。未几,四方之米辐辏,贱十之三。"而黄定《侍郎李公挽词》(其二)有"筑堤防水患,振廪粒民饥"之句与之合。《宋史》卷三八九记李椿卒于淳熙十年(1183),淳熙庚子为七年,时黄定为秘书省校书郎,故此李寿翁当为李椿。景思、泰之、寿翁皆为字,黄泰之当为黄定。《全宋诗》黄定名下当补《西湖诗蒙斋留题》诗。

(任子珂考证)

---

① 《宋史》卷二一三《宰辅四》,中华书局,1985年,第5550页。

3.《白鹤台》为朱绂诗

《四库全书》本《明一统志》"邛州·宫室"中有云：

> 白鹤台，在白鹤山，汉胡安尝于山中乘白鹤仙去，弟子即其处为台。宋宋绂诗："不知白鹤几回来，山下空存白鹤台。"①

遂有论文据此补宋绂诗一句，并称此条记载为天顺本《大明一统志》所无。② 今核天顺本《大明一统志》实载此句，且非宋绂诗，而是朱绂诗。

关于白鹤台，宋潘自牧《记纂渊海》云："白鹤山，在城西八里，有白鹤台。"③ 宋祝穆《方舆胜览》云："白鹤山，在城西八里。常璩曰：'临邛名山曰四明，亦曰群羊，即今白鹤也。'汉胡安尝于山中乘白鹤仙去，弟子即其处为白鹤台。"④ 均未涉诗文。《大明一统志》所承《元一统志》与《寰宇通志》两书中，《元一统志》未记白鹤台，⑤《寰宇通志》"嘉定州·台榭"中仅云："白鹤书台，在邛县西七里白鹤山，汉胡安教授读书之所。"⑥ 今见文献中，《大明一统志》应为此句最早出处。此后，唯清《（嘉庆）邛州直隶州志》录此诗句，其"白鹤台"一条几同《大明一统志》，却注出处为《方舆胜览》，⑦ 不可尽信。

《大明一统志》刻本众多，比之天顺五年（1461）内府初刻本及嘉靖三十八年（1559）归仁斋翻刻本，万历间万寿堂刻本多有增删改动，而《四库全书》所据底本恰为此本⑧，其中异同不可不察。邛州于"洪武九年（1376）改州为县，后复升为州"⑨，故在天顺本与归仁斋本中并未单列，而是作为邛县从属嘉定州下，其风土名物亦散见嘉定州各目之内。而万寿堂本中，邛州单列于雅州之后，自有"山川"等目。故"白鹤台"一条在天顺本与归仁斋本中列于"嘉定州·宫室"之下，在万寿堂本与四库本中列于"邛州·宫室"之下。天顺本作"朱绂"，⑩归仁斋本作"朱缓"，⑪万寿堂本与四库本作"宋绂"，其余文字皆同。"朱"与"宋"、

---

① 〔明〕李贤《明一统志》卷七二，影印文渊阁《四库全书》本。
② 李成晴《被遗落的两宋诗人——天顺本〈大明一统志〉所见〈全宋诗〉未著录作者考》，《汉语言文学研究》2016年第1期，第49页。
③ 〔宋〕潘自牧《记纂渊海》卷一六郡县部成都府路，影印文渊阁《四库全书》本。
④ 〔宋〕祝穆撰、〔宋〕祝洙增订、施和金点校《方舆胜览》卷五六，北京：中华书局，2003年，第995页。
⑤ 〔元〕孛兰肹等撰，赵万里校辑《元一统志》卷五，北京：中华书局，1966年，第500—502页。
⑥ 〔明〕陈循《寰宇通志》卷六八，《玄览堂丛书续集》本。
⑦ 〔清〕吴巩嘉庆《邛州直隶州志》卷五，《中国地方志集成》影印清嘉庆二十三年刻本。
⑧ 杜洪涛《〈大明一统志〉的版本差异及其史料价值》，《中国地方志》2014年第10期，第42—47页。
⑨ 〔明〕李贤《大明一统志》卷七二，明万历间万寿堂刻本，藏国家图书馆。
⑩ 〔明〕李贤《大明一统志》卷七二，明天顺五年内府刻本，藏国家图书馆。
⑪ 〔明〕李贤《大明一统志》卷七二，明嘉靖三十八年书林杨氏归仁斋刻本，藏国家图书馆。

"绂"与"缓"字形相近,则应以"朱绂"为正字,"朱缓""宋绂"皆为形讹。

然宋人名朱绂且生平可考者至少四人。其一字君贶,仙游(今属福建)人,英宗治平四年(1067)进士,除王宫大小学教授。历任都官员外郎、真定府路安抚使、福州知州等职,入元祐党籍,徽宗大观元年(1107)党禁解后依旧落职提举杭州洞霄宫,二年,卒。① 其二朱谔,初名朱绂,字圣与,华亭(今上海松江)人,哲宗元祐六年(1091)进士,②因元祐党中有同名者,故更名为谔。③ 其三于高宗绍兴三十二年(1162)任左从政郎都统司干办公事。④ 其四于孝宗淳熙十六年(1189)以朝奉大夫任郢州知军州事。⑤

宋王象之《舆地纪胜》中另有朱绂《邛徕关》一首:

> 九折先驱叱驭行,此心岂是不思亲。忠臣孝子元同道,可是王阳独爱身。⑥

邛州即今邛崃市,西南与雅安市相接,邛徕关即邛崃关,在今雅安市荥经县西南,则《白鹤台》与《邛徕关》应为一人一时所作。朱谔既已更名,不应再称朱绂;余下三人则未知孰是。

《全宋诗》未收朱绂,其小传待考,《邛徕关》诗与《白鹤台》句当补收。

(李佳媛考证)

---

① 〔宋〕赵与泌《宝祐仙溪志》卷四,清瞿氏铁琴铜剑楼影钞本。
② 〔明〕陈威《(正德)松江府志》卷二八,明正德刻本,藏国家图书馆。
③ 〔明〕柯维骐《宋史新编》卷一二一列传六三,明嘉靖刻本,藏国家图书馆。
④ 〔宋〕李心传《建炎以来系年要录》卷一九八,北京:中华书局,1988年,第3333页。
⑤ 〔清〕张尊德《(康熙)安陆府志》卷一〇,清康熙八年钞本。
⑥ 〔宋〕王象之《舆地纪胜》卷一四七《成都府路·雅州》,江苏广陵古籍刻印社影印清道光二十九年惧盈斋本。

征稿启事

《北京大学中国古文献研究中心集刊》由教育部人文社会科学重点研究基地北京大学中国古文献研究中心主办。本刊从第七辑（2008年）开始，一直是中文社会科学引文索引（CSSCI）来源集刊。自2019年始，为半年刊，每年六月底左右和十二月底左右各出版一辑。举凡古文献学理论研究、传世文献整理与研究、古文字与出土文献研究、海外汉籍与汉学研究等中国古文献研究相关领域的学术论文，均所欢迎。来稿内容必须原创，不存在版权问题。

来稿格式要求如下：

一、文章请用microsoft word文档格式。

二、文章一律横排、用通行规范简化字书写和打印。

三、作者姓名置于论文题目下，居中书写。作者工作单位、职称等用"＊"号注释在文章首页下端。

四、每篇文章皆需500字以内"内容提要"以及关键词3—5个。

五、文章各章节或内容层次的序号，一般依一、（一）、1、（1）等顺序表示。

六、文章一律使用新式标点符号。凡书籍、报刊、文章篇名等，均用书名号《》；书名与篇名连用时，中间加间隔号，如《论语·学而》；书名或篇名中又含书名或篇名的，后者加单角括号〈〉，如《〈论语〉新考》。

七、正文每段第一行起空两格；文中独立段落的引文，首行另起空四格，回行空二格排齐，独立段落的引文首尾不必加引号。独立段落的引文字体变为仿宋体。

八、注释一律采用当页脚注，每页单独编号，注释号码用阿拉伯数字①、②、③……等表示。

九、注释格式与顺序为著者（含整理者、点校者）、书名（章节数）、卷数（章节名）、版本（出版社与出版年月）及页码等。如：〔清〕钱大昕撰，吕友仁校点《潜研堂文集》卷三八《惠先生士奇传》，上海：上海古籍出版社，1989年，第687页。

十、为避免重复，再次征引同一文献时可略去出版社与出版年月，只注出著者、书名、卷数、页码。

十一、每篇稿件字数原则上不超过3万字。

本集刊上半年辑的截稿日期为前一年的11月30日，下半年辑的截稿日期为当年5月31日。

　　本集刊实行双向匿名审稿制度,编委会根据评审意见,决定是否采用。来稿一经采用,编辑部将尽快通知作者。如超过半年仍未收到采用通知,作者可自行处理。

　　本集刊每辑正式出版后,编辑部将向论文作者寄赠样刊两册,并薄致稿酬。

　　欢迎学界同仁积极投稿。

　　《北京大学中国古文献研究中心集刊》编辑部通信地址:

　　北京市海淀区颐和园路5号北京大学哲学楼三层《北京大学中国古文献研究中心集刊》编辑部

　　邮编:100871

　　E-mail:gwxzx@pku.edu.cn